JN086075

コンパスローズ 和英ライティング 辞典

研究社辞書編集部［編］
﨑村耕二［アカデミック・ライティング監修］
Laurel Seacord［ビジネス・ライティング監修］

Compass Rose Dictionary for Practical Writing in English

COMPASS ROSE DICTIONARY
FOR PRACTICAL WRITING IN ENGLISH
コンパスローズ和英ライティング辞典

研究社辞書編集部［編］

監　修

崎村耕二　　　　　　Laurel Seacord
（アカデミック・ライティング）（ビジネス・ライティング）

まえがき

本書は以下のような方針で編集されています.

➢英文ライティングに役立つ, 頻度の高い用例(フレーズ, 例文, テンプレート)を集める.
➢用例からキーワードとなる英単語を設定し, それに日本語を対応させて, 辞典形式に編集する. キーワードは直訳の観点だけでなく, 場合によっては用途や機能で連想される単語からも検索できるよう設定する.
➢訳出する文書の性質(レポート, 論文, メールなど)を明確にターゲットにした訳語·語法·用例を積極的に掲載する. 特にアカデミック·ライティングとビジネス·ライティングでは専門家にご参加いただき, その領域での実用性を高める.
➢テンプレートを参照して, 文書の完成形で使い方を具体的に確認できるようにする.

タイトルにある「ライティング」では, 筋道を立てた構成で書くことを想定しています. その筋道を示す「目的別索引」を設け, 文書の構成からも検索できるように配慮しました.

さらに, 英語·日本語のキーワードを巻末にまとめましたので, ライティング学習の一助になれば幸いです.

姉妹辞書である『コンパスローズ英和辞典』では発信用の情報も多く取り込んでいますが, 本書ではそれらも活用しています.

従来の和英辞典は限られたスペースで英訳し, しかも広い用途に役立てようとするため, 実際に英文を書く際に必要となるコロケーションや文型の情報にも限界がありました. そのため, 英和辞典や英英辞典を引き直して単語の運用情報を確認するという作業も必要となりました.

それに対し, 本書では着地点となる英語表現を具体的に見据えて編集することにより,「引き直し」の必要性を極力なくすことを試みています.

かつて日本人の英作文に和英辞典は欠かせないツールでしたが, その利用者は減少傾向にあります. さらに, インターネットの出現で英語を書くための情報が簡便かつ膨大に得られるようになり, AI による翻訳・校閲ツールも無料で提供され, ますますその在り方が問われています. 我々のささやかな試みがそのような時代の新たな一歩になれば幸いです.

最後に, ご尽力いただきました専門家の皆様にこの場を借りて深甚なる感謝を申し上げます.

2023 年 3 月　研究社辞書編集部

目　次

本書と合わせて約 15,000 項目が閲覧できる Web 版は研究社ホームページ（https://www.kenkyusha.co.jp/）からアクセスできます.
ご利用には以下のユーザー ID とパスワードの入力が必要です.
ユーザー ID: Writing
パスワード: CRdfpwiE2023

この辞典について

本書は, 英文ライティングに役立つ用例から抽出した表現を約 1,000 の項目のもとに収録した. さらに Web 版と合わせて約 15,000 項目の検索が可能となる.

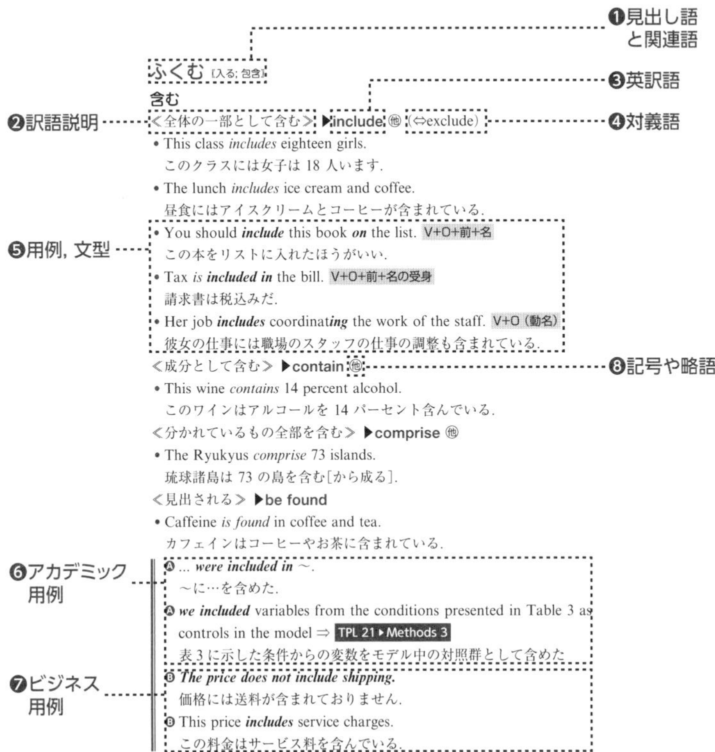

❶見出し語と関連語: 頭に浮かんだキーワードから適切な表現を検索できるように, 見出し語と近い意味合いや文脈で用いられる語を, 関連語として〚　〛で記した.

❷訳語説明:当該英訳語が使われる文脈・状況・ニュアンスなどを簡潔に説明した.

❸英訳語:日本語に対応する英語の訳語

❹対義語:当該英訳語と意味的に対をなす語

❺用例:当該英訳語を使った用例. 用例には必要に応じてコロケーションや文型を付した(記号・略語については❽参照).

❻アカデミック用例:論文・レポートなどでよく使われる表現を Ⓐ マークを付けて挙げた. これらのうち, 巻末テンプレートにも収載されている用例には ⇒ で参照先を示した.

❼ビジネス用例:ビジネスメールなどでよく使われる表現を Ⓑ マークを付けて挙げた. これらのうち, 巻末テンプレートにも収載されている用例には ⇒ で参照先を示した.

❽本辞典で使用している主な記号や略語

[名], 名　名詞
[C]　数えられる名詞*1
[U]　数えられない名詞*1
[代]　代名詞
[動], V　動詞
(自)　自動詞
(他)　他動詞
[形], 形　形容詞
[A]　限定用法
[P]　叙述用法
[副], 副　副詞
[接]　接続詞
[前], 前　前置詞
[感]　感動詞

(略)　略語
《米》　米国用法
《英》　英国用法
[過去]　過去形
[過分], 過分　過去分詞
現分　現在分詞
動名　動名詞
(複)　複数形
《略式》　くだけた感じの表現
《格式》　格式ばった表現
Ⓢ　主に会話で用いる表現
O　目的語
C　補語
[ ]　言い換えを表す*2

*1 学習者の便宜のため主に [C] [U] どちらで使われるかを記した. ただし, 文脈や意味合いによって [C] [U] いずれにも用いられる語もある.

*2 英文で 2 語以上の語が置き換わる場合に限り, どの部分から置き換わるかを「 によって示した.

発信のための目的別索引

本辞典が発信のプロセスで具体的にどのように役立つかを示すため，用途・機能別に見出し語を挙げています．収録されている全ての項目を示すものではありません．

トピック・背景を示す

#議題　#興味　#議論　#近年　#傾向　#懸念　#問題

説明・定義する

#意味　#引用　#説明　#定義　#よる

図表・データを説明する

#減少　#示す　#図　#増加　#それぞれ　#統計　#表　#平均　#見積もる　#約　#よる

理由・原因・結果・関係を述べる

#影響　#関係　#結果　#原因　#相関　#由来　#よる　#理由

利点・欠点を述べる

#可能　#欠点　#効果　#コスト　#削減　#優れる　#手伝う　#ニーズ　#比較　#不足　#問題　#役に立つ　#利点

具体例を挙げる

#たとえば　#例

提案する（必要性・重要性を述べる）

#重要　#注目　#必要

展望を述べる

#売り込む　#拡大　#可能性　#関係　#販売

結論を述べる

#結論　#まとめる

賛成する

#合意　#支持　#重要　#正しい　#妥当

反対・批判する

#異議　#疑わしい　#疑問　#指摘　#反対　#批判　#不足　#不明　#間違い　#問題

意見・議論する

#意見　#考える　#議論　#合意　#支持　#指摘　#主張　#撤回　#同意　#述べる

［論文・レポート］

導入する

＊課題を明示し，その意義を示しながら相手の関心を引きつける（Introduction）．

#アウトライン　#限る　#課題　#看過　#考える　#興味　#議論　#近年　#懸念　#研究　#検証　#検討　#試みる　#これまで　#示唆　#実験　#証拠　#焦点　#注目　#取り扱う　#不足　#不明　#発見　#目的　#唯一　#理論　#論文

方法を示す

＊方法がふさわしいものであることを示しながら詳細を述べる（Methods）．

#アンケート　#選ぶ　#記録　#検証　#検討　#算出　#サンプル　#実験　#収集　#使用　#測定　#対照　#調査　#データ　#手順　#範囲　#比較　#被験者　#評価　#含む　#分析　#分類　#無作為　#目的　#ランク　#わける

結果を示す

＊結果を整理して記述する（Results）．

#明らか　#意味　#得る　#観察　#結果　#差　#示唆　#示す　#証拠　#図　#相関　#統計　#表　#まとめる　#有意　#わかる

考察する

＊データを説明, 分析, 解釈しながら, 明らかになったことを述べる (Discussion).
#解釈　#仮定　#課題　#疑問　#結論　#検討　#貢献　#示唆　#証拠　#説明　#まとめる　#導く　#目的

論理の流れを作る

#アウトライン　#以下　#以上　#一部　#主　#概して　#かかわらず　#ここ　#さらに　#参照　#しかし　#したがって　#実際　#全体　#対照　#確か　#たとえば　#ついて　#同様　#反対　#例

[実用的なメール・手紙]

書き出し

#愛顧　#依頼　#受け取る　#気に入る　#興味　#謝罪　#注文　#-付け　#問い合わせ　#返事　#返信　#見積もる　#メール　#役に立つ　#連絡　#詫び

挨拶・自己紹介をする

#扱う　#異動　#拠点　#後任　#紹介　#退職　#担当　#都合　#配属　#販売　#引き受ける　#窓口

用件を述べる

#営業　#延期　#会議　#回答　#キャンセル　#休業　#質問　#終了　#知らせる　#尋ねる　#返事

問い合わせ・依頼・提案・催促などをする

#依頼　#延期　#送る　#確認　#詳しい　#検討　#催促　#至急　#質問　#支払い　#承諾　#知らせる　#推薦　#勧める　#助かる　#尋ねる　#都合　#手伝う　#手配　#願い　#発送　#早い

問い合わせ・依頼・提案・催促などに対応する

#依頼　#ウェブサイト　#延長　#送る　#価格　#キャンセル　#競争　#断る　#早速　#参照　#質問　#招待　#情報　#せっかく　#手配　#取り扱う　#取り寄せる　#役に立つ　#要望

結び

#愛顧　#一両日　#遠慮　#折り返し　#回答　#確認　#活躍　#関係　#機会　#気軽　#気付く　#協力　#緊急　#携帯　#検討　#後日　#今後　#サービス　#サポート　#支援　#至急　#仕事　#質問　#謝罪　#対応　#尋ねる　#注文　#付き合う　#取り引き　#発展　#早い　#不明　#返事　#返信　#メール　#面倒　#用命　#よろしく　#理解　#連絡　#詫び

あ

あいこ 〖引き立て〗

愛顧 名

≪ひいき≫ ▶**patronage; custom** U

- give one's *patronage* to a shop
  店をひいきにする

Ⓑ ***Thank you for your continued patronage*** [***custom***]***.***
日頃のご愛顧に感謝いたします.

Ⓑ ***Thank you for being a valued*** [***loyal***] ***customer.***
日頃のご愛顧(⇒大切なお客様[お得意様]でいてくださること)に感謝いたします.

Ⓑ ***We really appreciate your being a customer of*** Micro Machine Tools. ⇒ TPL 17
マイクロ·マシーン·ツールズをご愛顧いただき, 心より感謝申し上げます.

Ⓑ ***We look forward to your future patronage.***
今後ともご愛顧のほどよろしくお願いいたします.

あう

合う

⇒いっち(一致)

アウトライン 〖概略; 概要〗

≪出来事や歴史などのあらまし·概要≫ ▶**outline** C

- He explained the broad [rough] ***outlines of*** the government's strategy.
  彼は政府の方針の概略を述べた.
- be agreed ***in outline***
  大筋で合意している

≪小説などのあらすじ≫ ▶**synopsis** C

≪要点≫ ▶**main point** Ⓒ

✪ 英語の outline と一致しない場合も多いことに注意.

Ⓐ ***In this paper, we first examine ~. We then discuss .... Finally, we conclude –.***
この論文ではまず~を考察する. それから…を論じる. 最後に–という結論を導く.

✪ 論文の概略を示すときの表現. 時制は現在形がしばしば用いられる. 未来を表す表現 will も使うことがある.

Ⓐ ***Secondly, let us take a look at*** .... ⇒ TPL 20-7
次に…を見てみよう.

Ⓐ ***Finally, let us look into*** .... ⇒ TPL 20-9
最後に…について検討しよう.

あきらか 〖確か; はっきり; 明白〗

明らかな 形

≪不明な点がなくはっきりした≫ ▶**clear**

- ***It*** is ***clear that*** you are wrong.
  あなたが間違っていることは明らかだ.
- Galileo ***made it clear*** (that) the earth revolves around the sun.
  ガリレオは地球が太陽の周りを回っていることを明らかにした.
- It's not ***clear how*** she spent the money.
  彼女がその金をどのように使ったかは明らかでない.

≪確定的で明確な≫ ▶**definite**

- a *definite* reason
  明らかな理由
- a *definite* mistake
  明らかな誤り

≪事実から推論して明らかな≫ ▶**evident**

- ***It was evident to*** all of us ***that*** he was innocent. +to+名
  彼が無実であることは私たちすべてにとって明らかだった.
- Her excitement was ***evident in*** her voice. +in+名

彼女が興奮していることは彼女の声に明らかに表われていた.

≪だれの目にも明らかな≫ ▶**obvious**

• ***It is obvious*** (***to*** everyone) ***that*** she did not write the novel herself.
彼女が自分でその小説を書いたのではないことは(だれの目にも)明らかである.

• It is quite *obvious* to everyone how the talks will end.
その話し合いの結果は火を見るよりも明らかだ(⇒どのように終わるかはだれにとってもはっきりしている).

明らかに 副

≪はっきりと≫ ▶**clearly**

• It is *clearly* a mistake.
それは明らかに間違いだ.

≪明確に≫ ▶**definitely**

• My answer is *definitely* no.
私の答えは明らかにノーである.

≪事実から推論して明らかに≫ ▶**evidently**

• He was *evidently* surprised when he bumped into me.
私にばったり会ったとき彼は明らかに驚いていた.

≪だれの目にも明らかに≫ ▶**obviously**

• It is *obviously* a mistake.
それは明らかに間違いだ.

Ⓐ Statistics ***reveal that*** .... ⇒ TPL 21 ▸ Results 3
統計から…ということが明らかになった.

Ⓐ ***It is clear that*** ....
…ということは明らかである.

Ⓐ ***Numerous studies have shown that*** .... ⇒ TPL 21 ▸ Introduction 2
数多くの研究が明らかにしてきたように….

Ⓐ ***Previous studies show that*** .... ⇒ TPL 21 ▸ Discussion 4
…ということが, これまでの研究で明らかになっている.

Ⓐ We attempted to ***uncover*** whether .... ⇒ TPL 21 ▸ Introduction 2
…かどうかを明らかにしようとした.

あ

‖ Ⓐ The two results were ***clearly*** different.
2 つの結果には明らかな違いがあった.
Ⓑ To protect the privacy of the persons involved, the names ***are not*** (***being***) ***disclosed***.
関係者のプライバシー保護のために名前は明らかにされていません.

あつかう 〖取り扱う〗

扱う

≪人を遇する≫ ▶**treat** ㊀

- You should *treat* the girl kindly. V+O+副
  その少女に優しくしてあげなさい.
- He ***treated*** me ***like*** [*as*] his own son. V+O+C (*like* [*as*]+名)
  彼は私を実の息子のように扱ってくれた.
- ***treat*** ... ***with*** respect V+O+*with*+名
  …を敬意をもって扱う

≪ある態度で接する≫ ▶**deal with ...** ㊀

- Mr. Smith is a difficult person to *deal with*.
  スミスさんは扱いにくい人だ.

≪自由に操る≫ ▶**manage** ㊀

- I know how to *manage* difficult customers.
  私は難しい客の扱い方を知っている.

≪商品などを扱う・商う≫ ▶**deal in ...** ㊀

- He *deals in* whiskey.
  彼はウイスキーの商売をしている.

≪問題や機械などを取り扱う≫ ▶**handle** ㊀

- The teacher *handles* his pupils well. V+O+副
  あの先生は生徒の扱い方がうまい.
- This problem is too much for me to *handle*.
  この問題は私の手に負えない.

‖ Ⓑ This window ***is*** not ***for*** parcels.

この窓口では小包は扱いません(⇒この窓口は小包のためのものではない).

Ⓑ ***We're a company handling*** women's wear in Tokyo.
弊社は東京で婦人服を扱っている会社です.

Ⓑ Would you send me information about what kinds of beans you ***typically stock***? ⇒ TPL 1
貴社が普段どのような豆を扱っているかについて教えてください.

あつめる

集める

⇒しゅうしゅう(収集)

あてはまる 〘該当; 適用〙

当てはまる

《適用される》 ▶**apply** ㊀

• This law ***applies to*** everybody. V+*to*+名
この法律は万人に適用される.

• The fares don't *apply to* children or old people.
この料金は子供や老人には適用されない.

《妥当である》 ▶**hold [be] true**

• This explanation does not ***hold true*** in [for] every case.
この説明はすべての場合に当てはまるわけではない.

• The same ***is true of*** [***for***] whales. +*of* [*for*]+名
同じことが鯨にも当てはまる.

《効力がある》 ▶**hold**

• The rule does not *hold* 「*in* this case [*for* us].
その規則はこの場合[私たち]には当てはまらない.

Ⓐ ***it is not the case of*** ...
…には当てはまらない

Ⓐ What is true for ~ is also ***true for*** [***of***]....
~について言えることは…についても言える.

Ⓐ the same principle ***applies to*** most ...
同じ原理はほとんどの…に当てはまる

あてはめる〘適用〙

当てはめる

≪規則などを適用する≫ ▶**apply** ㊀

- The regulation cannot *be applied to* diplomats. V+O+*to*+名の受身
  その規則は外交官には適用されない.

Ⓐ ***We apply A to B.***
A を B に当てはめる.

あやまり

誤り

⇒まちがい(間違い)

あらかじめ

予め

⇒じぜん(事前)

ありうる〘可能〙

あり得る

Ⓐ Other outcomes are ***likely***.
ほかの結果もありうる.

Ⓐ ***It is likely that*** ....
…ということはありうる.

✪ likely は可能性として信じるに足る証拠がかなりあり, 実現性が期待できる場合に使う.

Ⓐ ***It is plausible that*** .... / ***It is plausible to argue that*** ....
…ということはありうる. / …と論じることはできる.

✪ plausible は, 一見合理的だが実際は真実でないことを暗示する.

Ⓐ what science tells us is ***theoretically possible*** ⇒ TPL 20-4

‖ 科学が理論的にありうると教えてくれるもの

ありがたい

有難い

⇒かんしゃ(感謝); いらい(依頼)

アンケート 名

▶**questionnaire** Ⓒ

✪「アンケート」は enquête というフランス語から.

• answer [complete, fill out, fill in] a *questionnaire*
アンケートに答える[記入する]

アンケートをとる 動

≪調査を行う≫ ▶**「carry out [conduct] a survey**

‖ Ⓐ ***complete a self-rating questionnaire*** ⇒ TPL 21 ▶ Methods 2
自己評価アンケートに回答する

い

い

いか 〖未満〗〖下記〗

-以下

《数量が》 ▶**... and ［or］ under; ... or less**

✪ under ... や less than ... はその数字を含まない. 例えば, under sixty は 60 を含まない「60 未満」. 日本語の「…以下」を正確に表すのは ... and [or] under または ... or less となる.

- Children five *and* [*or*] *under* are not admitted to this swimming pool.
  このプールには 5 歳以下の子供は入場を許されていない.

《ある数量を上回らない》 ▶**not exceeding ...**

- a sum *not exceeding* $1,000
  千ドルを上回らない金額

以下の 形

《下記の》 ▶**below**

✪ 名詞の後につける.

- See the chart *below*.
  下の図を見よ.

《次の》 ▶**following**

- *the following* chapter
  次の章

以下 名

《次のもの》 ▶**the following**

✪ 単数または複数扱い.

- *The following* is his explanation.
  以下が彼の説明である.
- The witness had *the following* to say.
  証人は次のように述べた.
- *The following* were present at the party: ....
  = Those present at the party were *the following*: ....

次の者が会に出席していた. ….

✪ しばしば後にコロン (:) を置いて具体的内容や例を示す.

以下に 副

▶**below**

• The reason (why) we cannot support his view will be given *below*.
なぜ我々が彼の見解を支持できないかという理由を以下に述べる.

以下のとおり

▶**as follows**

• The members are *as follows*: ....
会員は次のとおりである. ….

• He spoke to the audience *as follows*: ....
彼は次のように聴衆に話しかけた. ….

✪ as follows の後にはコロン (:) を置くのが普通.

Ⓐ ***as described below*** ⇒ TPL 21 ▸ Methods 3
以下に示すように

Ⓐ ***The table below shows*** ....
下記の表は…を示している.

✪ below は「少しおいて下の方に」を意味する. 直後を示す the following ... と区別すること.

Ⓐ ... ***can be seen in the following quote:***
…は次の引用に見られる:

Ⓐ【研究者】describes the significance of the paper ***as follows:*** ⇒ TPL 20-9
【研究者】は, この論文の意義を以下のように説明している.

Ⓑ Please ship by air directly ***to our customer below***. ⇒ TPL 7
下記の顧客へ航空便で直接発送してください.

Ⓑ ***We are pleased to quote the following prices:***
下記のとおりお見積りいたします.

いぎ 〖意味; 重要〗

意義 名

《意味·目的》 ▶**meaning** Ⓤ

- She felt her life had lost its [all] *meaning*.
  彼女は自分の人生が意味を失ったような気がした.
- have *meaning*
  意義がある
- find *meaning*
  意義を見い出す
- lose *meaning*
  意義を見失う
- give *meaning*
  意義を与える

《重要性》 ▶**significance** Ⓤ

- have enormous ***significance for*** [***to***] the promotion of world peace
  世界平和の促進にとって非常に重要である
- a speech ***of*** great [little] ***significance***
  非常に重要な[あまり重要でない]演説

✪ 以上 2 語はほぼ同意で用いられることもあるが, meaning が「意味」を表す一般的な語であるのに対して, significance は格式ばった語で「重要性」の意味をもつ.

意義深い 形

▶**significant**

- a very [highly] *significant* speech
  非常に重要な演説
- a ***significant*** day ***for*** our school
  わが校にとって意義深い日
- ***It is significant that*** the country participates in the Olympics.
  その国がオリンピックに参加することに意義がある.

> Ⓐ【研究者】describes the ***significance of*** the paper as follows: ⇒ **TPL 20-9**
> 【研究者】は, この論文の意義を以下のように説明している.
>
> Ⓐ ***Significantly,*** ....

意義深いことに….
✪ コンマを置き文全体を修飾して, 文の内容が意義深いことを言うために使われる.

いぎ 〖異存; 異論; 反対〗

異議 名

≪反対意見≫ ▶**objection** Ⓒ

• I ***have no objection to*** your plan.
私はあなたの計画に異存はありません.

• They ***made*** [***raised, voiced***] an ***objection to*** our proposal.
彼らは我々の提案に反対した.

• He ***made*** no ***objection to*** visit***ing*** Kenya.
彼はケニアを訪れることに異論を唱えなかった.

• Bill was made chair ***over the*** (strong) ***objections of*** some members.
ビルはメンバーの何人かの(強い)反対にもかかわらず議長になった.

• *Objection*!
(法廷などで)異議あり!

異議を唱える 動

▶**challenge** 他

• They ***challenged*** the government ***on*** its measures to stimulate the economy. V+O+*on*+名
彼らは政府の景気刺激策に異議を唱えた.

Ⓐ ... have ***been scientifically challenged*** and often ***disproved*** ⇒ TPL 20-3
…は科学的に反駁され, さらにしばしば反証されてきた

Ⓐ ... have ***been challenged*** or ***refuted*** by experts ⇒ TPL 20-7
…は専門家が異議を唱えたり反駁したりしている

いけん 〖見解; 考え〗

意見 名

≪自分で考え出した結論や判断≫ ▶**opinion** Ⓒ

- different ***opinions about*** [***on***] the idea
  その考え方に関しての異論
- a difference of *opinion*
  見解の相違
- It's [That's] a matter of *opinion*.
  それは意見の分かれるところだ.
- May we ask your honest ***opinion of*** our plan?
  私たちの計画についてのあなたの率直なご意見を伺いたいのですが.
- The new evidence has confirmed *my* ***opinion that*** she is innocent. +*that* 節
  新しい証拠により彼女は無罪だという私の考えは固まった.
- ***hold*** [***have***] an ***opinion***
  意見を持っている
- ***express*** [***give***] one's ***opinion***
  意見を述べる
- ***form*** an ***opinion***
  考えをまとめる
- ***in my opinion***
  私の意見では
- public [popular] *opinion*
  世論

≪物の見方や見解≫ ▶**view** Ⓒ

- a frank exchange of *views*
  率直な意見交換
- She fell in with my *views* at once.
  彼女はただちに私の考えに同調した.
- Do you ***share*** the ***view that*** the death penalty should be kept? +*that* 節
  あなたも死刑は存続すべきだというご意見ですか.
- a ***personal view***
  個人的な見解
- ***have clear*** [***different***, ***opposite***] ***views on*** [***about***] ...

…に関して明確な[異なる, 反対の]見解をもつ

- ***express*** a ***view***
  意見を表明する
- ***take*** [***adopt***] the ***view that*** ...
  …という見解をとる

意見が一致する 動

▶**agree** 自 他

- I completely ***agree with*** you. V+*with*+名
  あなたと全く同意見です.
- I cannot entirely ***agree with*** Mr. Hill ***about*** [***on***] this. V+*with*+名+*about* [*on*]+名
  この点でヒル氏に完全には賛成し難い.
- Wc ***agreed on*** the immediate solution of the problem. V+*on*+名
  私たちはその問題を直ちに解決することで合意した.
- We couldn't ***agree*** (***on*** [***about***]) ***how*** it should be done. V+(前+)*wh* 句・節
  我々はそれをどのようにすればいいか意見が一致しなかった.
- They ***agreed that*** my plan was better. V+O (*that* 節)
  彼らは私の計画のほうがよいということで意見が一致した.
- It *was* ***agreed that*** the meeting would be postponed. V+O (*that* 節) の受身
  会議を延期することで意見が一致した.

意見が合わない 動

▶**disagree** 自

- I ***disagree with*** him. V+*with*+名
  私は彼と意見が違う.
- The witnesses ***disagreed with*** each other ***about*** [***over***, ***on***, ***as to***] the time of the accident. V+*with*+名+前+名
  事故発生の時刻について証人たちの意見が食い違った.

> Ⓐ【研究者】***takes a similar view.***
> 【研究者】は同様の見解を持っている.

Ⓐ ***There is disagreement about ～ among ....***
～については…の間で見解が分かれている.

Ⓑ ***We'd appreciate your feedback on*** our product.
弊社製品についてご意見をお聞かせいただければありがたく存じます.

Ⓑ I think both sides benefited from the many ***opinions voiced*** at the meeting the other day.
先日の会議で多くの意見が出たことは双方にとってプラスになったと思います.

Ⓑ ***Thank you for your valuable feedback*** [***opinion***]. It will help us improve the training session for next year.
貴重なご意見をありがとうございました. 来年の研修会の改善に役立てたいと思います.

Ⓑ Please contact customer service ***if you have any comments or suggestions about*** our website.
弊社ウェブサイトに関するご意見･ご感想はカスタマーサービスまでお寄せください.

いじょう 《上記》

–以上

《数量が》 ▶**... and [or] over**

✪ over ... はその数字を含まず, それを超えた部分を指す. 例えば, over sixty は 60 を含まない. 日本語の「…以上」を正確に表すのは ... and [or] over となる.

- people of 18 *and* [*or*] *over*
  18 歳以上の人たち

《…を超えて》 ▶**over ...; more than ...**

- stay at a place (for) *over* a month
  ひと月以上滞在する
- It takes *more than* two hours.
  2 時間以上かかる.

い

以上の 形
≪上記の≫ ▶**above**
- the *above* facts
  以上の諸事実
- the sentence *above*
  [名詞の後につけて]前述の文

以上 名
≪いままでに述べたこと≫ ▶**the above(-mentioned)**

✪ 単複両扱い.

Ⓐ ***in the example above***
上記の例では

Ⓐ ***as we have seen above*** ⇒ TPL 20-11
上記のように

Ⓐ Since life expectancy has been increasing steadily for ***over*** 150 years, ... ⇒ TPL 21 ▸ Introduction 1
150 年以上前から平均寿命は着実に伸び続けているため…

いそがしい

忙しい 形
▶**busy** (⇔free)
- be ***busy with*** [***at***, ***over***] one's work +前+名
  仕事で忙しい
- He is ***busy*** get***ting*** ready for the journey. +現分
  彼は旅のしたくで忙しい.

Ⓑ ***Thank you for taking the time out of your busy schedule to*** attend our exhibition booth yesterday.
昨日はお忙しい中, 弊社展示ブースにお越しいただきありがとうございました.

Ⓑ I'm grateful that you could ***find the time to*** make the arrangements for me, ***even though you must be very busy***.
お忙しい中, わざわざ私のためにご配慮いただき感謝申し上げます.

い

いちぶ 〖部分〗

一部 名

≪一部分≫ ▶ (a) part

✪「…の一部」という表現では a は付けないほうが普通.

- Cleaning the classroom is thought of as *part of* education.
  教室の掃除は教育の一部だと考えられている.
- Overpopulation is only *part of* the problem.
  人口過多は問題の一部にすぎない.

≪一冊≫ ▶ **copy (of a book)** Ⓒ

- Dr. Smith gave me a *copy of* his book on the French economy.
  スミス博士は私に彼のフランス経済に関する本を 1 冊くれた.

一部 副

≪部分的に≫ ▶ **partially; partly; in part**

- The new tunnel is only *partially* completed.
  新しいトンネルは部分的にしか完成していない.
- The roof has *partly* collapsed.
  屋根が一部くずれた.
- Tomorrow is supposed to be *partly* cloudy.
  あすは所により曇りだろう.
- Her success was「*in part* due [due *in part*] to good luck.
  彼女の成功は幸運に助けられた部分がある.

> Ⓐ What they claim is ***partly*** correct.
> 彼らの主張はある部分は正しい.

いちりょうじつ

一両日

▶ **a day or two**

> Ⓑ The samples should reach you ***within a day or two***.
> サンプルは一両日中にお手元に届くと思います.
> Ⓑ I hope you can get back to me ***in the next couple of days***.

‖ 一両日中にご返事をいただければ幸いです.

いっかつ〘まとめる〙

一括して 副

《一まとめにして》▶**in a lump sum**

《一緒に》▶**together**

《まとめて》▶**collectively**

‖ Ⓑ ***Payment must be made in full.***
お支払いは一括でお願いいたします.

‖ Ⓑ If you ***pay in full***, there will be no charge for shipping.
一括払いの場合, 送料は無料となります.

いっかん

一貫した 形

《矛盾がない》▶**consistent** (⇔inconsistent)

• She is ***consistent in*** her opinions. +*in*+名
彼女の意見は首尾一貫している.

一貫性 名

▶**consistency** Ⓤ

• lack *consistency*
一貫性を欠いている

一貫して 副

《矛盾なく》▶**consistently**

《ずっと通して》▶**throughout**

• She has been my best friend *throughout*.
彼女は一貫して私の一番の親友だ.

《最後まで》▶**to the last**

• The brave soldiers fought *to the last*.
勇敢な兵士たちは最後まで戦った.

‖ Ⓐ ***For consistency***, nonphysicians were excluded from the analysis.
一貫性を保つために医師以外は分析の対象から外した.

い

Ⓐ Figure 1 ***shows a consistent correlation between A and B***.
図 1 は A と B の間の一貫した相関を示している.

いっち 〖合う; 合意〗

一致する 動

▶agree 自

✪ 最も一般的な語.

- Your explanation does not *agree with* the facts.
あなたの説明は事実と合わない.
- These reports don't *agree* (*with* each other).
これらの報告は食い違っている.

▶correspond 自

- The realities of the job roughly [closely] ***corresponded to*** my expectations. V+*to*+名
仕事の実際の内容は大体[ほぼ]私の思っていた通りだった.
- The diagram doesn't ***correspond with*** your explanation. V+*with*+名
その図表は君の説明に合わない.

一致 名

▶agreement U

- There is ***agreement*** among them ***that*** nuclear tests of every type should be prohibited. +*that* 節
いかなる種類の核実験も禁止すべきだということで彼らは意見が一致している.
- There was no ***agreement about*** whom to invite.
だれを招くかについては意見の一致がなかった.
- the *agreement of* theory and practice
理論と実践の一致

Ⓐ These results ***agree with*** ....
これらの結果は…と一致している.
Ⓐ ~ ***is consistent with previous studies which*** ....
~は…という先行研究と一致する.

い

Ⓐ our results ***are consistent with*** the findings of one of the earlier studies ⇒ TPL 21 ▸ Discussion 3
今回の結果は先行研究の知見の一つと一致するものであった

いてん 〘引っ越し〙

移転する 動

▶move; be moved 自

✪ 平易で一般的な語.

- We ***moved from*** Chicago ***to*** Los Angeles. V+*from*+名+*to*+名
  私たちはシカゴからロサンゼルスに引っ越した.
- We will ***move to*** [***into***] the new house next month. V+*to* [*into*]+名
  来月新居へ引っ越します.
- The main office *was moved from* Osaka *to* Tokyo.
  本社は大阪から東京に移った.

Ⓑ Sandler Electrics ***will be moving*** on October 1.
サンドラーエレクトリクスは 10 月 1 日に移転します.

Ⓑ ***Here are our new*** address and telephone number.
新しい住所と電話番号はこちらになります.

いどう 〘転勤〙

異動 名

≪場所·地位などを動かすこと≫ **▶transfer** Ⓒ

- He arranged my *transfer to* this department.
  彼は私のこの課への異動を取り決めた.
- a personnel *transfer*
  人事異動

異動する 動

▶transfer; be transferred 自

- She has ***been transferred from*** the Chicago branch ***to*** the main office in New York. V+*from*+名+*to*+名
  彼女はシカゴ支社からニューヨーク本社へ異動になった.

い

Ⓑ ***I was transferred to*** Sales Region II last week, sorry for the delay in letting you know.
ご連絡が遅くなりましたが, 先週第二地域営業部へ異動になりました.

Ⓑ ***I've been moved to*** Sales and Marketing.
営業･マーケティング部へ異動になりました.

Ⓑ ***I'm being transferred to*** a different department, so I would like to introduce your new customer service manager.
私は別の部署へ異動となりますので, 新しい顧客サービス担当者をご紹介いたします.

いない

-以内 ㊞

▶within ...

• They live ***within*** two miles ***of*** my house.
彼らは私の家から 2 マイル以内に住んでいる.

• The store is *within* a ten-minute walk *of* the station.
その店は駅から歩いて 10 分以内だ.

• He'll come back *within* a week.
彼は 1 週間以内に帰ってきます.

Ⓑ If you do not pay the amount overdue ***within the next 5 days***, ... ⇒ **TPL 11**
今後 5 日以内に未払い額をお支払いいただけない場合は….

Ⓑ ***within ten days from today***
本日より 10 日以内に

Ⓑ ***within two weeks of*** receipt of this notice
この通知を受け取られてから 2 週間以内に

いみ 〘意義〙

意味 ㊔

《一般的に》 **▶meaning** Ⓒ

• a word with several *meanings*
いくつかの意味を持つ語

• What's the *meaning of* this word?
この単語の意味は何ですか.

• a ***literal meaning***
文字どおりの意味

• a ***double meaning***
二重の意味

≪特定の意味≫ ▶**sense** Ⓒ

• This word is used ***in*** two ***senses***.
この語は 2 つの意味で使われている.

• He is a learned person ***in every sense of the word***.
彼はあらゆる意味で学のある人だ.

• in a ***broad*** [***narrow***] ***sense***
広い[狭い]意味で

• ***have*** two ***senses***
2 つの意味がある

• What he says is true ***in a sense***.
彼の言っていることはある意味では真実だ.

意味する 動

▶**mean** ㊥

• The Japanese word 'hana' *means* 'flower' in English.
日本語の「花」という語は英語で flower という意味です.

• What does this word here *mean*?
= What *is meant* by this word here? V+O の受身
ここではこの語はどういう意味ですか.

• The sign ***means*** (***that***) there is a car approaching. V+O ((*that*) 節)
あの標示は車が近づいて来ていることを示す.

• These letters ***mean nothing to*** me. V+O+*to*+名
この文字を見ても何のことか私には分からない.

≪暗に意味する≫ ▶**imply** ㊥

い

- Silence often *implies* consent.
  黙っていることはしばしば賛成を意味する.
- She ***implied*** (***that***) she had changed her mind. V+O ((*that*) 節)
  彼女は考えを変えたことをそれとなく我々に示した.

> Ⓐ ***The implications of this study are*** ....
> 本研究が意味するものは…である.
>
> Ⓐ ***This implies that*** .... ⇒ TPL 21 ▸ Results 2
> このことは…ということを意味する.

いらい 〖要請; 頼む; リクエスト; 願い〗

依頼 名

✪ 要求･主張･提案･命令など命令的な内容を表わす語句（動詞･名詞･形容詞）の後に続く that 節 では should または仮定法現在（動詞の原形）を用いる.

≪要請≫ ▶**request** Ⓤ

✪ 具体的には Ⓒ.

- Their ***request for*** help came too late.
  彼らの援助の要請は遅すぎた.
- We ***made*** a ***request to*** them ***for*** immediate assistance.
  我々は直ちに援助してほしいと彼らに要請した.
- There was a ***request that*** the meeting (*should*) *be* rescheduled. +*that* 節
  会議日程を変更してほしいという要請があった.
- The mayor ignored [rejected] repeated ***requests to*** disclose the information. +*to* 不定詞
  市長は情報の開示を求めるたびたびの請求を無視[却下]した.

依頼する 動

≪頼む≫ ▶**ask** 他

- He *asked* my advice. = He ***asked*** me ***for*** advice. V+O+*for*+名
  彼は私の助言を求めた.
- She *asked* me a favor. V+O+O = She ***asked*** a favor ***of*** me. V+O+*of*+名
  彼女は私にお願いがありますと言った.

• She ***asked*** me ***to*** stay there. V+O+C (*to* 不定詞)
彼女は私にそこにいてくださいと言った.

≪要請する≫ ▶**request** ㊀

✪ request のほうが格式ばった語.

• He ***requested*** the guests ***to*** refrain from smoking. V+O+C (*to* 不定詞)
＝He ***requested of*** the guests ***that*** they (*should*) *refrain* from smoking. V+*of*+名+O (*that* 節)
彼は客にたばこはご遠慮くださいと言った.

• He ***requested*** a loan ***from*** the bank. V+O+*from*+名
彼は銀行に融資を要請した.

依頼人

≪弁護士などの≫ ▶**client** Ⓒ

Ⓑ ***Thank you for asking us for*** a quote.
お見積りのご依頼をいただきありがとうございました.

Ⓑ ***We're sorry, but we cannot meet your request.***
申し訳ございませんが, 貴社のご依頼にお応えすることはできません.

Ⓑ I'm sorry to tell you that ***we cannot fulfil your request***.
申し訳ございませんが, 貴社のご依頼にお応えすることはできません.

Ⓑ ***I'm sorry we can't do as you ask*** this time.
今回はご依頼に添えず申し訳ありません.

Ⓑ We've asked our bank to transfer the funds ***as you requested***.
ご依頼の通り, 資金の振込みをするよう弊社取引銀行に手配をいたしました.

Ⓑ ***Would you*** send me information about what kinds of beans you typically stock? ⇒ TPL 1
貴社が普段どのような豆を扱っているかについて教えてください.

Ⓑ ***Could you please*** confirm that it would be possible to ship the flyers at the beginning of November?
11 月上旬にチラシの配送が可能かご確認いただけますか.

い

Ⓑ ***I would very much appreciate it if you could*** send a few samples of your better quality green beans. ⇒ TPL 1
なるべく品質の良い生豆のサンプルを数点送っていただけると大変ありがたいです.

Ⓑ In the future ***I would be grateful if you would*** use the following email address when contacting me: ....
今後ご連絡をくださる際には以下のメールアドレスをお使いいただければ幸いです.

Ⓑ If it's not too much to ask, ***I wonder if you would*** do me a favor.
無理のない範囲でお願いを聞いていただけませんでしょうか.

Ⓑ ***Would it be possible for you to*** send this order within the next few days?
この注文品を数日中に送っていただくことは可能でしょうか.

いろん

異論

⇒いぎ(異議)

いんよう

引用する 動

▶quote 他 自

• *quote* the Bible
聖書(のことば)を引用する

• The proverb ***is quoted from*** Franklin. V+O+*from*+名の受身
そのことわざはフランクリンのことばから引用されたものです.

• Our teacher often ***quotes from*** the Bible. V+*from*+名
私たちの先生はよく聖書を引用します.

▶cite 他

• She ***cited*** statistics ***as*** proof of her account. V+O+*as*+名
彼女は説明の証拠として統計を引用した.

引用 名

≪引用すること·引用した語句≫ ▶**quotation; citation** Ⓒ

• a *quotation from* the Bible
　聖書からの引用

✪ cite / citation は quote / quotation に比べてよりフォーマル.

う

う

ウェブサイト

▶**website** Ⓒ

• visit ...'s *website*
…のウェブサイトを見る

• on a *website*
ウェブサイトに

Ⓑ ***start up*** a ***website***
ウェブサイトを開設する

Ⓑ ***I found your website on the internet.*** ⇒ TPL 1
インターネットで貴社のウェブサイトを見つけました.

Ⓑ ***You can find information about*** the beans currently available ***on our website***. ⇒ TPL 2
現在入手可能な豆の情報は弊社ウェブサイトでご覧いただけます.

Ⓑ For our company information, ***please see our website*** : www.xxxxxx.co.jp.
会社情報については, 弊社ウェブサイト www.xxxxxx.co.jp をご覧ください.

Ⓑ ***Please visit us at*** http://www.xxxxxx.co.jp.
どうぞ(弊社ウェブサイト) http://www.xxxxxx.co.jp. をご覧ください.

うけとる 〖取る; 見なす〗

受け取る

≪受領する≫ ▶**receive** ㊀

• I *received* your letter yesterday.
あなたの手紙をきのう受け取りました.

• I ***received*** a gift ***from*** him. V+O+*from*+名
彼から贈り物をもらった.

≪解釈する·理解する≫ ▶**take** ㊀

• Don't *take* me [what I said] *that way*. V+O+副
私の言ったことをそんな風にはとらないでくれ.

• You needn't *take* the matter so *seriously* [*hard*].
その問題をあまり深刻に考える必要はない.

• How did he *take* the news?
彼はその知らせをどう受け取ったの?

Ⓑ ***We are in receipt of*** invoice no. 96500678.
番号 96500678 の請求書を受け取りました.

Ⓑ ***We are pleased to receive*** your order no. 98200789.
番号 98200789 のご注文をありがたく受け取りました.

うごく

動く

≪移動する≫ ▶**move** ㊂

✪ 最も一般的な語.

• Don't *move*—stay where you are.
動かないでそのままそこにいて.

• This car won't *move*.
この自動車はどうしても動かない.

• The train was so crowded that I could hardly *move*.
電車が混んでいてほとんど身動きできなかった.

≪機械などが作動する≫ ▶**work** ㊂

• This elevator isn't *working*.
このエレベーターは動いていない.

• This saw ***works by*** electricity. V+*by*+名
こののこぎりは電動だ.

Ⓑ The motor that was delivered yesterday doesn't ***work***.
昨日納品されたモーターが動きません.

う

うたがわしい 〖怪しい; 不審〗

疑わしい 形

《はっきりしない》 ▶**doubtful**

- ***It is doubtful whether*** [*if*] he will pass the examination.
  彼が試験に受かるかどうかわからない.
- ***It is doubtful that*** they will arrive on time.
  きっと彼らは時間どおりには来ないだろう.

《嫌疑をかけられるような·怪しい》 ▶**suspicious**

- *suspicious* behavior
  怪しげな行動
- a *suspicious* package
  不審な小包
- a *suspicious*-looking character
  怪しげな人物

Ⓐ ***dubious*** scientific data ⇒ TPL 20-2
疑わしい科学的データ

Ⓐ ***dubious*** reports ⇒ TPL 20-8
信頼できない報告書

うりこむ 〖売る〗

売り込む

《売りつける》 ▶**sell** 他

《芸能人などを》 ▶**promote** 他

Ⓑ I plan on building my own brand by ***marketing*** my ***product to*** larger retail coffee shop chains in the near future. ⇒ TPL 1
近い将来, より大きな小売りコーヒーショップチェーンに製品を売り込み, 自社ブランドを立ち上げようと考えています.

え

えいきょう 〘効果; 感化〙

影響 名

≪権力·勢力などで他に及ぼす影響≫ ▶**influence** U

- the ***influence of*** Western civilization ***on*** Japan
  西洋文明が日本に与えた影響
- This tendency is due to the *influence* of television.
  この傾向はテレビの影響によるものだ.
- The teacher ***has*** a great ***influence on*** [***upon***, ***over***] his class.
  その先生は自分のクラスの生徒に大きな影響を与えている.
- He did it ***under the influence of*** a strong passion.
  彼は激情にかられてそれをやった.
- ***significant*** [***considerable***, ***major***] ***influence***
  大きな影響
- ***positive influence***
  よい影響

≪効果≫ ▶**effect** C

- The new tax will ***have*** an ***effect on*** the economy.
  新しい税は経済に影響を及ぼすだろう.
- have the opposite *effect*
  逆効果になる
- Our advertising campaign produced [achieved] a profound [major] *effect on* the increase in sales.
  我々の宣伝キャンペーンは売り上げ増に大きな効果があった.

影響する 動

≪力によって影響を与える≫ ▶**influence** 他

- The weather *influences* our daily lives in many ways.
  天候は私たちの日常生活に多くの点で影響を及ぼす.
- His writing has obviously *been influenced* by Hemingway. V+O の受身

彼の作品は明らかにヘミングウェーによって影響を受けている.

• Children *are* easily *influenced* by bad examples.
子供たちは悪例に感化されやすい.

• Her advice ***influenced*** me ***to*** study abroad. V+O+C(*to* 不定詞)
彼女の助言で私は留学を決めた.

≪結果·効果として影響を与える≫ ▶**affect** ㊀

• The weather *affects* the growth of plants.
天候は植物の生長に影響を与える.

• The decision of the Government *was affected* by public opinion. V+O の受身
政府の決定は世論に影響されていた.

Ⓐ The repercussions of such a false representation ***extend to*** the fields of politics and economy ... ⇒ TPL 20-11
そのように誤った説明の影響が, 政治や経済の分野にも波及し…

えいぎょう 〔業務〕

営業 ㊔

≪業務≫ ▶**business** Ⓤ

• BUSINESS AS USUAL
平常どおり営業《掲示》

• All *business* was stopped by the strike.
ストライキで業務はすべて停止した.

営業している ㊍

▶**open** Ⓟ

• The bank is *open* (*for* business) from nine to four.
その銀行は 9 時から 4 時まであいている.

✪ ×The bank is *opened* ... としない.

• WE'RE OPEN
営業中《店の掲示》

• ALWAYS OPEN
年中無休《店の掲示》

営業時間

▶**business hours**

✪ 複数形で.

営業所

▶**(business) office** Ⓒ

営業部

▶**the sales department**

営業利益

▶**operating profit** Ⓒ

Ⓑ I'm writing to let you know our ***business hours*** have changed.
営業時間が変更になりましたのでお知らせいたします.

Ⓑ 5 to 10 ***business days*** after shipping
出荷後 5～10 営業日

えらぶ

選ぶ

≪自分の意思・判断によって選び出す≫ ▶**choose** ㊀

- *choose* one's words (carefully)
(慎重に)ことばを選ぶ
- *Choose* the kind of cake you like best.
あなたのいちばん好きなケーキを選びなさい.
- My father ***chose*** a red tie ***from*** the many on the shelf. V+O+*from*+名
父は棚の多くのネクタイの中から赤いのを選んだ.
- I ***chose*** a nice present ***for*** her. V+O+*for*+名
=I *chose* her a nice present. V+O+O
彼女のためによい贈り物を選んだ.
- Mary *was* ***chosen*** (***as***) May Queen. V+O+C ((*as*+) 名)の受身
=Mary *was* ***chosen to*** be May Queen. V+O+C (*to* 不定詞)の受身
メアリーが 5 月の女王に選ばれた.
- We *chose* her for the job.
私たちはその仕事(をする人)に彼女を選んだ.

《多数の中から慎重に吟味して選び出す》 ▶**select** ㊐

- He ***selected*** a birthday present ***for*** Ann. V+O+*for*+名
  彼はアンのために誕生日のプレゼントを選んだ.
- He *was selected for* the job. V+O+*for*+名の受身
  彼はその仕事に抜擢(ばってき)された.
- They *were* ***selected from*** (***among***) many applicants. V+O+*from* (*among*)+名の受身
  彼らは多数の応募者の中から選ばれた.
- We ***selected*** John ***as*** the team leader. V+O+C (*as*+名)
  ジョンをチームのリーダーに選んだ.
- We ***selected*** Sally ***to*** represent us. V+O+C (*to* 不定詞)
  サリーを私たちの代表に選んだ.

《多数から選ぶが, 厳密な判断は意味しない》 ▶**pick (out)** ㊐

✪ くだけた語.

- They ***picked*** a good day ***for*** the picnic. V+O+*for*+名
  彼らはピクニックによい日を選んだ.
- She *picked* a nice tie *for* me.
  彼女は私にすてきなネクタイを選んでくれた.
- She *was* ***picked as*** captain of the team. V+O+*as* (名)の受身
  彼女はチームのキャプテンに選ばれた.
- She *was* ***picked to*** chair the meeting. V+O+C (*to* 不定詞)の受身
  彼女は議長に選ばれた.
- *pick* one's words
  ことばを選ぶ
- She *picked out* a nice shirt *for* me.
  彼女は私にいいシャツを選んでくれた.

《選挙によって役職者を選ぶ》 ▶**elect** ㊐

- *elect* a chairman
  議長を選出する
- Kennedy *was* ***elected to*** the presidency in 1960. V+O+*to*+名の受身
  = Kennedy *was elected* president in 1960. V+O+C (名)の受身

ケネディは 1960 年に大統領に選ばれた.

• Mr. Long *is* ***elected as*** our leader. V+O+C (*as*+名)の受身
ロング氏は指導者に選ばれた.

Ⓐ The participants for this study ***were selected from*** ....
この研究の参加者は…から選ばれた.

える 〖獲得; 取る; 入手〗

得る

≪手に入れる≫ ▶**get** ㊀

✪ 最も口語的で一般的な語. 以下の語の代わりに用いる場合もかなりある.

• How did you *get* the money?
どうやってそのお金を手に入れたんだ.

• *get* (the) first prize
1 等賞を取る

• You will *get* the chance to see him at the party.
そのパーティーに行けば彼に会うチャンスがあるでしょう.

• I *got* an "A" in math.
私は数学で A をとった.

• When you add three and nine, you *get* twelve.
3 と 9 を足すと 12 となる.

≪希望のものを努力して手に入れる≫ ▶**obtain** ㊀

✪ やや改まった語.

• It was difficult to *obtain* the data for this study.
この研究のためのデータを得るのは困難だった.

• They ***obtained*** the information ***from*** a spy. V+O+*from*+名
彼らはその情報をスパイから得た.

• Written consent *was obtained* from the patient. V+O の受身
患者から書面での同意が得られた.

≪時間をかけて手に入れる≫ ▶**acquire** ㊀

• He *acquired* his knowledge of Russian when he was young.

え

彼は若いうちにロシア語の知識を身につけた.

≪努力によって人望·勝利などを勝ち取る≫ ▶**win** ㊀

- We *won* the victory [gold medal].
  我々は勝利[金メダル]を勝ち取った.
- Jane *won* first prize *in* the speech contest.
  ジェーンはスピーチコンテストで1等賞を取った.
- *win* a seat
  議席を得る
- *win* a contract
  契約を勝ち得る
- He *won* the respect of his colleagues.
  彼は同僚から尊敬を得た.

≪自分に値するものを得る≫ ▶**earn** ㊀

- *earn* a reputation [promotion]
  名声[昇進]を得る

≪価値あるものを努力して勝ち取る≫ ▶**gain** ㊀

- *gain* wealth
  富を得る
- She ***gained*** some valuable experience ***from*** the job. V+O+*from*+名
  彼女はその仕事で貴重な経験を積んだ.
- There is nothing to *be* ***gained by*** worry***ing*** about it. V+O+by+動名の受身
  そのことを心配しても得るところは何もない.

Ⓐ This information ***can be obtained by*** link***ing*** A with B.
この情報はAとBを連結することで得られる.

Ⓐ reliable ***responses were received from*** more than 98% of our subjects
⇒ TPL 21 ▶ Results 3
98%以上の被験者から信頼できる回答が得られた

Ⓐ Our knowledge of ～ ***is derived from*** ....
～に関する我々の知識は…から得たものである[出ている].

え

えんき 〖延ばす; 遅らせる〗

延期する 動

≪先へ延ばす≫ ▶**put off; postpone** 他

✪ 前者のほうが口語的.

• We had to *put off* the meeting because of the storm.
我々はあらしのために会合を延期しなければならなかった.

• Don't keep ***putting off*** report***ing*** the accident.
事故の届け出をいつまでも延ばすな.

• Don't ***put off until*** tomorrow what you can do today. 《ことわざ》
きょうできることをあすに延ばすな.

• *postpone* a meeting
会を延期する

• I've ***postponed*** send***ing*** my reply. V+O (動名)
私は返事を後回しにした.

• The game *was* ***postponed until*** [***till***, ***to***] the following week because of rain. V+O+*until* [*till*, *to*]+名の受身
試合は雨のため次週まで延期された.

≪会を一時, ある時まで休止する≫ ▶**adjourn** 他

• The meeting *was adjourned until* the following week.
会は翌週まで延期となった.

延期 名

≪先へ延ばすこと≫ ▶**postponement** U

≪会を一時, ある時まで休止すること≫ ▶**adjournment** U

> Ⓑ Could we ***reschedule*** our ***appointment to*** next Monday?
> お約束を次の月曜日に延期することはできますか.
>
> Ⓑ This is in regard to your request that we ***postpone*** your ***payment due date***.
> お支払い期日を延期してほしいというご要望の件です.
>
> Ⓑ I'm writing in reply to your request to ***delay payment***.
> お支払い延期のご要望についてご返事申し上げます.

えんじょ

援助

⇒しえん(支援); たすけ(助け)

えんちょう 〖延ばす; 拡張; 引き延ばす〗

延長する 動

≪現状よりも拡張する･先へ伸ばす≫ ▶**extend** 他

- They are planning to ***extend*** the railroad ***to*** the next town. V+O+前+名
  彼らは隣町まで鉄道を延長することを計画している.
- He ***extended*** his stay in the United States「(***for***) another year [***by*** a year].
  彼は米国での滞在をもう 1 年延長した.

≪予定された時間や期間を引き延ばす≫ ▶**prolong** 他

- He *prolonged* his visit.
  彼は訪問の期間を延長した.

延長 名

≪現状よりも拡張する･先へ伸ばすこと≫ ▶**extension** U

- the *extension of* a road [railroad]
  道路[鉄道]の延長

≪予定された時間や期間を引き延ばすこと≫ ▶**prolongation** U

Ⓑ As you requested, we are ***extending*** your ***payment deadline by*** two months.
ご要望の通り, お支払い期限を 2 か月延長させていただきます.

Ⓑ I'm sorry, we cannot ***push back*** your ***payment due date***.
申し訳ございませんが, お支払い期限を延長することはできません.

えんりょ 〖控える〗

遠慮した 形

≪自分の気持ちや考えをあまり表に出さない≫ ▶**reserved**

- a *reserved* manner

遠慮がちな態度

• Mr. Bell seems very *reserved* with us.
ベル氏は私たちに対してとても他人行儀だ.

遠慮する 動

≪ためらう≫ ▶**hesitate** 自

• If you have any problems, don't ***hesitate to*** contact me. V+to 不定詞
何か困ったことがあれば遠慮なく私に連絡してください.

• She ***hesitated about*** [***over***] it [go***ing*** alone]. V+*about* [*over*]+名[動名]
彼女はそのことについて[独りで行くことを]ためらった.

• He ***hesitated in*** reply***ing***. V+*in*+動名
彼は答えるのをためらった.

≪差し控える≫ ▶**reserve** 他

• I *reserve* (my) judgment on that matter.
その件については判断を差し控えます.

≪一時的に衝動を抑える≫ ▶《格式》**refrain from ...**

• You should ***refrain from*** drink***ing*** too much. V+*from*+動名
酒類はあまり飲み過ぎないほうがよい.

• PLEASE REFRAIN FROM SMOKING
喫煙はご遠慮ください《掲示》

遠慮 名

≪差し控えること≫ ▶**reserve** U

• *without reserve*
遠慮なく

• *with reserve*
遠慮して

> Ⓑ ***If you have any questions, don't hesitate to contact me.***
> ご質問がありましたら遠慮なくご連絡ください.
>
> Ⓑ ***Please feel free to*** ask for any assistance you may need.
> 何かお手伝いできることがありましたらご遠慮なくおっしゃってください.

お

お

おくる 〘輸送; 発送〙

送る

≪手紙·小包を送る≫ ▶**send** ㊎ (⇔receive)

✪ この語は基本的な日常語で, 以下の訳語のいずれの代わりにも使うことができる.

- She *sent* a book by mail.
  彼女は郵便で本を送った.
- He *sent* Carol a nice present. V+O+O
  =He ***sent*** a nice present ***to*** Carol. V+O+*to*+名
  彼はキャロルにすばらしいプレゼントを送った.
- I *sent* him an e-mail yesterday.
  私は彼にきのうメールを送った.

≪やや格式ばった語, または特に回送·転送する場合≫ ▶**forward** ㊎

- We will *forward* you the merchandise after we receive your check. V+O+O
  =We will ***forward*** the merchandise ***to*** you after we receive your check. V+O+*to*+名
  商品は小切手の受け取り後にお送りします.

≪送金する≫ ▶**remit** ㊎

✪ 銀行などで使う公式用語.

- *remit* a check
  小切手を送る

≪貨物などを輸送する≫ ▶**ship** ㊎

✪ 通例受身で.

- *ship* goods by rail
  商品を鉄道便で送る
- The products *were* ***shipped*** (***over*** [***out***]) ***to*** Hong Kong. V+O(+副)+*to*+名の受身

お

製品は船で香港に運ばれた.

≪人を見送る≫ ▶**see off** ㊥

• We went to the airport to *see* our mother *off*.
私たちは母を見送りに空港へ行った.

≪相手の家まで≫ ▶**see [take] ... home**

• May I *see* you *home*?
家まで送りましょうか.

• I'll *take* you *home* in my car.
私の車で君を家まで送ろう.

≪車で人を送る≫ ▶**drive** ㊥

• I will *drive* you *home*. V+O+副
家まで車で送るよ.

• He ***drove*** me ***to*** the hotel. V+O+*to*+名
彼は私を車でホテルまで送ってくれた.

Ⓑ ***I'm sending*** the information you asked for.
ご依頼の情報をお送りいたします.

Ⓑ ***I have taken the liberty of sending*** a few samples of green beans to your company address. ⇒ TPL 2
勝手ながら生豆のサンプルを数点, 貴社宛てに送らせていただきました.

Ⓑ ***Would you let me know if it has been sent?***
それをお送りいただけたかどうかお知らせください.

おくれる 〖遅い; 遅刻〗

遅れる ㊍

≪予定時間に≫ ▶**be late for ...** (⇔be in time for ...)

• I *was* an hour *late for* school today.
私はきょう学校に 1 時間遅刻した.

≪後れを取っている≫ ▶**be behind (...)**

• We *are* a bit *behind in* [*with*] our work.
私たちは仕事が少し遅れてきている.

- New York *is* 14 hours *behind* Tokyo.
  ニューヨークは(時差で)東京より 14 時間遅れている.

≪時計が≫ ▶**lose** ㊀ ㊁ (⇔gain)

- This clock *loses* two minutes a month.
  この時計は 1 か月に 2 分遅れる.

≪進むのが遅い≫ ▶**be slow** (⇔be fast)

- Your watch *is* one minute *slow*.
  君の時計は 1 分遅れている.
- The economic recovery has *been* painfully *slow*.
  経済復興がひどく遅れている.

遅れ 名

≪遅れること≫ ▶**delay** Ⓒ

- a slight [long] *delay*
  少し[かなり]の遅れ
- They arrived after「a ***delay of*** three hours [a three-hour *delay*].
  彼らは 3 時間遅れて到着した.
- We won't tolerate any more ***delay***(*s*) ***in*** payment.
  これ以上の支払いの遅れは許さない.
- ***without delay***
  遅れずに, すぐに, さっそく

Ⓑ Please accept our apologies for ***being late with*** our payment.
お支払いが遅れましたことお詫び申し上げます.

Ⓑ We are very sorry for the ***delay in*** shipp***ing*** your order.
ご注文品の発送が遅れまして大変申し訳ございません.

Ⓑ You ***are*** more than two weeks ***late*** pay***ing*** our invoice dated June 10.
6 月 10 日付け請求書のお支払いが 2 週間以上遅れています.

Ⓑ One of my biggest customers ***was late in*** pay***ing*** me, and so I was late in paying you. ⇒ TPL 12
私の最大の顧客の一人が私に支払うのが遅れたので, 貴社への支払いも遅れてしまいました.

おこなう 〖する; 実行; 実施〗

行う

≪する·行う≫ ▶**do** ㊀

✪ 最も一般的な語.

• You can *do* it by yourself.
それはあなた一人でできる.

• Is there anything I can ***do for*** you? V+O+*for*+名
何か手伝うことがありますか.

• There's nothing we can ***do about*** the problem. V+O+*about*+名
その問題は手に負えない.

• *Do* what you like.
自分の好きなことをやりなさい.

✪ 以下のように動作を示す名詞か the, some, much などを伴った動名詞を目的語とする場合もある.

• They *did* the *trip* in two days.
彼らはその旅行を 2 日でした.

• You *do the* shop*ping* and I'll *do the* cook*ing* [wash*ing*].
あなたは買い物をしてください. 私は料理[洗濯]をしましょう.

• The novelist *did a lot of* writ*ing* last year.
その小説家は昨年はたくさん書いた.

≪実行する≫ ▶**perform** ㊀

• He *performed* his duties faithfully.
彼は職務を忠実に実行した.

≪習慣的に行う·実践する≫ ▶**practice** ㊀

• I *practice* early rising.
私は早起きを実行している.

≪計画などを実行する≫ ▶**carry out** ㊀

• The plan is hard to *carry out*.
その案は実行が難しい.

≪会などを開く≫ ▶**hold** ㊀

• When will the ceremony *be held*? V+O の受身
式はいつ行われるのですか.

Ⓐ【研究者】***conducted*** [***carried out***] ***research on*** ....
【研究者】は…の研究を行った.

Ⓐ We ***conducted an experiment*** to test .... ⇒ TPL 21 ▸ Methods 1
…を検証する実験を行った.

おしえる

教える

⇒しらせる(知らせる)

おそい

遅い

⇒おくれる(遅れる)

おねがい

お願い

⇒ねがい(願い)

おも 〖主要〗

主な 形

≪複数ある中で中心となるもの≫ ▶**chief** Ⓐ

• her *chief* concern
彼女の主な関心事

• What is the *chief* aim of this society?
この会の主な目的は何ですか.

≪同種類の人や物の中で最重要のもの≫ ▶**main** Ⓐ

• the *main* street of a town
町の大通り

• the *main* event
主要種目[行事]

• the *main* point
要旨

≪先頭に立ってほかを率いてゆく≫ ▶**leading** Ⓐ

• the *leading* topics of the day
(放送などでの)その日の主要な話題

• the *leading* nations of Europe
ヨーロッパの主要な国々

• He played a *leading* role [part] in the settlement of the issue.
彼はその問題の解決に中心的な役割を果たした.

主に 副

≪同種類の人や物の中で最重要のもの≫ ▶**mainly**

• Our success was「due *mainly* [*mainly* due] to his efforts.
=We succccded *mainly* because of his efforts.
我々が成功したのは主に彼の努力のおかげだった.

• She dropped out *mainly* for financial reasons.
主に経済的理由で彼女は脱退した.

≪複数ある中で中心となるもの≫ ▶**chiefly**

• Air is composed *chiefly* of oxygen and nitrogen.
空気は主に酸素と窒素から成っている.

Ⓐ This paper is ***mainly*** concerned with ....
この論文は主に…を取り扱う.

おもう

思う

⇒かんがえる(考える)

おりかえし

折り返し 副

≪…し返す≫ ▶**back**

• call [phone] ... *back* later
後で…に電話をかけ直す

Ⓑ ***Please confirm by return.***
ご確認の上折り返しご連絡ください.

Ⓑ Could you ***get back to*** me as soon as you receive my order?
私の注文を受け取り次第, 折り返しご連絡ください.

か

かいぎ〘ミーティング〙

会議

≪公式の場で協議するための≫ ▶**conference** Ⓒ

• attend a ***conference on*** nuclear disarmament《格式》
核軍縮会議に出席する

≪相談や打ち合わせのための≫ ▶**meeting** Ⓒ

✪ あらゆる会合に用いられる意味の広い語.

• I have a ***meeting with*** my client this afternoon.
今日の午後は顧客との会議があります.

• A *meeting* was held to discuss the question.
その問題を討議するために会議が開かれた.

• We're ***in a meeting***, so I'll call you back.
会議中なので後で電話します.

• ***attend*** a ***meeting***
会議に出席する

• ***call*** [***arrange***, ***organize***] a ***meeting***
会議を招集する[手配する]

• ***adjourn*** [***break up***] a ***meeting***
会議を休会する[散会にする]

• 「***call off*** [***cancel***] a ***meeting***
会議を中止する

• ***postpone*** a ***meeting***
会議を延期する

• ***chair*** a ***meeting***
会議の議長を務める

• a ***meeting begins*** [***closes***]
会議が始まる[終わる]

• a ***meeting*** 「***takes place*** [***occurs***]

会議が行われる

会議室

▶**conference room** Ⓒ

Ⓑ ***We're planning*** the monthly sales manager ***meeting*** for November. ⇒ TPL 13

11月の月例営業部会議を行います.

Ⓑ ***We will hold a meeting on*** June 15 from noon to 3:00 p.m. at our headquarters.

6月15日の正午より午後3時まで本社で会議を行います.

Ⓑ This is to notify you that there is a project ***meeting scheduled for*** May 25.

5月25日にプロジェクト会議が予定されていることをお知らせします.

Ⓑ I'm sorry, I cannot attend as ***I have another meeting*** at the same time.

申し訳ありませんが, 同じ時間に別の会議が入っているため出席できません.

かいさい 〘開く〙

開催する ㊐

≪会を催す≫ ▶**hold** ㊎

✪ 受身形で用いられることが多い.

- That international conference will be *held* in Tokyo next month.
  その国際会議は来月東京で開催される.

開催国

▶**the host country**

開催都市

▶**the host city**

- the *host city for* the Winter Olympics
  冬季オリンピックの開催都市

Ⓑ ***We'd like to hold*** it on November 5 from 1 to 5 PM. ⇒ TPL 13

11月5日の午後1時から5時まで(会議を)開催したいと思います.
Ⓑ Please be informed that the next managers meeting will ***be held on*** January 5 starting at 1:00 p.m.
次回の部長会議が1月5日午後1時より開催されることをお知らせします.

がいして 〖大体〗

概して 副

《一般に》 ▶**generally**

- Reviews of the book were *generally* favorable.
  その本の批評は大体好意的だった.

《通例》 ▶**as a rule**

- *As a rule*, wc have a great deal of rain in Japan in the fall.
  概して日本では秋には雨が多い.

《全体として》 ▶**on the whole**

- Your paper is *on the whole* satisfactory.
  あなたの論文は全体としては満足できるものです.

概して言えば

《一般的に言うと》 ▶**generally speaking**

- *Generally speaking*, this part of Japan has a mild climate.
  一般的に言って日本のこの地方の気候は温和だ.

Ⓐ ***In general***, we find that .... ⇒ TPL 21 ▶ Results 1
概して…ということがわかる.

かいしゃく 〖理解〗

解釈 名

《意味・意図などをくみとって理解すること》 ▶**interpretation** Ⓤ

✪ 具体的な事例を表す場合は Ⓒ.

- a strict [liberal] *interpretation* of the law
  法律の厳格な[柔軟な]解釈
- That's only your [his] *interpretation*.

それはあなた[彼]の解釈にすぎません.

- It's ***open*** [***subject***] ***to interpretation***.
  いろいろな解釈の余地がある.
- ***put*** an ***interpretation on*** ...
  …に(ある)解釈を与える

解釈する 動

≪意味・意図などをくみとって理解する≫ ▶**interpret** 他

- You may ***interpret*** her smile ***as*** consent. V+O+C (*as*+名)
  彼女がにっこりすれば承知したのだと理解してよい.

≪言葉などを理解する≫ ▶**take** 他

- He failed to *take* the passage as it was intended.
  彼はその一節を本来の意味通りに解釈することができなかった.

> Ⓐ this ***can be interpreted as*** ... ⇒ TPL 21 ▶ Discussion 4
> これは…と解釈することができる

がいしゅつ 〚出かける; 不在〛

外出する 動

▶**go out** 自

- *go out for* lunch
  昼食に出かける
- He *goes out* drink*ing* almost every evening.
  彼はほとんど毎晩飲みに出かける.

外出して 形

▶**out** Ⓟ

- "Is John in [at home]?" "No, he's *out*."
  「ジョンはいますか」「外出中です」

> Ⓑ I'll ***be out of the office*** then on a sales call.
> その時間は営業訪問のため外出する予定です.

かいせつ 〚開く〛

開設する 動

《開く》 ▶**open** ㊰

- I would like to *open* a savings account.
  普通預金口座を作りたいのですが.

Ⓑ We are pleased to announce that we have ***opened*** a ***website*** to provide our customers with the latest product information.
このたび, お客様に最新の製品情報をご提供するためウェブサイトを開設しましたのでお知らせいたします.

Ⓑ We've ***opened*** a new ***office*** in Dubai to cover the Middle East and Africa.
中東とアフリカをカバーするためドバイに新しいオフィスを開設いたしました.

Ⓑ I would like to ***open*** an ***account*** at your bank.
貴行で口座を開設したいのですが.

かいとう 〘返事; 返答〙

回答 名

《返答》 ▶**answer** Ⓒ

- What was his *answer*?
  彼の返事はどうでしたか.
- If you can't ***give*** an ***answer*** now, tomorrow would be fine.
  今返事が無理ならあすでいいです.
- He gave a quick ***answer to*** my question.
  彼は私の質問に対して速やかに答えた.
- ***In answer to*** your question, we are doing our best.
  ご質問(への回答)ですが, 私たちは最善を尽くしています.
- It's a problem we do not have any ***answer for***.
  それは我々には答えられない問題だ.

《正式の返答》 ▶**reply** Ⓒ

✪ answer よりも格式ばった語.

- He ***made*** no ***reply to*** my request.
  彼は私の依頼に何とも答えなかった.

• ***make*** [***give***] a ***reply***
返答をする

回答する 動

≪返答する≫ ▶**answer** 自 他

• Your question is hard to *answer*.
あなたの質問は答えるのが難しい.

• She ***answered*** (me) ***that*** she would come. V(+O)+O (*that* 節)
彼女は(私に)お伺いしますと返事した.

• He ***answered*** not a word ***to*** me. V+O+*to*+名
彼は私にはひと言も答えなかった.

≪正式に返答する≫ ▶**reply** 自

✪ answer よりも格式ばった語.

• I'll *reply* by letter.
書面で回答します.

• ***reply to*** a question V+*to*+名
質問に答える

Ⓐ reliable ***responses were received from*** more than 98% of our subjects
⇒ TPL 21 ▸ Results 3
98%以上の被験者から信頼できる回答が得られた

Ⓑ ***I'm contacting you in response to*** your inquiry about our new product line.
新しい製品群に関するお問い合わせに回答させていただきたくご連絡を差し上げています.

Ⓑ ***I'm writing in reply to*** your request to use our trademark in your marketing materials.
貴社のマーケティング資材に弊社の商標を使用したいというご要望に対し回答させていただきたくご連絡を差し上げています.

Ⓑ ***This is in reply to*** your request for a quotation for our vacuum cleaner motor model D345.
D345 モデルの掃除機用モーターのお見積もり依頼についてご回答申し上げます.

❸ ***I hope to hear from you*** by the end of the week.
今週末までにご回答をいただければと思います.

がいとう

該当する

⇒あてはまる(当てはまる)

かいはつ

開発する 動

▶**develop** ㊀他

✪ 意味の広い一般的な語.

• We *developed* nuclear energy for peaceful purposes.
我々は原子力を平和目的のために開発した.

≪資源を≫ ▶**exploit** ㊀他

✪ 人や国･地域などを目的語にすると搾取を意図するよくない意味になることが多い.

• *exploit* natural resources
天然資源を開発する

開発 名

▶**development** Ⓤ

• in [under] *development*
開発中で

≪資源の≫ ▶**exploitation** Ⓤ

開発業者

≪土地･宅地の≫ ▶**developer** Ⓒ

• a property *developer*
不動産開発業者

開発途上国

▶**developing country** [**nation**] Ⓒ

か

かいもの 〖買う; 購入〗

買い物

▶**shopping** Ⓤ

- I have some *shopping* to do.
  少し買い物がある.
- do the [one's] *shopping*
  買い物をする

≪購入≫ ▶**purchase** Ⓤ

✪ 具体的には Ⓒ. purchase 動 は buy 動 よりも格式ばった語であるが, buy にはこの意味での 名 がないため, その代わりによく用いられる.

- make a good [bad] *purchase*
  安い[高い]買い物をする

≪買った物·これから買う物≫ ▶**purchase** Ⓒ

✪ 格式ばった語.

- She paid for her *purchase* at the store.
  彼女はその店で買い物の支払いをした.

買い物をする 動

▶**shop** 自

- She ***goes*** (grocery) ***shopping*** once a week.
  彼女は週に 1 度(食料品の)買い物に行く.

✪ ×go for shopping とは言わない.

- Jane is out *shopping* at the supermarket.
  ジェーンはスーパーに買い物に出かけている.
- I was ***shopping for*** new shoes, but I couldn't find any good ones. V+*for*+名
  新しい靴を買おうとしたがいいのが見つからなかった.

買い物かご[袋]

▶**shopping basket [bag]** Ⓒ

買い物客

≪買い物をする人≫ ▶**shopper** Ⓒ

- Christmas *shoppers*
  クリスマスの買い物客

≪店の側からみた, 特に常連の客≫ ▶**customer** Ⓒ

- a regular *customer*
  上得意

> Ⓑ ***Thanks for shopping at our store.***
> 当店でお買い物いただきありがとうございます.

がいりゃく

概略

⇒アウトライン; ようやく(要約)

かかく 〖値段〗

価格

≪値段≫ ▶**price** Ⓒ

- a fair [reasonable] *price*
  手頃な価格
- a fixed [set] *price*
  定価
- a *price* rise [increase]
  値上がり
- I bought it ***at*** half [a reduced] ***price***.
  私はそれを半額[割引値]で買った.
- He sold the house ***for*** [***at***] a good ***price***.
  彼はその家をかなりの値段で売った.
- What's the ***price of*** this necklace?
  このネックレスはいくらですか.

✪ ×How much is the *price* of ... ? とは言わない.

- Televisions have come down ***in price*** recently.
  テレビは最近値下がりしている.

≪金銭的な価値≫ ▶**value** Ⓒ

- the ***value of*** the dollar [pound]
  ドル[ポンド]の価値
- a house with a *value of* £10,000
  1 万ポンドの価格の家
- What would the *value of* this book be on the secondhand market?
  この本の古本市場での価格はどのくらいになるでしょうか.

Ⓑ ***keep** the selling **price as low as possible***
販売価格をできるだけ低くおさえる

Ⓑ ***at the lowest possible price***
できる限りの低価格で

Ⓑ ***We can't go any lower than the catalog price.***
カタログ価格よりもお値引きすることはできません.

Ⓑ ***This is the lowest price we are able to offer.***
これがご提示できる最低価格です.

Ⓑ We can help you find beans ***at a price you can afford*** at a quality you can accept. ⇒ TPL 4
弊社は納得のいく品質で手頃な価格の豆を探すお手伝いをいたします.

かかわらず 〖けれど (も); -が〗

…にも拘らず 接

≪…ではあるけれども≫ ▶**though ...; although ...**

- *Though* he lived in France, he doesn't speak French well.
  彼はフランスにいたのにフランス語がうまく話せない.
- *Although* she hurried to the station, she missed the last train.
  駅へ急いで行ったけれども, 彼女は終電に間に合わなかった.

…にも拘らず 前

≪…はあるけれども≫ ▶**in spite of ...; despite ...**

✪ 後者のほうが格式ばっていて意味も弱い.

- *In spite of* the doctors' efforts, the boy did not recover.
  医師団の努力にもかかわらず少年は回復しなかった.

• *Despite*「the fact that I had [having] a cold, I went to see him.
かぜをひいていたにもかかわらず, 私は彼に会いに行った.

≪…に関係なく≫ ▶**regardless of ...**

• Everyone is welcome *regardless of* age.
年齢に関係なくどなたでも歓迎いたします.

• He will have his own way *regardless of* what I say.
私が何と言おうと彼は思いどおりにやるだろう.

Ⓐ ***Despite*** the rather ambiguous language, ⇒ TPL 20-1
かなり曖昧な表現にもかかわらず

Ⓐ ***although*** the global warming theory has been turned into a world-scale environmental scare, ⇒ TPL 20-2
地球温暖化説が世界的な環境問題に発展しているにもかかわらず

✪ although は主節の内容に対する容認または譲歩を表す. though も同じ意味だが although のほうが文語的であり, 論文では although のほうが好まれる. 内容を強く打ち出したいときは although の節は主節の前に置く. 主節の後におくのは, 後で付け足すような意味合いを出したいときである.

Ⓐ Some scientists hold this false belief, ***in spite of*** the evidence to the contrary.
反証があるにもかかわらず, この間違った見解を保持している科学者がいる.

Ⓐ ***regardless of*** age or sex
年齢·性別にかかわりなく

かき

下記

⇒いか(以下)

かぎる 〘制限; 限定〙

限る

≪ある範囲に限定する≫ ▶**limit** ㊀

- We ***limited*** our expenses ***to*** 20 dollars a day. V+O+*to*+名
  私たちは出費を 1 日 20 ドルに制限した.
- *Limit* your answer *to* 50 words.
  50 語以内で答えよ.
- Visits *are limited to* one hour. V+O+*to*+名の受身
  面会は 1 時間に制限されている.
- ***limit*** one***self to*** ...
  (自分の行動の範囲などを)…に限る, …までとする

≪条件をつけて制限する≫ ▶**restrict** ㊀

✪ こちらのほうがより格式ばっていて, 意味が強い.

- Freedom of speech [the press] *was* tightly *restricted*. V+O の受身
  言論[出版]の自由は厳しく制限されていた.
- He *was* ***restricted to*** (drink***ing***) one glass of beer a day. V+O+*to*+動名[名]の受身
  彼は酒を 1 日ビール一杯に制限された.
- Fog has *restricted* visibility *to* 100 meters.
  霧で視界が 100 メートルしかきかなかった.

…とは限らない

▶not all ...; not always ...

- *Not all* the members were present.
  会員が全員出席したわけではない.
- He is *not always* honest.
  彼がいつも正直だとは限らない.

> Ⓐ ***Studies of ... have so far been limited.***
> …に関する研究はこれまでのところ限られている.
>
> Ⓐ Although some research groups have tried to examine ..., ***there is only limited research and the results were inconclusive.*** ⇒ TPL 21 ▸ Introduction 2
> いくつかの研究グループにより, …について検討が試みられているが, 研究は限定的であり, 結論は出ていない.

かくじつ

確実

⇒たしか(確か)

かくしん 〖信じる; 確か; 自信〗

確信する 動

≪非常に確かだと思う≫ ▶**be sure［certain］**

• I think he's coming, but I'*m* not quite *sure*.
彼は来ると思いますが, あまり確信はありません.

• ***Are*** you ***sure*** (***that***) this is the right train? +(*that*) 節
この列車で間違いないですか.

• ***Are*** you ***sure of*** get***ting*** the tickets? +*of*+動名
確実に切符を入手できますか.

• I'***m*** pretty ***sure of*** his success. +*of*+名
私は彼がきっと成功する[した]と思う.

• Don't *be* too *sure about* [*of*] your conclusion.
自分の結論に確信を持ちすぎてはいけない.

• I'***m certain*** (***that***) he'll succeed. +(*that*) 節
私は彼が成功すると信じている.

• I'***m*** absolutely ***certain of*** [***about***] that. +*of* [*about*]+名
私はそれを確信している.

• I'***m*** not ***certain what*** has become of him. +*wh* 節
彼がどうなったかはっきりしない.

≪自信がある≫ ▶**be confident**

• ***be confident of*** victory +*of*+名
勝利を確信している

• He ***was confident that*** he would win. +*that* 節
彼は自分が勝つものと確信していた.

確信 名

≪信念≫ ▶**conviction** Ⓤ

か

✪ 多少格式ばった言い方.

• We have a strong [deep] ***conviction that*** our constitution needs no change. *+that* 節

憲法は変える必要がないと我々は強く確信している.

• with [without] *conviction*

確信を持って[持たずに]

≪自信≫ ▶**confidence** Ⓤ

• He lacks ***confidence in*** himself.

彼は自分に自信がない.

• I have every ***confidence that*** he will win. *+that* 節

私は彼がきっと勝つだろうと思う.

Ⓑ ***We're sure*** you'll be happy with our product quality.

弊社製品の品質にきっとご満足いただけるものと確信しております.

Ⓑ ***I am sure that*** you will find our specialty beans meet your needs for high quality coffee. ⇒ **TPL 2**

弊社のスペシャルティコーヒー豆は高品質なコーヒーに対する貴社のニーズにお応えできると確信しております.

かくだい 〖拡張; 広げる; 引き伸ばす〗

拡大する 動

≪大きさ・量・範囲などを広げる≫ ▶**expand** 他

• He *expanded* his business.

彼は商売を拡張した.

≪事業・意味などを拡張する≫ ▶**extend** 他

• The city is planning to *extend* the park.

市は公園を拡張する計画だ.

≪大きさを大きくする≫ ▶**enlarge** 他

• I'll have this picture *enlarged*.

この写真を引き伸ばしてもらうつもりだ.

≪実物より大きくする≫ ▶**magnify** 他

• This microscope *magnifies* things 1000 times.
この顕微鏡は物体を千倍に拡大する.

≪段階的に拡大する≫ ▶**escalate** ㊐ ㊒

• The quarrel ***escalated into*** a fight. V+*into*+名
口論はついに取っ組み合いになってしまった.

• *escalate* a conventional war *into* an annihilating atomic war
通常戦を殲(せん)滅的な原子力戦に拡大する

拡大 名

≪大きさ・量・範囲などを広げる≫ ▶**expansion** Ⓤ

• territorial *expansion* = ***expansion of*** territory
領土の拡張

≪事業・意味などを拡張する≫ ▶**extension** Ⓤ

• an *extension* of authority
権力の拡大

≪大きさを大きくする≫ ▶**enlargement** Ⓤ

≪実物より大きくする≫ ▶**magnification** Ⓤ

≪段階的に拡大する≫ ▶**escalation** Ⓤ

Ⓑ ***expand the sales network***
販売網を拡大する

Ⓑ We're ***expanding*** our ***market*** in Canada.
カナダで市場を拡大中です.

Ⓑ We want to ***increase*** our ***market share*** over the other domestic manufacturers.
弊社は他の国内メーカーより市場シェアを拡大したいと考えています.

かくとく

獲得

⇒える(得る)

か

かくにん 〘確かめる; 点検〙

確認する 動

≪不確かなことを≫ ▶**confirm** 他 自

• *confirm* the hotel reservations by telephone
ホテルの予約を電話で確認する

• The spokesman ***confirmed that*** the report was true. V+O(*that* 節)
スポークスマンはその報告は真実であると確認した.

• We must *confirm who* is coming to the party. V+O (*wh* 句·節)
誰がパーティーに出席するのかを確認しなければならない.

≪点検する≫ ▶**check** 他

• Please ***check*** (***that***) everyone is present. V+O ((*that*) 節)
全員がいるかどうか点検してください.

• Would you ***check whether*** all the windows are closed? V+O (*if*·*whether* 節)
窓が全部閉まっているかどうか見ていただけませんか.

≪調査や事実に照らして≫ ▶**verify** 他

✪ confirm より格式ばった語.

• *verify* the date of his death
彼の死亡日を確かめる

• My calculations *verify that* the comet will hit the Earth.
私の計算では, この彗星(すいせい)は地球に衝突することが確かめられる.

≪同一物[人]だと認める≫ ▶**identify** 他

• The body hasn't *been identified*. V+O の受身
その遺体は身元が確認されていない.

• The robber *was **identified as*** John Smith by his fingerprints. V+O+C (*as*+名)の受身
その強盗は指紋からジョン スミスであると確認された.

確認 名

≪不確かなことを≫ ▶**confirmation** U

- The information requires *confirmation.*
  その情報は確認を要する.

≪調査や事実に照らして≫ ▶**verification** Ⓤ
≪同一物[人]だと認める≫ ▶**identification** Ⓤ

- The ***identification of*** the three dead bodies was done by relatives.
  3 人の遺体の身元確認が親戚の者によってなされた.
- *Identification* by examination of the handwriting was impossible.
  筆跡鑑定による身元の確認は不可能だった.

確認事項

▶**matters for confirmation**
≪点検すべき点≫ ▶**points [items] to be checked**

Ⓐ ***we confirm here that*** ... ⇒ TPL 21 ▶ Discussion 2
…ということが今回確認された

Ⓐ Our recent research ***confirms that*** ....
われわれの最近の研究は…ということを裏付けている.

Ⓐ In another investigation, experiments ***verified that*** .... ⇒ TPL 21 ▶ Introduction 2
別の調査では, …ということが実験で確認された.

Ⓑ ***Please confirm by return.***
ご確認の上折り返しご連絡ください.

Ⓑ ***Please confirm at your earliest convenience.***
できるだけ早くご確認ください.

Ⓑ ***We have checked that*** the delivery was as ordered.
注文通りの納品であったことを確認しました.

Ⓑ ***Could you please confirm that it would be possible to*** ship the flyers at the beginning of November?
11 月上旬にチラシの配送が可能かご確認いただけますか.

Ⓑ ***Please see the attached copy*** of the invoice we sent to you in September. ⇒ TPL 11
9 月にお送りした請求書のコピーを添付いたしますのでご確認ください.

Ⓑ ***Please let us know when you confirm*** receipt of our payment.
入金をご確認いただいたらお知らせください.

Ⓑ ***Would you please check*** your account information on our website and let me know if the bank account we have for you is correct?
弊社ウェブサイトで貴社の口座情報をご確認いただき, 弊社が把握している銀行口座が正しいかお知らせいただけませんでしょうか.

かくやく

確約

⇒ほしょう(保証)

かだい 〘宿題; 問題〙

課題

≪解決すべき問題≫ ▶**problem** Ⓒ

- There's a difficult ***problem with*** that.
  それについては難しい問題がある.

≪なすべきこと≫ ▶**agenda** Ⓒ

- Economic recovery is ***high on the agenda***.
  = Economic recovery is (***at the***) ***top of the agenda***.
  景気回復が最優先課題だ.

≪宿題≫ ▶**assignment** Ⓒ

- a summer *assignment*
  夏休みの宿題
- Miss White gives her class an *assignment* every day.
  ホワイト先生はクラスに毎日宿題を出す.

Ⓐ ***Future research should explore*** ....
将来の研究は…を探求すべきである.

Ⓐ ***Much still remains to be done.***
まだすべきことがたくさん残っている.

Ⓐ ... ***remains to be proved*** [***tested, investigated, solved***].
…はまだ証明[検証, 研究, 解決]されないままである.

Ⓐ ～, ***but it remains unclear whether*** [***what***] ....
～, しかし…かどうか[何が…か]は不明のままである.
Ⓐ ***it will be valuable to conduct a further investigation into*** them ⇒ TPL 20-11
さらに調査を進めることは有益であろう

カタログ 名

▶**catalog(ue)** Ⓒ
• a mail-order *catalogue*
通信販売のカタログ
• the spring 2023 *catalogue* of new cameras
新型カメラの 2023 年春のカタログ

カタログに載せる 動

▶**catalog(ue)** ㊀
▶**put** [**list**] **... in a catalog(ue)** ㊀

カタログ販売

▶**catalog retailing** Ⓤ
Ⓑ These product lines will ***be introduced in our new product catalog*** next month.
これらの製品群は来月の新製品カタログで紹介する予定です.
Ⓑ ***We are sending you our latest product catalog*** with more detailed information.
より詳細な情報を記載した最新の製品カタログをお送りします.

かつやく

活躍する 動

≪積極的な役割を果たす≫ ▶**take** [**play**] **an active part** (**in ...**)

活躍 名

≪めざましい活動≫ ▶(**remarkable**) **activity** Ⓒ
Ⓑ ***Best wishes for your future success.***
ますますのご活躍をお祈りしております.

か

かてい 〖仮説; 想定; 推定〗

仮定 名

≪根拠がなくても仮定すること≫ ▶**assumption** Ⓒ

- a mere *assumption*
  単なる憶測
- an underlying *assumption*
  前提
- make a false *assumption*
  誤った想定をする
- Your ***assumption that*** his death was an accident seems to be wrong. +*that* 節
  彼の死は事故だとする君の推定は間違っているようだ.
- We will proceed ***on the assumption that*** the argument is valid. +*that* 節
  その議論が妥当だという仮定のもとに話を進めよう.

≪多少根拠があって推定すること≫ ▶**supposition** Ⓒ

- It's based on pure *supposition*.
  それは単なる推測にすぎない.
- I was acting ***on the supposition that*** what he told me was true. +*that* 節
  私は彼の言ったことが本当だと仮定したうえで行動していた.

≪仮説≫ ▶**hypothesis** 《複 -ses》 Ⓒ

- prove [disprove] a *hypothesis*
  仮説を証明[反証]する

仮定する 動

▶**assume** 他

- Let's *assume* his innocence.
  = Let's ***assume*** (***that***) he's innocent. V+O ((*that*) 節)
  = Let's ***assume*** him ***to*** be innocent. V+O+C (*to* 不定詞)
  彼が無実だと仮定してみよう.
- I think we can safely *assume* (*that*) the situation will improve.
  状況が良くなると考えても大丈夫だと思う.

• *assume* the worst
最悪の事態を想定する

▶**suppose** ㊐

• Let us *suppose* (*that*) the news is true.
その報道が真実だと仮定しよう.

Ⓐ ***Assuming that*** ..., there are certain problems that present themselves: ~.
…と仮定した場合, いくつかの問題が立ち現れる. つまり~.

Ⓐ ***Given that*** ..., we can explain why ~.
…ならば, なぜ~かを説明することができる.

Ⓐ ***If*** Socrates is a man, and all men are mortal, ***then*** Socrates is mortal.
ソクラテスが人間で, すべての人間は死すべき存在であるならば, ソクラテスは死すべき存在である.

かのう 〖できる; ありうる〗

可能な ㊒

≪状況次第ではありうる≫ ▶**possible**

✪「事柄」が主語となり,「人」は主語にならない. よく It is possible for ... to *do* の形で用いられ, 動作主としての人は for で表される.

• ***Is it possible for*** him ***to*** get there in time?
彼はそこへ間に合うように着くことができるだろうか.

• ***Would it be possible for*** you ***to*** lend me your office keys?
事務所の鍵を貸していただけないでしょうか《依頼》.

• The new technology has ***made it possible to*** repair the bridge within a week.
新技術のおかげで 1 週間以内に橋を修理することができた.

• There's only one *possible* solution.
実行可能な解決法はたったひとつしかない.

• technically *possible*
技術的に可能な

• theoretically *possible*

か

理論的には可能な
≪現実の問題として, 実行する可能性がある≫ ▶**practicable**
- a *practicable* plan
  実行可能な計画

≪成就しやすい≫ ▶**feasible**
- a *feasible* plan
  実行可能な計画
- It is not economically *feasible* to build a factory here.
  ここに工場を建てるのは経済的に無理だ.

Ⓐ ***There are two possible explanations for*** the conflicting results. ⇒ TPL 21 ▶ Discussion 3
この相矛盾する結果については, 2 つの説明が可能である.

Ⓐ ***It is possible to*** build up two hypotheses.
2 つの仮説を立てることは可能である.

Ⓐ ***It is possible to*** draw at least two different theoretical conclusions from these data.
これらのデータから 2 つの異なる理論的結論を引き出すことが可能である.

かのうせい 〖見込み〗

可能性

≪状況によっての≫ ▶**possibility** Ⓤ

✪ 個別的な事例では Ⓒ として用いる.
- the ***possibility of*** success
  成功の可能性
- There's no [some] ***possibility of*** his win***ning*** the election. +*of*+動名 = There's no [some] ***possibility*** (***that***) he'll win the election. +(*that*) 節
  彼が選挙に勝つ見込みは全然ない[少しある].

✪ 後に to do は来ない.
- There's only a remote *possibility that* an earthquake will hit this town.
  この町に地震が起こる可能性はまずない.

- Agreement is not beyond the realms [bounds] of *possibility*.
  合意は不可能ではない.

≪潜在的な≫ ▶**potentiality** Ⓤ

✪ 個別的な事例では Ⓒ として用いる.

- human *potentiality*
  人間の可能性
- The country has great *potentialities*.
  その国は発展の見込みが大いにある.

≪見込み≫ ▶**chance** Ⓒ

- ***have*** a fair [slight, slim] ***chance***
  まあまあ[わずかな]見込みがある
- There is no [some] ***chance of*** his victory.
  彼の勝利の見込みはない[いくらかある].
- We have「a good [a fifty-fifty, an outside] ***chance of*** win***ning***.
  私たちが勝てる見込みは十分[五分五分で, わずかで]ある.
- His *chances of* success are one in ten.
  =The *chances of* his succeed*ing* are one in ten.
  =The ***chance that*** he will succeed is one in ten. +*that* 節
  彼が成功する可能性は 10 に 1 つだ.
- a million to one *chance*
  ごくわずかな見込み

≪客観的に見て≫ ▶**likelihood** Ⓤ

- Is there any *likelihood of* snow?
  雪が降りそうでしょうか.
- There was little ***likelihood that*** he knew anything about it. +*that* 節
  彼がそのことを少しでも知っているとはとても思えなかった.

> Ⓐ ***It is possible that*** .... ⇒ TPL 21 ▸ Discussion 3
> …という可能性がある.
>
> Ⓐ ***It is theoretically possible that*** ..., but in practice ....
> …ということは理論上ありうるが, 実際は….
>
> Ⓐ ***One possibility is*** ....

ひとつの可能性は…である.

Ⓐ ***Another possibility is*** the division of the two age groups. ⇒ TPL 21 ▸ Discussion 3

別な可能性は 2 つの年齢層の分け方にある.

Ⓐ ***there is a possibility that*** ... ⇒ TPL 20-1

…という可能性がある

Ⓐ ***exclude the possibility that*** [***of***] ...

…という可能性を排除する

かんか 〘見逃す〙

看過する 動

≪間違いなどを見逃す≫ ▶**overlook** 他

- I can't *overlook* an employee's dishonesty.
  従業員の不正を見逃すわけにはいかない.

Ⓐ ... ***is*** [***has been***] ***neglected*** [***ignored***].

…は看過[無視]されている[されてきた].

✪ neglect は当然注意を払うべきことを, 故意にまたは不注意で無視すること. ignore は認めたくないものをわざと無視することで, neglect より意図的な含みが強い.

Ⓐ ***Little attention*** has been given to ....

…にはほとんど注意が向けられなかった.

かんがえ

考え

⇒いけん(意見)

かんがえる 〘思う; 見なす; 考慮〙

考える

≪思考する·思う≫ ▶**think** 他 自

- I ***think*** (***that***) he's a doctor. V+O ((*that*) 節)
  彼は医者だと思う.

✪ that はしばしば省略される.

• ***What do you think of*** [***about***] this book?
この本をどう思いますか.

• *It is* generally *thought that* Mr. Brown will accept the position. V+O (*that* 節)の受身
ブラウン氏はその職を引き受けるだろうと一般に思われている.

✪ it は that 以下を受ける形式主語.

• When you phoned me yesterday, I was just ***thinking about*** you.
あなたがきのう電話してきたとき, ちょうどあなたのことを考えていたんだ.

• We must *think about* the matter in a quieter room.
私たちはその問題をもっと静かな部屋でじっくり考えてみる必要がある.

• I'm ***thinking of*** buying a new car.
私は新車を買おうかと考えている.

• *Think of* what she has told you.
彼女に言われたことをよく考えてみなさい.

• ***Think what*** to do next. V+O (*wh* 句)
= ***Think what*** you should do next. V+O(*wh* 節)
次に何をすべきか考えなさい.

≪熟慮する≫ ▶**think over; consider** ㊚

✪ 前者のほうが口語的.

• I'll *think over* your suggestions.
あなたの提案をじっくり考えてみます.

• Please let me *think* it *over*.
それについてはよく考えさせてください.

• I'll *consider* the matter carefully.
その件はよく考えてみるよ.

• I'm ***considering*** resign***ing***. V+O (動名)
辞職するかどうか考慮中だ.

• He ***considered what*** he should do next. V+O(*wh* 節)

か

= He ***considered what*** to do next. V+O (*wh* 句)
彼は次にどうすべきか考えた.

- He *is considered* an excellent teacher. V+O+C (名)の受身
  = He *is* ***considered to*** be an excellent teacher. V+O+C (*to* 不定詞)の受身
  彼は優秀な教師だと考えられている.
- You must ***consider how*** he will feel if he hears that. V+O (*wh* 節)
  彼がそれを聞いたらどんな気持ちがするかを考えてみなさい.

考え出す

≪よく考えて案出する≫ ▶**think out [up]; work out** ㊉

- They *thought up* a clever method.
  彼らはうまい方法を考え出した.
- Have you *worked out* a good plan?
  よい計画を考えつきましたか.

≪考案する≫ ▶**invent** ㊉

✪ やや改まった語.

- Do you know who *invented* the telegraph?
  電信を発明したのはだれだか知っていますか.

考えつく

≪思いつく≫ ▶**think of ...**

- I can't *think of* any good plan(s).
  いい案が全然思いつかない.

≪方法などを≫ ▶**think up** ㊉

- They *thought up* a clever method.
  彼らはうまい方法を考え出した.

≪ふと思いつく≫ ▶**hit on [upon] ...**

- At last she *hit on* [*upon*] a good idea.
  とうとう彼女はいい考えを思いついた.

考えられない 形

≪思いもよらない≫ ▶**unthinkable**

- It is *unthinkable* that he would resign.
  彼が辞職するなんて考えられない.

≪信じられない≫ ▶**unbelievable; incredible**

- ***It is unbelievable that*** he did it for himself.
  彼がそれを独力でやってのけたとは信じられない.
- ***It's incredible that*** she didn't know.
  彼女が知らなかったとは信じ難い.

> Ⓐ ***It is reasonable to think that*** ....
> …と考えるのは妥当である.
>
> Ⓐ ***There is good reason to think that*** ....
> …と考えるに十分な理由がある.
>
> Ⓐ While【研究者 A】***thinks that*** ...,【研究者 B】assumes that ....
> 【研究者 A】は…と考えているが, 一方,【研究者 B】は…と推定している.
>
> Ⓐ many experts ***believe that*** ... ⇒ TPL 20-2
> …と考える専門家は多い
>
> Ⓑ ***I'm thinking of*** strictly high grown from Costa Rica. ⇒ TPL 3
> コスタリカのストリクトリーハイグロウンを(候補として)考えています.
>
> Ⓑ Now ***I am thinking about*** 60 kg of strictly high grown Costa Rica. ⇒ TPL 5
> 今, 私はコスタリカのストリクトリーハイグロウン 60kg を考えています.

かんけい 〖関連; 関わる〗

関係 名

≪関係性≫ ▶**relation** Ⓤ

✪ 相互関係などを言う場合は複数形で.

- the ***relation between*** cause and effect = the cause-and-effect *relation*
  因果関係
- the ***relation of*** height ***to*** weight = the height-weight *relation*
  身長と体重の関係
- The accident ***bears*** [***has***] ***no relation to*** us.

か

その事故は我々とは関係がない.

• establish [have] friendly ***relations*** (***with*** ...)
(…と)親しくなる[親しくしている]

• break off (all) *relations with* a family
一家との関係を(完全に)断つ

• We have good *relations with* that firm.
私どもはあの会社とは良好な取引関係を保っている.

• Diplomatic ***relations between*** Russia and France became friendly.
ロシアとフランスの外交関係は友好的になった.

• ***international relations***
国際関係

《つながり》 ▶**connection** Ⓤ

✪ 具体的には Ⓒ.

• the ***connection between*** crime and poverty
犯罪と貧困の関係

• It has some [no] ***connection with*** [***to***] that affair.
それはあの事件と関係がある[ない].

• ***make*** a ***connection***
結びつけ(て考え)る

• find [establish] a *connection*
関連を見出す[立証する]

《結びつき》 ▶**relationship** Ⓒ

• establish [break off] a ***relationship with*** ...
…と関係を結ぶ[断つ]

• improve a ***relationship with*** ...
…との関係を改善する

• John has developed a good *relationship with* his boss.
ジョンは上司といい関係を築いた.

• A good ***relationship between*** doctor ***and*** patient is important.
医者と患者の良好な関係が大切だ.

• 「a ***close*** [an ***intimate***] ***relationship***

親しい関係
• a ***strong relationship***
強い結び付き
• ***cement*** a ***relationship***
関係を強化する
• the ***relationship of*** language ***to*** [***and***] thought
言語と思考の関係
• This ***has*** [***bears***] no ***relationship to*** the incident.
これはその事件とは関連がない.
• The ***relationship between*** those facts isn't clear.
それらの事実関係ははっきりしていない.

関係がある ㊍

≪関係性≫ ▶**relate; be related** ㊓
• This news ***relates to*** my father's business. V+*to*+名
このニュースは父の仕事に関係がある.
≪つながり≫ ▶**be connected**
• The two events *are* closely *connected.*
その二つの出来事は密接に関連している.
≪利害関係・関心≫ ▶**concern** ㊐
✪ 人が主語のときは concern *oneself*, be concerned の形で用いられる.
• The matter does not *concern* me.
そのことは私には関係がない.
• I *am* not *concerned with* it.
私はそれにかかわりがない(私の知ったことではない).
≪何らかのかかわりがある≫ ▶**have something to do with ...**
• His failure seems to *have something to do with* his character.
彼が失敗するのは彼の性格と何らかの関係がありそうだ.

関係者

≪個人≫ ▶**person concerned** Ⓒ
≪関係者全体≫ ▶**party concerned** Ⓒ
≪関係者全員≫ ▶**all concerned**

Ⓐ ***A is related to B.***
A は B と関係がある.

Ⓐ ***A is unrelated to B.***
A は B と無関係である.

Ⓐ ***the relationship between A and B***
A と B の関係

Ⓐ ***relevant*** data
関連するデータ

Ⓐ there is a possibility that the warming trend ***is associated with*** global warming due to the buildup of anthropogenic greenhouse gases ⇒ **TPL 20-1**
この温暖化傾向は, 人為的な温室効果ガスの蓄積による地球温暖化と関連している可能性がある

Ⓑ ***establish*** a business ***relationship with*** ...
…と取引関係を結ぶ

Ⓑ We hope this project will lead to a constructive ***relationship between*** us.
このプロジェクトが私たちの建設的な関係につながることを願っています.

Ⓑ I am disappointed as I was hoping to ***build*** a long-term ***relationship with*** you as my new supplier. ⇒ **TPL 5**
貴社とは新しいサプライヤーとしての長期的な関係を築きたいと考えていたので残念です.

かんさつ 〖見る; 観測〗

観察 名

▶observation Ⓤ

- the ***observation of*** nature
  自然の観察

観察する 動

≪研究する態度で観察する≫ **▶observe** ㊀

✪ やや改まった語.

- *observe* the behavior of birds
  鳥の生態を観察する
- ***Observe*** closely ***how*** it works. V+O (*wh* 節)
  それがどう動くかよく見ていなさい.

≪動物･人の行動など動きのあるものを≫ ▶**watch** ㊙

✪ 一般的な語.

- We were ***watching*** the procession *go* [go*ing*] by. V+O+C (原形[現分])
  私たちは行列が通り過ぎる[通り過ぎていく]のを見物していた.
- Please ***watch what*** I do. V+O (*wh* 節)
  私がすることをよく見てください.

観察力

▶***one's* powers of observation**

Ⓐ ***We observed*** .... ⇒ TPL 21 ▶ Results 2 / ... ***was observed in*** ～.
…を観察した. / …が～に観察された.

Ⓐ distinct effects can ***be observed*** at each age ⇒ TPL 21 ▶ Results 1
各年齢層で明白な結果が観察される

Ⓐ【研究者】***observed*** ....
【研究者】は…を観測した.

✪ in a study of ... / in an experiment on ... / in their [his, her] study などを添えることもできる. 研究者を主語にしたこのパターンは, 文体のスリム化を唱える科学系分野で推奨されている. 典拠となる情報(研究結果を発表した論文の著者名と年号)を含めること.

かんしゃ 〖お礼; 有難い〗

感謝 ㊔

▶**thanks**

✪ 複数形で.

- She returned the book with (a word of) *thanks*.
  彼女はありがとうと言ってその本を返した.
- He expressed [extended, gave] his ***thanks to*** Mr. Black ***for*** his

か

guidance.《格式》
彼はブラック先生の指導にお礼を述べた.

▶**gratitude** Ⓤ

✪ thanks よりも格式ばった語.

• express one's deepest *gratitude to* [*toward*] ...
…に深く感謝の意を表わす

• He showed no *gratitude for* my help.
彼は私の援助に対して何の感謝の気持ちも示さなかった.

• in *gratitude* for ...
…に感謝して

• with *gratitude*
感謝して

感謝する ㊕

✪ 以下, 後のものほど格式ばった表現となる.

▶**thank** ㊍

• I ***thanked*** my uncle ***for*** the present. V+O+*for*+名
私はおじにその贈り物のお礼を言った.

• She ***thanked*** me ***for*** com***ing***. V+O+*for*+動名
彼女は私が来たことに感謝した.

▶**be thankful [grateful]**

• You should *be thankful*「*that* you [*to*] have been rescued.
救助されたのを感謝しなければいけない.

• We're ***grateful*** (***to*** you) ***for*** your help. (+*to*+名)+*for*+名
= We're ***grateful that*** you helped [will help] us. +*that* 節
あなたのご助力に対して私たちは感謝しております.

• He ***was*** deeply ***grateful to*** get support from so many people. +*to* 不定詞
彼は多くの人に支持され大変ありがたく思った.

▶**appreciate** ㊍

• I *appreciate* your kindness. = I *appreciate* you being so kind.
ご親切ありがとう存じます.

• I deeply [greatly] ***appreciate*** your com***ing*** all the way. V+O (動名)

はるばるおいでいただいて深く感謝します.

Ⓑ ***Thank you for*** get***ting*** it to them so quickly. ⇒ TPL 10
先方へ迅速に届けていただきありがとうございました.

Ⓑ ***Thank you for*** your interest in Central American Coffee Suppliers. ⇒ TPL 2
この度はセントラルアメリカンコーヒーサプライヤーズにご興味をお持ちいただきありがとうございます.

Ⓑ ***Thanks for*** your offer to help me find good quality products at an affordable price. ⇒ TPL 5
この度は, 手頃な価格で良質の製品を探すお手伝いをお申し出いただき, ありがとうございました.

Ⓑ Again, ***I appreciate*** your assistance in helping me select my orders. ⇒ TPL 5
注文品を選ぶお手伝いをしていただけること, 改めて感謝申し上げます.

Ⓑ ***We do appreciate your business.*** ⇒ TPL 19
お取り引き誠にありがとうございます.

Ⓑ ***We really appreciate your*** be***ing*** a customer of Micro Machine Tools. ⇒ TPL 17
マイクロ・マシーン・ツールズをご愛顧いただき, 心より感謝申し上げます.

Ⓑ ***We are grateful for*** your interest in our business.
弊社のビジネスに関心をお寄せいただきありがとうございます.

かんしん

関心

⇒きょうみ(興味)

かんする

関する

⇒ついて

か

かんれん

関連

⇒かんけい(関係)

き

きかい 〖チャンス；好機〗

機会

▶**opportunity** Ⓒ

✪ chance には偶然性が含意されるが, opportunity にはない. ただし否定文ではほとんど同意に用いられる.

• the *opportunity* of a lifetime for you
　君にはまたとないよい機会

• I don't have many ***opportunities to*** go abroad. +*to* 不定詞
　海外へ行く機会はあまりない.

• I have little ***opportunity for*** [***of***] traveling.
　旅行する機会がめったにない.

• I will tell her so ***at*** the first [earliest] ***opportunity***. 《格式》
　機会があり次第彼女にそう伝えます.

• *at* every *opportunity*
　機会あるごとに

• I'd like to ***take*** this ***opportunity*** *to* express my gratitude to all of you.
　この場をお借りして皆様にお礼を申し上げます.

• Don't ***miss*** this golden ***opportunity***.
　この絶好の機会を逃すな.

• ***give*** ... an ***opportunity***
　…に機会を与える

• ***get*** an ***opportunity***
　機会を得る

≪特定の時・場合≫ ▶**occasion** Ⓒ

• This is a good ***occasion to*** contact him. +*to* 不定詞
　今が彼に近づくいい機会だ.

• I'd like to ***take this occasion to*** thank everybody.
　この場をお借りして皆さんに感謝申し上げます.

き

≪偶然に与えられた好機≫ ▶**chance** Ⓒ

✪ opportunity より口語的.

- Give me「a second [another] *chance*.
  もう一度機会を与えてください.
- Let me take this ***chance to*** say thank you. +to 不定詞
  この機会にお礼を申し上げます.
- That was her (one) big *chance* (*to* succeed).
  あれは彼女の(成功する)(一)大チャンスだった.
- Don't let this *chance* slip by.
  この好機を逃すな.
- ***have*** [***get***] a ***chance***
  機会がある[を得る]
- ***miss*** a ***chance***
  機会を逃す
- wait (for) one's *chance*
  機会が来るのを待つ
- an ***equal chance***
  均等な機会
- a ***fair chance***
  好機
- a ***once-in-a-life-time chance*** = the ***chance of a lifetime***
  千載一遇のチャンス
- 「***jump at*** [***grab***, ***seize***] a ***chance***
  チャンスに飛びつく
- 「***throw away*** [***turn down***] a ***chance***
  チャンスを棒に振る

機会均等

▶**equal opportunity** Ⓤ

▶**equality of opportunity** Ⓤ

Ⓑ We do not want to ***miss the opportunity*** presented by the current market trend.

弊社は現在の市場動向がもたらすチャンスを逃したくないと考えています.

Ⓑ Please let me know when ***there is another opportunity***.
またの機会がありましたらどうぞご連絡ください.

Ⓑ I hope someday we'll ***have another chance to*** meet.
いつかまたお会いできる機会があればと思います.

きがる

気軽に

≪遠慮なく≫ ▶**freely**

- Speak *freely*.
  遠慮せずに話してください.

≪たやすく≫ ▶**readily**

- *readily* available
  すぐ手に入る

お気軽に…してください

≪遠慮せず·ご自由に≫ ▶**(please) don't hesitate to *do*; (please) feel free to *do***

- If you have any problems, *don't hesitate to* contact me.
  何か困ったことがあれば遠慮なく私に連絡してください.
- If you want more information, *please feel free to* ask us.
  もっとお知りになりたければ, どうぞご遠慮なく私どもにお尋ねください.

Ⓑ ***Please feel free to contact us at any time.***
いつでもお気軽にご連絡ください.

きげん 〚期日; 締め切り〛

期限

≪日限·時限≫ ▶**time limit** Ⓒ

- set a *time limit for* work
  仕事に期限を設ける

き

≪締め切り日時≫ ▶**deadline** Ⓒ

- a tight [strict] *deadline*
  余裕のない締め切り期限
- The ***deadline for*** applications is approaching.
  応募の締め切りが近づいている.
- ***meet*** [***miss***] a ***deadline***
  締め切りに間に合う[遅れる]
- ***work to*** a ***deadline***
  締め切りに間に合わせる

期限切れ

≪満了≫ ▶**expiration** Ⓤ

✪ 格式語.

- at [on] the *expiration of* one's term of office [service]
  任期満了の時に

> Ⓑ ***Payment was due on*** November 10, but we have not received it from you. ⇒ **TPL 11**
> お支払期限は 11 月 10 日でしたが, お客様からまだお支払いをいただいておりません.
>
> Ⓑ Please be advised that ***your payment is*** one month ***overdue***.
> お支払い期限が 1 か月過ぎていることをお伝えします.
>
> Ⓑ See the action items at the bottom of the minutes, ***along with their deadlines.*** ⇒ **TPL 15**
> 議事録の末尾にある実施項目とその期限をご確認ください.

ぎじ

議事

⇒ぎだい(議題)

きじつ 〖期限; 締め切り; 日時〗

期日

≪定められた日≫ ▶**(fixed) date** Ⓒ

- a completion *date*
  完成(期)日
- The *date* is set for May 10.
  期日は 5 月 10 日と決められた.

《支払いなどの》 ▶**term** Ⓒ

- the *term* of a contract
  契約の期日

> Ⓑ For your information, your next ***payment due date*** is May 1.
> ご参考までに, 次回のお支払い期日は 5 月 1 日です.
>
> Ⓑ I will certainly contact you ***before the payment due date*** if the same problem comes up in the future. ⇒ **TPL 12**
> 今後同じ問題が発生した場合は必ず支払期日前にご連絡いたします.

ぎじろく

議事録

▶**minutes; proceedings**

✪ いずれも複数形で. 後者は規模の大きい会議などの報告書で, 出版されることもあるもの.

- take the *minutes* of a meeting
  会議の議事録をとる

> Ⓑ ***I've attached the minutes from the meeting yesterday.*** ⇒ **TPL 15**
> 昨日の会議の議事録を添付します.

ぎだい 〖議事; 話題; テーマ〗

議題

《話題》 ▶**topic** Ⓒ

- the ***topic for*** class discussion
  クラスでの討論会の題目
- Politics was the main ***topic of*** their conversation.
  政治が彼らの会話の主な話題だった.

≪討論などのテーマ≫ ▶**subject** Ⓒ
- raise a ***subject of*** [***for***] discussion [debate]
  議論のテーマを提起する

≪協議事項のリスト≫ ▶**agenda** Ⓒ
- We have three items *on the agenda for* this meeting.
  この会議の議事は 3 項目ある.

Ⓑ Please ***read the agenda*** beforehand.
議事は事前にお読みください.

Ⓑ Please see the attached for today's ***meeting topics***.
本日の会議の議題は添付資料をご覧ください.

Ⓑ The ***meeting agenda*** is 1) update on risk management, 2) compliance training requirements, and 3) open discussion.
会議の議題は, 1) リスクマネジメントに関する最新情報, 2) コンプライアンス研修の要件, 3) オープンディスカッション, です.

Ⓑ Let me know ***if you have additional topics*** you would like to add to the agenda. ⇒ **TPL 13**
協議事項に追加したい議題があれば教えてください.

きづく 〖分かる; 気が付く; 認識〗

気付く

≪知る・わかる≫ ▶**be aware**
- He ***was*** well [fully] ***aware of*** the danger. +*of*+名
  彼はその危険がよくわかっていた.
- I ***was aware*** (***that***) he was there. +(*that*) 節
  私は彼がそこにいたことに気がついていた.
- I ***was***n't ***aware*** (***of***) ***how*** deeply she loved me. (+*of*)+*wh* 節
  私は彼女がどんなに深く私を愛していたかということに気がつかなかった.

≪気がつく≫ ▶**notice** ㊀
- He *noticed* me [the noise].
  彼は私[物音]に気がついた.

- She ***noticed*** (***that***) somebody was following her. V+O ((*that*) 節)
  彼女はだれかが自分の後をつけてくるのに気づいた.
- I ***noticed*** her hands shak***ing***. V+O+C (現分)
  私は彼女の手が震えているのを見てとった.
- We *noticed* the man *enter* her room. V+O+C (原形)
  私たちはその男が彼女の部屋に入るのを見た.

> Ⓑ ***Please let us know any comments you may have.***
> 何かお気づきの点があればお知らせください.
>
> Ⓑ Please look the document over and ***if you find anything*** that should be changed, please let me know.
> この書類に目を通していただき, 変更すべき点に気づかれたらお知らせください.

きにいる

気に入る

≪好む≫ ▶**like** ㊀

- She *liked* her new dress.
  彼女は新しいドレスが気に入った.

≪満足する≫ ▶**be pleased**

- She ***was pleased with*** her new dress. +*with*+名
  彼女は新しいドレスが気に入った.
- Ben ***is pleased about*** his new job. +*about*+名
  ベンは新しい仕事が気に入っている.

> Ⓑ ***I'm glad you like*** our coffees. ⇒ **TPL 4**
> 弊社のコーヒーを気に入っていただきうれしく思います.
>
> Ⓑ The salons they supply ***love*** the product. ⇒ **TPL 10**
> 彼らが商品を供給しているサロンはこの製品を気に入っています.

きめる

決める

⇒けってい(決定)

き

ぎもん 〖疑う; 疑念; 疑わしい〗

疑問 名

▶**question** Ⓤ

✪ 具体的な事例を指すときは Ⓒ.

• There is no ***question about*** [***of***] his honesty.
=There is no ***question about*** [***of***] his be***ing*** honest.
=There is no ***question*** (***that***) he is honest. +(*that*) 節
=There is no ***question but that*** he is honest.
彼が正直であることは疑う余地がない.

• There was some ***question*** (***as to***) ***whether*** (or not) she would resign. +(*as to*) *whether* 節
彼女が辞職するかどうか定かでなかった.

• His testimony is ***in question***.
彼の証言に疑問がもたれている.

≪疑い≫ ▶**doubt** Ⓤ

✪ 具体的な事例を指すときは Ⓒ で, 複数形で用いられることが多い.

• ***cast*** [***throw***] ***doubt on*** ...
…に疑いを投げかける

• ***express doubts*** [(a) ***doubt***] (***about*** ...)
(…について)疑念を表明する

• ***have*** (one's) ***doubts*** (***about*** ...)
(…に)疑念をもつ

• ***raise doubts*** [(a) ***doubt***] (***about*** ...)
(…について)疑念を起こさせる

• I have no ***doubt about*** your success.
=I have no ***doubt*** (***that***) you will succeed. +(*that*) 節
あなたが成功するのは間違いないと思っている.

• There is some ***doubt*** (***about*** [***as to***]) ***whether*** she'll come. +(*about* [*as to*]+) *whether* 節
彼女が来るかどうか多少疑問だ.

- There's no *doubt* who did it.
  だれがそれをしたかについて疑問はない.
- Her ability is still ***in*** (some) ***doubt***.
  彼女の能力についてはまだ(少し)疑問がある.
- The evidence ***leaves no doubt that*** he is guilty.
  その証拠により彼が犯人であることは間違いない.

疑問に思う ㊞動

≪疑う≫ ▶**doubt; question** ㊞他

- I *doubt* him [his word].
  =I ***doubt if*** [***whether***] he is telling the truth. V+O (*if* [*whether*] 節)
  彼が本当のことを言っているかどうか怪しい.
- She ***doubted*** very much ***whether*** [***that***] her husband would come back to her. V+O (*whether* [*that*] 節)
  彼女は夫が自分の所へ帰ってくるかどうか大変危ぶんでいた.
- I *questioned* the significance of his discovery.
  彼の発見に意義があるのかどうか疑いを持った.
- I ***question whether*** he will be elected president. V+O(*whether* 節)
  彼が大統領に選ばれるかどうか疑問だ.

疑問がある ㊞形

≪疑問の余地がある≫ ▶**questionable**

- It is *questionable* whether the news is true.
  そのニュースが本当かどうか疑わしい.

≪疑わしい・疑いをもっている≫ ▶**doubtful**

- ***It is doubtful whether*** [***if***] he will pass the examination.
  彼が試験に受かるかどうかわからない.
- ***It is doubtful that*** they will arrive on time.
  きっと彼らは時間どおりには来ないだろう
- I am ***doubtful of*** his motives. +*of*+名
  私は彼の動機に疑いを持っている.

Ⓐ ***The question arises*** as to what extent methodological differences have an effect. ⇒ TPL 21 ▶ Discussion 3

‖ 方法論の違いがどの程度影響しているのかという疑問が生じる.

ぎゃく

逆

⇒はんたい(反対)

キャンセル 〘取り消す; 中止〙

キャンセルする 動

≪取り消す≫ ▶**cancel** 他

• He *canceled* his hotel reservation.
彼はホテルの予約を取り消した.

• All the flights to Okinawa *were canceled.* V+O の受身
沖縄行きの便はすべて欠航になった.

• The game *was canceled* because of rain.
試合は雨で中止になった.

キャンセル待ち

▶**standby** U

• We are *on standby.*
私たちはキャンセル待ちです.

キャンセル料

▶**cancellation charge [fee]** C

B I want to ***cancel*** my ***order***.
注文をキャンセルしたいのですが.

B I'm sorry, orders for this product ***cannot be canceled***.
申し訳ございませんが, この商品のご注文はキャンセルできません.

B Please be aware we are allowing you to ***cancel*** your order after the cut-off this time only.
締切日以降のキャンセルは今回に限り可能ですのでご留意ください.

B Unfortunately I need to ***cancel*** my ***appointment*** due to urgent business, please give everyone my regrets.

> 残念ながら, 急用のためお約束をキャンセルしなければなりません. 皆さんによろしくお伝えください.

きゅう 〖緊急; 突然; 急激〗

急な 形

≪緊急な≫ ▶**urgent**

• on *urgent* business
急用で

≪突然の≫ ▶**sudden**

• a *sudden* illness
急病

• There was a *sudden* change in the weather.
天候が急変した.

• The road takes a *sudden* turn to the left.
その道路は急に左へ曲がっている.

• His death was all too *sudden.*
彼の死はあまりにも突然だった.

≪傾きが急な≫ ▶**steep**

• a *steep* slope [hill]
急な坂

• a *steep* increase [rise] in the cost [price] of gasoline
ガソリン価格の急騰

≪角度が急な≫ ▶**sharp**

• He made a *sharp* turn [left] at the corner.
彼はその角で急に曲がった[左折した].

• a *sharp* rise [drop] in prices
物価の急騰[急落]

≪流れなどが速い≫ ▶**rapid**

• a rapid river
流れの急な川

• curb the *rapid* increase in prices

物価の急激な上昇を抑える

急に 副

《突然》 ▶**suddenly; all of a sudden**

✪ 後者のほうが強意.

- The car *suddenly* stopped.
  車は急に止まった.
- *Suddenly* the light went out.
  突然明かりが消えた.
- *All of a sudden* the fire alarm went off.
  突然火災報知機が鳴った.

> Ⓑ ***I'm sorry for the short notice, but*** I need to cancel the meeting this afternoon.
> 急で申し訳ないのですが, 今日の午後の会議をキャンセルさせてください.

きゅうぎょう 〖休む; 閉まる〗

休業する 動

《店などを閉める》 ▶**close** 他

- The shop will *be closed* for two weeks from today.
  店は本日から 2 週間休業です.

本日休業

《掲示》 ▶**Closed (today)**

> Ⓑ Please note that our office will ***be closed on*** March 21 for a national holiday.
> 3 月 21 日は祝日のため, 弊社のオフィスは休業とさせていただきますのでご承知おきください.
>
> Ⓑ This is to let you know our store will ***be closed on*** Wednesday for inventory.
> 当店は棚卸しのため, 水曜日を休業とさせていただきますのでお知らせいたします.

きゅうよう

急用

▶**urgent [pressing] business** Ⓤ

• on *urgent business*

急用で

❸ Unfortunately I need to cancel my appointment ***due to urgent business***, please give everyone my regrets.

残念ながら, 急用のためお約束をキャンセルしなければなりません. 皆さんによろしくお伝えください.

きょうぎ 『討議; 審議; 相談; 話し合い』

協議する 動

≪さまざまな考えを出し合って≫ ▶**discuss** 他

• I want to ***discuss*** the problem ***with*** him. V+O+*with*+名

その問題について彼と話し合ってみたい.

• They ***discussed how*** they should solve the problem. V+O (*wh* 節)

= They ***discussed how to*** solve the problem. V+O (*wh* 句)

彼らはその問題をどう解決するか討議した.

• We ***discussed*** join***ing*** the union. V+O (動名)

我々はその組合に加入することについて話し合った.

≪対等に意見を交換する≫ ▶**confer** 自

• The President *conferred with* his advisers *on* [*about*] the matter.

大統領は顧問官たちとその件で協議した.

≪相談する≫ ▶**consult** 自

• I must ***consult with*** Tom ***about*** the matter. V+*with*+名+*about*+名

その問題についてトムと相談しなければならない.

協議 名

≪さまざまな考えを出し合って≫ ▶**discussion** Ⓤ

✪ 具体的な事例は Ⓒ.

• After much *discussion* they settled the question.

討議を重ねた末彼らはその問題を解決した.

- The committee ***had*** a lively ***discussion about*** [*on*] the new project.
  委員会は新計画について活発な論議を行なった.
- ***Discussions*** took place ***between*** the two brothers.
  2 人の兄弟の間で話し合いが行なわれた.
- ***under discussion***
  審議中で
- be [come] up for *discussion*
  (議題が)審議される
- The issue is open to *discussion*.
  その件はまだ議論[検討]の余地がある.

≪対等に意見を交換する≫ ▶**conference** Ⓒ

- have a *conference* with ...
  …と協議する

≪相談する≫ ▶**consultation** Ⓤ

✪ 具体的な事例は Ⓒ.

- I had a ***consultation with*** a lawyer ***about*** my will.
  私は遺言のことで弁護士と相談した.
- ***in consultation with*** ...
  …と相談[協議]して

協議会

≪会議≫ ▶**conference** Ⓒ

- hold a *conference*
  協議会を催す

≪助言を与えるための会議≫ ▶**council** Ⓒ

- The President convened his advisory *council*.
  大統領は諮問委員会を開いた.

協議事項

≪集合的に, 議題≫ ▶**the agenda**

≪個別に≫ ▶**item on the agenda** Ⓒ

- We have three *items on the agenda for* this meeting.

この会議の議事は 3 項目ある.

Ⓑ ***I've attached a tentative agenda.*** ⇒ TPL 13
暫定的な協議事項を添付します.

Ⓑ Let me know if you have additional topics you would like to ***add to the agenda***. ⇒ TPL 13
協議事項に追加したい議題があれば教えてください.

きょうきゅう 〘提供; 与える〙

供給 名

▶**supply** Ⓤ

✪ 具体的には Ⓒ.

• *supply* and demand
需要と供給

✪ 日本語と語順が逆.

• a contract for the *supply of* gas
ガス供給の契約

• oil ***supply to*** the country
その国への石油の供給

供給する 動

≪必要･不足を補って≫ ▶**supply** 他

✪《米》では with を省略してよい.

• He has ***supplied*** me ***with*** the necessary information. V+O+*with*+名
=He has ***supplied*** the necessary information ***to*** me. V+O+*to*+名
彼は私に必要な情報を知らせてくれた.

≪提供する≫ ▶**provide** 他

• The government should urgently ***provide*** the victims ***with*** food and clothes. V+O+*with*+名
=The government should urgently ***provide*** food and clothes ***for*** [***to***] the victims. V+O+*for* [*to*]+名
政府は被災者たちに食べ物と衣服を至急与えなければならない.

供給過剰

▶**oversupply** Ⓒ

供給不足

▶**undersupply** Ⓒ

Ⓑ ***I am looking for a supplier of*** specialty green coffee sourced from Central America. ⇒ **TPL 1**
中米産のスペシャルティコーヒー生豆のサプライヤーを探しています.

Ⓑ Right now my main requirement is a ***steady supply of*** two or three single origin beans. ⇒ **TPL 3**
今私が主に求めているのは, 2, 3 種類のシングルオリジン豆の安定供給です.

きょうそう

競争する 動

≪競い合う≫ ▶**compete** 自

- John had to ***compete with*** [***against***] his classmates in the examination. V+*with* [*against*]+名
ジョンはその試験で級友と競争しなければならなかった.
- They ***competed*** (***with*** each other) ***for*** the prize. V+(*with*+名+)*for*+名
彼らはその賞をめざして(互いに)競争した.
- They are ***competing to*** win the prize. V+*to* 不定詞
彼らはその賞を取ろうと張り合っている.

競争の 形

▶**competitive**

- a highly [fiercely, keenly, intensely] *competitive* society
競争の激しい社会

競争 名

▶**competition** Ⓤ

- There was keen [bitter, fierce, intense, stiff] ***competition between*** [***among***] them ***for*** the prize.
その賞を得ようとして彼らの間で激しい競争が行なわれた.

- The company collapsed *in the face of competition from* cheaper imports.
  その会社は安い輸入品との競争に直面して倒産した.
- ***be in competition with*** ...
  …と競争する

競争相手

▶**rival** Ⓒ

- a ***rival in*** love
  恋がたき
- Mike and Dick are ***rivals for*** (the position of) catcher.
  マイクとディックとはキャッチャーのポジションを争っている.

競争意識

▶**a sense of rivalry**

競争心

▶**(a) competitive spirit; a sense of rivalry**

> Ⓑ ***compete with*** the existing brands
> 既存のブランドと競争する
>
> Ⓑ In our opinion the price you propose ***is*** not ***competitive in*** this market.
> 弊社としましては, ご提案いただいた価格ではこの市場で競争できないと考えています.

きょうてい

協定

⇒けいやく(契約)

きょうみ 〖関心〗

興味 名

≪関心≫ ▶**interest** Ⓤ

✪ しばしば an interest として.

- ***show*** [***express***] (an) ***interest in*** ...

…に興味を示す

• ***lose interest*** *in* …
…に興味をなくす

• ***arouse*** [***attract***] (…'s) ***interest***
(…の)興味をかき立てる[引く]

• I ***have*** no ***interest*** *in* painting.
私は絵には興味がない.

• My son began to ***take*** an ***interest*** *in* English.
私の息子は英語に興味を持ち始めた.

• I heard his story ***with*** great ***interest***.
私は彼の話を大変おもしろく聞いた.

興味深い 形
≪おもしろい≫ ▶**interesting**

• The story is very *interesting* to us.
その話は私たちには大変興味深い.

• 「***It is*** [I ***find it***] very ***interesting to*** listen to him.
彼の話を聞くのはとてもおもしろい.

• ***It is interesting that*** the rumor has [should have] spread so quickly.
そのうわさがそんなに速く広まったとはおもしろい.

興味がある 動
▶**be interested in ...; have an interest in ...**

• He *is* very *interested in* gardening.
=He *has* a great *interest in* gardening.
彼はガーデニングに非常に興味を持っている.

• What kind of sports *are* you *interested in*?
どんなスポーツに興味がありますか.

• I***'m interested in*** study***ing*** Chinese history. +*in*+動名
私は中国史を勉強してみたい.

興味を持つ 動
▶**get interested in ...; take an interest in ...**

‖ Ⓐ The growth of the global population is of recent ***interest*** … ⇒

TPL 21 ▸ Introduction 1

地球上の人口増加は近年の関心事項となっている…

Ⓐ ***In recent years, there has been renewal of interest in*** ....

近年…に対する関心が再燃している.

Ⓐ ***Interestingly,*** ....

興味深いことには….

Ⓑ ***I am particularly interested in*** coffee from Guatemala, Honduras, Nicaragua, and Costa Rica. ⇒ TPL 1

グアテマラ, ホンジュラス, ニカラグア, コスタリカのコーヒーに特に興味があります.

Ⓑ ***Thank you for your interest in*** Central American Coffee Suppliers. ⇒ TPL 2

この度はセントラルアメリカンコーヒーサプライヤーズにご興味をお持ちいただきありがとうございます.

Ⓑ ***I hope this will interest you.***

ご興味をお持ちいただけたら幸いです.

Ⓑ ***We're interested in*** the new products on your website.

貴社ウェブサイトの新製品に関心があります.

Ⓑ ***We're interested in*** becom***ing*** your distributor in Japan.

弊社は日本で貴社の製品を販売することに関心があります.

ぎょうむ

業務

⇒えいぎょう(営業)

きょうりょく 〖協同〗

協力 名

▶ **cooperation** Ⓤ

- We can achieve our goal through international *cooperation.*
  我々の目的は国際協力で達成できる.
- We put out the fire ***in cooperation with*** the neighbors.

私たちは近所の人たちと協力してその火事を消した.

≪共同≫ ▶**collaboration** Ⓤ

✪ 格式ばった語.

• ***collaboration between*** academic institutions ***and*** industry
産学協同

• in *collaboration* (with ...)
(…と)共同して

協力する 動

▶**cooperate** 自

• *cooperate* fully [closely]
全面的[緊密]に協力する

• All the nations in the world should ***cooperate to*** establish permanent peace. V+*to* 不定詞
全世界の国民が恒久平和樹立のために協力すべきだ.

• Hundreds of the townspeople ***cooperated with*** the police ***in*** search***ing*** for the missing child. V+*with*+名+*in*+動名
何百人という町民が行方不明の子供を捜すのに警察と協力した.

▶**collaborate** 自

• He *collaborated with* the composer *on* [to create] a splendid musical.
彼は作曲者と協力してすばらしいミュージカルを作った.

Ⓑ ***We would like to ask for your understanding and cooperation.***
ご理解とご協力をお願いいたします.

Ⓑ ***Thank you for your cooperation.***
ご協力ありがとうございます.

きょてん

拠点

≪根拠地≫ ▶**base** Ⓒ

• Our company has its *base* in Tokyo.
私どもの会社は東京に本社があります.

Ⓑ ***We are based in*** Yokohama, Japan. ⇒ TPL 1

‖ 弊社は日本の横浜に拠点を置いています.

きろく

記録 名

《競技の》 ▶**record** C

- hold the world [Olympic, national] ***record for*** the marathon
  マラソンの世界[オリンピック, 国内]記録を保持している
- The *record for* this distance is 1 minute 56 seconds.
  この距離の最高記録は 1 分 56 秒だ.
- an ***unbroken record***
  破られ(てい)ない記録
- ***set*** [***establish***] a ***record***
  記録を作る
- ***equal*** [《米》 ***tie***] a ***record***
  記録に並ぶ
- ***break*** [***beat***] a ***record***
  記録を破る

《文書に残した》 ▶**record** C

- ***records of*** the past
  過去の記録
- She ***kept*** a ***record*** *of* everything that was said by the speaker.
  彼女は講演者が言ったことをすべて記録に残した.
- He left behind no *record of* his private life.
  彼は私生活についての記録を全く残さなかった.
- It was the greatest earthquake ***on*** (***the***) ***record***.
  それは記録に残っている最大の地震だった.

記録する 動

▶**record** 他

- The policemen ***recorded that*** the traffic accident had been caused by speeding. V+O (*that* 節)
  警察官はその交通事故はスピード違反で起きたと記録した.

き

記録に残す 動

▶**put ... on record**

記録的な 形

▶**record** Ⓐ

✪ 名詞の形容詞用法.

- a *record* snowfall
  記録的な降雪
- The temperature reached a *record* high [low] yesterday.
  昨日は空前の高温[低温]を記録した.

‖ Ⓐ The whole experiment ***was recorded*** ... ⇒ TPL 21 ▸ Methods 2
‖ 実験は全て記録され…

ぎろん 〘討論; 討議; 審議〙

議論 名

≪自分の意見を主張したり相手を説得しようとする≫ ▶**argument** Ⓤ

✪ 具体的な事実を指すときは Ⓒ.

- win [lose] an *argument* (with ...)
  (…との)議論に勝つ[負ける]
- We accepted his suggestions without (an) *argument*.
  私たちは異議なく彼の提案を受け入れた.
- They spent hours in ***argument about*** [***over***] the future of Japan.
  彼らは何時間もかけて日本の将来について議論をした.

≪問題解決のために意見を出し合う≫ ▶**discussion** Ⓒ

- a heated *discussion*
  激論
- After much *discussion* they settled the question.
  討議を重ねた末彼らはその問題を解決した.
- The committee ***had*** a lively ***discussion about*** [***on***] the new project.
  委員会は新計画について活発な論議を行った.
- ***Discussions*** took place ***between*** the two brothers.
  2 人の兄弟の間で話し合いが行われた.

• ***under discussion***
審議中で
• be [come] up for *discussion*
(議題が)審議される
• The issue is open to *discussion*.
その件はまだ議論[検討]の余地がある.
≪相手の主張を覆すために感情的になって行うやりとり≫
▶**dispute** Ⓒ
• be open to *dispute*
議論の余地がある
• The brothers had a heated ***dispute about*** [***over***] her marriage.
兄弟は彼女の結婚について激論を交わした.
≪一定のルールのもとに行われる公開の場での討論≫ ▶**debate** Ⓤ
✪ 具体的な事実を指すときは Ⓒ.
• (a) heated [fierce] *debate*
激しい議論
• open the ***debate on*** [***about***, ***over***] the pros and cons of raising taxes
増税に対する賛否の討論の口火を切る
• This problem is likely to provoke a great deal of *debate*.
この問題は大いに論議を呼びそうだ.
• The bill is now ***under debate*** in the committee.
その法案は現在委員会で審議中である.

議論する ㊫

≪自分の意見を主張したり相手を説得しようとする≫ ▶**argue** ㊀ ㊐
• *argue* for the sake of *arguing*
議論のための議論をする
• I ***argued with*** him ***about*** [***over***] the new plan. V+*with*+名+*about* [*over*] +名
私は彼と新計画について議論した.
≪問題解決のために意見を出し合う≫ ▶**discuss** ㊐
✪ discuss は他動詞であるから前置詞をつけて ×discuss about [on] a

problem などというのは誤り.
- I want to ***discuss*** the problem ***with*** him. V+O+*with*+名
  その問題について彼と話し合ってみたい.
- They ***discussed how*** they should solve the problem. V+O (*wh* 節)
  = They ***discussed how to*** solve the problem. V+O (*wh* 句)
  彼らはその問題をどう解決するか討議した.
- We ***discussed*** join***ing*** the union. V+O (動名)
  我々はその組合に加入することについて話し合った.

≪相手の主張を覆すために感情的になって行うやりとり≫
▶dispute ㊐ ㊒
✪ 前 2 者よりは格式ばった語.
- The issue *was* fiercely [hotly] *disputed* in the Diet. V+O の受身
  その問題は国会で激しく議論された.
- They are ***disputing what to*** [they should] do next. V+O (*wh* 句·節)
  彼らは次にどうしたらいいかを議論している.

≪一定のルールのもとに行われる公開の場での討論≫ **▶debate** ㊐ ㊒
- The question *is* being hotly *debated.* V+O の受身
  その問題は熱心に討論されている.
- The teachers ***debated*** the problem ***with*** the parents. V+O+*with*+名
  教師たちは親たちとその問題を討議し合った.
- We ***debated how*** 「we should [***to***] do it. V+O (*wh* 節[句])
  私たちはそれをどのようにすべきかを議論した.
- They ***debated whether*** 「they should [***to***] reduce expenses. V+O (*whether* 節[句])
  = They ***debated*** reduc***ing*** expenses. V+O (動名)
  彼らは経費削減の是非を討論した.
- They were ***debating about*** the expense. V+*about*+名
  彼らは費用のことを討議していた.

議論の余地のある ㊎
≪異論のある≫ **▶disputable; debatable**
- a highly *disputable* theory

きわめて疑わしい理論

- It is highly *debatable* whether that is true.
  それが真実かどうかは大いに議論の余地がある.

Ⓐ ***Over the last few years*** [***decades***]***, ... has been the subject of controversy.***
ここ 2,3 年[20〜30 年]の間, …は議論の的であった.

Ⓐ ***This paper argues*** ....
この論文は…を議論する.

Ⓐ 【研究者】 ***argued*** ....
【研究者】は…を議論した.

✪ 文体のスリム化(⇒かんさつ ✪).

Ⓐ there was much shock value in the ***argument that*** ...
…という議論には大きな衝撃的価値があった ⇒ TPL 20-9

Ⓐ Researchers have previously contended that ..., and ***in line with this argument***, we confirm here that 〜. ⇒ TPL 21 ▶ Discussion 2
研究者は以前から…と主張しており, この議論に沿うものとして, 〜ということが今回確認された.

きんきゅう 〖至急; 非常〗

緊急の 形

≪重大で急を要する≫ ▶**urgent**

- in *urgent* need of ...
  …を緊急に必要として
- an *urgent* message
  至急の伝言
- on *urgent* business
  急用で
- It is very *urgent* that we (*should*) *send* food to the starving people.
  まず飢えている人々に食べ物を送ることが第一だ.

✪ that 節中の should または仮定法現在 (⇒いらい ✪).

緊急 名

≪非常事態≫ ▶**emergency** Ⓤ

✪ 具体的な出来事をいうときは Ⓒ.

- call an *emergency* meeting
  緊急の会議を招集する
- make an *emergency* landing
  緊急着陸する
- The government declared a state of *emergency* in the flooded area.
  政府は洪水地域に非常事態を宣言した.
- Please push this button「in an *emergency* [in case of *emergency*].
  非常の場合にはこのボタンを押してください.

≪重大で急を要する≫ ▶**urgency** Ⓤ

- a matter of *urgency*
  緊急課題

緊急事態

▶**emergency** Ⓒ

Ⓑ ***In an emergency*** you can contact me at this address.
緊急の場合はこちらのアドレスにご連絡ください.

Ⓑ I've ***had an urgent request from*** an important customer.
大切な顧客から緊急のリクエストを受けました.

きんこう

均衡

⇒バランス

きんねん

近年

▶**in recent years**

Ⓐ ***In recent years,*** there has been renewal of interest in ....
近年…に対する関心が再燃している.

Ⓐ ***over the last ... years***
ここ…年の間

く

くやみ

悔やみ

≪弔意≫ ▶**condolence** Ⓤ

✪ しばしば複数形で.

- 「Please accept [Let me extend] my sincerest *condolences on* your father's death.《格式》
  お父様のご逝去(せいきょ)を心からお悔やみ申し上げます.
- a letter of *condolence*
  お悔やみ状

≪弔問≫ ▶**visit of condolence** Ⓒ

Ⓑ ***Please accept the deepest sympathy of*** everyone at Moon and Star Accessories.
ムーン&スター・アクセサリーズのスタッフ一同, 心からお悔やみ申し上げます.

Ⓑ ***My condolences to*** the family.
ご遺族の皆様にお悔やみ申し上げます.

Ⓑ ***We were shocked to learn that*** John Rehnman, who served us so many years as your sales representative, ***passed away***. ***We will miss*** him very much.
長年貴社の営業担当としてご尽力いただいたジョン・レーンマン氏がご逝去されたと聞き, ショックを受けています. 彼を亡くしとても寂しくなります.

くらべる

比べる

⇒ひかく(比較)

くわしい 〘詳細; 細かい〙〘熟知; 精通〙

詳しい 形

≪記述などが≫ ▶**detailed**

• a *detailed* examination
 詳細な調査

• a *detailed* report
 詳細な報告

≪調査などが細かすぎるほどに≫ ▶**minute**

• in *minute* detail
 こと細かに

詳しい 動

≪熟知している≫ ▶**know ... (very) well**

✪ 最も口語的で一般的. 以下のものの代わりに使える場合が多い.

• I *know* him *well*.
 私は彼をよく知っている.

≪なじんでいてよく知っている≫ ▶**be familiar with ...; be at home in [with] ...**

• I'*m* not very *familiar with* this part of Tokyo.
 私は東京のこの辺りはあまりよく知らない.

• He *is at home in* [*with*] history.
 彼は歴史に通じている.

≪内容によく通じている≫ ▶**be well acquainted with ...; be well informed about [on] ...**

• We *were* already *well acquainted with* the new project.
 新しい計画についてはすでによく知っていた.

• He'*s well informed about* current affairs.
 彼は時事問題に詳しい.

詳しく 副

≪記述などが≫ ▶**in detail**

• This subject should be discussed *in more* [*greater*] *detail*.

この問題はもっと詳しく論じなければならない.
≪調査などが細かすぎるほどに≫ ▶**minutely**
≪長々と≫ ▶**at（full）length**

• She explained *at length* what had been decided.
彼女は決まったことを詳しく説明した.

Ⓑ Can you tell me about it ***in more detail***?
もう少し詳しく教えていただけますか.

Ⓑ I'd appreciate your sending some ***detailed information***.
詳しい情報をお送りいただければ幸いです.

け

け

けいこう〖風潮; -気味; -がち〗

傾向 名

≪ある方向への≫ ▶**tendency** Ⓒ

• Traffic accidents show a ***tendency to*** increase. +*to* 不定詞
交通事故は増加する傾向を示している.

• The *tendency* is *toward* [*to have*] higher prices.
物価は上昇傾向にある.

≪趨勢(すうせい)≫ ▶**trend** Ⓒ

• a ***trend toward*** [***away from***] union
統一へと向かう[から遠ざかる]傾向

• current ***trends in*** psychology
心理学の最新の諸傾向

• Prices are following [on] an upward *trend*.
物価は上昇傾向にある.

• an underlying *trend*
長く続く傾向, 底流

✪ tendency はそれが本来持つ性質によるもの. trend はある分野における一般的風潮.

傾向がある 動

▶**tend** 自

• I ***tend to*** put on weight these days. V+*to* 不定詞
私はこのところ太り気味だ.

• His opinions ***tend toward*** [*to*] anarchism. V+*toward* [*to*]+名
彼の考えは無政府主義の傾向がある.

≪…がちだ≫ ▶**be apt to *do***

• He *is apt to* exaggerate.
彼は話を誇張しがちである.

‖ Ⓐ executive functions generally ***tend to*** decline with age ⇒

TPL 21 ▶ Discussion 2
実行機能は一般に年齢とともに低下する傾向がある
Ⓐ ***There is a tendency for*** children ***to*** see music class as simply a break time.
子供たちは音楽の授業を単に休み時間とみなす傾向がある.

け

けいたい 〖持つ〗

携帯する ㊐

≪身につけて持ち運ぶ≫ ▶**carry** ㊎
• I always ***carry*** at least 10,000 yen ***on*** [***with***] me. V+O+前+名
私はいつも(財布の中に)最低 1 万円は持っている.
• Police officers *carry* guns when they are on duty.
警察官は勤務中けん銃を携帯している.
≪持っている≫ ▶**have** ㊎
• He didn't ***have*** any money ***with*** [***on***] him.
彼はお金を全く持ち合わせていなかった.

携帯用の ㊫

≪持ち運びできる≫ ▶**portable**
• a *portable* television
携帯用テレビ

携帯(電話)

▶**cellphone; cellular phone,** ≪英≫ **mobile phone** Ⓒ
Ⓑ ***Here's my mobile number*** in case you need me.
必要になったときのために私の携帯番号をお知らせしておきます.

けいひ

経費

⇒コスト

けいやく 〖協定〗

契約 ㊔

≪正式な文書などにより, 法的な効果を持つもの≫ ▶**contract** Ⓒ

- We have a five-year ***contract with*** this company「for the supply of [to supply] auto parts.
  我々はこの会社と 5 年間の自動車部品供給の契約を結んでいる.
- work ***on*** a three-year ***contract***
  3 年契約で働く
- be ***under*** (a) ***contract*** (***to*** ...)
  (…と)契約している
- be ***in breach of contract***
  契約違反となる
- be off *contract*
  契約が切れ(てい)る
- ***make*** [***enter*** (***into***)] a ***contract*** (*with* ...)
  (…と)契約を結ぶ
- ***break*** a ***contract***
  契約に違反する
- ***win*** [***get***] a ***contract***
  契約をとりつける
- extend a *contract*
  契約を延長する
- renew a *contract*
  契約を更新する
- cancel a *contract*
  契約を取り消す
- ***subject to contract***
  契約を条件として
- by *contract*
  契約で

≪相互の同意による約束≫ ▶**agreement** Ⓒ

- a trade ***agreement between*** the two countries
  二国間貿易協定

- an ***agreement to*** remove trade barriers +*to* 不定詞
  通商障壁を撤廃する協定
- reach [come to,《格式》enter into, conclude] an ***agreement*** (***with*** ...) (***on*** —)
  (—について)(…と)協定を結ぶ, 協定に至る
- sign an *agreement*
  契約に署名する
- violate an *agreement*
  契約に違反する
- under an *agreement*
  契約に基づいて

≪借地･借家の≫ ▶**lease** Ⓒ

- take a house ***on*** a five-year ***lease***
  5 年契約で家を借りる
- The *lease* expires [runs out] next month.
  来月で賃貸契約が切れる.
- the terms of the *lease*
  賃貸契約の条件

契約する 動

▶**contract** 他 自

- He ***contracted to*** design a new library. V+O (*to* 不定詞)
  彼は新しい図書館の設計を請け負った.
- The city ***contracted with*** our company ***for*** a new city hall. V+*with*+名+*for*+名
  市当局は当社と新市庁舎建設の契約を結んだ.

≪署名して≫ ▶**sign** 自 他

- He *signed to* manage the team for $500,000.
  彼は 50 万ドルでチームの監督になる契約にサインした.
- The band *signed with* [*for*] another record company.
  そのバンドは他のレコード会社と契約した.
- The Giants have *signed* seven new players.

ジャイアンツは7人の新人選手と契約した.

契約期間

▶**term of contract** Ⓒ

契約者

▶**contractor** Ⓒ

契約社員

▶**contract employee** Ⓒ

契約書

▶**contract** Ⓒ

- ***sign*** a ***contract***
  契約書に署名する
- exchange *contracts*
  契約書をとりかわす

Ⓑ ***I would be willing to discuss a year-long contract*** in return for a reasonable discount. ⇒ TPL 3
妥当なお値引きをいただければその代わりに1年間の契約も検討したいと思います.

Ⓑ ***Attached please find the contract with our signature.*** Please sign, scan, and return to us.
弊社の署名入り契約書を添付します. ご署名の上, スキャンしてご返送ください.

けっか

結果

≪ある行為·事件の結果≫ ▶**result** Ⓒ

✪ 最も一般的.

- His success is the *result* of (his) hard work.
  彼が成功したのはよく働いたからです.
- The (end [final]) *result*(*s*) of the election will be announced tomorrow.
  選挙の(最終)結果はあす発表される.

- The conference wasn't publicized well, ***with the result that*** attendance was poor.
  その会議は宣伝不足のため出席率が悪かった.

≪ある原因に対する直接の結果≫ ▶**effect** Ⓒ (⇔cause)

✪ 抽象的な意味では Ⓤ.

- cause and *effect*
  原因と結果

✪ 無冠詞. 密接に関係して一体と考えられる 2 者を and で結ぶときは後の(時には両方の)名詞に冠詞・人称代名詞の所有格・指示形容詞などをつけない (例: (a) knife and fork ナイフとフォーク(の 1 組)).

- He's suffering from the *effects of* overwork.
  彼は過労の結果病気になっている.

≪前の出来事と関連して出てくる結果≫ ▶**consequence** Ⓒ

✪ しばしば複数形で.

- The accident was a ***consequence of*** years of neglect.
  その事故は長年の怠慢の結果だった.
- the serious *consequences* of the war
  戦争の深刻な影響
- ***face*** [***suffer***, ***accept***, ***take***] ***the consequences***
  報いを受ける, 結果を甘受する

≪問題点を含んだ出来事などの結果≫ ▶**outcome** Ⓒ

- the ***outcome of*** an election
  選挙の結果
- Successful *outcomes* were reported in 80% of the patients treated.
  患者の 80% が治療に成功したという結果が報じられた.

> Ⓐ Movements in the earth's crust ***result in*** collisions between plates.
> 地球の地殻で起きる運動は, プレート同士の衝突という結果をもたらす.
>
> Ⓐ Opportunistic infections ***result from*** the breakdown of the immune system.
> 日和見感染は免疫系が壊れた結果起こる.

Ⓐ ***The findings of the study showed that*** .... ⇒ TPL 21 ▸ Results 1
研究結果として…ということが判明した.

Ⓐ For instance, ***the results*** in Table 4 ***indicate that*** .... ⇒ TPL 21 ▸ Results 1
例えば, 表 4 の結果から…ということが示唆された.

Ⓐ ***as a result*** [***consequence***]
結果として

✪ as a result [consequence] は単独で副詞句として使われるほか, of ~ を続けて「~の結果として」を表すことがある. 単独で使うのは, 前文の内容を原因ととらえ, その結果を文中で示す場合である.

Ⓐ The civil war broke out ***as a result of*** the accumulation of anger.
怒りが蓄積した結果, 内乱が勃発した.

Ⓐ The potato crop failed three years running; ***consequently***, the price kept rising.
じゃがいもの収穫は 3 年続けて不作だった. 結果的に価格は上がり続けた.

✪ consequently は主に文頭で使われ, therefore と同様の意味で, 因果関係の必然性を示す.

Ⓐ This phenomenon ***is the result of*** a combination of A and B.
この現象は, A と B が結合した結果である.

Ⓐ ***We present*** our complete modeling ***results*** in Table 5. ⇒ TPL 21 ▸ Results 1
表 5 にモデル化した結果のすべてを示す.

Ⓐ ... may not offer a complete representation of the ***consequences*** of aging ⇒ TPL 21 ▸ Results 3
…は, 加齢の結果を完全に示していない

Ⓐ thus ***causing*** a tremendous waste of time and money ⇒ TPL 20-11
その結果, 膨大な時間と資金を浪費するのだ

✪ 上記は分詞構文で, 主節の内容が意味上の主語(=原因)になっている.

けっかん 〖欠点〗

欠陥

▶flaw Ⓒ

- a fatal *flaw in* his character
  彼の人格の重大な欠点

≪そのものが損なわれるような欠点≫ **▶fault** Ⓒ

- There are too many ***faults in*** your reasoning.
  あなたの論法には欠陥が多すぎる.

≪本質的な欠点≫ **▶defect** Ⓒ

- a *defect* in a car
  車の欠陥(個所)

欠陥商品

▶defective product Ⓒ

▶defective merchandise Ⓤ

✪ くだけた表現では欠陥品のことを lemon Ⓒ と言う.

> Ⓑ It turns out that some of the sprockets we had in inventory from your last shipment ***were defective***. ⇒ TPL 16
> 前回送っていただいたスプロケットの在庫の一部に欠陥があることがわかりました.

けっこう 〖都合〗〖大丈夫〗

結構です

≪都合がよい≫ **▶be all right**

- That***'s*** [It***'s***] ***all right with*** [***for***, ***by***] me. +前+名
  私はそれで構わない.
- Will Sunday ***be all right with*** [***for***] you?
  日曜日で(ご都合は)よろしいですか.
- I asked him if ***it*** would ***be all right to*** bring Karen along.
  私は彼にカレンを連れてきてもよいか尋ねた.

≪適当である≫ **▶will do**

け

• "When is it convenient for you?" "Any weekend *will do*."
「いつがご都合よろしいですか」「週末ならいつでも結構です」

≪勧めや申し出などを断って≫ ▶**No, thank you.**

• "Won't you have another piece of cake?" "*No, thank you.* I've had enough."
「ケーキをもう一ついかがですか」「いいえ, もう結構です, 十分いただきました」

Ⓑ If not, roasted beans ***would also be welcome***. ⇒ **TPL 1**
もしそうでなければ焙煎済みの豆でも結構です.

けっせき〘休む〙

欠席する 動

▶**stay away from ...** ㊐

• I'm going to *stay away from* school until my cold gets better.
かぜがよくなるまで学校を休むつもりだ.

▶**absent *one*self (from ...)**

✪ やや格式ばった言い方.

• Tom *absented himself from* the meeting.
トムはその会合を休んだ.

欠席した 形

▶**absent**

• Henry has been ***absent from*** school [work] for the past ten days. + *from*+名
ヘンリーはこの 10 日間学校[会社]を休んでいる.

欠席 名

▶**absence** Ⓤ

✪ 個々の場合は Ⓒ.

• ***absence from*** school [work]
欠席[欠勤]

• Tom couldn't graduate because of his frequent *absences*.
トムは欠席が多かったので卒業できなかった.

欠席者

▶**absentee** Ⓒ

欠席届

▶**notice [report] of absence** Ⓒ

Ⓑ I'm sorry I ***missed the meeting*** yesterday.
昨日は会議を欠席してしまい申し訳ありませんでした.

けってい 〘決める〙

決定 名

《いろいろ考慮した上での》 ▶**decision** Ⓤ

✪ 具体的な決定の事実や事項を意味するときは Ⓒ.

- *decision* by majority
  多数決
- *decision* by vote
  票決
- ***make*** [《英》 ***take***] a ***decision***
  決定する
- Who made the final ***decision to*** put off the meeting? +*to* 不定詞
  集会延期の最終決定をしたのはだれですか.

《公式な》 ▶**determination** Ⓤ

✪ 格式ばった語. 具体的な決定の事実や事項を意味するときは Ⓒ.

- make a *determination of* a date
  日取りを決定する

決定する 動

《いろいろ考慮した上で》 ▶**decide** 他 自

- We couldn't ***decide what to*** [we should] do next. V+O (*wh* 句[節])
  私たちは次に何をするか決めかねた.
- The committee ***decided that*** the match (*should*) *be* postponed. V+O (*that* 節)
  委員会は試合を延期すると決定した.

✪ that 節中の should または仮定法現在 (⇒いらい ✪).

け

• I ***decided on*** [***upon***] the red hat. V+*on* [*upon*]+名
(考えた末に)私はその赤い帽子に決めた.

• She ***decided on*** marry***ing*** Tom. V+*on*+動名
彼女はトムと結婚することに決めた.

• I have to ***decide between*** the two plans. V+*between*+名
私は 2 つの計画のどちらかに決めねばならない.

• I ***decided against*** buy***ing*** a new car. V+*against*+動名
新車は買わないことにした.

≪調査·計算などで≫ ▶**determine** ㊀

• *determine* the cause of the accident
= ***determine why*** the accident happened V+O (*wh* 節)
その事故の原因を確定する

≪日取り·値段などを≫ ▶**fix** ㊀

• We *fixed* the time and place for the meeting.
私たちはその会合の時と場所を決めた.

• They ***fixed*** the price ***at*** five dollars. V+O+*at*+名
彼らはその値段を 5 ドルと決めた.

• We've ***fixed*** a meeting ***for*** Friday. V+O+*for*+名
私たちは会合の日を金曜日にした.

• We haven't ***fixed where to*** go yet. V+O (*wh* 句)
私たちはまだどこへ行くか決めてない.

• He ***fixed to*** meet her on Sunday. V+O (*to* 不定詞)
彼は彼女と日曜日に会うことに決めた.

決定的な ㊒

≪決め手となる≫ ▶**decisive**

• a *decisive* factor
決定的な要因

• (the) *decisive* evidence
決定的な証拠

• play a *decisive* role in ...
…に決定的な役割を果たす

決定権

≪決定する力[権限]≫ ▶**the power [authority] to decide; the say**

✪ 後者はくだけた言い方.

- The chairman has *the* final *say*.
  最終的な決定権は議長にある.

> Ⓐ Further studies are necessary to ***determine*** whether ....
> …かどうかを決定するためにさらに研究を行う必要がある.

けってん 〖欠陥; 短所; 不利〗

欠点

≪欠けているものという意味での欠点≫ ▶**fault** Ⓒ

- Everybody has both merits and *faults*.
  だれにでも長所と短所とがある.
- There are too many ***faults in*** your reasoning.
  あなたの論法には欠陥が多すぎる.

≪完璧さを損なう欠点≫ ▶**flaw** Ⓒ

- a fatal *flaw in* his character
  彼の人格の重大な欠点

≪不利な点≫ ▶**disadvantage** Ⓒ (⇔advantage)

- The machine has the *disadvantage of* making too much noise.
  その機械には騒音があまりに大きいという欠点がある.

けつろん

結論 名

≪最終的な考え≫ ▶**conclusion** Ⓒ

- a hasty [false] *conclusion*
  早まった[誤った]結論
- We「came to [reached, arrived at] the ***conclusion that*** the project was a failure. +*that* 節
  我々は計画が失敗だったという結論に達した.
- From the fact they drew the *conclusion that* the ship must have sunk.

その事実から彼らは船が沈んだに違いないという結論を下した.

• What is your ***conclusion about*** our strategy for the election?
我々の選挙戦略に対するあなたの結論はどうですか.

結論に達する 動

▶「come to［reach］a conclusion

結論を下す 動

▶draw a conclusion

▶conclude 他

• We *concluded that* this plan was best. V+O(*that* 節)
我々は(過去の経験から判断して)この計画がいちばんよいと結論を下した.

• What did you *conclude about* his proposition?
彼の提案についてはどのような結論になりましたか.

Ⓐ ***It can be concluded from the above discussion that*** ....
上記の考察から…という結論をひきだすことができる.

Ⓐ ***We can therefore conclude that*** ....
したがって…と結論付けることができる.

Ⓐ ***It is therefore possible to conclude that*** ....
したがって…と結論付けることが可能である.

Ⓐ ***In conclusion,*** ⇒ TPL 20-11
結論として,

Ⓐ ***To conclude,***
まとめると,

Ⓐ ***The basic*** [***main, general***] ***conclusion*** (***to be drawn***) ***is*** ....
引き出すことのできる基本的な[主な, 全般的な]結論は…ということである.

Ⓐ ***It is reasonable to conclude that*** ....
…と結論付けるのは妥当である.

Ⓐ ***It follows*** (***from*** what has been said) ***that*** ....
(以上述べたことから)…ということが導かれる.

Ⓐ there is only limited research and ***the results were inconclusive*** ⇒

TPL 21 ▶ Introduction 2

研究は限定的であり, 結論は出ていない

Ⓐ We cannot ***reach*** [***come to***] ***a conclusion*** on the basis of only this much data.

これだけの資料で結論を導くわけにはいかない.

けねん 〖心配; 不安〗

懸念 名

≪不安・恐れ≫ ▶**fear** U

✪ 具体的なことを指すときは C.

- ***There is no fear of*** rain today.
  きょうは雨の心配はない.
- Isn't there any ***fear of*** be*ing* misunderstood?
  誤解される恐れはないだろうか.
- My ***fears that*** he might fail proved to be unfounded. +*that* 節
  彼が失敗するのではないかという私の不安は結局いらない心配だった.
- there is a ***growing fear*** *of* ...
  …に対する不安が高まっている
- ***well-founded*** [***irrational***] ***fear***
  十分に根拠のある[いわれのない]不安
- ***confirm*** ...'s ***fears***
  …の不安を裏づける
- ***allay*** [***dispel***] ...'s ***fears***
  …の不安を和らげる[消し去る]
- ***fuel fears***
  不安をあおる

≪将来に対する強い不安・心配≫ ▶**anxiety** U

✪ 具体的なことを指すときは C.

- She felt ***anxiety about*** [***over***] her future.
  彼女は自分の将来について不安を感じた.

け

- His illness is one of her chief *anxieties.*
  彼の病気は彼女がとても心配していることの一つだ.

≪重要なことに対する気がかり≫ ▶**concern** Ⓤ

✪ 具体的なことを指すときは Ⓒ.

- We had [felt] great ***concern for*** [***about, over***] her safety.
  私たちは彼女が無事か大いに心配した.
- There is growing ***concern that*** another war may happen in the region. +*that* 節
  その地域で戦争が再び起きるのではないかという懸念が高まりつつある.

懸念する 動

≪恐れる≫ ▶**fear** 他 自

✪ やや文語的.

- *fear* the worst
  最悪の事態を恐れる
- Paul ***feared*** (***that***) he *would* [*might*] fail. V+O((*that*)節)
  ポールは失敗するのではないかと心配だった.
- Some people are *feared* dead. V+O+C (形)の受身
  何人かの死者が出た恐れがある.
- My parents *feared for* my safety.
  両親は私の安否を案じた.

≪気にかける≫ ▶**be concerned [anxious]**

- I'***m*** very ***concerned about*** [***for***] your future. +*about* [*for*]+名
  あなたの将来がとても心配だ.
- I ***am concerned that*** they may have missed the train. +*that* 節
  彼らが列車に乗り遅れたのではないかと心配だ.
- I ***am anxious about*** your health. +*about*+名
  あなたの体が心配だ.
- They ***were anxious for*** news of their missing relatives. +*for*+名
  彼らは行方不明の肉親の知らせを気にかけていた.
- I ***was anxious that*** the boy might get lost on the way. +*that* 節

その子が途中で道に迷うのではないかと心配だった.

Ⓐ This rapidly aging population around the world has been drawing attention and ***raising concerns***, ... ⇒ TPL 21 ▸ Introduction 2
世界中でこのような高齢化の急速な進行が注目され懸念されてきたのは…

Ⓐ One of these ***concerns*** is cognitive decline, ... ⇒ TPL 21 ▸ Introduction 2
懸念のひとつが認知機能の低下で…

げんいん 〘よる; ため〙

原因

≪ある結果を生み出す≫ ▶**cause** Ⓒ

• *cause* and effect
原因と結果

✪ 無冠詞(⇒けっか ✪).

• the underlying [root] ***cause of*** the accident
その事故の根本的原因

• The police are trying to find the *cause of* the fire [crash].
警察はその火事[衝突]の原因を突き止めようとしている.

• a ***major*** [***main***, ***leading***] ***cause***
主な原因

• ***determine*** the ***cause***
原因を特定する

≪根本的原因≫ ▶**root** Ⓒ

✪ 大規模で根の深い問題などについていう.

• Poverty is [lies] ***at the root of*** terrorism.
貧困がテロリズムの根本原因である.

• get to the *root of* the problem
問題の根本原因を突きとめる

Ⓐ ... ***was caused by*** the industrial activities of humans ⇒ TPL 20-9
…は人類の産業活動が原因だった

Ⓐ As the excruciating heat ***caused*** a number of deaths across the country, ... ⇒ TPL 20-1
灼熱のために全国でかなりの死者が出る中, ….

Ⓐ Rapid growth of ～ ***accounts for*** the increase of ....
～の急速な成長は…の増加の原因となっている.

Ⓐ An increased interest in renewable energy ***led*** engineers ***to*** reexamine home heating system.
再生可能エネルギーに対する関心が高まったために, エンジニアたちは家庭暖房システムを吟味するようになった.

Ⓐ The recent decline in the use of tobacco should ***bring about*** a decrease in fatal lung cancer in the future.
最近, たばこの消費が減ったことで, 死に至る肺がんの数は将来, 低下するはずだ.

Ⓐ Existentialism ***stems from*** Kierkegaard's philosophy.
実存主義は, キルケゴールの哲学から出てきたものである.

Ⓐ This problem ***arises*** from the fact that ....
この問題は…という事実から引き起こされたものである.

Ⓐ a direct ***result of*** the industrial activities of humans ⇒ TPL 20-2
人間の産業活動が直接の原因となったもの

Ⓑ ***This is because*** the cost of materials has risen significantly.
これは材料費が大幅に高騰していることが原因です.

Ⓑ ***Due to*** the severe weather warning we must cancel the outdoor exhibition.
荒天警報発令のため屋外展示は中止とさせていただきます.

Ⓑ ***Please find out what caused the delay*** and let us know as soon as you can.
何が原因で遅れたのかを調べ, できるだけ早くお知らせください.

けんかい

見解

⇒いけん(意見)

けんきゅう 〖勉強; 調査〗

研究する 動

▶**study** 他 自

✪ 一般的な語で, 以下の語の代わりにも使える場合が多い.

- What subjects are you *studying at* college?
  あなたはどんな科目を大学で勉強[研究]していますか.
- *study* history [medicine, English literature]
  歴史[医学, 英文学]を研究する
- He's ***studying under*** [***with***] Dr. Lee. V+*under* [*with*]+名
  彼はリー博士の下で研究している.

≪学術的な研究をする≫ ▶**research** (**into** ...) 他 自

- We've been *researching* the drug's side effects.
  我々はずっとその薬の副作用を研究している.

▶**do** [**carry out; conduct**] (**some**) **research**

≪調査に基づく研究≫ ▶**investigate** 他

研究 名

▶**study** Ⓒ

- the ***study of*** physics
  物理学の研究
- He finished [completed] his ***studies at*** the University of Chicago.
  彼はシカゴ大学での学業を終えた.
- *Studies* have shown that there's a link between excessive drinking and cancer.
  過度の飲酒と癌(がん)との間に関連があることが研究によりわかっている.
- 「a ***detailed*** [an ***in-depth***] ***study***
  詳細な研究
- a ***longitudinal study***
  長期的な研究
- 「***carry out*** [***do***, ***make***] a ***study***

けin

研究をする

≪学術的な研究≫ ▶**research** Ⓤ

✪ 複数形でも用いるが, その場合でも数詞や many とともには用いない. 数える場合には two [three, four, ...] pieces of *research* のようにいう.

- He is engaged in scientific *research*.
  彼は科学研究に従事している.
- They ***did*** [***carried out, conducted***] (*some*) ***research on*** [***into***] the nature of language.
  彼らは言語の本質についての研究を行なった.

≪調査に基づく研究≫ ▶**investigation** Ⓤ

研究開発

▶**research and development** 《㊕ **R&D**》

研究室

▶**study room** Ⓒ

≪大学の≫ ▶**office** Ⓒ

≪理工学の≫ ▶**laboratory** Ⓒ

研究者

▶**researcher** Ⓒ

≪学者≫ ▶**scholar** Ⓒ

研究所

▶**research institute [laboratory]** Ⓒ

✪「…の研究」を表す語: study (on, into) 研究／research (on, into) 研究／experiment (on) 実験／examination (on) 調査, 考察, 吟味／investigation (into) 研究, 調査／survey (of, on) 動向, 情勢などの観察・調査／inquiry (into) 事実について必要な情報を得るための調査／exploration (into) 徹底的な検討・調査

Ⓐ ... ***conducted research on*** ～.
…は～の研究を行った.

Ⓐ ***There has been little research on*** ....
…についての研究はほとんど何もなかった.

Ⓐ ***careful*** [***detailed***, ***extensive***, ***thorough***] ***research***
注意深い[詳細な, 広範な, 徹底的な]研究

Ⓐ ***Many studies have been conducted on*** ....
…について多くの研究がなされてきた.

Ⓐ ***Numerous studies have shown that*** .... ⇒ TPL 21 ▸ Introduction 2
数多くの研究が明らかにしてきたように….

Ⓐ ***In many of the previous studies***, ... ⇒ TPL 21 ▸ Introduction 2
多くの先行研究で….

Ⓐ ***In the present study***, ...
本研究では….

Ⓐ ***careful*** [***close***, ***detailed***, ***comprehensive***] ***study***
注意深い[綿密な, 詳細な, 包括的な]研究

Ⓐ ***In another investigation***, ...
もう一つの研究では….

Ⓐ ***careful*** [***close***, ***detailed***, ***extensive***] ***investigation***
注意深い[綿密な, 詳細な, 広範な]研究

げんきゅう 〖触れる; 言う〗

言及 ㊔

≪引き合いに出すこと≫ ▶**reference** Ⓒ

• This magazine has [makes] a few ***references to*** life in Italy.
この雑誌はイタリアの生活について多少触れている.

• ***Reference to*** the decline of the Turkish Empire will be ***made*** in the next chapter.
トルコ帝国の衰退については次章で言及する.

• Her e-mail contained only a *passing reference to* the matter.
彼女のメールはその件にちょっとしか触れていなかった.

≪偶然話題に出すこと≫ ▶**mention** Ⓤ

✪ 具体的な例の場合は Ⓒ.

• He ***made*** no ***mention of*** the fact that he knew the accused personally.
彼は被告を個人的に知っているという事実については何も言わなかっ

け

た.

• Several other details deserve [are worthy of] *mention*.
他のいくつかの細かい点も言及するだけの価値がある.

• There was no [little] *mention* of it in the newspapers.
新聞ではそのことが何も[ほとんど]触れられていなかった.

• He got angry ***at the mention of*** her name.
彼は彼女の名前を出しただけで怒った.

• It rarely ***gets*** a ***mention*** in the media.
それがマスメディアで言及されることはめったにない.

言及する 動

≪引き合いに出す≫ ▶**refer to ...** 他

• The speaker often ***referred to*** Professor White's book. V+*to*+名
その講演者はたびたびホワイト教授の著書に触れた.

• Chaucer *is* often ***referred to as*** the father of English poetry.
チョーサーはしばしば英詩の父と呼ばれる.

≪偶然話題に出す≫ ▶**mention** 他

• Did he ***mention*** the accident ***to*** you? V+O+*to*+名
彼はその事故のことを話しましたか.

✪ ×mention about [to] the accident とは言わない.

• He ***mentioned*** (***that***) he wanted to talk about something. V+O (*that* 節)
彼は, 話し合いたいことがあると言っていた.

• We ***mentioned*** hav***ing*** gone there. V+O (動名)
私たちはそこへ行ったことを話した.

• Did she ***mention when*** she'd seen him? V+O (*wh* 節)
彼女は彼にいつ会ったか言ってた?

• As *mentioned* above, we need more volunteers.
上述のようにもっと多くのボランティアが必要である.

• fail [omit, neglect] to *mention* ...
…について触れない

▶**make reference to ...**

Ⓐ ***as mentioned previously***
前に言及した通り

げんざい 〘今〙

現在は 副

《今は》 ▶**now; at present**

✪ now のほうが口語的.

- He doesn't smoke *now*.
  彼は今はたばこを吸わない.
- Everything is going well *at present*.
  今はすべて順調だ.

《今のところ》 ▶**currently**

✪ 状態がいま継続中という意味が強い.

- The President is *currently* visiting Iraq.
  大統領は現在イラクを訪問中だ.

現在の 形

▶**present** A

- *the present* situation
  現状

《現在行われている》 ▶**current** A

- the *current* political situation
  現在の政治情勢

…現在で 前

▶**as of ...**

- *As of* April 1, 2020, there were ten schools in this town.
  2020 年 4 月 1 日現在で, この町には 10 の学校があった.

Ⓐ ***Currently***, there is a lack of fundamental understanding of ....
現在のところ, …に対する根本的な理解が欠けている.

Ⓑ ***As of today***, we no longer provide replacement parts for model TR546.
現在, TR546 モデルの交換部品の供給は終了しています.

Ⓑ ***Currently*** we only have 350 in stock.
現在, 在庫は 350 のみです.
Ⓑ ***As of*** July 22, we have not confirmed receipt of your payment.
7 月 22 日現在, 入金の確認ができておりません.

けんしょう 〘調査; 検査; 確認〙

検証 ㊔

≪調査≫ ▶**inspection** Ⓤ

✪ 具体的には Ⓒ.

- The government ***conducts*** [***makes, carries out, does***] an ***inspection of*** these factories once a year.
政府はこれらの工場に対して毎年 1 回検査を行なっている.

≪事実を確かめること≫ ▶**verification** Ⓤ

検証する ㊓

≪調査する≫ ▶**inspect** ㊐

- The fire department should regularly ***inspect*** public buildings ***for*** any improper fire escapes. V+O+*for*+名
消防署は不備な火災避難装置がないかどうか公共の建物に定期的に立ち入り検査すべきである.

≪事実を確かめる≫ ▶**verify** ㊐

- Have you *verified* these facts?
あなたはこれらの事実を確かめましたか.

Ⓐ ***To examine this further***, in this paper, we focused on .... ⇒ **TPL 21 ▸ Introduction 2**
このことをさらに検証するために, 本論文では, …に焦点を当てた.
Ⓐ ***We conducted an experiment to test*** .... ⇒ **TPL 21 ▸ Methods 1**
…を検証する実験を行った.

げんしょう 〘減る〙

減少する ㊓

≪少なくなる≫ ▶**decrease** ㊉ (⇔increase)

• Accidents have ***decreased in*** number. V+*in*+名
=The number of accidents has *decreased*.
事故の数が減った.

• The factory's output ***decreased to*** half that of the previous year. V+*to*+名
工場の生産高は前年の半分に減少した.

• The population of that village ***decreases*** (***by***) five percent every year. V+(*by*+)名
その村の人口は毎年 5 パーセントずつ減っている.

減少 名

▶**decrease** U

✪ 具体的な事例を指すときや「減少量」の意味では C.

• the rate of *decrease*
減少率

• There has been 「a 5 percent *decrease* [a ***decrease of*** 5 percent] ***in*** my income ***from*** the previous year.
前年に比べて私の収入が 5 パーセント減少した.

けんとう 〖調べる; 考慮; 考える〗

検討 名

≪よく調べてみること≫ ▶**examination** U

✪ 具体的な事例は C.

• ***on*** [***upon***] (***closer***) ***examination***
(さらによく)調べてみると

• ***under examination***
(物事が)調査[検討]中で

≪綿密に調べること≫ ▶**study** U

✪ 具体的な事例は C.

• under *study*
(計画など)検討中で, 研究中で

≪よく考えること≫ ▶**consideration** U

け

• She is one of the candidates *under consideration for* the position.
彼女はその職の候補として検討中の 1 人である.

検討する 動

≪よく調べてみる≫ ▶**examine** 他

• *examine* a proposal
提案(の内容)を検討する

≪綿密に調べる≫ ▶**study** 他

• We're *studying* Los Angeles as a possible site for the convention.
我々は大会の開催地としてロサンゼルスを検討している.

≪よく考える≫ ▶**consider** 他

• I'll *consider* the matter carefully.
よく考えてみるよ.

• I'm ***considering*** resign***ing***. V+O (動名)
辞職するかどうか考慮中だ.

• He ***considered what*** he should do next. V+O(*wh* 節)
= He ***considered what*** *to* do next. V+O (*wh* 句)
彼は次にどうすべきか考えた.

• She ***considered*** him ***for*** the position. V+O+*for*+名
彼女は彼がその職に適任か検討した.

Ⓐ ***to address this problem***
この問題を検討するために

Ⓐ some research groups have tried to ***examine*** ... ⇒ TPL 21 ▸ Introduction 2
いくつかの研究グループにより, …について検討が試みられている

Ⓐ ***We examined*** the effects of aging ***using*** .... ⇒ TPL 21 ▸ Methods 3
加齢の影響については…を用いて検討した.

Ⓐ Finally, the IPCC's presentation of the so-called "hockey stick graph" in their 2001 report ***will be examined***. ⇒ TPL 20-3
最後に, IPCC が 2001 年の報告書で提示した, いわゆる「ホッケースティック・グラフ」について検討する.

Ⓐ ***This study explored*** whether .... ⇒ TPL 21 ▸ Discussion 1

本研究では…かどうかを検討した.

Ⓐ ***let us look into …*** ⇒ TPL 20-9
…について検討しよう

Ⓑ ***Thank you for your kind consideration.***
ご検討のほどよろしくお願いいたします.

Ⓑ We hope you will ***give*** our proposal your ***careful consideration***.
弊社のご提案につきまして十分にご検討いただけましたら幸いです.

Ⓑ ***We need to think about this more.***
これについてさらに検討する必要があります.

Ⓑ We're ***thinking of*** buy***ing*** both the regular and the deluxe versions.
通常版･デラックス版両方の購入を検討しています.

Ⓑ ***After due consideration***, we agree with all the terms of the contract.
十分に検討した結果, すべての契約条件に同意いたします.

Ⓑ ***I would be willing to discuss*** a year-long contract in return for a reasonable discount. ⇒ TPL 3
妥当なお値引きをいただければその代わりに 1 年間の契約も検討したいと思います.

Ⓑ I've drafted a possible joint marketing campaign that I hope we can ***discuss*** together.
共同マーケティングキャンペーンの草案を作りましたので一緒に検討できればと思います.

こ

こ

ごうい 〖同意; 一致〗

合意 名

▶agreement U

✪ 具体的な「協定」の意味では C.

- The United States and China reached full ***agreement on*** that issue.
  その問題について米国と中国は完全に合意に達した.
- There is ***agreement*** among them ***that*** nuclear tests of every type should be prohibited. +*that* 節
  いかなる種類の核実験も禁止すべきだということで彼らは意見が一致している.
- There was no ***agreement about*** whom to invite.
  だれを招くかについては意見の一致がなかった.

≪同意≫ **▶consent** U

- written [verbal] *consent*
  書面[口頭]による同意
- He gave his ***consent to*** the proposal.
  彼はその提案に同意した.

合意する 動

▶agree 自 他

- We ***agreed on*** the immediate solution of the problem. V+*on*+名
  私たちはその問題を直ちに解決することで合意した.
- We couldn't ***agree*** (***on*** [***about***]) ***how*** it should be done. V+(前+)*wh* 句・節
  我々はそれをどのようにすればいいか意見が一致しなかった.
- They ***agreed that*** my plan was better. V+O (*that* 節)
  彼らは私の計画のほうがよいということで意見が一致した.
- It *was* ***agreed that*** the meeting would be postponed. V+O (*that* 節) の受身

会議を延期することで意見が一致した.

> Ⓐ ***There is general agreement that*** ....
> …ということについては大方の合意がある.

こうか〖影響; 効く〗

効果 名

▶**effect** U

✪ 具体的な例を指すときは C.

- the ***effects of*** the drug
  薬の効き目[作用]
- The new tax will ***have*** an ***effect on*** the economy.
  新しい税は経済に影響を及ぼすだろう.
- have the opposite *effect*
  逆効果になる
- Our advertising campaign produced [achieved] a profound [major] *effect on* the increase in sales.
  我々の宣伝キャンペーンは売り上げ増に大きな効果があった.

効果的な 形

▶**effective** (⇔ineffective)

- The government adopted *effective* measures to prevent such disasters.
  政府はこのような災害を防ぐために有効な手段を講じた.
- The new drug is highly ***effective against*** allergies.
  その新薬はアレルギーに非常によく効く.

効果的に 副

▶**effectively**

- We need to learn how to communicate *effectively*.
  人とうまく話ができるようになる必要がある.

> Ⓐ This method has been ***effective*** in helping ....
> この方法は…を助けるには効果があった.

こ

こうかん〖取り替える〗

交換する 動

≪プレゼント・名刺・座席など, 特に同種のものを≫ ▶**exchange** 他

- *exchange* ideas [information]
  意見[情報]を交わす
- I ***exchanged*** seats ***with*** John. V+O+*with*+名
  = John and I *exchanged* seats.
  私はジョンと席を替わった.

✪ 同種のものを交換し合う場合, 目的語が数えられる名詞なら複数形となる.

- ***exchange*** the shirt ***for*** a smaller size V+O+*for*+名
  そのシャツを小さいサイズのと取り替える
- I'd like to ***exchange*** all these dollars ***for*** yen. V+O+*for*+名
  このドルを全部円と交換したいのですが.

≪主に異種のものを≫ ▶**trade** 他

- The Native Americans ***traded*** furs ***for*** rifles. V+O+*for*+名
  アメリカ先住民たちは毛皮とライフル銃を交換した.
- I ***traded*** seats ***with*** him. V+O+*with*+名
  私は彼と席を交換した.
- I'll ***trade*** you (my sandwich ***for*** your hot dog). V+O(+O+*for*+名)
  (このサンドイッチと君のホットドッグとを)とりかえっこしよう.

交換 名

≪プレゼント・名刺・座席など, 特に同種のものを≫ ▶**exchange** Ⓒ

- an ***exchange of*** prisoners
  捕虜の交換

≪主に異種のものを≫ ▶**trade** Ⓒ

- make a *trade*
  交換する

> Ⓑ Please ***replace the defective parts*** we returned to you.
> 返送した欠陥部品の交換をお願いします.

> Ⓑ The filters we ordered do not fit our air conditioners. Can we ***exchange*** them ***for*** the right size?
> 注文したフィルターがうちのエアコンに合いません. 正しいサイズのものに交換できますか.

こうけん 〘寄与〙

貢献 名

▶**contribution** Ⓒ

- a valuable [significant] *contribution*
  価値ある[重要な]貢献
- He ***made*** a remarkable ***contribution to*** the progress of science.
  彼は科学の発展に著しい貢献をした.

貢献する 動

▶**contribute** 自

- He ***contributed*** greatly ***to*** the growth of the town. V+*to*+名
  彼は町の発展に大いに貢献した.

> Ⓐ ***The results of this study will contribute to ....***
> 本研究の結果は…に貢献するだろう.

こうこく 〘宣伝〙

広告 名

≪営業上の≫ ▶**advertisement** Ⓤ

✪ 具体的な意味では Ⓒ.

- an ***advertisement for*** beer on TV
  テレビのビールの宣伝
- put an *advertisement* in the paper
  新聞に広告を出す

▶《略式》**ad** Ⓒ

- put [place] an *ad* in the newspaper
  新聞に広告を載せる

広告する 動

▶**advertise** ㊀ ㊂

- He *advertised* his house for sale.
  彼は家を売る広告を出した.
- The sale *is advertised*「in the newspaper [on TV].
  そのセールのことは新聞[テレビ]に広告が出ている.
- The company ***advertised that*** it was opening a new showroom. V+O (*that* 節)
  その会社は新しいショールームの開設を宣伝した.
- She ***advertised for*** a baby-sitter in the local paper. V+*for*+名
  彼女は地元の新聞にベビーシッターを求める広告を出した.

> Ⓑ I wish to complain, your product does not perform ***as advertised***.
> 苦情があるのですが, 貴社の製品は広告どおりの性能を発揮しません.
> Ⓑ ***The ad said*** it would last at least two months with normal use.
> 広告には, 通常の使用で 2 か月以上もつとありました.

こうざ

口座

≪銀行の≫ ▶**account** Ⓒ

- open [close] an ***account with*** ...
  …に口座を開く[…の口座を閉じる]
- 「pay money [deposit the check] into an *account*
  口座に金[小切手]を振り込む
- withdraw money from an *account*
  口座から金をおろす
- Do you have an ***account***「***with*** us [***at*** our bank]?
  私どもに口座をお持ちですか《銀行の窓口で》.

口座番号

▶***one's* bank account number** Ⓒ

> Ⓑ Please ***pay*** by bank transfer ***to*** our ***account***.
> 弊社口座への銀行振込みにてお支払いください.

❸ Would you give us your ***bank account information*** so we can refund your money?
返金のため, 貴社の銀行口座の情報を教えていただけませんか.

こうさつ 〘考慮; 考える; 検討〙

考察 名

≪よく考えること≫ ▶**consideration** Ⓤ

- after much [due, long] *consideration*
  十分に考慮したうえで
- Give this problem your careful *consideration*.
  この問題を慎重に考えなさい.

≪内容を検討すること≫ ▶**examination** Ⓤ

- ***under examination***
  (物事が)検討中で

≪研究≫ ▶**study** Ⓒ

考察する 動

≪よく考える≫ ▶**consider** 他

- *consider* a matter in all its aspects
  問題をあらゆる面からよく考えてみる
- I'm ***considering*** resign***ing***. V+O (動名)
  辞職するかどうか考慮中だ.
- He ***considered what*** he *should* do next. V+O(*wh* 節)
  = He ***considered what*** *to* do next. V+O (*wh* 句)
  彼は次にどうすべきか考えた.
- She ***considered*** him ***for*** the position. V+O+*for*+名
  彼女は彼がその職に適任か検討した.

≪内容を検討する≫ ▶**examine** 他

≪研究する≫ ▶**study** 他

❹【研究者】***considered*** ....
【研究者】は…を考察した.
✪ 文体のスリム化(⇒かんさつ ✪).

こ

> Ⓐ「*This paper* [*The present paper*, *This study*] *examines* ....
> この論文[本論文, 本研究]は…を考察する.
> Ⓐ *The first analysis examined* ....
> 最初の分析では…を考察した.

こうしん 〘書き換える〙

更新する 動

≪書類·手続きなどを≫ ▶**renew** 他

- This licence must *be renewed* every five years.
  この免許は5年ごとに更新しなければならない.

≪記録などを破る≫ ▶**break** 他

- This world record will never *be broken*. V+O の受身
  この世界記録はいつまでも破られないだろう.

≪最新のものにする≫ ▶**update** 他

更新 名

▶**renewal** U

- be [come] up for *renewal*
  (契約などが)更新の時期になる

更新できる 形

▶**renewable**

> Ⓑ *We have updated* our price list as follows:
> 以下の通り, 価格表を更新しました.

こうにゅう 〘買う〙

購入する 動

≪かなりの値段または量のものを買う≫ ▶**purchase** 他

- The company *purchased* the land *for* 2 million dollars.
  会社はその土地を200万ドルで購入した.

購入 名

▶**purchase** U

✪ 具体的な事例は C.

• the ***purchase of*** an apartment
マンションの購入
• make a good [bad] *purchase*
安い[高い]買い物をする

購入価格

▶**the purchase price**

購入者

▶**purchaser** Ⓒ

Ⓑ I ***purchased*** a case of 100 coffee filters ***from*** your website.
貴社のウェブサイトでコーヒーフィルター 100 枚入りを 1 箱購入しました.

Ⓑ ***Thanks for your purchase.***
ご購入ありがとうございます.

Ⓑ I ***purchase*** 300 kg a month ***from*** my current supplier in Japan. ⇒ TPL 3
私は日本にある現在のサプライヤーから月に 300kg を購入しています.

こうにん 〖引き継ぐ〗

後任

≪後継者≫ ▶**successor** Ⓒ (⇔predecessor)

• Hill's ***successor as*** president
社長としてのヒルの後任

Ⓑ Arisa Saito will be ***taking over*** my position starting next month.
来月から斎藤亜里沙が私の後任となります.

Ⓑ I wanted to introduce myself to you, I'm ***replacing*** Jon Trevor ***as*** your account service manager.
自己紹介をさせていただきます. このたびジョン・トレバーの後任として顧客サービス責任者に就任します.

こ

こうりょ 〖考える; 検討〗

考慮する 動

≪理解や決定のためにあれこれ考える≫ ▶**think over; consider** 他

✪ 前者のほうが口語的.

- I'll *think over* your suggestions.
  あなたの提案をじっくり考えてみます.
- Please let me *think* it *over*.
  それについてはよく考えさせてください.
- I'm ***considering*** resign***ing***. V+O (動名)
  辞職するかどうか考慮中だ.
- He ***considered what*** he should do next. V+O(*wh* 節)
  = He ***considered what*** *to* do next. V+O (*wh* 句)
  彼は次にどうすべきか考えた.
- She ***considered*** him ***for*** the position. V+O+*for*+名
  彼女は彼がその職に適任か検討した.
- You must ***consider how*** he will feel if he hears that. V+O (*wh* 節)
  彼がそれを聞いたらどんな気持ちがするかを考えてみなさい.

考慮に入れる 動

≪事情や状況を≫ ▶**take ... into consideration [account]**

- You should *take* her illness *into consideration*.
  彼女が病気だということを考慮すべきだ.

≪弱点や困難な点を≫ ▶**make allowance(s) for ...**

- They *made no allowance for* his family background.
  彼らは彼の家庭環境を考慮しなかった.

✪ いずれもやや格式ばった言い方.

考慮 名

▶**consideration** U

- after much [due, long] *consideration*
  十分に考慮したうえで
- Give this problem your careful *consideration*.

この問題を慎重に考えなさい.

• She is one of the candidates *under consideration for* the position.
彼女はその職の候補として検討中の 1 人である.

Ⓐ We have ***taken into account*** ....
我々は…を考慮に入れた.

Ⓐ ***Given*** the results of the present study, as well as the results of previous research, and the fact that ..., one would expect ～.
以前の研究の結果はもちろん本研究の結果と, …という事実を考え合わせると, ～ということが予測できよう.

こきゃく

顧客

▶**customer** Ⓒ

• a regular *customer*
上得意

• lose *customers*
得意先を失う

• The *customer* is always right.
お客さまは常に正しい(お客さまは神さまです)《商店のモットー》.

Ⓑ ***I have a customer*** looking for something similar to your model WH724 suitable for household use.
WH724 と似たモデルで家庭用に適したものを探している顧客がいます.

Ⓑ ***My customer is asking for*** 300 units of your horse oil skin cream (12 oz jar).
私の顧客が貴社の馬油スキンクリーム(12 オンス瓶)を 300 個求めています.

ここ

此処に 副

▶**here**

✪ here は話者のいる場所, または話者を中心とした話者に近い場所を言う点では日本語の「ここ」とだいたい一致する. 離れた場所から話者のほうへ向かっての移動を含む場合に口語ではよく over here が用いられる.

- right *here*
  ちょうどここで
- Come *here*.
  ここへおいで.
- Stay *here* till I come back.
  私が戻ってくるまでここにいなさい.
- He'll be *here* in a minute.
  彼はすぐここに来ます.
- *Here* in Tokyo there are taxis everywhere.
  ここ東京ではどこでもタクシーが見つかる.

✪「ここはどこですか」は Where am I? で, ×Where is here? とは言わない.

此処 名

≪この場所≫ ▶**this place**

Ⓐ It is necessary ***at this point*** to explain .... ⇒ **TPL 20-9**
ここで, …を説明しておく必要がある.

Ⓐ ***Here*** we see a connection between A and B.
ここに A と B の関係を見て取ることができる.

Ⓐ ***Here*** we summarize our approach to the problem.
ここでわれわれがどのような方法でその問題に取り組むかを要約しておこう.

Ⓐ ***From this, it is clear*** [***obvious***] ***that*** ....
ここから…ということは明らかである.

こころみる 〖試す; 企てる〗

試みる 動

≪試しにやってみる≫ ▶**try** 他

✪ 最も一般的な語.

- ***Try*** read***ing*** that book. V+O (動名詞)
  その本を読んでみて.
- ***try*** a new medicine ***on*** rats V+O+*on*+名
  ねずみに新薬を試してみる
- ***Try to*** see how far you can throw the ball. V+O (*to* 不定詞)
  ボールをどこまで投げられるかやってみなさい.

▶**attempt** ㊀

✪ この語は結果としては失敗を暗示することが多い.

- The prisoners *attempted* an escape.
  = The prisoners ***attempted to*** escape. V+O (*to* 不定詞)
  囚人たちは逃亡を企てた.

試み 名

≪本番に入る前の試し≫ ▶**trial** Ⓒ

- He succeeded ***on*** his third ***trial***.
  彼は 3 度目の試みで成功した.

≪努力してやってみること≫ ▶《略式》**try** Ⓒ

- have another *try*
  もう一度やってみる
- It's ***worth a try***.
  やってみる価値はある.
- I've never skied before, but I want to ***give*** it ***a try***.
  スキーはしたことがないけど, 一度やってみたい.

≪実現しなかった企て≫ ▶**attempt** Ⓒ

- His ***attempt to*** poison his wife failed. +*to* 不定詞
  = His ***attempt at*** poison***ing*** his wife failed. +*at*+動名
  妻を毒殺しようとした彼の企ては失敗した.
- He ***made*** an ***attempt*** *to* install the software himself.
  彼は自分でそのソフトをインストールしようとした.
- He failed *in an attempt to* assassinate the President.
  彼は大統領を暗殺しようとして失敗した.

Ⓐ We ***attempted to*** uncover .... ⇒ TPL 21 ▸ Introduction 2
…を明らかにしようとした.

Ⓐ This paper ***attempts to*** provide a classification of ....
この論文は…の類型の提示を試みる.

Ⓐ【研究者】***have attempted to*** demonstrate [prove, identify, find, show] ....
【研究者】は…を検証[証明, 特定, 発見, 提示]する試みを行った.

✪ 主語は人のほか, 研究や論文(the study / the paper)も可.

Ⓐ Since the 1970s, numerous ***attempts have been made to*** ....
1970 年代以降, …する試みが数多くなされてきた.

Ⓐ some research groups ***have tried to*** examine ... ⇒ TPL 21 ▸ Introduction 2
いくつかの研究グループにより, …について検討が試みられている

✪ 主語は人のほか, 研究や論文(the study / the paper)も可.

ごじつ 〖そのうち; あとで〗

後日

≪追って≫ ▶**later**

≪そのうちに≫ ▶**someday**

• They will know the truth *someday*.
彼らもやがて真相を知るだろう.

≪将来≫ ▶**in the future,**《英》**in future**

Ⓑ ***We will contact you later.***
後日こちらからご連絡いたします.

Ⓑ ***Looking forward to meeting you again soon.***
後日改めてお会いできるのを楽しみにしております《メールなどの末尾で》.

コスト 〖費用; 経費〗

≪費用≫ ▶**cost** Ⓒ

• the *cost* of production

生産費

- at a *cost* of 1000 yen
  千円(の費用)で
- low running [operating] *costs*
  安い維持費
- Living *costs* are usually higher in cities than in the country.
  生活費は普通田舎より都会の方が高い.
- ***cover*** [***meet***] the ***cost***
  費用を賄(まかな)う
- ***cut*** [***reduce***] ***costs***
  費用を切り詰める
- ***increase costs***
  費用をふくらませる

> Ⓑ These restrictions help ***keep*** our ***costs lower***, which is reflected in our lower prices compared to suppliers dealing in smaller amounts. ⇒ TPL 4
> このような制限を設けることでコストを抑え,少量の豆を扱う業者と比較して低価格を実現しています.

ことがら

事柄

⇒もんだい(問題)

ことなる 〖違う; さまざま〗

異なる 動

≪違っている≫ ▶**be different; differ** 自

✪ 後者は格式ばった語.

- Baseball ***is*** very ***different from*** cricket. +*from*+名
  野球はクリケットとはかなり違っている.
- The two opinions ***are*** slightly ***different in*** this respect. +*in*+名
  その 2 つの意見はこの点において少し違っている.

こ

- Your answer ***differs*** greatly ***from*** mine. V+*from*+名
  あなたの答えは私のとは大きく違う.
- The two sisters ***differ in*** looks. V+*in*+名
  その二人の姉妹は顔だちが違う.
- English ***differs from*** Japanese ***in*** hav***ing*** articles. V+*from*+名+*in*+動名
  英語は冠詞があるという点で日本語と異なっている.
- The number of parts of speech ***differs from*** language ***to*** language. V+*from*+名+*to*+名
  品詞の数は言語によって異なる.

《いろいろに変わる》 ▶**vary** ⓐ

- Marriage customs ***vary from*** country ***to*** country. V+*from*+名+*to*+名
  結婚の慣習は国ごとに違う.
- The leaves of the tree ***vary in*** color from green to yellow. V+*in*+名
  その木の葉の色は緑から黄色までさまざまだ.
- The prices of these bags ***vary with*** the size. V+*with*+名
  このかばんの値段はサイズによって違う.

異なった 形

《違った》 ▶**different**

- wear a *different* dress every day
  毎日違う服を着る

《さまざまに異なった》 ▶**diverse**

✪ different より意味が強い, 格式ばった言葉.

- There were very *diverse* views among the voters.
  投票者の中には多種多様な意見があった.

《はっきりと異なった·まったく別個の》 ▶**distinct**

- They are similar in form, but quite [entirely] ***distinct from*** each other. +*from*+名
  それらは形は似ているがお互い全く別物だ.

Ⓐ【研究者 A】***disagrees with***【研究者 B】.
【研究者 A】は【研究者 B】と見解が異なる.
✪ 何について見解が相違しているかについては about/on/over を使う

が that 節は使わない.

Ⓐ ***A is different from B.***
A は B と異なる.

Ⓐ ***Unlike*** other studies, our research focused specifically on ....
他の研究とは異なり, われわれの研究は特に…に焦点を当てた.

ことわる 〘拒否; 拒絶〙

断る

≪要求･要請などをかなり強い調子で断る≫ ▶**refuse** ㊉ ㊀

- He *refused* my invitation [offer].
  彼は私の招待[申し出]を断わった.
- I *was refused* admission. V+O+O の受身
  私は入場を拒否された.
- He asked me to come, but I *refused.*
  彼に来るように頼まれたが私は断わった.

≪丁寧な調子で断る≫ ▶**decline** ㊉ ㊀

- He *declined* my invitation.
  彼は私の招待を辞退した.
- The chairman ***declined to*** answer personal questions. V+O (*to* 不定詞)
  議長は個人的な質問に答えることを拒絶した.

≪提案などを不適当あるいは無価値として拒否する≫ ▶**reject** ㊉

- He *rejected* our proposal.
  彼は私たちの提案を断わった.
- Peter *was* ***rejected by*** the club. V+O の受身
  ピーターはクラブから入会を拒否された.

▶**turn down** ㊉

✪ 口語的な表現.

- She *turned down* every man who proposed to her.
  彼女は求婚してきた男をすべてはねつけた.

≪許可を求める≫ ▶**ask for permission**

≪予告する≫ ▶**give (...) notice**

❸ ***I'm sorry, I must decline.*** Thank you for taking the trouble to invite me.
申し訳ありませんがお断わりさせていただきます. わざわざご招待くださりありがとうございます.

❸ ***I'm sorry to have to tell you we cannot fulfil your request.***
ご依頼にお応えすることができず申し訳ございません.

❸ ***Unfortunately, we can't meet your needs*** at this time.
残念ながら, 今回はご要望にお応えすることができません.

こみ 〖含める〗

-込み

《…を含めて》 ▶**inclusive of ...; including**

- The charge is $10, *inclusive of* service.
  料金はサービス料も入れて 10 ドルです.

❸ Could you please give me an estimate ***including delivery***?
送料込みでお見積りをお願いできますか.

❸ price ***including sales tax***
消費税込みの価格

これまで 〖今まで〗

《今まで》 ▶**until now**

- *Until now* I have been thinking only of passing the examination.
  私は今までは試験に通ることばかり考えてきた.

❹ At least 10 books ***have so far been published*** on the subject.
この主題に関する書籍がこれまでに少なくとも 10 点出版された.

❹ ***Previous studies show that*** .... ⇒ TPL 21 ▶ Discussion 4
…ということが, これまでの研究で明らかになっている.

❹ ***No*** attempts ***has been made to*** test ....
…を調査するための試みはこれまでなされてこなかった.

こんきょ 〖基づく; 理由〗

根拠

≪基礎となるもの≫ ▶**basis**《複 **bases**》Ⓒ

• His conclusion was formed ***on the basis of*** my data.
彼の結論は私の資料に基づいていた.

• What is the ***basis for*** [***of***] your opposition?
あなたが反対する根拠は何ですか.

▶**foundation** Ⓤ

• a rumor without *foundation*
根も葉もないうわさ

• have no *foundation* (in fact)
全く事実無根である

≪結論などの論理的なよりどころ≫ ▶**ground** Ⓤ

✪ または複数形で.

• There is no ***ground for*** think***ing*** so.
そう考える根拠は全くない.

• You have sufficient ***grounds to*** sue. +*to* 不定詞
君には訴えを起こす十分な根拠がある.

• She was pardoned ***on the grounds of*** her youth.
彼女は若いという理由で許された.

• He was dismissed ***on the grounds that*** he had broken the rules.
彼は規則を破ったとの理由で首になった.

≪よりどころ・典拠≫ ▶**authority** Ⓒ

• What is your ***authority for*** these claims?
この主張の根拠は何ですか.

≪理由≫ ▶**reason** Ⓒ

• What are 「the ***reasons for*** his stay [his ***reasons for*** stay***ing***] there?
彼がそこにとどまっている理由は何ですか.

• One of the ***reasons*** (***why*** [***that***]) I love him is *that* [《略式》*because*] he is honest. + (*why* [*that*]) 節

私が彼を好きなのはひとつにはあの人が正直だからだ.

- ***For*** this ***reason*** I cannot agree with you.
  こういう理由で私はあなたに同意できません.
- explain the ***reasons behind*** his decision
  彼が決意した背後にある理由を説明する
- 「We have [There is] every [good] ***reason to*** believe that his motives are suspect. +*to* 不定詞
  彼の動機が疑わしいと考える十分な[もっともな]理由がある.

こんご 〘これから; 将来〙

今後

≪これから後ずっと≫ ▶**from now on;《米》in the future,《英》in future**

- You should be more honest *from now on*.
  これからはもっと正直になりなさい.
- Don't do that *in the future*.
  それはこれからはしないように.

≪これ以後≫ ▶**after this**

> Ⓑ ***We appreciate your ongoing support.***
> 今後ともご支援のほどよろしくお願いいたします.
> Ⓑ I've talked with them about placing orders earlier ***in the future*** so we can avoid the surcharge. ⇒ TPL 10
> 追加料金がかからないよう今後は早めに注文するように話しました.
> Ⓑ If you do not pay the amount overdue ***within the next 5 days***, ... ⇒ TPL 11
> 今後 5 日以内に未払い額をお支払いいただけない場合は….

さ

さ 〖違い; 格差〗

差

≪差異≫ ▶**difference** Ⓤ

✪ 具体的な相違点について言うときは Ⓒ.

- the「***difference in*** temperature［temperature ***difference***］***between*** London and Paris
  ロンドンとパリの気温の差
- 「A *difference in* age［An age *difference*］doesn't matter.
  年齢差は問題ではない.
- What's the time *difference between* Tokyo and San Francisco?
  東京とサンフランシスコの時差はどのくらいですか.

≪隔たり・相違≫ ▶**gap** Ⓒ

✪ 好ましくない相違について用いる.

- the ***gap between***「the rich ***and*** the poor［rich ***and*** poor］
  貧富の差

✪ 日本語と語順が逆.

≪得点など数量で示される差≫ ▶**margin** Ⓒ

- ***by a margin of*** 100 votes
  100 票の差で
- ***by*** a wide［large, significant］***margin***
  大差で
- ***by*** a narrow［slim, small］***margin***
  少しの差で

Ⓐ the ***differences between*** the groups ⇒ TPL 21 ▸ Results 3
グループ間の差

Ⓐ ***there is a difference in*** performance due to age ⇒ TPL 21 ▸ Discussion 1
年齢によってパフォーマンスの差がある

> Ⓐ there is a significantly large ***difference in*** ... ⇒ TPL 21 ▶ Results 1
> …に著しく大きな差がある

サービス

▶**service** Ⓤ

✪ 日本語の「サービス」のような「値引き, おまけ」の意味はない.

- We guarantee the best *service*.
  当社では最高のサービスをお約束します.
- excellent customer *service*
  申し分のない顧客サービス
- The *service* in this restaurant is good [poor].
  このレストランはサービスがよい[悪い].

サービス(産)業

▶**service industry** Ⓒ

> Ⓑ We are sorry for our mistake, and ***we will do our best to serve you better.***
> このたびは手違いがありまして申し訳ございませんでした. スタッフ一同サービスの向上に努める所存です.

ざいこ

在庫

≪商品の蓄え≫ ▶**stock** Ⓤ

✪ 具体的には Ⓒ.

- We have the largest ***stock of*** French wine in Japan.
  当店には日本で最大のフランスワインの在庫がございます.
- We have lots of new hats ***in stock.***
  当店には新しい帽子の在庫がたくさんございます.
- This style is now ***out of stock.***
  この型は今在庫切れです.

≪在庫品≫ ▶**goods in stock**

✪ 複数形で.

Ⓑ ***Do you have this product in stock?***
この製品の在庫はありますか.
Ⓑ We ***have*** more than enough of this model ***in stock*** to cover your order.
このモデルはご注文をお受けするのに十分な在庫がございます.
Ⓑ ***We have a large stock of*** this product in black, but only a few in red.
本製品は, ブラックは大量の在庫がありますが, レッドはほんのわずかしかありません.
Ⓑ ***We have a plentiful stock of*** this model.
この製品の在庫は十分あります.
Ⓑ ***There are only a few in stock.***
在庫はわずかしかありません.

さいそく 〖要求; 急かす〗

催促する 動

≪しつこく勧める≫ ▶**urge** 他

• He ***urged*** me ***to*** stop thinking about it. V+O+C (*to* 不定詞)
彼は私にそのことは考えるなとしきりに言った.
• All members *are* (strongly) ***urged to*** attend the meeting. V+O+C (*to* 不定詞)の受身
会員は全員ぜひその会に出席していただきたい.

≪せかす≫ ▶**hurry** 他

• I *was* ***hurried into*** mak***ing*** a decision. V+O+*into*+動名の受身
私は決断を急がされた.

催促状

≪思い出させるための通知≫ ▶**reminder** Ⓒ

Ⓑ ***I'd like to remind you to*** send new product photos for this year's catalog.
今年のカタログ用に新製品の写真を忘れずお送りいただきたくご連絡いたしました.
Ⓑ ***I wonder if you have*** come to a decision about my offer yet?

私のお申し出について結論は出していただけましたでしょうか.
Ⓑ I know you must be busy, but ***I do hope to*** hear from you soon in regard to my proposal.
お忙しいとは思いますが, 私のご提案について早めにご返事をいただければ幸いです.

さ

さくげん 〘減らす; 切り詰める; 節約〙

削減する 動

≪数量を減らす≫ ▶**cut (down); cut down on ...** 他

✪ 最も一般的な語.

- We need to *cut* our traveling expenses.
  旅費を切り詰める必要がある.
- He told me to *cut down* the cost of production.
  彼は私に生産費を切り詰めろと言った.
- The doctor told him to *cut down on* smoking.
  医者は彼にたばこを減らすように言った.

≪出費などを切り詰める≫ ▶《格式》**curtail** 他

- *curtail* government expenditure
  政府支出を削減する

≪減少・低下させる≫ ▶**reduce** 他

- ***reduce*** one's weight ***to*** 60 kg V+O+*to*+名
  体重を 60 kg まで減らす
- ***reduce*** expenses ***by*** 10% V+O+*by*+名
  費用を 10 % 切り詰める
- *reduce* the emission of carbon dioxide from factories
  工場の二酸化炭素の排出を減らす

削減 名

≪数量を減らすこと≫ ▶**cut** Ⓒ

✪ 最も一般的な語.

- a price *cut* = a ***cut in*** prices
  値引き

• personnel *cuts*
人員削減

≪出費などを切り詰めること≫ ▶《格式》**curtailment** Ⓤ

≪減少･低下させること≫ ▶**reduction** Ⓤ

✪ 具体的な事例は Ⓒ.

• a ***reduction in*** [***of***] working hours
労働時間の短縮

• cost *reduction*
コストの引き下げ

✪「コストダウン」は和製英語.

> Ⓑ ***for significant savings*** without much difference in quality and flavor ⇒ TPL 4
> 品質と味においては大差なく大幅なコスト削減をするために

さしかえる 〘取り替える; 交換〙

差し替える

≪取り替える≫ ▶**replace** ㊉

• He ***replaced*** his old car ***with*** a brand-new sports car. V+O+*with*+名
彼は古くなった車を新品のスポーツカーに替えた.

• The system *was* ***replaced by*** a more complex one. V+O+*by*+名の受身
その制度はより複雑なものに替えられた.

> Ⓑ I'm sorry, I sent you the wrong file. Please ***replace*** it ***with*** this one.
> 申し訳ありません. 間違ったファイルを送ってしまいました. こちらのファイルに差し替えてください.

さっそく 〘すぐ; 直ちに〙

早速

≪間を置かず直ちに≫ ▶**immediately; at once; right away; right off**

✪ 後の表現ほど口語的.

• I wrote him an answer *immediately*.

早速彼に返事を書いた.

• Let's begin *right away*.

さあ早速始めよう.

≪即座に≫ ▶**promptly**

• I bought a new umbrella and *promptly* lost it.

新しい傘を買ったが早速なくしてしまった.

Ⓑ We'll talk with the merchant ***right away*** and have him give you a refund.

早速取扱店に連絡し, 返金してもらうようにいたします.

Ⓑ We sent the corrected invoice ***immediately after*** receiv***ing*** your email. Thank you for telling us about the error.

メールをいただいた後, 早速訂正した請求書をお送りしました. 間違いをご指摘いただきありがとうございました.

さてい 〖評価〗

査定する 動

≪課税のため財産･収入などを≫ ▶**assess** 他

• Mr. Black's fortune *was **assessed at*** seventy million dollars. V+O+*at*+名の受身

ブラック氏の財産は 7 千万ドルと査定された.

査定 名

▶**assessment** U

• the ***assessment of*** damage

損害の査定

Ⓐ a self-rating questionnaire which was designed to evaluate and ***assess*** health status and attentional flexibility ⇒ TPL 21 ▶ Methods 2

健康状態と注意の柔軟性を評価･査定するための自己評価アンケート

サポート 〖支援; 援助〗

≪支援･援助≫ ▶**support** U

Ⓑ I want to continue to ***benefit from your support***. ⇒ TPL 12
これからも貴社のサポートから恩恵を受けたいと思っております.
Ⓑ ***Let me know if I can be of any further assistance.***
他にもサポートできることがあればどうぞお知らせください.

さらに 〖もっと; その上〗

《さらに進んで》 ▶**further**

• You must examine it *further*.
それはさらに調べなければなりません.

《なお·いっそう》 ▶**even; still**

✪ 比較級を強める. 日本語で「さらに」とあっても英語では特別な語を用いずに, 比較級を用いて表せることが多い.

• He can do it *even* better.
彼はさらに上手にできる.
• We're likely to receive *still* more letters of complaint.
さらに多くの苦情の手紙が来そうだ.

《その上》 ▶**furthermore**

• I'm not ready to leave yet. *Furthermore*, I wonder if it's a good idea to go at all.
まだ出かける用意ができていない. それに行くのがよいかどうかもわからない.

Ⓐ ***Furthermore,***
さらに
Ⓐ ***Additionally, / In addition (to ...), / Added to this,***
これに加えて
✪ 特にアカデミック·ライティングでは, 追加する項目が, 前述の項目の並びに同列で追加される. 論理的な流れをふまえず単に一言追加, 程度では使わない.
Ⓐ ***... deserve further discussion.***
…はさらに検討する価値がある.
Ⓐ ***To examine this further***, in this paper, we focused on .... ⇒

TPL 21 ▸ Introduction 2
このことをさらに検証するために, 本論文では, …に焦点を当てた.

ざんきん 〘残高; 差額〙

残金

≪後に残った金≫ ▶**money left over** Ⓤ

≪差引残高≫ ▶**balance** Ⓒ

- a *balance* of $1,500
  残高 1,500 ドル
- The *balance* of the account is in my favor.
  差引勘定は私の貸しだ.

≪借金などの残金≫ ▶**remainder**

✪ the remainder として単数または複数扱い.

Ⓑ Would you like us to refund ***the remainder*** to you or credit it to your account?
残金は返金をご希望でしょうか. または口座に入金させていただくのがよろしいでしょうか.

Ⓑ Would you be willing to wait until next month for ***the remaining amount***?
残金は来月までお待ちいただけますか.

さんこう 〘参照; 役立つ〙

参考

≪情報を得るために見ること≫ ▶**reference** Ⓤ

✪ 具体的には Ⓒ.

- ***for future reference***
  今後の参考として

参考にする

▶**refer to ...** ㊀

- You should *refer to* some other books.
  何かほかの本を参照したほうがよい.

《参考書などを調べる》 ▶**consult** ㊐

• He ***consulted*** the dictionary ***for*** the meaning of the word. V+O+*for*+名
彼はその単語の意味を辞書で調べた.

参考になる

《ためになる》 ▶**be instructive [informative; helpful]**

• Reading this book will *be* very *instructive for* you.
この本を読むととてもためになるよ.

• This book will ***be helpful in*** study***ing*** Japanese. +*in*+動名
この本は日本語の勉強に役立つだろう.

参考までに

▶**for your information**

• *For your information*, these books are not available in Japan.
参考までに申し上げますと, これらの本は日本では手に入りません.

参考書

《各教科の学習用の》 ▶**student handbook** Ⓒ

《要点だけまとめたもの》 ▶**manual** Ⓒ

参考資料

▶**reference materials [data]**

✪ 通例複数形で.

参考文献

▶**references**

✪ 通例複数形で.

Ⓑ I'm sending some of our marketing materials ***for your reference***.
ご参考までに弊社のマーケティング資料の一部をお送りします.

Ⓑ Your feedback ***will be used to improve*** our customer service in the future.
いただいたご意見は今後の顧客サービス向上のために参考にさせていただきます.

Ⓑ The materials you prepared have ***been a good resource for*** our onboarding program.
ご用意いただいた資料は弊社の新人研修プログラムのために大変参

考になりました.

Ⓑ Your credit information is only used once ***as a reference*** when setting up your account.
お客様の信用情報は, アカウント設定時に参考として一度だけ使用されます.

さんしゅつ 〖計算〗

算出する 動

≪計算する≫ ▶**calculate** 他 自

- The experts ***calculate that*** the population of the city will double by the year 2030. V+O (*that* 節)
  専門家は 2030 年までにその都市の人口が 2 倍になると算出している.
- ***Calculate how*** much money we will need next year. V+O (*wh* 節)
  来年はどのくらい金が要るか計算しなさい.

算出

≪計算≫ ▶**calculation** U

✪「算出額」では C.

- make [do] a *calculation*
  計算をする
- a rough *calculation*
  概算
- by my *calculation*(*s*)
  私の計算では

Ⓐ These data were used to ***calculate*** .... ⇒ TPL 21 ▸ Methods 3
これらのデータは…を算出するために使用された.

さんしょう 〖参考〗

参照する 動

▶**refer to ...** 他

- You should *refer to* some other books.
  何かほかの本を参照したほうがよい.

• Please *refer to* the catalog for more information.
詳しくはカタログをご参照ください.

参照 名

▶reference U

• ***Reference to*** the map will help you in class.
授業では地図を参照するとわかりやすい.

• Here's a copy of today's agenda, ***for*** (your) (easy) ***reference***.
(簡単に)参照できるように今日の議題の控えがあります.

Ⓐ ***See above. / See below.***
上記(前述の内容)を見よ. / 下記を見よ.

Ⓐ ... and we should take this into account when developing preventive strategies (***see below***).
これは予防対策を開発する際に考慮すべきである(後述).

✪ 上の例のように括弧を活用することが多い.

Ⓐ ***See ... for further details.***
詳しくは…を参照のこと.

Ⓑ ***Please see our website for more information.***
詳細については弊社ウェブサイトをご参照ください.

Ⓑ Please ***refer to*** our price list.
弊社の価格表をご参照ください.

さんせい

賛成

⇒どうい(同意)

ざんねん 〘あいにく; 遺憾〙

残念に思う 動

≪不幸・不運などについて悲しい感情を表す≫ **▶be sorry**

✪ 一般的で口語的な語.

• I'***m sorry about*** Monday, but I can't make it. +*about*+名
月曜日はあいにくですが都合がつきません.

さ

• I'*m sorry to* say (that) I can't help you. +*to* 不定詞
残念ですが, お力になれません.
• I'*m sorry* (*that*) you cannot stay longer. +*that* 節
あなたがもっと長く滞在できないのが残念です.
≪特に後悔の気持ちやどうにもならないことに対する残念さを表す≫
▶**regret** ㊥
✪ be sorry よりも改まった言い方.
• I *regret that* I won't be able to attend the party. V+O (*that* 節)
残念ながらパーティーに出席できません.
• We *deeply regret that* we have to cancel our performance.
私たちの公演を中止にしなければならず, 誠に残念です.
• I *regret to say* [*inform* you] that I cannot accept your offer. V+O (*to* 不定詞)
残念ながらお申し出はお受けできません.

残念な ㊊
≪遺憾な≫ ▶**regrettable; unfortunate**
• His resignation was *regrettable.*
彼の辞職は遺憾であった.
• It's *regrettable* that the bill wasn't passed.
その法案が成立しなかったのは残念だ.
• It is most *unfortunate* that you (should have) behaved like that.
あなたがそんなふるまいをしたのはとても残念だ.

Ⓑ ***I am disappointed*** as I was hoping to build a long-term relationship with you as my new supplier. ⇒ TPL 5
貴社とは新しいサプライヤーとしての長期的な関係を築きたいと考えていたので残念です.
Ⓑ ***It is with great regret that*** we must tell you that our shop will be closing for good on April 19.
大変残念ですが, 当店は 4 月 19 日をもって閉店させていただくことになりました.
Ⓑ ***I'm sorry to hear*** you will be leaving us for a new supplier.

弊社から新しいサプライヤーに移られるとのことで残念に思います.

Ⓑ ***Unfortunately*** we must turn your overdue debt over to a collection agency.

残念ながら, 貴社の延滞債務を回収会社に引き渡さなければなりません.

サンプル 〖見本〗

▶ **sample** Ⓒ

• hand out free *samples*
試供品を配る

• ***Samples of*** the tea will be sent on request.
お茶の見本はお申し込み次第お送りします《広告･案内文》.

✪ 日本語では「サンプル」を「実例」の意で使うことがあるが, 英語の sample は「見本」「標本」の意で,「実例」の意では example を使う.

Ⓐ ***This study used a random sample of*** 7303 users of local public libraries. ⇒ TPL 21 ▸ Methods 1

本研究では, 地方公共図書館の利用者 7,303 名を無作為標本とした.

Ⓑ I would very much appreciate it if you could ***send*** a few ***samples of*** your better quality green beans. ⇒ TPL 1

なるべく品質の良い生豆のサンプルを数点送っていただけると大変ありがたいです.

し

シェア

≪市場占有率≫ ▶**share** Ⓒ

Ⓑ We ***hold*** a 9% ***share of the market in*** the USA.
弊社は米国で9%の市場シェアを占めています.

Ⓑ We want to ***increase*** our ***market share*** over the other domestic manufacturers.
弊社は他の国内メーカーより市場シェアを拡大したいと考えています.

しえん 〖支持; 援助; サポート〗

支援 名

≪支持·援助≫ ▶**support** Ⓤ

- He won widespread ***support for*** his program.
  彼は計画に対する広い支持を得た.
- He spoke ***in support of*** our views.
  彼は私たちの見解を支持する演説[発言]をした.
- ***social support***
  社会的な支援
- ***financial support***
  財政的な援助
- ***technical support***
  技術援助
- ***international support***
  国際援助
- ***additional support***
  追加支援
- ***give*** (...) ***support***
  (…を)支持[援助]する

• ***offer support***
支持[援助]を申し出る
• ***receive*** [***get***] ***support***
支持[援助]を受ける

支援する 動

▶**support** 他
• We strongly ***support*** the new President ***in*** his policies. V+O+*in*+名
我々は政策面で新大統領を強く支持する.

≪後援する≫ ▶**back (up)** 他
• They *backed* him *up* in everything.
彼らはすべての面で彼を支援した.

Ⓑ ***Thank you for your assistance.***
ご支援ありがとうございます.
Ⓑ ***We would be grateful for your assistance.***
ご支援をいただけましたら幸いです.

しかし 〖-が; けれど(も); 拘わらず〗

▶**but** 接
✪ 最も日常的な語.
• I didn't do well, *but* he did.
私はうまくできなかったが彼はできた.

▶**however** 副
✪ やや格式ばった語. 文頭・文中・文尾のいずれにも置かれる.
• The book is probably a very good one. *However*, I do not want to read it.
その本はおそらくよい本だろう. しかし私は読みたくない.
• He thought of a new plan. Later, *however*, he decided to give it up.
彼は新しい計画を考えついた. けれども後になってそれをあきらめることにした.
• He said he was sure to succeed; he failed, *however*.
彼はきっと成功すると言った. しかし失敗してしまった.

≪対立を明確に表現して≫ ▶**yet** 副 接

- He took great care, *yet* he made a mistake.
  彼は細心の注意を払ったが, それでも間違えた.

≪そうはいってもしかし≫ ▶**still** 副

- I rarely listen to these CDs but *still* I don't want to throw them away.
  これらの CD はめったに聴かないが, それでもやはり捨てる気はしない.

▶**nevertheless** 副

✪ still とほぼ同意だが, やや格式ばった語.

- He was very tired; *nevertheless* he went on walking.
  彼はとても疲れていたが, それでも歩き続けた.

> ✪ but は文頭に置かない.
>
> ✪ however は文中に置かれることが多い(⇒ TPL 20-2 など). 文頭で使わないほうがよいとしている手引き書もあるが, 実際はよく使われている(⇒ TPL 20-7 など). 文末に置くのは文が短い場合である: Metals are solid at normal temperature. There is one exception, ***however***.　金属は常温では固体である. しかしながら, この法則には一つ例外がある.
>
> ✪ nevertheless, still, yet によって結ばれる二つの文の間には, セミコロンを置いたり(⇒ TPL 21 ▸ Discussion 1), and, but を入れたりして対照を明確にすることがある: The current study clearly raises many questions, ***but nevertheless*** provides an important advance by offering a detailed analysis of some aspects of the disease.　この研究は明らかに多くの疑問点を含んでいるが, それにもかかわらず, その病気のいくつかの側面を詳しく分析することで重要な進展を提示している.

じかん〖時刻〗

時間

≪1 時間･1 日のうちのある時間≫ ▶**hour** Ⓒ

- There are twenty-four *hours* in a day.
  1 日は 24 時間だ.

- The town is「an *hour's* [a two-*hour*] drive from here.
  町はここから車で 1 時間[2 時間]の所にある.
- The car was traveling at a speed of a hundred kilometers an *hour*.
  車は時速 100 キロで走っていた.

≪時・時刻≫ ▶**time** Ⓤ

- be pressed for *time*
  時間に追われている
- waste *time*
  時間をむだにする
- Give me ***time to*** think it over. +*to* 不定詞
  考える時間をください.
- We have no more ***time for*** questions.
  質問の時間はもうありません.
- It's just a matter of *time*.
  それはただ時間の問題だ.
- Can you spare me a little *time*?
  少しお時間をいただけますか.
- The *time* is up.
  もう時間ですよ.
- The train arrived ***on time***.
  列車は定刻に着いた.
- "Do you have (the [any]) *time*?" "I'm sorry, but I'm a little too busy now. Can I talk to you later?"
  「今お時間ありますか」「申し訳ありませんが, 今忙しいので, 後でもよろしいですか」

≪学校の時限・決められた一定の時間≫ ▶**period** Ⓒ

- We have five *periods* on Monday.
  月曜日は 5 時間授業がある.
- We have English in the second *period*.
  2 時間目は英語です.

時間を守る 動

▶**be punctual**

- He's always *punctual in* com*ing*.
  彼はいつもきちんと定刻に来る.

時間割り

▶《米》(class) schedule,《英》(class) timetable Ⓒ

> Ⓑ ***Could you give me some of your time?***
> 少しお時間をいただけないでしょうか.
> Ⓑ ***I just don't have the time***, I'm too busy with the spring rush.
> 春の繁忙期で忙しくて, まったく時間がとれません.
> Ⓑ ***Thank you for making time to help me.***
> 私のためにお時間を作っていただいてありがとうございました.

しきゅう 〚直ちに; すぐ; 緊急〛

至急の 形

《緊急の》 ▶**urgent**

- an *urgent* message
  至急の伝言
- on *urgent* business
  急用で

《差し迫った》 ▶**pressing**

- *pressing* business
  火急の用事
- The matter is *pressing*.
  事は急を要する.

✪ 以上 2 つは事の重大さを表すニュアンスがある.

至急 副

《緊急に》 ▶**urgently**

- Supplies of water are *urgently* needed.
  水の供給が緊急に必要だ.

《直ちに》 ▶**at once; immediately**

✪ 後者はやや格式ばった語だが, 強調のために会話でもよく用いられる.

• She left a message asking him to call her *immediately* [*at once*].
彼女はすぐに電話をしてほしいと彼に伝言を残した.

≪できるだけ早く≫ ▶**as soon as possible** [***one*** **can**]

• Please ask John to call me *as soon as possible* [he *can*].
できるだけ早く私に電話するようにジョンに言ってください.

Ⓑ ***We urgently need*** a price quote for the following items.
以下の商品の価格見積もりが至急必要です.

Ⓑ ***Could you please get back to me as soon as possible*** [***you can***]?
大至急ご返信をお願いします.

Ⓑ ***Please get back to me ASAP,*** ⇒ TPL 13
大至急ご返信をお願いします.

Ⓑ ***Can you get back to me urgently*** about the status of my order?
私の注文状況について至急ご連絡いただけませんか.

Ⓑ Re: ***URGENT***! Your payment is overdue ⇒ TPL 11
Re: 至急! お支払いが遅れています《メールの件名》

しきん 〘資本; 財源〙

資金

≪特定の目的のための金≫ ▶**fund** Ⓒ

✪ 手持ちの金·財源の意味では通例複数形で.

• We have no ***fund for*** buying library books.
図書館の本を買う資金がない.

• raise *funds*
資金を集める

• lack of *funds*
資金不足

• I'm too「***short of*** [***low on***] ***funds*** to make the down payment.
頭金を払うには手持ち資金が足りません.

≪資本金≫ ▶**capital** Ⓤ

✪ または a ～.

• *a* starting *capital*
元手
• working *capital*
運転資本
• the necessary *capital* for the plan
計画に必要な資本

資金集め

▶**fund collecting [raising]** Ⓤ

Ⓑ If by any chance you are having temporary ***cash flow problems***, ⇒ TPL 11
万が一, 一時的に資金繰りにお困りのようでしたら

しごと

仕事 名

≪遊びに対する≫ ▶**work** Ⓤ

✪ 最も一般的な語.

• ***before*** [***after***] ***work***
始業前[終業後]に
• I have a lot of *work* to do today.
きょうはしなければいけない仕事がたくさんある.

≪収入を伴う≫ ▶**job** Ⓒ

• a nine-to-five *job*
9 時から 5 時までの規則的な仕事
• a ***temporary*** [***permanent***] ***job***
臨時の仕事[定職]
• a ***part-time job***
非常勤の仕事, アルバイト
• a ***full-time job***
常勤の仕事
• ***get*** [***find***] a ***job*** (***at*** ...)
(…に)仕事を得る

• ***quit*** a ***job***
仕事を辞める
• ***lose*** a ***job***
仕事を失う
≪商売上の≫ ▶**business** Ⓤ
• He went to Paris ***on business***.
彼は仕事でパリへ行った.
≪人から課せられた≫ ▶**task** Ⓒ
• a difficult *task*
困難な仕事
• a thankless *task*
報われない仕事
• routine *tasks*
毎日の仕事, 日課
• carry out a *task*
仕事を行なう
• My first *task* was to gather information.
私の最初の務めは情報を集めることだった.
• My father set me the ***task of*** weed***ing*** the garden.
父は私に庭の草取りをさせた.
• This is ***no easy task***.
これは生易しいことではない.

仕事をする 動

▶**work** 自
• She used to ***work as*** a nurse. V+*as*+名
彼女は以前看護師をしていた.
• He's ***working in*** the garden. V+前+名
彼は庭で仕事をしている.
• We're allowed to ***work from home***.
私たちは在宅勤務が認められている.
• *work* long hours

長時間勤務をする

• I don't like to *work* late.

残業するのは好きじゃない.

≪特定の仕事をする≫ ▶**do *one's* job**

仕事場

▶**workshop** Ⓒ

Ⓑ I enjoyed ***working with*** you ***on*** the product design.

製品デザインでお仕事をご一緒できて楽しかったです.

Ⓑ ***I hope I have another chance to work together with you.***

またお仕事をご一緒させていただく機会があれば幸いです.

Ⓑ I received an email from you in August, but ***I've been so swamped***.

8 月にあなたからメールをいただきましたが, それからずっとひどく仕事に追われていました.

しさ 〖ほのめかす; 示す〗

示唆する 動

≪連想によってそれとなく思いつかせる≫ ▶**suggest** ㊀

• I'm not ***suggesting*** (***that***) this is all your fault. V+O ((*that*) 節)

私はこれがすべて君の責任だと言っているわけではありません.

• His tone *suggests* refusal.

= His tone ***suggests*** (***that***) he'll refuse. V+O ((*that*) 節)

彼の口ぶりでは断わるつもりらしい.

• His pale face *suggested* bad health.

彼の青白い顔は健康状態がよくないことを物語っていた.

≪間接的に提案してわからせる≫ ▶**hint** ㊀ ㊁

• She ***hinted that*** she wouldn't mind being asked out on a date. V+O (*that* 節)

彼女はデートに誘われてもかまわないということを遠回しに言った.

• He *hinted at* his resolution to resign.

彼はそれとなく辞意をほのめかした.

示唆に富む 形

▶**suggestive**

- a *suggestive* comment
  示唆に富む論評

示唆 名

▶**suggestion** Ⓒ

- a talk full of *suggestions*
  示唆に富んだ談話
- There's no *suggestion* that he should leave his job.
  彼が仕事をやめるべき含みは少しもない.

▶**hint** Ⓒ

- I gave [dropped] him a ***hint that*** I didn't need his help. +*that* 節
  私は彼の助けがいらないということをほのめかした.

Ⓐ ***As*** ... ***suggests***, ～. / ～ ***as suggested by*** ....
…が示唆しているとおり～.

Ⓐ ***Recent studies have suggested*** ....
最近の研究は…を示唆している.

✪ 最近の研究成果を総括して言う場合.

Ⓐ The recent discovery of ～ ***suggests that*** ....
～についての最近の発見は…を示唆している.

✪ 特定の研究成果を言う場合.

Ⓐ the results in Table 4 ***indicate that*** ... ⇒ TPL 21 ▸ Results 1
表 4 の結果から…ということが示唆された

Ⓐ ***It has been suggested that*** this global rising trend in population is attributed to a growing increase in the average life span. ⇒ TPL 21 ▸ Introduction 1
この世界的な人口増加傾向の原因は平均寿命の延びにあるとされる.

しじ 〖支援〗

支持する 動

≪意見･考えなどに賛成する≫ ▶**support** 他

- We strongly ***support*** the new President ***in*** his policies. V+O+*in*+名
  我々は政策面で新大統領を強く支持する.

▶back (up) ㊇

✪ support より口語的.

- Many politicians *backed* his plan.
  多くの政治家が彼の計画を支持した.
- They *backed* him *up* in everything.
  彼らはすべての面で彼を支援した.

支持 名

▶support U

- He won widespread ***support for*** his program.
  彼は計画に対する広い支持を得た.
- He spoke ***in support of*** our views.
  彼は私たちの見解を支持する演説[発言]をした.
- ***tremendous support***
  絶大な支持
- ***have support***
  支持を得ている
- ***provide*** (... ***with***) ***support***
  (…を)支持[援助]する
- ***give*** [《格式》***lend***] (...) ***support***
  (…を)支持[援助]する
- ***drum up support***
  支持を集める

▶backing U

- have the full *backing of* one's boss
  上司の全面的支援を受けている

支持者

▶supporter C

- They're strong [firm] ***supporters of*** the political reform.
  彼らは政治改革を強く支持している.

▶**backer** Ⓒ

✪ backer は特に金銭面での後援の意味が強い. supporter は競技における特定チームの応援者を意味する場合もある.

支持率

▶**approval rating** Ⓒ

> Ⓐ ***This supports the conclusion that ....***
> このことは…という結論を支持している.

じじつ 〘真相〙

事実 名

≪実際の事柄≫ ▶**fact** Ⓒ

✪ 想像・理想などに対する事実の意味では Ⓤ.

- This book deals with ***facts about*** Japanese history.
  この本は日本史に関する事実を扱っている.
- She did well ***given*** [***in view of***] ***the fact that*** she is only ten. +*that* 節
  彼女は 10 才にすぎないことを考えるとよくやった.
- hard *facts*
  動かぬ[厳しい]事実
- Which part of the story is *fact* and which is fiction?
  その物語のどの部分が事実でどの部分が創作なのですか.

≪真実≫ ▶**truth** Ⓤ

- know *the* whole [full] *truth*
  真相の全貌(ぜんぼう)を知る
- *the* ***truth about*** that rumor
  そのうわさの真相
- She doesn't always tell [speak] *the truth.*
  彼女はいつも本当のことを言うとは限らない.
- the ***simple*** [***naked***] ***truth***
  ありのままの事実
- the ***objective*** [***historical***] ***truth***
  客観的[歴史的]事実

• ***learn*** the ***truth***
真相を知る
• ***discover*** [***find out***] the ***truth***
真相を突き止める
• ***reveal*** the ***truth***
真相を明らかにする
• ***accept*** [***acknowledge***] the ***truth***
事実を受け入れる[認める]

事実上の 形

▶**actual;**《格式》**de facto**

• The *actual* seat of the Dutch government is The Hague.
オランダの事実上の首都はハーグである.
• a *de facto* government
事実上の政府

≪実質的な≫ ▶**virtual**

• a *virtual* impossibility
事実上不可能なこと
• He's the *virtual* president of the company.
彼はその会社の事実上の社長である.

事実無根の 形

≪根拠のない≫ ▶**groundless; unfounded**

• 「a *groundless* [an *unfounded*] rumor
根も葉もないうわさ, デマ

> Ⓐ ***It is true, of course, that*** .... ⇒ **TPL 20-11**
> もちろん…は事実だ.
> ✪ 論文の趣旨と異なる内容を容認する表現.

じじょう 〖状況; わけ〗

事情

≪周囲の状況≫ ▶**circumstances; conditions**

✪ 通例複数形で.

- It depends on *circumstances.*
  それはそのときの事情による.
- if (the) *circumstances* allow [permit]
  事情が許せば
- *Circumstances* made us change our plan.
  事情があって我々は計画を変えなければならなかった.
- *circumstances* beyond「...'s control [the control of ...]
  (…の手に負えない)やむをえない事情
- according to *circumstances*
  状況に応じて, 臨機応変に
- Under [In] these *conditions* we cannot start at once.
  こういう事情なので私たちはすぐには出発できない.

Ⓑ ***The circumstances leave us no choice but to*** terminate our contract with you.
やむをえない事情により弊社は貴社との契約を終了せざるをえなくなりました.

Ⓑ ***Under the circumstances***, you cannot expect us to extend you any more credit. Please pay immediately.
このような事情でこれ以上支払いを延長することはできません. すぐにご返済ください.

Ⓑ ***In consideration of the circumstances***, we will give you a full refund on your last order.
事情を考慮し, 前回のご注文分を全額返金させていただきます.

Ⓑ ***We understand the circumstances you are facing***, however we must treat all our customers equally.
貴社が直面している事情は理解していますが, 弊社はすべてのお客様を平等に扱わなくてはなりません.

じぜん 〘前もって; 予め〙

事前に 副

≪前もって≫ ▶**beforehand; in advance**

• I knew their intentions *beforehand.*
彼らの意図は前もってわかっていた.

• Thank you *in advance* for your support.
ご支援に対してあらかじめお礼を申し上げます《手紙などの終わりで用いる》.

Ⓑ I'll see you at the office tomorrow morning, be sure to ***read through*** these materials ***beforehand***.
明朝オフィスで会いましょう. 事前にこれらの資料に必ず目を通しておいてください.

しだい 〖すぐ〗〖よる〗

…次第 接

≪…するとすぐ≫ ▶**as soon as ...**

• I'll ask him about it *as soon as* he arrives.
彼が着いたらすぐこのことを尋ねよう.

✪ 未来を表わす will を用いて will arrive とは言わない.

≪…のすぐ後で≫ ▶**right after ...; immediately [directly] (after) ...**

✪ right after のほうが口語的. after を省略するのは《英》.

• I'll come *directly* I have finished.
終わりしだい参上します.

…次第である 動

≪…によって決まる≫ ▶**depend on [upon] ...; rest on [upon] ...**

✪ rest を用いるのは格式ばった表現.

• The crop *depends on* [*upon*] the weather.
収穫は天気次第だ.

• Everything ***depends on*** [***upon***] ***what*** he does. +*wh* 節
すべて彼の出方次第だ.

• Our success ***depends on*** [***upon***] ***whether*** he'll help us or not. +*whether* 節
私たちの成功は彼が援助してくれるかどうかにかかっている.

• The success of the flight *rests* entirely *upon* the wind.
うまく飛べるかどうかは風次第です.

≪…の責任だ≫ ▶**be up to ...; rest with ...**

✪ rest を用いるのは格式ばった表現.

• It's entirely *up to* you.
それは全く君次第だ.

• The decision *rests with* him. = It *rests with* him *to* decide.
決定は彼次第だ.

次第に 副

▶**gradually**

• My grandfather's health is *gradually* improving.
祖父の健康は次第に回復してきている.

Ⓑ I'll let you know ***as soon as the date and time have been finalized***.
日時が決まり次第お知らせします.

Ⓑ The price ***depends*** primarily ***on*** the quality of the raw materials.
価格は主に原材料の品質次第です.

Ⓑ We might consider a joint marketing campaign, ***depending on*** how much you are willing to invest.
貴社の投資額次第では共同マーケティングキャンペーンを検討する可能性もあります.

したがって 〘だから; それゆえ〙

従って 副

≪そういうわけで≫ ▶**therefore; consequently; accordingly; hence**

✪ 後の語ほど格式ばった語.

• It was a stormy day; *therefore* our party could not start.
その日は嵐であった. それゆえ我々一行は出発できなかった.

• The heavy rain continued, and, *consequently*, there was a great flood.
大雨が続き, その結果大洪水となった.

• It is very difficult to master a foreign language; *accordingly* you must

study as hard as you can.
外国語を習得するのはとても難しい. したがって一生懸命勉強する必要がある.

• an academic and *hence* unpopular opinion
アカデミックな, したがって一般受けのしない意見

Ⓐ We can ***therefore*** conclude [assume] that ....
したがって…と結論づける[仮定する]ことができる.

✪ therefore は形式ばった語. 文頭または文中で使う. 口語ならば so (だから, それで)を使うところだが, この意味の so は論文では使ってはいけない.

Ⓐ ***Thus***, we see ....
それゆえに…ということがわかる.

✪ thus は日本語の「したがって」「ゆえに」に近い形式ばった語. 文頭または文中で使う.

Ⓐ ***thus*** causing a tremendous waste of time and money ⇒ TPL 20-11
その結果, 膨大な時間と資金を浪費するのだ

✪ ここでは分詞構文の中での用法.

Ⓐ The government cut funding for research on this subject two years ago; ***accordingly,*** little progress has been made on the project.
政府は 2 年前にこのテーマに関する研究財源を削減した. したがってプロジェクトはほとんど進んでいない.

✪ accordingly は therefore とほぼ同様に, 因果関係に基づいた当然の結果を言う. この意味では, 文頭に置かれることが多い.

じっけん

実験 名

≪科学的な実験≫ ▶**experiment** Ⓒ

• do [carry out, perform] 「chemical *experiments* [***experiments in*** chemistry]
化学実験をする

• conduct a new ***experiment on*** human subjects

人を被験者として新しい実験を行なう

実験する 動

▶**experiment** 自

• He ***experimented on*** animals. V+前+名

彼は動物実験をした.

• The engineer ***experimented with*** a new method.

技師は新しい方法を試してみた.

▶**do [carry out, perform, conduct] an experiment**

≪実際の効果や基準などに合っているかを調べる≫ ▶**test** 他

• New drugs *are* often ***tested on*** animals. V+O+*on*+名の受身

新薬はしばしば動物実験にかけられる.

実験の・実験的な 形

▶**experimental**

• *experimental* evidence

実験による証拠

• *experimental* methods

実験的な方法

実験的に 副

▶**experimentally**

実験室

▶**laboratory** C

✪ 口語では lab と略す.

実験台

≪被験者≫ ▶**subject (for experiment)** C

Ⓐ ***We conducted [designed] an experiment to test*** .... ⇒ TPL 21 ▶ Methods 1

…を検証する実験を行った[計画した].

Ⓐ In another investigation, ***experiments verified that*** .... ⇒ TPL 21 ▶ Introduction 2

別の調査では, …ということが実験で確認された.

じっさい〘現実; 事実〙

実際の 形

≪現実の≫ **▶actual** Ⓐ

• the *actual* expense
  実際にかかった費用

≪外見と実質が一致した≫ **▶real**

• a *real* experience
  実体験

実際に 副

▶actually; really

• The money was *actually* paid.
  金は実際に支払われた.

• Tell me what the situation *really* is.
  実際どうなっているのか教えてください.

実際には 副

✪ 節や文を連結するつなぎの副詞として用いる.

▶in practice

• *In practice*, this rule is ignored.
  実際にはこの規則は無視されている.

≪現実には≫ **▶in reality**

• She seemed confident, but *in reality* she felt nervous.
  彼女は自信がありそうだったが, 実際は不安を感じていた.

≪実際問題として≫ **▶as a matter of fact**

• He looked confident, but *as a matter of fact* he was scared.
  彼は自信ありげに見えたが, 本当のところはこわかったのだ.

Ⓐ (***but***) ***in fact,*** ⇒ TPL 21 ▶ Discussion 3
実際は
✪ 直前の文と異なる意見やそれを否定するような事柄を述べる.

しつもん 〖尋ねる; 問い合わせ〗

質問 名

≪最も普通の意味で≫ ▶**question** Ⓒ

• *questions* and answers
質疑応答

• Does anyone have any *questions*? = Any *questions*?
何か質問はありますか.

• Please answer my *question*.
私の質問に答えてください.

• He asked me some ***questions about*** [***on***] Japanese food.
彼は私に日本食についていくつか質問をした.

• a ***difficult*** [***tough***] ***question***
難しい質問

• a ***personal question***
個人的な質問

• a ***fundamental question***
基本的な質問

≪問い合わせ≫ ▶**inquiry** Ⓒ

✪《英》では enquiry も用いる.

• There was no reply to our *inquiry*.
我々の照会に対して何の回答もなかった.

• I received ***inquiries about*** the matter.
私はそのことについて照会を受けた.

• He ***made*** special ***inquiries into*** [***about***] the problem.
彼はその問題について特別に問い合わせをした.

質問する 動

▶**ask a question**

質問者

▶**questioner** Ⓒ

‖ Ⓑ ***Let me know if you have any questions.*** ⇒ TPL 2

し

何かご質問があればお知らせください.

Ⓑ ***I have an inquiry about*** how to do regular maintenance of the motor.
モーターの定期メンテナンスの方法について質問があります.

Ⓑ ***In answer to your inquiry***, we do ship to Japan, however you are responsible for the additional cost.
ご質問の件ですが, 日本への発送は行っておりますが, 追加料金はお客様のご負担となります.

し

してき〖示す〗

指摘する 動

▶point out 他

• I ***pointed out*** his mistakes ***to*** him.
私は彼に誤りを指摘してやった.

• He *pointed out that* the plan would cost a lot of money.
彼はその計画は金がたくさん要ることを指摘した.

▶indicate 他

✪ やや格式ばった語.

• The results ***indicate that*** there are no significant differences between the two groups. V+O(*that* 節)
結果は 2 つのグループには大きな相違がないことを示している.

• The report *indicates* the necessity of drastic measures.
報告書は抜本的な対策の必要性を指摘している.

Ⓐ【研究者】***points out that*** there are many holes in this theory. ⇒ TPL 20-9
【研究者】は, この説には多くの穴があると指摘する.

Ⓐ【研究者】***pointed out*** ....
【研究者】は…を指摘した.

✪ 文体のスリム化(⇒かんさつ ✪).

しなもの

品物

⇒せいひん(製品)

しはらい 〖払う〗

支払い 名

▶**payment** U

✪「支払い額」の意味では C.

- the prompt ***payment of*** taxes
  税の即時納入
- ***make*** (a) ***payment***
  支払う, 払い込む
- *payment* in advance
  前払い
- *payment* in installments
  分割払い
- withhold [delay] *payment*
  支払いを延ばす
- on a 20-year *payment* plan
  20 年返済のローンで

支払い期日

▶**the date of payment**

支払い能力

▶**solvency** U

支払う 動

▶**pay** 他 自

- I get *paid* ¥1,000 an hour.
  私は時給 1,000 円もらっている.
- The company has *paid* her $500. V+O+O
  = The company has ***paid*** $500 ***to*** her. V+O+*to*+名
  会社は彼女に 500 ドル払った.
- I ***paid*** him ***to*** paint my fence. V+O+C (*to* 不定詞)
  彼を雇って柵(さく)にペンキを塗ってもらった.

- *pay* in dollars [euros, yen]
  ドル[ユーロ, 円]で支払いをする
- How are you *paying*? By credit card or in cash?
  お支払いはどうなさいますか. カードですか現金ですか.
- She ***paid to*** attend the concert. V+*to* 不定詞
  彼女は金を払って演奏会に行った.

し

Ⓑ Please ***pay by the due date*** shown on your invoice.
請求書に記載されている期日までにお支払いください.

Ⓑ We have ***received*** your ***payment*** in full.
貴社からのお支払いは全額受領しております.

Ⓑ ***Thank you for paying promptly.***
迅速にお支払いいただきありがとうございます.

Ⓑ ***Your payment of*** $2550 ***is overdue***. ⇒ TPL 11
2550 ドルのお支払いが滞っております.

Ⓑ Please let me know about your shipping and any other costs, as well as your ***payment terms***. ⇒ TPL 3
支払い条件のほかに, 送料やその他の費用についても教えてください.

しまる

閉まる

≪閉じる≫ ▶**close; shut** ㊐

✪ close は閉じた状態, shut は閉じる動作のほうにそれぞれ意味の中心が置かれている.

- The door *closed* by itself.
  そのドアはひとりでに閉まった.
- This store *closes at* six.
  この店は 6 時に閉まる.
- This door won't *shut*.
  このドアはどうにも閉まらない.

Ⓑ Please note our office ***is closed on*** Saturday and Sunday.

土曜・日曜は弊社オフィスは閉まりますのでご了承ください.
Ⓑ ***We close at*** 5:00 in the afternoon on Fridays.
金曜日の午後は5時に閉まります.
Ⓑ The shop will ***be closed*** for inventory on March 31.
当店は3月31日は棚卸しのため閉まります.

しめす 〖表す; 指す〗

示す

▶**show** ㊥

✪ 最も一般的.

- The new evidence ***showed that*** the man was innocent. V+O (*that* 節) = The new evidence ***showed*** the man ***to*** be innocent. V+O+C (*to* 不定詞)
  新しい証拠はその男が無実だと証明した.
- The letter ***showed how*** much he loved her. V+O (*wh* 節)
  その手紙は彼がどんなに彼女を愛しているかを示していた.
- He was ***shown as*** a grave-looking man in the painting. V+O+C (*as*+名) の受身
  彼はその絵で謹厳な男として描かれていた.
- The picture ***showed*** Mr. Lee ly***ing*** on the couch. V+O+C (現分)
  写真にはリー氏が寝いすに横になっているところが写っていた.

≪方向・傾向などを指し示す≫ ▶**point** ㊀

- The police officer ***pointed at*** [***to***, ***toward***] the building. V+前+名
  警官はその建物を指さした.
- *point* in the direction of ...
  …の方向を指さす
- The clock's hour hand was *pointing to* three.
  時計の短針は3時を指していた.
- All the circumstances *point to* [*toward*] his guilt.
  すべての状況が彼の有罪であることを示している.

≪わかるように示す≫ ▶**indicate** ㊥

- The results ***indicate that*** there are no significant differences between

the two groups. V+O(*that* 節)
結果は 2 つのグループには大きな相違がないことを示している.

• Can you ***indicate*** on this map ***how to*** get to the museum? V+O(*wh* 句)
この地図で博物館へ行く道を教えてもらえますか.

• The arrow *indicates* the exit.
矢印が出口を示している.

• The policeman ***indicated*** (***that***) we should not stop there. V+O (*that* 節)
警官は我々がそこに立ち止まってはいけないと身ぶりで示した.

≪計器などがある目盛りを指す≫ ▶**read** ㊐

• The thermometer *reads* 30 degrees.
温度計は 30 度を示している.

Ⓐ【研究者】***showed*** ....
【研究者】は…を示した.

✪ 文体のスリム化(⇒かんさつ ✪).

Ⓐ ***Table 1 shows*** ....
表 1 は…を示している.

Ⓐ A schematic representation of the complete procedural steps ***is shown in*** Figure 1. ⇒ TPL 21 ▸ Methods 2
手順全体を図式化したものを図 1 に示す.

Ⓐ ***This study shows*** [***has shown***] ***that*** ....
この研究は…ということを示している[示した].

Ⓐ The extended data ***is presented in*** Table 4 and Figure 3, including .... ⇒ TPL 21 ▸ Results 1
拡張データは…を含めて表 4 と図 3 に示した.

Ⓐ ***We present*** our complete modeling results in Table 5. ⇒ TPL 21 ▸ Results 1
表 5 にモデル化した結果のすべてを示す.

Ⓐ ***Tests of ～ indicated that*** ....
～の検査結果は…を示した.

Ⓐ This implies that ..., ***indicating that*** ～. ⇒ TPL 21 ▸ Results 2

> このことは, …ということを意味し, ～ということを示している.
> ✪ 分詞構文での用法.

しめる

占める

《位置を取る》 ▶**occupy** ㊀

- The store *occupies* the entire building.
  その店は建物全体を占めている.

《座席などにつく》 ▶**take** ㊀

- *Take* this seat, please.
  どうぞこの席にお座りください.

《しっかり確保している》 ▶**hold** ㊀

- He *held* a high position in the company.
  彼はその会社で高い地位についていた.

《ある割合や部分を》 ▶**account for ...** ㊀

> Ⓐ Computers ***accounted for*** 15% of the total sales of electrical appliances last year.
> 昨年コンピューターは電化製品の総売上額の 15% を占めた.

しゃくど 〖単位; 基準〗

尺度

《計量の単位》 ▶**measure** Ⓒ

- The yard is a ***measure of*** length.
  ヤードは長さの単位である.
- *a* ***measure of*** a country's standard of living
  国の生活水準を計る基準[尺度]

《目盛り・度盛り》 ▶**scale** Ⓒ

- the *scale* on a thermometer
  温度計の目盛り
- one's *scale* of values
  価値観の尺度

Ⓐ ***on a scale from* 0 *to* 10**
0 から 10 の尺度で

しゃざい 〖謝る; 詫び〗

謝罪 名

《わび》 ▶**apology** Ⓒ

• a letter of *apology*
おわびの手紙

• demand an *apology*
謝罪を要求する

• She「offered me an ***apology*** [made an ***apology to*** me] ***for*** be***ing*** late.
彼女は私に遅くなったことをわびた.

• I ***make no apologies*** [***apology***] ***for*** that.
それを別に悪いとは思わない.

謝罪する 動

《謝る・わびる》 ▶**apologize** 自

• I really must *apologize*.
本当に申しわけありません.

• I ***apologized to*** him ***for*** my carelessness. V+*to*+名+*for*+名
私は彼に自分の不注意をわびた.

• John ***apologized*** profusely ***for*** be***ing*** late. V+*for*+動名
ジョンは遅刻したことを十分にわびた.

▶**make an apology** (**for ...; to ...**)

✪ 謝罪する「相手」には to, 謝罪する「事柄」には for を用いる.

謝罪の 形

▶**apologetic**

• an *apologetic* voice
申しわけなさそうな声

Ⓑ ***Sorry for the bother.*** ⇒ **TPL 14**
ご面倒をおかけして申し訳ありません《メールなどの末尾で》.

Ⓑ ***I'm very sorry for this inconvenience.*** ⇒ **TPL 19**

ご迷惑をおかけし誠に申し訳ございません.

Ⓑ ***We're very sorry that*** you have not yet received your order. ⇒ TPL 19

ご注文品が未着とのこと, 大変申し訳ございません.

Ⓑ ***I'm sorry we can't*** give you a discount on the volume you are planning. ⇒ TPL 6

計画されている数量に対してお値引きができないのは申し訳ございません.

Ⓑ ***I apologize for the delay.*** ⇒ TPL 12

遅くなって申し訳ございません.

Ⓑ ***I apologize again for this problem.*** ⇒ TPL 17

このような問題が生じましたこと重ねてお詫びいたします.

Ⓑ ***Please allow me to apologize for*** the defective sprockets in your last shipment. ⇒ TPL 17

前回ご注文のスプロケットに欠陥がありましたことをお詫び申し上げます.

Ⓑ ***Thank you for your patience.*** ⇒ TPL 19

よろしくご寛恕のほどお願い申しあげます.

しゅうしゅう 〖集める〗

収集する 動

▶collect 他

✪ 組織的·分類的に集めることをいう言葉. 単に集める動作には gather を用いる.

- *collect* stamps
  切手を収集する
- My sister has been *collecting* dolls since she was ten.
  私の姉は 10 歳のときから人形を集めている.
- Enough evidence *was collected.* V+O の受身
  十分な証拠が集められた.

収集 名

▶**collection** Ⓤ

✪ 収集物の意味では Ⓒ.

• data *collection*
  データの収集

• There is a large ***collection of*** dolls in her room.
  彼女の部屋には人形の大コレクションがある.

> Ⓐ ***we collected data from*** each trial ⇒ TPL 21 ▶ Methods 2
> 各試行のデータを収集した

しゅうせい 〖訂正; 改正; 変更〗

修正する 動

≪法律·条約などの語句を改める≫ ▶**amend** 他

• ***amend*** a ***bill***
  法案を修正する

• Some people want to *amend* the constitution.
  憲法を改正したいと考えている人たちがいる.

≪意見·予測·価格などを改める≫ ▶**revise** 他

• He *revised* his opinion.
  彼は自説を修正した.

≪誤りを正す≫ ▶**correct** 他

• Meg *corrected* my mistakes.
  メグは私の誤りを直してくれた.

≪部分的に削ったり加えたりして直す≫ ▶**modify** 他

• They had to *modify* their plans.
  彼らは計画を変更せざるをえなかった.

• The terms of the contract will *be modified*. V+O の受身
  契約の条件は一部修正されるだろう.

≪絵などに手を入れる≫ ▶**retouch** 他

修正 名

≪法律·条約などの語句を改める≫ ▶**amendment** Ⓤ

✪ 具体的には Ⓒ.

• *amendment* of the constitution
憲法の改正
• make ***amendments to*** an article
記事に修正を加える
≪意見·予測·価格などを改める≫ ▶**revision** Ⓤ
✪ 具体的には Ⓒ.
• be subject to *revision*
修正されることがある
≪誤りを正す≫ ▶**correction** Ⓤ
✪ 具体的には Ⓒ.
• several spelling *corrections*
数か所のつづり字の訂正
• He wrote [made, marked] several *corrections* in red.
彼は赤(文字)でいくつか訂正をした.
≪部分的に削ったり加えたりして直す≫ ▶**modification** Ⓤ
✪ 具体的には Ⓒ.
• make a minor *modification*
小さな修正を加える

修正案

▶**amendment** Ⓒ
• propose an *amendment*
修正案を上程する

Ⓑ Please ***revise*** Article 7 of the contract ***as follows***:
契約書第 7 条を以下の通り修正してください.
Ⓑ Please let me know about any ***revisions*** before the presentation.
修正点があればプレゼン前に教えてください.

じゅうだい

重大

⇒じゅうよう(重要)

し

じゅうなん 〘融通〙

柔軟な 形

≪融通性のある･しなやかな≫ ▶**flexible**

✪ flexible は筋肉･体などにも使う.

- a *flexible* plan
  融通のきく計画
- *flexible* working hours
  融通のきく労働時間
- Be more *flexible*.
  もっと柔軟な態度をとりなさい.

Ⓑ ***I can be flexible about*** varieties to a certain point. ⇒ TPL 5
品種についてはある程度は柔軟に対応します.

じゅうよう 〘重大; 大切; 不可欠〙

重要な 形

≪価値･意味･影響力などの点で大切な≫ ▶**important**

✪ 最も一般的な語.

- an *important* decision [meeting]
  重要な決定[会議]
- ***It is important*** (***for*** you) ***to*** read many books while you are young.
  = ***It is important that*** you (*should*) *read* many books while you are young.
  若いうちにたくさん本を読むのは重要なことだ.

✪ that 節中の should または仮定法現在 (⇒いらい ✪).

- The matter is very [highly] ***important to*** us. +*to*+名
  そのことは私たちにとって非常に重大だ.
- Sleeping well is ***important for*** your health. +*for*+名
  十分な睡眠は健康に大切なことだ.

≪不可欠な≫ ▶**essential**

- Sleep and good food are ***essential to*** [***for***] health. +*to* [*for*]+名

睡眠と栄養に富む食物は健康に欠かせない.

• ***It is essential that*** you (*should*) *do* the work at once.

=***It is essential for*** you ***to*** do the work at once.

君はその仕事をすぐにする必要がある.

✪ that 節中の should または仮定法現在 (⇒いらい ✪).

≪かなめになる≫ ▶**key**

• a *key* point [issue, question]

重要な点[問題]

• a *key* figure [person]

重要人物

• Their support is ***key to*** our success. +*to*+名

彼らの支援が私たちの成功にとって重大だ.

≪非常に重大な≫ ▶**vital**

• play a *vital* role

きわめて重要な役割を果たす

• Practical knowledge of English is ***vital to*** the job. +前+名

実用的な英語力がその仕事には絶対に必要だ.

• Your support is ***vital for*** our success.

私たちが成功するためにはあなたの支持が欠かせない.

• It's *vital that* schools teach how to learn.

=It's *vital* for schools to teach how to learn.

学校は学び方を教えることが極めて大切だ.

≪意義深くて重大な≫ ▶**significant**

• a very [highly] *significant* speech

非常に重要な演説

• a ***significant*** day ***for*** our school

わが校にとって意義深い日

• It is *significant that* the country participates in the Olympics.

その国がオリンピックに参加することに意義がある.

重要性 ㊔

▶**importance** Ⓤ

- stress [emphasize] the *importance* of a balanced diet
  栄養のバランスのとれた食事の重要性を強調する
- lose [acquire] *importance*
  重要性を失う[増す]
- attach great *importance to ...*
  …を重視する

- It's a matter ***of*** great [vital] ***importance to*** [***for***] me.
  それは私にとって大変[きわめて]重要な問題です.
- That is ***of crucial*** [***paramount***, ***utmost***] ***importance***.
  そのことがきわめて[何よりも]重要である.
- ***of little*** [***no***] ***importance***
  ほとんど[全く]重要でない

≪意義深くて重大なこと≫ ▶**significance** Ⓤ

- have enormous ***significance for*** [***to***] the promotion of world peace
  世界平和の促進にとって非常に重要である
- a speech ***of*** great [little] ***significance***
  非常に重要な[あまり重要でない]演説

重要書類

▶**important document** Ⓒ

> Ⓐ ***More importantly,***
> さらに重要なことには
>
> Ⓐ ***What is important is*** ....
> 重要なことは…ということである.
>
> Ⓐ ***It is important to*** ....
> …することは重要である.

しゅうりょう 〖終わる; 終える〗

終了する 動

≪予定されていたことが終わる≫ ▶**end** 自 他

- When will the fair *end*?
  その博覧会はいつ終わりますか.

• ***end by*** quot***ing*** V+*by*+動名
引用で(スピーチを)締めくくる
• She *ended* her story with a sigh.
彼女は物語を終えてため息をついた.
• Try to *end* your discussion as soon as possible.
できるだけ早く議論を終えてくれ.

≪継続していたものが終わる≫ ▶**close** ㊐ ㊒
• They *closed* the discussion at ten.
彼らは 10 時に話し合いを終えた.
• I'd like to ***close*** my speech ***with*** [***by*** say***ing***] these words. V+O+*with*+名 [*by*+動名]
次のことばをもって話を終えたいと思います.
• School will *close* early next month.
学校は来月上旬に休みになる.
• The meeting *closed* with a speech by the chairperson.
最後に議長の話があって閉会となった.

≪最後の仕上げをして終える≫ ▶**finish** ㊐ ㊒
• Have you *finished* your work [homework]?
仕事[宿題]は済んだの?
• He *finished* school in March.
彼は 3 月に学校を終えた.
• She ***finished*** her speech ***by*** thank***ing*** the audience. V+O+*by*+動名
彼女は聴衆に感謝してスピーチを終えた.
• I haven't ***finished*** read***ing*** this book. V+O (動名)
この本をまだ読み終えていない.
• Let me *finish*.
最後まで聞いてください.
• The class reunion ***finished with*** everyone singing the school song. V+*with*+名
同窓会は皆で校歌を歌って終わった.

‖ Ⓑ This is to inform you that our expedited delivery services will ***end as***

of October 15 and all orders will be shipped with standard delivery.
このたび10月15日をもって速達サービスを終了し, すべてのご注文を通常配送でお届けすることになりましたので, お知らせいたします.

し

じゅちゅう〖注文〗

受注する 動

▶**receive an order**

• I *received an order* from Mr. Kent.
ケントさんから注文を受けました.

Ⓑ Orders are usually fulfilled within 10 business days ***after receipt***.
ご注文は通常, 受注後10営業日以内に処理されます.

Ⓑ You may cancel within 5 days ***after receipt of your order***.
受注後5日以内であればキャンセルが可能です.

しゅちょう〖言い張る; 断言〗

主張する 動

《言い張る》 ▶**insist** 自 他

• He ***insisted on*** [***upon***] his innocence. V+*on* [*upon*]+名
= He ***insisted*** (***that***) he was innocent.
彼は自分は潔白だと言い張った.

• She ***insisted on*** stay***ing*** alone in the house. V+*on*+動名
彼女は1人で家に残ると言ってきかなかった.

《当然のこととして主張する》 ▶**claim** 他

• The child ***claimed*** (***that***) he had seen a UFO. V+O ((*that*) 節)
= The child ***claimed to*** have seen a UFO. V+O (*to* 不定詞)
その子はUFOを見たと言い張った.

• He *claimed* his innocence.
彼は無罪を主張した.

《確信を持って主張する》 ▶**assert** 他

• We *asserted* his innocence.

= We ***asserted that*** he was innocent. V+O (*that* 節)
我々は彼が無実だと断言した.

• *assert* independence [one's rights]
独立[自分の権利]を主張する

《反論に対して自分の立場を主張し続ける》 ▶**maintain** ㊀

• He *maintained* ⌈his innocence [*that* he was innocent].
彼は身の潔白を主張した.

《論拠を示して主張する》 ▶**argue** ㊀

✪ 例えば学問上の考えなど.

• Columbus ***argued that*** the earth was [is] round. V+O (*that* 節)
コロンブスは地球は丸いと主張した.

主張 名

《当然のこととして主張する》 ▶**claim** Ⓒ

• Nobody believed her ***claim to*** be an expert economist. +*to* 不定詞
彼女は自分は経済の専門家だと主張したがだれも信じなかった.

• The company made a ***claim that*** a price increase was necessary. +*that* 節
その会社は値上げが必要だという主張をした.

• ***Claims of*** bullying were denied.
いじめがあるとの主張は否定された.

《確信を持って主張する》 ▶**assertion** Ⓤ

✪ 主張の中身を指すときは Ⓒ.

• Nobody believes his *assertion that* he is innocent.
無実だという彼の主張はだれも信じない.

Ⓐ【研究者】 ***claims that*** .... ⇒ TPL 20-10
【研究者】は…と主張している.

Ⓐ many of the ***arguments*** by ... ***are based on*** dubious scientific data ⇒ TPL 20-2
…による主張の多くが, 疑わしい科学的データに基づいている

Ⓐ the ***arguments*** by experts in various fields of science ***that*** global warming is a natural and non-anthropogenic phenomenon ⇒

TPL 20-3
地球温暖化は人為的でない自然現象であるという各分野の専門家の主張

しゅっか 〖発送〗

しし

出荷する 動

≪大量の荷物を送る≫ ▶**ship** 他

✪ 船に限らず, どのような交通機関を使ってもよい.

• *ship* goods by rail
商品を鉄道便で送る

≪一般に, 送る≫ ▶**send** 他

出荷 名

▶**shipment** U

• The food is ready for *shipment*.
食糧はすぐにでも発送できます.

Ⓑ We will ***ship*** your ***order*** on April 5.
ご注文の品は4月5日に出荷予定です.

Ⓑ If you agree, ***we can ship your order by*** July 5. ⇒ TPL 8
もしご承諾いただけるなら7月5日までにご注文品を出荷することができます.

Ⓑ ***as soon as the products are available for shipment***
製品の出荷準備ができ次第

Ⓑ ***Please be notified that your order was shipped today.***
本日ご注文の商品を出荷しましたので, お知らせいたします.

しゅっけつ

出欠をとる 動

▶**call the roll**

出欠 名

≪出席と[か]欠席≫ ▶**attendance(s) and [or] absence**

Ⓑ I'd appreciate it if you would let me know by the end of next week

whether you plan to attend.
来週末までに出欠をお知らせいただければ幸いです.

しゅっせき 〖参加〗

出席する ㊍

≪その場に居る≫ ▶**be present (at ...)** (⇔be absent (from ...))
✪ 最も口語的.
✪「出席している」という状態を表す言い方だが, 日本語の「出席する」にも当たる.

- *Were* you *present at* the party?
  あなたはその会に出席しましたか.

≪会合·授業などに出る≫ ▶**attend** ㊎ ㊏

- *attend* a meeting
  会議に出席する

✪ ×attend to a meeting とは言わない.

- The lecture *was* well *attended.* V+O の受身
  講演には出席者が多かった.

出席 ㊔

▶**presence** Ⓤ

- Your *presence* is requested at the ceremony.《格式》
  式典にご出席くださるようお願いします.

▶**attendance** Ⓤ
✪ 定期的に決められた出席の場合は Ⓒ.

- take [check] *attendance*
  出席をとる
- ***attendance at*** a meeting
  会への出席

出席者

≪全体≫ ▶**attendance** Ⓒ
✪ 普通は修飾語とともに用いる.

- an *attendance* of ten thousand

1 万人の参加者

- The ***attendance at*** the party was higher than had been expected.
パーティーへの出席者は予想されていたよりも多かった.

《出席している人》 ▶**those (who are) present**

Ⓑ I won't be able to ***make the meeting*** as I'll be out of town.
出張のため会議に出席できません.

Ⓑ ***If you cannot attend*** on November 5, ⇒ TPL 13
11 月 5 日に出席できない場合は

しゅっちょう

出張

《公務の》 ▶**official trip** Ⓒ

《商用の》 ▶**business trip** Ⓒ

- make a *business trip to* London
ロンドンへ出張する

出張所

《支店》 ▶**branch office** Ⓒ

《代理店》 ▶**agency** Ⓒ

Ⓑ Sorry, but ***I have a business trip scheduled for*** November 5. ⇒ TPL 14
申し訳ありませんが, 11 月 5 日に出張の予定があります.

Ⓑ Sorry, ***I'll be on a business trip*** and out of the office then.
すみません. その時は出張でオフィスにいません.

Ⓑ I'll ***be on a business trip to*** our factories overseas and won't be available.
海外の工場へ出張するため不在になります.

Ⓑ You can reach me at aaa@bbbb.co.jp ***while I'm away***.
出張中は aaa@bbbb.co.jp で連絡が取れます.

しゅよう

主要

⇒おも(主)

じゅりょう 〖受け取る〗

受領する 動

≪単に受動的に受け取る≫ ▶**receive** 他

- I *received* your letter yesterday.
  あなたの手紙をきのう受け取りました.
- I ***received*** a gift ***from*** him. V+O+*from*+名
  彼から贈り物をもらった.

≪提供されたものを喜んで受け取る≫ ▶**accept** 他

- She ***accepted*** a gift ***from*** him. V+O+*from*+名
  彼女は彼の贈り物を受け取った.

受領 名

▶**receipt** U

- *on* [*upon*] *receipt of* ...
  …を受け取り次第
- I am *in receipt of* ....
  …を受け取りました.

▶**acceptance** U

> Ⓑ ***Please pay as soon as you receive our invoice.***
> 請求書受領後すぐにお支払いください.
> Ⓑ We have ***received*** your ***payment*** in full.
> 貴社からのお支払いは全額受領しております.

じゅんちょう 〖円滑; 好調〗

順調な 形

≪目指すことをするのに都合のよい≫ ▶**favorable**

- a *favorable* wind
  順風

≪支障がない≫ ▶《略式》**O.K.; okay** P

- Everything is [turned out] *okay*.

万事うまくいっている[うまくいった].

≪円滑な≫ ▶**smooth**

• a *smooth* transition to democracy
民主制への円滑な移行

順調に 副

≪都合よく≫ ▶**favorably**

≪うまく≫ ▶**well**

• Things are going *well*.
事態はうまくいっている.

▶**smoothly**

• Everything is going *smoothly*.
万事うまくいっている.

> Ⓑ Is the project on schedule and ***progressing well***?
> プロジェクトは予定通り順調に進んでいますか.

じゅんび 〖用意; 支度; 手配〗

準備する 動

≪用意する≫ ▶**prepare** 他 自

• *prepare* one's lessons
授業の準備をする

• The children are ***preparing to*** go hiking. V+O (*to* 不定詞)
子供たちはハイキングに行く準備をしている.

• ***prepare*** a room ***for*** a guest V+O+*for*+名
客に部屋の用意をする

• Tom is ***preparing for*** an interview [examination]. V+*for*+名
トムは面接[試験]の準備をしている.

≪支度をする≫ ▶**get [make] ready**

✪ 口語的な表現で, 何かをする用意を整えることをいう. make ready は重要な準備をするときに用いることが多い.

• I'm afraid I can't ***get ready to*** go out in ten minutes.
私は 10 分では出かける支度ができそうもない.

• We have to ***get*** [***make***] ***ready for*** the coming winter.
私たちはやがて来る冬のための準備をしなければならない.

準備のできた 形

▶ready P

• Dinner is *ready*.
食事の用意ができました.

• Are you ***ready to*** order? +*to* 不定詞
ご注文はお決まりですか.

• We're ***ready for*** the race. +*for*+名
レースの用意はできています.

• The room is now *ready for* you.
部屋はあなたが使えるように用意ができています.

• John, will you ***get*** dinner ***ready***?
ジョン, 夕食の支度をしてくれる?

• ***get*** the children ***ready for*** school
子供たちに学校へ行く支度をさせる

• be ***ready for anything***
どんなことにも対処する用意ができている

準備 名

▶preparation U

✪ 具体的には C で, 通例複数形.

• ***preparation for*** an examination
試験準備[勉強]

• After months of *preparation*, they announced a new policy.
何か月もの準備の後, 彼らは新政策を発表した.

• The plan is ***in preparation***.
その計画はいま進行中だ.

• They were busy *in preparation for* the journey.
彼らは旅行の準備で忙しかった.

• We're ***making preparations for*** the party next week.
私たちは来週のパーティーのために準備をしている.

≪手配≫ ▶**arrangements**

✪ 通例複数形で.

• Have you ***made*** all the ***arrangements for*** your trip?
旅行の準備は済みましたか.

• We've made ***arrangements*** (***for*** the group) ***to*** meet at 6 p.m. on Monday. +(*for*+名+)*to* 不定詞
我々は(一行が)月曜日の午後 6 時に集まるように手配した.

Ⓑ I'll give you a call ***when your order is ready to pick up***.
ご注文品のお受け取り準備ができましたらお電話いたします.

Ⓑ I will need at least three days to ***prepare*** the documents required for customs clearance.
通関手続きに必要な書類の準備に最低でも 3 日かかります.

しよう 〖使う; 利用〗

使用する 動

≪使う≫ ▶**use** ㊀

• This word shouldn't *be used* in formal situations. V+O の受身
この語は改まった状況では使ってはならない.

• This *is **used for*** grill***ing*** fish. V+O+*for*+動名の受身
これは魚を焼くのに使う.

• He *used* the knife 「*to* open the bottle [*as* a bottle opener].
彼はナイフをびんをあけるのに[栓抜きとして]使った.

≪利用する≫ ▶**make use of ...**

• Try to *make* good [the best] *use of* your time.
時間をうまく[最大限]利用するようにしなさい.

• People *make use of* iron in various ways.
人は鉄をいろいろな方面に利用する.

使用 名

▶**use** Ⓤ

• The ***use of*** guns is not allowed in Japan.
拳銃の使用は日本では許されていない.

• This library is ***for the use of*** children only.
この図書館は子供専用です.

Ⓐ ANT ***was used to*** measure .... ⇒ TPL 21 ▸ Methods 2
ANT は…を測定するために使用された.

✪ 使用した材料や方法を記述する際は過去時制を用いる.

Ⓐ For the purpose of this study, ***we used*** an approach that has been described previously. ⇒ TPL 21 ▸ Methods 1
この研究のために, 我々は以前に発表されたアプローチを用いた.

Ⓐ ***We examined*** the effects of aging ***using*** .... ⇒ TPL 21 ▸ Methods 3
加齢の影響については…を用いて検討した.

✪ 分詞構文になっている例. 受動態では The effects of aging were examined using ... となり, 主節の主語と分詞構文の主語が一致しないが, よく使われる.

しょうかい

紹介する ㊐

≪人を引き合わせる≫ ▶**introduce** ㊉

• 「Let me [Allow me to] ***introduce*** (my colleague) Jack Smith ***to*** you. = Can [May] I ***introduce*** (my colleague) Jack Smith ***to*** you? V+O+*to*+名
(私の同僚の)ジャック スミスさんをご紹介します.

✪ allow や may を用いるのは改まった言い方.

• Please 「let me [allow me to] ***introduce myself***. (= May I ***introduce myself***?) My name is John Smith.
自己紹介をさせていただきます. 私はジョン スミスです.

≪目上の人に≫ ▶**present** ㊉

✪ 少し堅苦しい言い方.

• Mrs. Smith, may I *present* Mr. Hill?
スミスさん, ヒル氏をご紹介いたします.

紹介 ㊔

▶**introduction** Ⓒ

- The next speaker ***needs*** no ***introduction***.
  次の講演者は(有名なので)紹介するまでもないでしょう.
- Thank you (very much) for your kind *introduction*.
  ご紹介にあずかりましてありがとうございます《講演会などで》.

紹介状

▶**letter of introduction** Ⓒ

Ⓑ ***Thank you for introducing us to your clients***, we have been getting a lot of inquiries from them.
貴社の顧客に私どもをご紹介いただきありがとうございました. 先方からのお問い合わせも増えてきております.

Ⓑ ***I was referred to you by*** our mutual customer, Red's Paint Supply.
共通の顧客であるレッズペイントサプライから貴社をご紹介いただきました.

じょうき

上記

⇒いじょう(以上)

じょうきょう 〖事情; 現状; 事態〗

状況

≪具体的な原因･環境によって生じた周囲の事情≫ ▶**conditions**

✪ 複数形で.

- Under [In] these *conditions* we cannot start at once.
  こういう事情なので私たちはすぐには出発できない.

≪周囲との関係･立たされている立場≫ ▶**situation** Ⓒ

- get into [out of] a difficult *situation*
  困難な状況に陥る[から抜け出す]
- improve [remedy] the *situation*
  状況を改善する
- worsen the *situation*
  状況を悪化させる

• change [alter] the *situation*
状況を変える
• complicate the *situation*
状況を複雑にする
• analyze the *situation*
状況を分析する
• observe [watch] the *situation*
状況を見守る
• This is ***a situation where*** [***in which***] we have to all pull together.
これは我々皆が力を合わせなければならない状況だ.
• a ***tough*** [***stressful***, ***tense***] ***situation***
厳しい[緊迫した]状況
• ***deal with*** a ***situation***
状況に対処する
• as [if, when] the ***situation arises***
そういう状況になったら
• How did the ***situation come about***?
どうしてそういう状況になったのか.
• The ***situation changed*** [***improved***, ***worsened***].
状況は変わった[改善した, 悪化した].
• if this ***situation continues***
この状況が続けば

≪周囲の環境≫ ▶**circumstances**

✪ 複数形で.

• social *circumstances*
社会的状況
• It depends on *circumstances*.
それはそのときの事情による.
• *Circumstances* made us change our plan.
事情があって我々は計画を変えなければならなかった.
• *circumstances* beyond「...'s control [the control of ...]

(…の手に負えない)やむをえない事情

• according to *circumstances*
状況に応じて, 臨機応変に

• under [given, 《英》in] the [these] *circumstances*
そう[こう]いう事情なので[では]

≪漠然と, 一般的な状態≫ ▶**things**

✪ 複数形で.

• *Things* don't look good.
事態はよくないようだ.

• *Things* in the country have improved since then.
その後その国の情勢は好転した.

• We want to change ***the way things are***.
私たちは現状を変えたい.

• John's arrest ***made things hard*** [***difficult***] for his family.
ジョンが逮捕されて家族は大変な思いをした.

Ⓑ I am going to ***try to rectify the situation.*** ⇒ **TPL 17**
状況の是正につとめます.

Ⓑ Could you please look into it and ***let us know the status***? ⇒ **TPL 18**
(配送)状況を調べて知らせてもらえますか.

Ⓑ ***We understand the circumstances you are facing.***
貴社が直面している状況は理解しております.

Ⓑ Please send us a project ***status report***.
プロジェクトの状況報告をお願いします.

じょうけん 〖前提〗

条件 名

≪一般的に≫ ▶**condition** Ⓒ

• meet [satisfy] the strict ***conditions for*** using weapons
武器の使用の厳しい条件を満たす

• Sincerity is an important ***condition of*** effective salesmanship.
誠実さは立派なセールスマンとなる重要な条件だ.

• I cannot accept your proposal ***on*** such a ***condition***.
そんな条件ではあなたの提案を受け入れられない.

≪契約・支払いなどの≫ ▶**terms**

✪ 複数形で.

• *terms* and conditions
契約条件

• ***on*** equal [the same, level] ***terms***
同じ条件で

• He inquired about the ***terms for*** stay*ing* at the hotel.
彼はそのホテルの宿泊料を問い合わせた.

≪必要条件≫ ▶**requirement** Ⓒ

• He doesn't ***meet*** the minimum ***requirements for*** graduation.
彼は卒業の最低条件を満たしていない.

条件つきの 形

▶**conditional**

• a *conditional* agreement
条件付きの協定

…という条件で 接

▶**on condition that ...**

• I will go there ***on condition that*** you accompany me.
もしあなたがいっしょに来てくださるのならそこへ参りましょう.

✪ 未来を表わす will を用いて ×will accompany とは言わない.

Ⓑ We don't know which of the models you offer would best ***meet*** our above-mentioned ***requirements***, could you advise us?
貴社が提供されている機種のうち, どれが上記の条件に最も合うか分かりません. 教えていただけますか.

Ⓑ We might think about a discount in the range of 8% to 10% on those orders ***based on the condition that*** you use our name on your packaging and marketing materials as your exclusive supplier. ⇒ TPL 6
パッケージや宣伝用資材に独占サプライヤーとして弊社の名前を使

> うことを条件に, その注文に対して 8%から 10%の範囲でお値引きを考えさせていただくかもしれません.

しょうこ 〖証明; 根拠〗

証拠

≪証言や物証など事実関係の証拠≫ ▶**evidence** Ⓤ

✪ 1 つの証拠品を指す場合には a piece of evidence.

- direct [circumstantial] *evidence*
  直接[状況]証拠
- negative *evidence*
  何かが起きなかったという証拠
- We've found no clear ***evidence of*** a crime.
  犯罪行為があったという明らかな証拠は見つかっていない.
- Is there any scientific ***evidence for*** [***against***] his statement?
  彼の言っていることを裏付ける[否定する]科学的証拠が何かありますか.
- There was no hard ***evidence that*** he had been in the theater at that time. +*that* 節
  その時刻に彼がその劇場にいたという確かな証拠はなかった.
- She had strong ***evidence to*** support her claim. +*to* 不定詞
  彼女には自分の主張を裏付ける強力な証拠があった.
- ***gather*** [***collect***] ***evidence***
  証拠を集める
- ***give evidence***
  証言する; (事実などが) (…の) 証拠を示す
- ***provide*** [***produce***] ***evidence***
  証拠を提示する
- destroy [suppress] *evidence*
  証拠を隠滅[隠蔽]する
- erase *evidence*
  証拠を消す

≪決定的な証拠≫ ▶**proof** Ⓤ

✪ 具体的な物をいう場合は Ⓒ.

• positive *proof* = *proof* positive
確証

• There's no (conclusive) ***proof*** (***that***) he is guilty. +(*that*) 節
彼が有罪だという(決定的な)証拠はない.

• a ***proof of*** purchase
(商品の)購入を証明するもの《レシートなど》

Ⓐ ***There is some evidence to suggest that*** .... ⇒ TPL 21 ▶ Results 3
…ということを示唆する証拠がある.

Ⓐ ***Evidence suggests that*** .... ⇒ TPL 21 ▶ Introduction 2
…ということを示唆する証拠がある.

Ⓐ **【研究者】** ***provides*** [***gives, offers***] ***evidence***
【研究者】は証拠を提供する[示す]

Ⓐ ***enough*** [***sufficient***] ***evidence***
十分な証拠

Ⓐ ***substantial*** [***plenty of***] ***evidence***
相当な[たくさんの]証拠

Ⓐ ***clear*** [***strong, solid***] ***evidence***
明確な[決定的な, 確たる]証拠

Ⓐ ***important evidence***
重要な証拠

Ⓐ ***compelling evidence***
説得力のある証拠

Ⓐ ***reliable evidence***
信憑性のある証拠

Ⓐ ***scientific*** [***physical, statistical***] ***evidence***
科学的な[物理的な, 統計上の]証拠

Ⓐ ***conflicting evidence***
相容れない証拠

Ⓐ ***evidence supports ... / evidence to support ...***

し

証拠は…を裏づける / …を裏づける証拠

Ⓐ ***evidence proves ... / evidence to prove ...***

証拠は…を証明する / …を証明する証拠

Ⓐ ***evidence shows* [*indicates*] ... / *evidence to show* [*indicate*] ...**

証拠は…を示す / …を示す証拠

し

しょうさい 〖詳しい; 細かい〗

詳細 名

≪細かいけれども必要な情報≫ ▶**details**

✪ 通例複数形で.

- Would you give me some ***details about*** this microwave?
  この電子レンジの詳しい説明をしていただけませんか.
- Please send me ***details of*** your advertised holiday tour.
  広告に出ていた休日旅行の詳細を送ってください.
- For full [further, more] *details* call 466-917.
  詳細は 466-917 番にお電話を.

詳細な 形

≪詳しく述べた≫ ▶**detailed** (⇔general)

- a *detailed* examination
  詳細な調査

詳細に 副

≪細かな部分にわたって詳しく≫ ▶**in detail**

- This subject should be discussed *in* more [greater] *detail.*
  この問題はもっと詳しく論じなければならない.

Ⓑ I'll ***fill in the details*** the next time we meet.

詳細は次回お会いした時にお話しします.

Ⓑ Please see the attached ***for detailed information***.

詳細は添付資料をご覧ください.

Ⓑ ***As soon as we know in more detail we'll let you know.***

詳細が分かり次第お知らせいたします.

Ⓑ ***For more detailed information***, please contact our customer service

center.
より詳細な情報については, 弊社カスタマーサービスセンターまでお問い合わせください.

Ⓑ I want to place my first order in August, so please let me know when we can ***talk specifics***. ⇒ TPL 5
8月に最初の注文をしたいので, いつ詳細をお話しできるかお知らせください.

し

しょうしん

昇進する 動

▶**be promoted**

• Mr. Lee ***was promoted*** (***from*** assistant manager) ***to*** manager. V(+*from*+名)+*to*+名
リー氏は(副支配人から)支配人に昇進した.

昇進 名

▶**promotion** Ⓤ

✪ 具体的には Ⓒ.

• apply [put in] for *promotion*
昇進を申請する

• get a *promotion*
昇進する

• Are there good prospects of *promotion* in this company?
この会社では昇進できる見込みは大きいのですか.

Ⓑ ***Congratulations on your promotion to*** Vice President.
副社長への昇進, おめでとうございます.

しょうたい 〖招く; 誘う〗

招待する 動

▶**invite** 他

✪ 最も一般的な語.

• It's very kind of you to *invite* me.

ご招待くださってありがとうございます.

• I ***invited*** Tom ***to*** the party. V+O+*to*+名

私はトムをパーティーに招待した.

• I'm *invited to* Jane's (house) for Christmas.

クリスマスにジェーンの家に誘われている.

《人を食事などに》 ▶**ask** ㊕

✪ invite とほぼ同意で入れ替え可能なことも多いが, ask のほうが口語的.

• Thank you for *asking* me.

お招きくださってありがとう.

• We ***asked*** John ***to*** [***for***] dinner. V+O+*to* [*for*]+名

私たちはジョンを食事に招待した.

招待 名

▶**invitation** U

✪ 具体的には C.

• 「***turn down*** [《格式》 ***decline***] the ***invitation***

招待を断わる

• We went there ***at the invitation of*** Mr. Smith.

我々はスミス氏の招待を受けそこへ行った.

• He gladly ***accepted*** the ***invitation to*** the charity concert.

彼は喜んでチャリティーコンサートへの招待に応じた.

招待券

▶**invitation ticket** C

招待状

▶**invitation (card)** C

• We sent out ***invitations to*** the party.

我々はパーティーへの招待状を出した.

▶**letter of invitation** C

✪ やや格式ばった言い方.

招待客

▶**guest** C

• We're having *guests* for [to] dinner tomorrow.
うちではあす夕食に客を招待する.

Ⓑ ***You are invited to*** our 50th anniversary celebration on April 12.
4月12日の創立50周年記念式典にご招待いたします.

Ⓑ ***Thank you for the invitation, I would be pleased to attend.***
ご招待いただきありがとうございます. 喜んで出席させていただきます.

Ⓑ ***We are happy to accept the invitation.***
喜んでご招待をお受けいたします.

Ⓑ ***I'm sorry that I cannot accept your kind invitation*** as I have a prior commitment.
申し訳ありませんが, 先約があるためせっかくのご招待をお受けすることができません.

しょうだく 〖同意; 賛成〗〖承認〗

承諾 名

≪提案や要請を特に自発的に受け入れること≫ ▶**consent** Ⓤ

• He gave his ***consent to*** the proposal.
彼はその提案に同意した.

• Silence gives [is, means] *consent*.《ことわざ》
黙っているのは承諾の印[したも同じ].

≪意見や提案への賛同≫ ▶**assent** Ⓤ

✪ 積極的か否かの区別のない単に同意を表す言葉.

• a nod of *assent*
同意してうなずくこと

• by common *assent*
一同異議なく

• give one's *assent* to ...
…に同意する

≪是認≫ ▶**approval** Ⓤ

• She showed her *approval* of the program.

彼女はその計画に賛意を示した.

- He nodded ***in approval***. = He gave a nod of *approval*.
  彼は賛成してうなずいた.
- My plan ***won*** [***met with***] his full ***approval***.
  私の計画は彼の全面的な賛成を得た.

承諾する 動

≪提案や要請を特に自発的に受け入れる≫ ▶**consent** 自

- ***consent to*** the proposal V+*to*+名
  その提案に同意する
- His mother will not ***consent to*** his [him] go***ing*** there alone. V+*to*+動名
  彼の母は彼が一人でそこへ行くことには賛成しないだろう.

≪意見や提案に賛同する≫ ▶**assent** 自

- *assent to* the proposal
  その提案に賛成する

≪同意する≫ ▶**agree** 自 他 (⇔disagree)

- He ***agreed to*** our proposal [plan]. V+*to*+名
  彼は我々の提案[計画]に同意した.
- I begged her, and finally she ***agreed to*** come. V+O (*to* 不定詞)
  私が頼み込むと, 彼女はとうとう来ることに同意してくれた.

≪是認する≫ ▶**approve** 自 他

- Mother will never ***approve of*** my marriage. V+*of*+名
  母は決して私の結婚を認めまい.
- My parents don't ***approve of*** me [my] do***ing*** part-time jobs. V+*of*+動名
  両親は私のバイトを快く思わない.
- *approve* a plan
  計画を認める
- *approve* the budget
  予算を承認する

> Ⓑ ***We hope you will consent to*** meet with our accounting firm in regard to our joint project.

共同プロジェクトに関して, 弊社の会計事務所との面談をご承諾いただけますようお願いいたします.

Ⓑ We regret we have no choice but to ***ask for your consent to*** terminate the contract.
残念ですが, 貴社には契約解除のご承諾をお願いせざるを得ません.

Ⓑ ***If you agree***, we can ship your order by July 5. ⇒ TPL 8
もしご承諾いただけるなら7月5日までにご注文品を出荷することができます.

し

しょうてん 〘中心〙

焦点 名

▶**focus** Ⓤ

✪ 比喩的に「興味などの中心」の意味でも用いる.

- the *focus* of a lens
  レンズの焦点(距離)
- The image was ***in focus***.
  像はピントが合っていた.
- The picture of the tower was [went] ***out of focus***.
  塔の写真はピンぼけだった[になった].
- Her face ***came into focus***.
  (焦点が合って)彼女の顔がはっきり見えた.
- the ***focus of*** the trouble
  紛争の焦点
- The ***focus of*** the discussion was ***on*** the meaning of education.
  議論の中心は教育の意味に向けられていた.
- The plight of the refugees was ***brought into focus***.
  難民の窮状が浮き彫りになった.
- ***come into focus***
  注目を集める

焦点を合わせる 動

▶**focus** ㊎ ㊐

• I ***focused*** 「my camera [the lens] ***on*** the dog. V+O+*on*+名
私はカメラ[レンズ]のピントをその犬に合わせた.

• You should ***focus on*** something more realistic. V+*on*+名
もっと現実的なものに興味を向けたほうがよい.

• All eyes *focused on* me.
すべての視線が私に注がれた.

• They ***focused*** their attention [mind] ***on*** that problem. V+O+*on*+名
彼らはその問題に焦点を絞(しぼ)って考えた.

焦点の 形

▶focal Ⓐ

• a *focal* issue
焦点となっている問題

> Ⓐ ***This paper focuses on*** ....
> この論文は…に焦点を当てる.
>
> Ⓐ ***To examine this further, in this paper, we focused on*** how certain information is processed in order to achieve specific goals. ⇒ TPL 21 ▸ Introduction 2
> このことをさらに検証するために, 本論文では, ある情報が特定の目的を達成するためにどのように処理されるかに焦点を当てた.

しょうにん

承認

⇒しょうだく(承諾)

じょうほう 〘知識; 資料〙

情報

≪あることに関しての知識≫ **▶information** Ⓤ

✪ 数えるときには a piece [bit] of ... の形を用いる.

• the latest *information*
最新情報

• I have no reliable ***information about*** [***on***] this matter.

この件に関する確かな情報はない.

- We have received ***information that*** the suspect is hiding around here. +*that* 節

  我々は容疑者がこの辺に潜んでいるという情報をつかんでいる.
- For further [more] *information*, please contact the post office.

  詳しくは郵便局に問い合わせてください.
- ***accurate information***

  正確な情報
- ***relevant information***

  関連情報
- ***detailed information***

  詳しい情報
- ***personal information***

  個人情報
- ***collect*** [***gather***, ***find***] ***information***

  情報を収集する
- ***obtain information***

  情報を得る
- ***provide*** [***pass on***, ***give***] ***information***

  情報を提供する
- ***share information***

  情報を共有する
- ***leak information***

  情報を漏らす

≪軍事などの機密情報≫ ▶**intelligence** Ⓤ

- *intelligence* gathering

  情報収集

情報源

▶**source of information** Ⓒ

情報収集

▶**information gathering** Ⓤ

Ⓑ ***If you require any further information, don't hesitate to contact me.***
さらに詳しい情報が必要でしたらご遠慮なくお問い合わせください.

Ⓑ ***You can find more information about*** our consulting services on our website. ⇒ **TPL 2**
コンサルティングサービスについては弊社ウェブサイトに詳しい情報がございます.

Ⓑ ***I will contact you with firm information on*** when we can get those sprockets to you. ⇒ **TPL 17**
いつスプロケットをお届けできるか確実な情報を得た上でご連絡申し上げます.

Ⓑ I will get back to you ***as soon as I have some concrete information from them.*** ⇒ **TPL 19**
先方から確かな情報が入り次第ご返事いたします.

しょうめい 〖証拠; 立証〗

証明する 動

≪実験·事実などにより証拠立てる≫ ▶**prove** 他

- I can ***prove*** the truth ***to*** you. V+O+*to*+名
  それが正しいことをあなたに証明できます.
- I *proved* his innocence.
  = I *proved* him innocent. V+O+C (形)
  = I ***proved*** him ***to*** be innocent. V+O+C (*to* 不定詞)
  = I ***proved*** (***that***) he was innocent. V+O ((*that*) 節)
  私は彼が無罪であることを証明した.
- I can't ***prove*** exactly ***what*** time I went to bed last night. V+O(*wh* 節)
  昨夜正確に何時に寝たのかは証明できません.

≪正しさを立証する≫ ▶**verify** 他

✪ 格式ばった語.

- Further research has *verified* his assertion.
  さらなる研究により彼の主張の正しさが立証された.

《公式文書によって証明する》 ▶**certify** ㊀他

- This license *certifies* me *as* [*to be*] a teacher.
  この免許状は私が教師であることを証明している.
- This is to *certify that* .... = I hereby *certify that* ....
  …であることを証明する《証明書の文句》.

《数学などで実証する》 ▶**demonstrate** ㊀他

- The teacher ***demonstrated to*** his pupils ***that*** hot air rises. V+*to*+名+O (*that* 節)
  先生は生徒に熱い空気は上昇することを実証した.

証明 名

《証拠立てること》 ▶**proof** Ⓤ

- the *proof of* his statement
  彼の言ったことの証明

《実証すること》 ▶**demonstration** Ⓒ

- a *demonstration of* the existence of God
  神の存在の立証

証明書

▶**certificate** Ⓒ

- issue a medical *certificate*
  診断書を発行する

Ⓐ This paper aims to ***demonstrate that*** .... ⇒ TPL 20-2
本稿は…ということを証明するものである.

Ⓐ In another investigation, ***experiments verified that*** .... ⇒ TPL 21 ▸ Introduction 2
別の調査では, …ということが実験で確認された.

Ⓐ 【研究者 / 研究】***validated*** ....
【研究者 / 研究】は…が正しいことを証明した.

Ⓐ ... ***was not validated*** in this study.
…はこの研究では証明されなかった.

Ⓐ ***prove ... to be correct***
…が正しいことを証明する

し

しょめい 〖サイン〗

署名 名

▶**signature** Ⓒ

• ***put*** one's ***signature to*** [***on***] ...
…に署名する

• Could we have your *signature* on this paper?
この書類に署名していただけますか.

署名する 動

▶**sign** 他 自

• *sign* a contract
契約書に署名する

• He *signed* the check. = He ***signed*** his name ***on*** the check. V+O+*on*+名
彼は小切手に署名した.

• *Sign* here, please. V+副
こちらにご署名をお願いします.

• Please *sign* in the left-hand corner of this receipt.
この領収書の左隅に署名してください.

> Ⓑ Attached please find the contract with our ***signature***. Please ***sign***, scan, and return to us.
> 弊社の署名入り契約書を添付します. ご署名の上, スキャンしてご返送ください.

しょり 〖扱う; 処分; 対処〗

処理する 動

≪取り扱う≫ ▶**handle** 他

• This problem is too much for me to *handle*.
この問題は私の手に負えない.

≪取り組む≫ ▶**deal with ...**

• These problems must be *dealt with* through international cooperation.
これらの問題は国際的な協力によって処理しなければならない.

✪ handle は操作することに, deal with は処理することに重点がある.
《なんとかうまく始末する》 ▶**manage** ㊐

• How do you *manage* stress?
あなたはどうやってストレスを処理していますか.

《不要物·問題などを片づける》 ▶**dispose of ...**

✪ やや格式ばった表現.

• *dispose of* nuclear waste
核廃棄物を処理する

• We've *disposed of* all the items on the agenda.
議事日程のすべての議題が終わった.

《一定の手順で扱う》 ▶**process** ㊐

処理 名

《取り扱うこと》 ▶**handling** Ⓤ

《不要物·問題などを片づけること》 ▶**disposal** Ⓤ

• waste *disposal* = *the disposal of* waste
廃棄物の処理

• *disposal* by sale
売却処分

• the *disposal of* the matter
問題の処理

Ⓑ ***Your order is being processed now*** and will ship in 2-3 days.
あなたのご注文は現在処理中で, 2-3 日後に出荷されます.

しらせる 〖伝える; 教える; 連絡〗

知らせる

《告げる·教える》 ▶**tell** ㊐

✪ 最も一般的な語.

• Jim refused to ***tell*** me ***where*** he'd been. V(+O)+O (*wh* 節)
ジムはどこに行ってたのか言おうとしなかった.

• The man ***told*** me ***how to*** get to the park. V+O+O (*wh* 句)
その男性は私にどうやってその公園に行ったらよいのか教えてくれ

た.

- Could you *tell* me the way to the station? V+O+O
駅へ行く道を教えてくれませんか.
- Don't ***tell*** the news ***to*** anybody in our class. V+O+*to*+名
そのニュースをクラスのだれにも言わないで.
- He ***told*** me ***about*** the rumor. V+O+*about*+名
彼は私にそのうわさを知らせてくれた.
- My instinct ***tells*** me (***that***) it's time to leave. V+O+O ((*that*) 節)
私の本能がもうそろそろ消えなきゃまずいぞと告げていた.

≪何かの手段で知らせる≫ ▶**let ... know**

- Please *let* me *know* if you can attend the party.
パーティーに出席できるのでしたら知らせてください.

≪情報を与える≫ ▶**inform** ㊀

- I ***informed*** her ***of*** [***about***] my departure. V+O+*of* [*about*]+名
私は彼女に私の出発のことを知らせた.
- He ***informed*** me (***that***) I should leave at once or I would miss the train. V+O+O(*that* 節)
彼は私にすぐに出発しないと列車に乗り遅れるよと教えてくれた.
- We *were informed that* they had stopped fighting. V+O+O(*that* 節)の受身
我々は彼らが戦いをやめたことを知らされた.
- She ***informed*** me ***where to*** go. V+O+O(*wh* 句)
=She ***informed*** me ***about*** [***as to***] ***where to*** go. V+O+*about* [*as to*]+*wh* 句
彼女は私にどこへ行ったらよいか教えてくれた.
- Her letter ***informed*** us ***when*** she was going to arrive. V+O+O(*wh* 節)
彼女は手紙でいつ到着するかを私たちに知らせてきた.

≪正式に通知する≫ ▶**notify** ㊀

✪ 格式ばった表現.

- I will *notify* you *of* the arrival of the goods.
品物が到着しましたらご連絡いたします.

• We haven't been *notified that* they have changed their address.
私たちは彼らが住所を変えたことを知らされていない.

Ⓑ ***As advised in*** our reply to your last inquiry, we have discontinued that model and no longer supply replacement parts.
前回のお問い合わせへの回答でお知らせしました通り, そのモデルは生産中止となり, 交換部品の供給も終了しています.

Ⓑ ***Let me know if you have any questions.*** ⇒ TPL 2
何かご質問があればお知らせください.

Ⓑ Please ship by air directly to our customer below and ***inform me when it is expected to arrive***. ⇒ TPL 7
下記の顧客へ航空便で直接発送し, 当方に到着予定日をお知らせください.

Ⓑ If you cannot ship by July 10, ***please let me know right away***. ⇒ TPL 7
もし 7 月 10 日までに出荷できない場合はすぐにお知らせください.

Ⓑ ***Please let me know as soon as possible*** by email or give me a call. ⇒ TPL 8
できるだけ早くメールまたはお電話でお知らせください.

Ⓑ ***We are writing to inform you that*** we shipped your order today.
本日ご注文の商品を発送しましたので, お知らせいたします.

しらべる

調べる

⇒ちょうさ(調査)

しりょう 〖材料; データ〗

資料

≪取材·調査·研究などの素材≫ ▶**material** Ⓤ

✪ 具体的には Ⓒ.

• collect (the) ***material for*** a novel
小説の題材を集める

《データ・情報》 ▶**data** Ⓤ

- a piece of *data*
  一つのデータ
- ***collect data***
  データを集める
- ***store data***
  (コンピューターに)データを保存する
- It will take time to analyze this [these] ***data on*** the crash.
  この墜落事故のデータを分析するのは時間がかかるだろう.
- No *data was* [*were*] available.
  利用できる情報はなかった.

> Ⓑ I ***read the materials*** you sent me but I still have not found the answer to my question.
> 送っていただいた資料を読みましたが, 疑問点に対する答えがまだ見つかっていません.

しる 〘分かる〙

知る

《知っている》 ▶**know** ㊥ ㊀

- I *know* his name.
  彼の名前は知っている.
- I don't ***know*** anything ***about*** it. V+O+前+名
  それについては私は何も知りません.
- My father ***knows*** much ***of*** the world.
  父は世間をよく知っている.
- How did they *know* my phone number?
  どうして彼らに私の電話番号がわかったのだろう.
- He ***knew*** (***that***) the report was false. V+O((*that*) 節)
  彼はその報告がうそだということを知っていた.
- I ***know how*** you feel. V+O (*wh* 節)
  あなたの気持ちはよくわかる.

- He ***knows where*** the post office is.
  彼はどこに郵便局があるか知っている.
- Do you ***know how to*** drive? V+O (*wh* 句)
  あなたは自動車の運転のしかたを知っていますか.
- I didn't ***know whether*** [*if*] I should go. V+O (*whether* [*if*] 節)
  = I didn't ***know whether to*** go. V+O (*whether* 句)
  私は行くべきかどうかわからなかった.
- I *know* from experience *that* he is hard to please.
  私は経験から彼が気難しいと知っている.
- I *know* (*that*) he is honest.
  = I ***know*** him ***to*** be honest. V+O+C (*to* 不定詞)
  彼が正直なことはわかっている.
- *It is* generally *known that* he has a very large fortune.
  彼が莫大な財産を持っているということは広く知られている.
- People don't ***know about*** the event. V+*about*+名
  人々はその事件については知らない.
- Do you ***know of*** any good dictionary for beginners? V+*of*+名
  初心者用の何かいい辞書を知りませんか.

《人に知らされて》 ▶**learn** ㊀ ㊁

- We *learned* the news too late.
  我々はそのニュースを知るのが遅すぎた.
- Mary ***learned*** (***that***) she was expecting a baby. V+O ((*that*) 節)
  メアリーは自分が身ごもっていることを知った.
- We have yet to ***learn what*** has become of them. V+O (*wh* 節)
  彼らがどうなったか我々はまだわからない.
- We haven't yet ***learned whether*** he arrived there safely. V+O (*whether* 節)
  我々は彼がそこに無事に着いたかどうかまだ聞いていない.
- They ***learned*** the facts ***from*** a police officer. V+O+*from*+名
  彼らはその事実を警官から聞いた.
- I first ***learned of*** [***about***] the accident yesterday.

きのうその事故のことを初めて知った.

✪ 日本語の「知る」は瞬間的な動作を意味するのに対し, 英語の know は「知っている」という状態を表す. 従って英語では何かを見聞して知る場合には learn を用いる. この語は知識·技術などを身につける動作を表す. また何かを知るに至ることを表すには get to know ... を用いる.

Ⓐ ***It is known that*** in the Late Cretaceous the climate became more unstable than before.
後期白亜紀になって, 気候は以前よりも不安定になったということは周知のとおりである.

Ⓐ Today, ***we know that*** ....
今日では…ということはわかっている.

しんぎ

審議

⇒きょうぎ(協議)

しんこう

進行

⇒しんちょく(進捗)

じんそく 〖早い; 素早い〗

迅速な 形

≪動作が素早い≫ ▶**quick**

- a *quick* reply
  即答
- make a *quick* decision
  迅速に決断を下す
- He was ***quick to*** help us. +*to* 不定詞
  彼はいち早く私たちを助けてくれた.
- He is ***quick at*** figures. +*at*+名
  彼は計算が早い.

- Mary was ***quick at*** learn***ing*** French. +*at*+動名
  メアリーはフランス語を覚えるのが早かった.
- She is ***quick with*** her hands. +*with*+名
  彼女は器用だ[手際がいい].

《反応・返事が早い》 ▶**prompt**

- *prompt* action
  敏速な行動
- I need your *prompt* reply.
  早急にお返事下さい.

《速い》 ▶**fast**

✪ 一般的な語で, ほかの語の代わりに使える.

- at a *fast* pace
  速いペースで
- a *fast* response
  すばやい回答

《急速な》 ▶**rapid**

- at a *rapid* pace
  速いペースで

《敏速な》 ▶**swift**

- a *swift* reply
  即答
- Her response was *swift*.
  彼女の反応はすばやかった.
- The other candidates were ***swift to*** take advantage of Mr. Hill's mistake. +*to* 不定詞
  他の候補者たちはすばやくヒル氏の過ちにつけ込んだ.

迅速に 副

《動作が素早く》 ▶**quickly**

- He *quickly* stepped on the brake.
  彼はすぐにブレーキを踏んだ.
- We should act as *quickly* as possible.

できるだけ早く行動を起こすべきだ.

≪反応·返事が早く≫ ▶**promptly**

• He always acts *promptly*.
彼はいつも行動が敏速だ.

≪速く≫ ▶**fast**

≪急速に≫ ▶**rapidly**

≪敏速に≫ ▶**swiftly**

Ⓑ ***Thank you for getting it to them so quickly.*** ⇒ **TPL 10**
先方へ迅速に届けていただきありがとうございました.

Ⓑ Thank you for paying ***promptly***.
迅速にお支払いいただきありがとうございます.

しんちょく 〖進行; 進む〗

進捗する 動

≪進行する≫ ▶**progress** 自

• How's the work *progressing*?
仕事の進み具合はいかがですか.

進捗 名

▶**progress** U

• How much *progress* have you made with your work?
仕事はどのくらい進みましたか.

Ⓑ ***I'd like an update on the progress of*** the new product design.
新製品のデザインの進捗状況を教えてください.

しんらい 〖信用; 信じる〗

信頼 名

▶**trust** U

✪ 一般的な言葉.

• He's a man worthy of *trust*.
彼は信頼するに足る人物だ.

• She betrayed his *trust*.

彼女は彼の信頼を裏切った.

• Her ***trust in*** me is absolute.
彼女の私に対する信頼は絶対的なものだ.

• I don't put any *trust in* her promises.
私は彼女の約束など全然信用しない.

≪確信を持った信頼≫ ▶**confidence** Ⓤ

• gain [earn, win] ...'s *confidence*
…の信頼を得る

• lose ***confidence in*** ...
…を信じられなくなる

• put [place] *confidence in* ...
…を信頼する

• inspire [restore, undermine] *confidence in* ...
…に対する信頼を抱かせる[回復させる, 弱める]

• I have great *confidence in* you.
あなたを大いに信頼している.

≪信じきっている気持ち≫ ▶**faith** Ⓤ

• I ***have faith in*** him.
彼のことを信頼している.

• I have ***lost faith in*** the doctor.
私はもうあの医者を信用しない.

• That experience ***destroyed*** [***restored***] her ***faith in*** science.
その経験で彼女の科学に対する信頼が崩れた[回復した].

• ***put*** one's ***faith in*** ...
…を信用する

信頼する ㊍

▶**trust** ㊍

• I completely ***trust*** him [***what*** he says].
私は彼の言うことを全面的に信用している.

▶**rely on [upon] ...** ㊍

• You can ***rely on*** me. V+*on*+名

私に任せて.

• I'm *relying on* [*upon*] your understanding.

= I'm ***relying on*** [***upon***] you ***to*** understand. V+*on* [*upon*]+名+*to* 不定詞

私はあなたが理解してくれると信じています.

• You can't ***rely on*** [***upon***] him ***for*** help. V+*on* [*upon*]+名+*for*+名

彼の援助は当てにできない.

• Don't ***rely on*** me meet***ing*** you there. V+*on*+動名

そこに私が迎えに行くと当てにしないでください(行くつもりですが).

• This machine can't *be relied on* [*upon*]. V+*on* [*upon*]+名の受身

この機械は当てにならない.

• You can *rely on* [*upon*] it that he'll be here by ten.

彼は 10 時までに必ずここに来ます.

Ⓐ ***reliable evidence***

信頼できる証拠

Ⓐ ***reliable responses*** were received from more than 98% of our subjects

⇒ TPL 21 ▸ Results 3

98%以上の被験者から信頼できる回答が得られた

す

ず

図

≪一覧表のような図≫ ▶**chart** Ⓒ

• a weather *chart*
天気図

≪本の中の挿入図≫ ▶**figure**《㊕ **fig.** 》Ⓒ

• *Figure* 1
第 1 図

≪説明のための絵や図≫ ▶**illustration** Ⓒ

≪説明のためにかく構図や図表≫ ▶**diagram** Ⓒ

• draw a *diagram of* a building
建物の図を描く

✪ illustration は「説明」という意味が主であるのに対して, diagram は図表そのものをいう.

Ⓐ A schematic representation of the complete procedural steps ***is shown in Figure 1***. ⇒ TPL 21 ▶ Methods 2
手順全体を図式化したものを図 1 に示す.

Ⓐ ***Figure 2-4 show*** the efficiencies of the alerting, orienting, and executive networks, respectively. ⇒ TPL 21 ▶ Results 1
図 2-4 は, 警戒, 定位, 実行の各ネットワークの効率性をそれぞれ示している.

Ⓐ The extended data ***is presented in*** Table 4 and ***Figure 3***, including ....
⇒ TPL 21 ▶ Results 1
拡張データは…を含めて表 4 と図 3 に示した.

すいせん 〘勧める・薦める〙

推薦する 動

▶**recommend** ㊀

• I can ***recommend*** a good novel ***to*** you. V+O+*to*+名
君にいい小説を 1 冊推薦し(てあげ)よう.
• Who will you ***recommend for*** the job? V+O+*for*+名
その職にだれを推薦しますか.
• I'm going to ***recommend*** her ***as*** a good secretary. V+O+C (*as*+名)
私は彼女を優秀な秘書として推薦するつもりだ.

す

≪地位・受賞候補に推す≫ ▶**nominate** ㊉
• Mr. Hill *was* ***nominated*** by his party ***for*** the presidency. V+O+*for*+名の受身
ヒル氏は自分の党から大統領職に推薦された.
• She *was* ***nominated as*** Best Actress. V+O+C (*as*+名)の受身
彼女は最優秀女優賞にノミネートされた.
• I ***nominated*** him ***to*** represent us. V+O+C (*to* 不定詞)
私はわれわれの代表として彼を推薦した.

推薦 ㊔
▶**recommendation** Ⓤ
• I bought this dictionary ***on the recommendation of*** my teacher.
私は先生の勧めでこの辞書を買った.
≪地位・受賞候補に推すこと≫ ▶**nomination** Ⓤ
• She received an Oscar *nomination* for Best Supporting Actress.
彼女はアカデミー賞の助演女優賞に推薦[ノミネート]された.

推薦者
▶**recommender** Ⓒ

推薦状
▶**(letter of) recommendation** Ⓒ
• write a *recommendation*
推薦状を書く
≪人物証明という意味で≫ ▶**reference** Ⓒ
✪ 本人の能力の客観的判定などを含むものが reference で, 単によい点のみを記した recommendation とは区別する.
• He has an excellent (letter of) ***reference from*** his former employer.

彼には前の雇用主からすばらしい推薦状が来ている.

> Ⓑ ***Can you recommend*** a maintenance service provider in my area for your product?
> 私の住んでいる地域で貴社製品の保守サービスをしてくれる会社を推薦してもらえますか.

すぐ

⇒しきゅう(至急)

すぐれる 〖勝る; 秀でる; 上等; 優秀〗

優れる 動

《秀でる》 ▶《格式》**excel** 自

- *excel at* sports
  スポーツに秀でる
- He *excels in* music.
  彼は音楽に秀でている.
- The girl *excels at* play*ing* the violin.
  その少女はバイオリンの演奏に秀でている.

優れた 形

《上等な》 ▶**superior**

- This brand of coffee is far [vastly] ***superior to*** that one. +*to*+名
  この銘柄のコーヒーはあの銘柄よりずっと上等だ.

《優秀な》 ▶**excellent**

- He is ***excellent in*** [***at***] math. +*in* [*at*]+名
  彼は数学がよくできる.

《卓越した》 ▶**outstanding**

- an *outstanding* student
  優等生

> Ⓑ While our prices are somewhat higher than our competitors, ***you will find our quality is superior***.
> 価格は他社よりやや高めですが, その分品質が優れていることがお

‖ 分かりいただけると思います.

スケジュール〘予定〙

▶**schedule** Ⓒ

- a fixed [flexible] *schedule*
  変更できない[できる]予定
- What's on the ***schedule for*** Tuesday?
  火曜日の予定はどうなってる?
- I have a busy [full, tight] *schedule*.
  私は予定が詰まっている.
- The *schedule* says he'll be back on Monday.
  予定だと彼は月曜日に帰ってくる.

‖ Ⓑ Let's ***coordinate schedules*** so that everyone can attend the meeting.
全員が会議に出席できるようスケジュールを調整しましょう.

‖ Ⓑ Please give me alternative dates and times so I can ***reschedule with everyone involved***. ⇒ TPL 13
関係者全員とスケジュールを再調整しますので, 代わりの日時をお知らせください.

すすめる〘推薦〙

勧める, 薦める

≪忠告する≫ ▶**advise** ㊀

- I ***advised*** them ***to*** start early. V+O+C (*to* 不定詞)
  = I ***advised*** (them) ***that*** they (*should*) *start* early. V+(O+)O (*that* 節)
  = I ***advised*** (them), "You should start early." V+(O+)O (引用節)
  = 《格式》 I ***advised*** their start***ing*** early. V+O (動名)
  私は彼らに早く出発するよう勧めた.

✪ that 節中の should または仮定法現在 (⇒いらい ✪).

- He *was* strongly ***advised to*** stop smoking. V+O+C (*to* 不定詞)の受身
  彼は禁煙を強く勧められた.

≪提案する≫ ▶**suggest** ㊀

- Could you *suggest* any good restaurants?
  どこかよいレストランを教えていただけませんか.
- Who would you *suggest for* the job?
  あなたはその仕事に誰を推薦しますか.

≪飲食物・たばこなどを差し出す≫ ▶**offer** ㊀

- She *offered* me some tea. V+O+O
  彼女は私にお茶を勧めてくれた.

≪推薦する≫ ▶**recommend** ㊀

✪ that 節中の should または仮定法現在 (⇒いらい ✪).

- The doctor strongly *recommended* a few days' rest.
  医者は 2, 3 日の休養を強く勧めた.
- I ***recommend that*** you (*should*) *visit* Kyoto. V+O (*that* 節)
  = I ***recommend*** visit***ing*** Kyoto. V+O (動名)
  京都見物をお勧めします.
- The doctor ***recommended to*** the patient ***that*** he (*should*) *take* the medicine. V+*to*+名+O (*that* 節)
  医者は患者にその薬を服用するようにと言った.
- I can ***recommend*** a good novel ***to*** you. V+O+*to*+名
  君にいい小説を 1 冊推薦し(てあげ)よう.

> Ⓑ ***I recommend that*** you talk to our marketing specialist about launching your own brand.
> 自社ブランドの立ち上げについては, 弊社のマーケティングスペシャリストに相談されることをお勧めします.

スタート ㊔ 〘始まる; 始める〙

▶**start** Ⓒ

- the ***start of*** the new season
  新しい季節の始まり
- That film was boring (right) ***from the start***.
  その映画は(一番)最初から退屈だった.
- The runner got (off to) a good *start*.

その走者はいいスタートをした.

スタートする 動

≪始める·始まる≫ ▶**start; begin** 他 自

B We've ***gotten off to a great start*** on our joint project.
共同プロジェクトですばらしいスタートを切ることができました.

せ

せい 〘プラス〙

正の 形

≪プラスの≫ ▶**plus** Ⓐ (⇔minus)

- a *plus* sign
  正符号《+》
- a temperature of *plus* 5° C
  5 度の気温《5° C は five degrees Celsius と読む》

≪数学などで≫ ▶**positive** (⇔negative)

- a *positive* number
  正数

> Ⓐ age is correlated ***positively*** with ... ⇒ TPL 21 ▸ Results 2
> 年齢が…と正の相関にある

せいかく

正確

⇒ただしい(正しい)

せいきゅう 〘要求; 要請〙

請求 名

≪権限を持った強い請求≫ ▶**demand** Ⓒ

- a ***demand for*** higher pay
  給料引き上げの要求
- There have been ***demands for*** the Cabinet ***to*** resign.
  内閣総辞職の要求が出ている.
- They made a ***demand that*** the regulation (*should*) *be* changed. *+that* 節
  彼らはその規則の変更を要求した.

✪ that 節中の should または仮定法現在 (⇒いらい ✪).

- the ***demands of*** the international community
  国際社会の要求

≪当然の権利としての≫ ▶**claim** Ⓒ

- ***claims for*** compensation
  補償請求
- make [put in] a *claim*
  要求[請求]する
- file a *claim*
  請求の訴訟を起こす; 請求手続きをとる
- meet a *claim for* a car damaged in the accident
  事故で損傷した車に対する保険金請求に応じる

≪穏やかで丁寧な要求≫ ▶**request** Ⓒ

- Their ***request for*** help came too late.
  彼らの援助の要請は遅すぎた.
- We ***made*** a ***request*** *to* them *for* immediate assistance.
  我々は直ちに援助してほしいと彼らに要請した.
- There was a ***request that*** the meeting (*should*) *be* rescheduled. +*that* 節
  会議日程を変更してほしいという要請があった.

✪ that 節中の should または仮定法現在 (⇒いらい ✪).

- The mayor ignored [rejected] repeated ***requests to*** disclose the information. +*to* 不定詞
  市長は情報の開示を求めるたびたびの請求を無視[却下]した.

請求する 動

≪頼む・求める≫ ▶**ask** 他

✪ 最も口語的な表現で, 以下の語の代わりに使える場合も多い.

- She ***asked*** me ***to*** stay there. V+O+C (*to* 不定詞)
  彼女は私にそこにいてくださいと言った.
- They *asked* $200 *for* the suit.
  その店ではスーツに 200 ドルを請求した.

≪権限を持った強い請求≫ ▶**demand** 他

✪ ask などと違って「人に…するよう求める」の意味で V+O+C (*to* 不

定詞）の型をとらない.

- They ***demanded that*** the government (*should*) *give* up nuclear power generation. V+O (*that* 節)
  彼らは政府に原子力発電をやめるよう要求した.

✪ that 節中の should または仮定法現在 (⇒いらい ✪).

- They ***demanded*** an apology ***from*** [***of***] him. V+O+*from* [*of*]+名
  彼らは彼に謝罪を求めた.
- I ***demand to*** see the president. V+O (*to* 不定詞)
  ぜひ社長に会わせてもらいたい.

≪当然の権利として≫ **▶claim** ㊀

- *claim* damages against the company for unfair dismissal
  会社に対して不当解雇の損害賠償を請求する

≪代金などを≫ **▶charge** ㊀

- How much do you ***charge*** 「***for*** send***ing*** this [***to*** send this] by airmail? V+O+*for*+動名[*to* 不定詞]
  これを航空便で送るといくらですか.
- The hotel ***charged*** me 80 dollars ***for*** the room. V+O+O+*for*+名
  ホテルは部屋代として私に 80 ドルを請求した.
- Parking fees *are* ***charged at*** 1,000 yen per hour. V+O+*at*+名の受身
  駐車料金は 1 時間につき 1,000 円です.

請求額

▶the amount claimed [asked]

請求書

▶bill Ⓒ

- a ***bill for*** 「ten dollars [the meal]
  10 ドル[食事代]の請求書
- an ***unpaid bill***
  未払いの請求書
- an ***itemized bill***
  項目別に分けた請求書

‖ Ⓑ ***Your invoice is attached.***

請求書を添付いたします.

Ⓑ Please see the attached ***copy of the invoice*** we sent to you in September. ⇒ TPL 11
9 月にお送りした請求書のコピーを添付いたしますのでご確認ください.

Ⓑ ***We are in receipt of invoice*** no. 96500678.
番号 96500678 の請求書を受け取りました.

Ⓑ Please accept our apologies for the error on your invoice. We have corrected the ***amount due*** for your account.
請求書に誤りがあり大変申し訳ございませんでした. ご請求金額を訂正させていただきました.

せ

せいげん

制限

⇒かぎる(限る)

せいこう

成功 名

▶**success** Ⓤ

✪ 具体的な事実については Ⓒ.

- There's no hope of *success*.
  成功[出世]の見込みはない.
- Did you have any ***success in*** convinc***ing*** him of your innocence? +*in*+動名
  あなたの身の潔白をうまく彼に納得させられましたか.
- I tried to persuade him, but ***without success***.
  彼を説得しようとしたがうまくいかなかった.
- I wish you *success*.
  ご成功を祈ります.
- ***great*** [***enormous***, ***considerable***, ***tremendous***] ***success***
  大成功

- ***achieve*** [***have, experience***] ***success***
  成功をおさめる
- ***guarantee success***
  成功を約束する
- ***meet with success***
  成功する
- He was a ***success as*** a doctor.
  彼は医者として成功した.
- The movie was a great *success*.
  映画は大当たりだった.
- The orchestra scored [enjoyed] several great [big, huge] *successes* in Europe.
  その管弦楽団はヨーロッパで何回か大成功を収めた.
- ***make a success of*** ...
  …を成功させる
- ***prove*** a ***success***
  成功する

≪興行などの≫ ▶**hit** Ⓒ

- a big *hit*
  大成功, 大ヒット
- The drama was quite a *hit*.
  その劇は大当たりだった.

成功する 動

▶**succeed; be successful**

✪「人·物」いずれをも主語にとる. 人の場合は「…に成功する」の意味では in ... となる.

- He'll never ***succeed in*** business. V+*in*+名
  彼は決して事業に成功しないだろう.
- They ***succeeded in*** develop***ing*** a new drug. V+*in*+動名
  彼らは新薬の開発に成功した

✪ ×succeed to develop は誤り.

せ

- He ***succeeded as*** a dancer. V+C (*as*+名)
  彼はダンサーとして成功した.
- The experiment *succeeded* beyond all expectations.
  実験は予想外に上首尾に行なわれた
- He ***was successful in*** the examination. +*in*+名
  彼は試験に合格した.
- She ***was successful in*** find***ing*** a new position. +*in*+動名
  彼女はうまく新しい職を見つけられた.
- She ***was*** very [highly, extremely] ***successful as*** an actor. +*as*+名
  彼女は俳優として大成功した.
- His attempts *were* completely [very] *successful*.
  彼の企ては大成功だった.

Ⓐ For the most part, our efforts ***have been successful***.
大体においてわれわれの努力はうまく実を結んだ.

せいぞう 〖作る; 生産; 製作〗

製造する 動

≪工場などで大規模に作る≫ ▶**manufacture** ㊎

- They *manufacture* cars in that factory.
  あの工場では車を製造している.

≪商品を生産する≫ ▶**produce** ㊎

- This factory *produces* television sets.
  この工場はテレビを作っている.

≪一般的に, 物を作る≫ ▶**make** ㊎

- These chairs were *made* in Norway.
  これらのいすはノルウェー製だ.

製造 名

≪工場などで大規模に作ること≫ ▶**manufacture** Ⓤ

- the *manufacture of* women's clothing
  女性用衣料の製造
- an automobile of domestic [foreign] *manufacture*

国産[外国製]の自動車

≪商品を生産すること≫ ▶**production** Ⓤ

- a new car ***in production***
  生産中の新型車
- ***go into*** [***out of***] ***production***
  (品物などの)生産が開始[中止]される

製造業

▶**manufacturing industry** Ⓒ

製造年月日

≪製造の日付≫ ▶**the date of manufacture**

製造元[業者]

▶**manufacturer** Ⓒ

- automobile *manufacturers*
  自動車製造業者

> Ⓑ Can you please confirm if it is possible to ***manufacture*** this product in the next few weeks?
> この製品が今後 2, 3 週間で製造可能かご確認いただけますか.
> Ⓑ Unfortunately, we do not ***make*** the size of filter you are looking for.
> 残念ながら, お探しのサイズのフィルターは製造しておりません.

せいとう

正当

⇒ただしい(正しい)

せいのう

性能 名

≪機械の動き具合≫ ▶**performance** Ⓤ

- This car's *performance* needs to be improved.
  この車の性能は改善する必要がある.
- a high-*performance* car
  高性能の車

せ

Ⓑ We have made improvements in ***performance*** over the last year.
弊社では昨年の間に性能の改善を行いました.

Ⓑ I wish to complain, your product does not ***perform*** as advertised.
苦情があるのですが, 貴社の製品は広告どおりの性能を発揮しません.

せいひん〖品物〗

製品

≪製造した物≫ ▶**product** Ⓒ

• The company is planning to launch a new *product* on to the market.
その会社は新製品を市場に売り出そうとしている.

≪商品≫ ▶**goods**

✪ 複数形だが, 数詞や many では修飾できない.

• electrical *goods*
電化製品

• They sell various kinds of *goods* at that store.
あの店ではいろいろな品物を売っている.

≪機械などで大量に生産された物≫ ▶**manufactures**

✪ 通例複数形.

• silk *manufactures*
絹製品

Ⓑ We're interested in the ***new products*** on your website.
貴社ウェブサイトの新製品に関心があります.

Ⓑ Do you have this ***product*** in stock?
この製品の在庫はありますか.

Ⓑ We're sure you'll be happy with our ***product*** quality.
弊社製品の品質にきっとご満足いただけるものと確信しております.

せき〖座席〗

席

《座席》 ▶**seat** Ⓒ

✪ いす･腰掛けなど, すべての腰掛けるものに使うが, 特に劇場･乗り物などの固定した席に用いる.

- ***seats for*** six people
  6 人分の座席
- ***have*** [***take***] a ***seat***
  席につく, 着席する
- ***reserve*** [***book***] a ***seat*** online
  座席をオンライン予約する
- Excuse me, but I think you're in the wrong *seat*.
  失礼ですがお席が違っているようです.
- Please put your *seat* in the upright position.
  座席を起こしてください《飛行機離着陸時の客室乗務員のことば》.
- Which would you prefer, a window *seat* or an aisle *seat*?
  窓側の席と通路側の席とどちらがよろしいですか.

《劇場や汽車などの決まった席》 ▶**place** Ⓒ

- ***keep*** [***save***] ...'s ***place*** = ***save*** ... a ***place***
  …の[に]席[場所]をとっておく
- ***lose*** one's ***place***
  席[場所]をとられる

> Ⓑ Mr. Clark ***is not available now***.
> クラークさんはいま席をはずしています.

せっかく

折角

> Ⓑ I'm sorry that ***I cannot accept your kind invitation*** as I have a prior commitment.
> 申し訳ありませんが, 先約があるためせっかくのご招待をお受けすることができません.
>
> Ⓑ I'm sorry, especially ***since you took so much trouble to*** arrange everything for me.

‖ せっかくご手配くださいましたのに申し訳ございません.

せってい 〘決める; 定める〙

設定する 動

≪準備する≫ ▶**set up** 他

- *set up* a printer
  プリンターの設定をする

≪定める≫ ▶**set** 他

- Let's ***set*** the date ***for*** the meeting. V+O+前+名
  会合の日取りを決めよう.
- He ***set*** the price ***at*** $80.
  彼は値を 80 ドルとつけた.
- April 3 *was* ***set as*** the deadline. V+O+C (*as*+名)の受身
  4 月 3 日が締め切り日と決められた.

Ⓑ We can ***set up a time to*** discuss the beans available and find the right ones for you. ⇒ TPL 4
(弊社は)入手可能な豆についてご相談し貴社に合ったものを見つけるための時間を設定することができます.

Ⓑ Could we ***set up a meeting*** sometime next week?
来週のどこかでミーティングを設定できないでしょうか.

Ⓑ Our warranty period is ***set at*** five years from the date of purchase.
当社の保証期間はご購入日から 5 年間に設定されています.

せつめい 〘示す; 記述〙

説明する 動

≪よくわかるように≫ ▶**explain** 他

- Could you ***explain*** the rule (***to*** me)? V+O(+*to*+名)
  その規則を(私に)説明してくれませんか.

✪ ×explain me the rule は誤り.

- The teacher ***explained*** (***to*** us) ***why*** the moon waxes and wanes. V(+*to*+名)+O(*wh* 句·節)

先生は(私たちに)なぜ月が満ちたり欠けたりするのか説明してくれた.

• I ***explained*** (***to*** her) ***that*** I couldn't stay any longer. V(+*to*+名)+O (*that* 節)

私は(彼女に)もうこれ以上滞在できないことを説明した.

《実例などをあげて》 ▶**illustrate** ㊙

• She ***illustrated*** the theory ***with*** easy examples. V+O+*with*+名

彼女はその理論を易しい例で説明した.

• He ***illustrated how*** to operate the machine. V+O (*wh* 句)

彼はその機械の動かし方を具体的に示した.

• The survey ***illustrates that*** public attitudes toward women's roles have changed dramatically. V+O (*that* 節)

その調査は女性の役割に対する社会一般の考え方が目ざましく変化したことを示している.

《行為などの申し開きをする》 ▶**account for ...**

• She was asked to *account for* her conduct.

彼女は自分の行動の説明をするように求められた.

• That *accounted for* his absence.

それで彼の欠席[欠勤]の理由がわかった.

説明 名

《よくわかるような》 ▶**explanation** U

✪ 具体的には C.

• He has to ***give*** [***provide***, ***offer***] a satisfactory ***explanation for*** [***of***] his conduct.

彼は自分の行為について満足のいく説明をする必要がある.

• We demanded an *explanation for* [*of*] what had happened.

私たちは何が起こったのかについて説明を要求した.

• Their ***explanation that*** a solution would take time didn't satisfy anyone. +*that* 節

解決には時間がかかるという彼らの弁明にはだれも納得しなかった.

• ***without*** (further) ***explanation***

(それ以上の)説明なしに

• ***by way of explanation***
説明[弁解]として

≪実例などをあげて≫ ▶**illustration** Ⓤ

• *Illustration* is very useful in teaching the meanings of words.
実例で説明することは単語の意味を教えるのに大変役に立つ.

せ

≪行為などの申し開きをする≫ ▶**account** Ⓒ

• The three people gave three different ***accounts of*** the accident.
その 3 人はそれぞれ違った 3 通りの事故の説明をした.

説明書

≪機械の取り扱いの手引書≫ ▶**manual** Ⓒ

• an instruction *manual*
取扱い説明書

≪使用説明書≫ ▶**instructions**

✪ 複数形で.

• ***follow*** the ***instructions for*** use
使用上の説明に従う

• Read the ***instructions on*** how to use the mobile phone carefully.
携帯電話の使用説明書を注意して読んでください.

✪ on は省略しない.

Ⓐ It is necessary at this point to ***explain what*** the hockey stick theory is. ⇒ TPL 20-9
ここで, ホッケースティック理論とは何かということを説明しておく必要がある.

Ⓐ ***There are two possible explanations for*** the conflicting results. ⇒ TPL 21 ▶ Discussion 3
この相矛盾する結果については 2 つの説明が可能である.

Ⓐ This ***illustrates that*** .... ⇒ TPL 21 ▶ Discussion 4
このことから…と説明される.

Ⓐ ***This example illustrates*** ....
これは…を例証している.

Ⓐ This may ***account for*** the decreased rate of complications.
これで合併症の発生率の低下を説明できるかもしれない.

Ⓐ【研究者】***describes*** the significance of the paper as follows: ⇒ TPL 20-9
【研究者】は, この論文の意義を以下のように説明している.

Ⓑ I hope you will allow me to ***explain exactly*** what caused the problem with your order and what we are doing to rectify it.
ご注文に際して生じた問題の原因とそれを是正するための弊社の対応についてきちんとご説明させていただければと思います.

Ⓑ I ***followed the instruction manual*** exactly, but it didn't work.
取扱説明書どおりに操作しましたが動きませんでした.

ぜんたい 〖全部; ずっと〗

全体 名

▶the whole U

• ***the whole of*** Japan
日本全体

全体の 形

▶whole A

✪ 定冠詞や所有格を伴い, 単数名詞に付く.

• *the whole* world
全世界(の人々)

• She read *the whole* book.
彼女はその本を全部読んだ.

• *The whole* classroom was silent for a moment.
クラス全員がしばらくだまっていた.

≪全部の≫ **▶all** A

✪「全体」の意味では単数名詞に付く. 定冠詞の前にくる.

• *all* Japan
全日本

• *All* the country was excited about the World Cup.

国中がワールドカップに熱狂した.

≪まるまる≫ ▶**entire** Ⓐ

✪ 単数名詞に付き, whole より意味が強く格式ばった語.

- hear the *entire* story
  話の一部始終を聞く

全体として 副

▶**as a whole**

- The project is going forward smoothly *as a whole*.
  計画は全体としては順調に進行している.

≪概して≫ ▶**on the whole**

- Your paper is *on the whole* satisfactory.
  あなたの論文は全体としては満足できるものです.

≪全体としていえば≫ ▶**overall**

- *Overall*, the concert was successful.
  全体としてコンサートは成功だった.

> Ⓐ ***Overall***, there is increasing demand for English.
> 全体として見ると英語の需要はますます高まっている.

せんでん

宣伝

⇒こうこく(広告)

せんやく 〖約束〗

先約

▶**previous [prior] engagement [appointment]** Ⓒ

- I have several *previous engagements*.
  いくつか先約があります.

> Ⓑ I'm sorry, ***I have a prior commitment at that time*** and won't be able to make the conference.
> 申し訳ありませんが, その時間は先約があり会議に出席することができません.

Ⓑ ***I have a prior appointment*** and will not be available then.
先約があり, その時は不在になります.

そ

そうい

相違

⇒ちがい(違い)

ぞうか 〖増える〗

増加 名

≪数量が増すこと≫ ▶**increase** U

✪ 増加量の意味では C.

- a large ***increase in*** juvenile crime
  青少年犯罪の大幅な増加
- 「a 2 percent *increase* [an *increase of* 2 percent] *over* [*on*] the previous year
  前年に比べて 2 パーセントの増加
- be ***on the increase***
  次第に増加している

≪加えること≫ ▶**gain** C

- a ***gain in*** weight
  体重の増加

増加する・させる 動

▶**increase** 自 他

- The population of our city has ***increased*** (***from*** 80,000 ten years ago) (***to*** 90,000 now). V(+*from*+名)(+*to*+名)
  私たちの市の人口は(10 年前の 8 万人から)(現在の 9 万人に)増加している.
- My salary ***increased*** (***by***) two percent every year. V+(*by*)+名
  私の給料は毎年 2 パーセントずつ上がった.
- Accidents have ***increased*** (dramatically) ***in*** number. V+*in*+名
  事故の数が(劇的に)増えた.

- *increase* the amount of sugar
  砂糖の量を増やす
- The train *increased* its speed.
  列車は速度を増した.
- Nuclear weapons have greatly *increased* the danger of war.
  核兵器は戦争の危険を大幅に増大させた.

増加率

▶**rate of increase** Ⓒ

> Ⓐ the Arctic summer sea ice ***has increased by*** 409,000 square miles, or 26 percent, since 2007 ⇒ TPL 20-7
> 北極の夏の海氷は 2007 年から 40 万 9 千平方マイル, 26%増加した

そうかん 〖関連〗

相関 名

≪相互の関係≫ ▶**correlation** Ⓒ

- a strong [close, high] *correlation between* smoking and lung cancer
  喫煙と肺癌との間の強い相関関係

相関する・させる 動

≪相互に関連する・させる≫ ▶**correlate** 自 他

- Our findings seem to *correlate with* Dr. Clark's data.
  = Our findings and Dr. Clark's data seem to *correlate.*
  我々の調査結果とクラーク博士のデータとは関連があるようだ.
- *correlate* lung cancer *with* smoking
  肺癌と喫煙とを関連づける

> Ⓐ ***A has a higher [lower] correlation with B.***
> A は B と高い[低い]相関関係がある.
>
> Ⓐ This executive effect ***showed the highest correlation with*** age, compared to the other two effects. ⇒ TPL 21 ▸ Results 2
> この実行効果は, 他の 2 つの効果に比べ, 年齢との相関が最も高いことが示された.
>
> Ⓐ age ***is correlated*** positively ***with*** ... ⇒ TPL 21 ▸ Results 2

年齢が…と正の相関にある

Ⓐ age ***correlated with*** all three attentional networks ⇒ TPL 21 ▶ Results 1

年齢と 3 つの注意ネットワークの全てに相関がある

そ

そうきん 〘送る〙

送金 名

▶**remittance** U

✪「送金額」では C.

• on *remittance* of $50

50 ドル送金ありしだい

送金する 動

≪一般の送金≫ ▶**send money (to ...)**

≪実業·金融関係で支払いのために≫ ▶**remit** 他

• I'll *remit* you the money. V+O+O

=I'll ***remit*** the money ***to*** you. V+O+*to*+名

その金をあなたにお送りします.

▶**make a remittance (to ...)**

Ⓑ I've ***made a bank transfer*** in the amount of USD 7,500 ***to*** your account.

貴社の口座に総額 7,500US ドルを送金いたしました.

そうだん 〘協議; 話し合う〙

相談する 動

≪話し合う≫ ▶**talk** 自

• We must *talk with* him *about* the matter.

私たちはそのことについて彼と話し合う必要がある.

≪意見を交わす≫ ▶**consult** 自 他

• I must ***consult with*** Tom ***about*** the matter. V+*with*+名+*about*+名

その問題についてトムと相談しなければならない.

• You'd better ***consult*** your lawyer ***about*** it. V+O+*about*+名

それは弁護士に相談しなさい.

• He decided to move without *consulting* his wife.
彼は妻に相談せずに引っ越すことを決めた.

≪会議を開いて協議する≫ ▶《格式》**confer** ㊐

• The President *conferred with* his advisers *on* [*about*] the matter.
大統領は顧問官たちとその件で協議した.

相談 名

≪話し合い≫ ▶**talks**

✪ 通例複数形で.

• I had many ***talks with*** the doctor ***about*** my boy.
息子のことで医者と何度も相談した.

≪専門家などに意見を求めること≫ ▶**consultation** Ⓤ

✪ 具体的には Ⓒ.

• I had a ***consultation with*** a lawyer ***about*** my will.
私は遺言のことで弁護士と相談した.

• ***in consultation with*** ...
…と相談[協議]して

≪会議による協議≫ ▶**conference** Ⓒ

• have [hold] a *conference with* one's lawyers
弁護士と相談する

Ⓑ ***Let's talk about that when the time comes.*** ⇒ TPL 6
そのときはご相談させてください.

Ⓑ ***You can ask for advice on*** any topic. ⇒ TPL 6
どんなテーマでもご相談ください.

Ⓑ ***Prices are negotiable.***
価格はご相談に応じます.

そうてい 〘仮定; 推定〙

想定 名

≪推定≫ ▶**assumption** Ⓒ

• a mere *assumption*

単なる憶測
- an underlying *assumption*
  前提
- make a false *assumption*
  誤った想定をする
- Your ***assumption that*** his death was an accident seems to be wrong. + *that* 節
  彼の死は事故だとする君の推定は間違っているようだ.
- ***on the assumption that*** ...
  …という想定[前提]のもとに

想定する 動

▶**assume** 他
- Let's *assume* his innocence.
  = Let's ***assume*** (***that***) he's innocent. V+O ((*that*) 節)
  = Let's ***assume*** him ***to*** be innocent. V+O+C (*to* 不定詞)
  彼が無実だと仮定してみよう.
- I think we can safely *assume* (*that*) the situation will improve.
  状況が良くなると考えても大丈夫だと思う.
- *assume* the worst
  最悪の事態を想定する

> Ⓐ ***We assumed*** [***envisioned***] ***that*** .... ⇒ TPL 21 ▸ Introduction 2
> …と我々は想定した.

そうとう

相当

⇒たいおう(対応)

そうりょう

送料

≪郵便の≫ ▶**postage** Ⓤ
- return *postage*

返送料

- *postage* paid
  送料別納
- *postage* free [due]
  郵便料金無料[不足]
- What [How much] is the *postage* on this letter?
  この手紙の送料はいくらですか.
- *postage and handling* [《英》*packing*]
  (通信販売などで)荷造り料込みの郵送料

≪輸送料≫ ▶**shipping** Ⓤ

> Ⓑ ***There will be no charge for shipping.***
> 送料はかかりません.
>
> Ⓑ ***Please let me know about your shipping*** and any other costs, as well as your payment terms. ⇒ TPL 3
> 支払い条件のほかに, 送料やその他の費用についても教えてください.

そくてい 〖測る〗

測定する ㋓

≪長さ･大きさ･量などをはかる≫ ▶**measure** ㊌

- They *measured* the length of the bridge.
  彼らはその橋の長さを測った.

測定 ㊔

▶**measurement** Ⓤ

- the *measurement of* time
  時間の測定

> Ⓐ Three attention networks ***were measured by*** a computer-based task, the Attention Network Test (ANT). ⇒ TPL 21 ▶ Methods 1
> コンピュータを用いた課題である注意ネットワークテストにより, 3つの注意ネットワークを測定した.

そのうえ

その上

⇒さらに

それぞれ 副

そ

≪ある範囲内の人·物すべてを個別的に指す≫ ▶**each**

- The boys were given two pieces of cake *each*.
  少年たちはそれぞれケーキを 2 切れもらった.

≪文の中で決められた順序でそれぞれの語の対応関係を明示する≫

▶**respectively**

✪ 普通は文尾に置く.

- Beth, Sue, and Joan are 10, 7, and 3 years old *respectively*.
  ベス, スー, ジョーンはそれぞれ 10 歳, 7 歳, 3 歳です.

それぞれの 形

▶**each** Ⓐ

✪ 単数名詞の前で用いられ, それを受ける述語動詞や代名詞は単数形が原則.

- *Each* person may try twice.
  各人とも 2 回やってよい.

▶**respective** Ⓐ

✪ 普通は後に複数名詞を伴う.

- They went their *respective* ways.
  彼らはそれぞれの道を行った.

> Ⓐ Figure 2-4 show the efficiencies of the alerting, orienting, and executive networks, ***respectively***. ⇒ TPL 21 ▸ Results 1
> 図 2-4 は, 警戒, 定位, 実行の各ネットワークの効率性をそれぞれ示している.

それゆえ

⇒したがって

そんざい

存在 名

▶**existence** U

• He could not believe in the *existence of* God.
彼は神の存在が信じられなかった.

≪現実にあること≫ ▶**being** U

• in *being*
存在して(いる)

≪ある場所にあること≫ ▶**presence** U

• The test showed the ***presence of*** alcohol in his blood.
そのテストは彼の血中にアルコールが存在することを示した.

存在する 動

▶**exist** 自

• Ghosts do not *exist*.
幽霊は存在しない.

• No life *exists* on the moon.
月に生物はいない.

存在感

▶**presence** U

• make one's *presence* felt
存在感を感じさせる[示す]

Ⓐ A relationship ***exists*** between body fat and oxygen consumption.
体脂肪と酸素消費の間には一定の関係が存在する.

Ⓐ the ***presence of*** ozone in the atmosphere
大気におけるオゾンの存在

た

たいおう 〘相当〙〘対処〙

対応する 動

≪一致・該当する≫ ▶**correspond** 自

- Birds' wings ***correspond to*** human arms and hands. V+*to*+名
  鳥の翼は人間の腕と手に相当する.

≪同等である≫ ▶**be equivalent**

- One mile ***is equivalent to*** 1.6 kilometers. +*to*+名
  1 マイルは 1.6 キロメートルに相当する《one point six kilometers と読む》.

≪問題・事件などに対処する≫ ▶**cope** 自

- How can we ***cope with*** our present difficulties? V+*with*+名
  どうしたら今日の難局を切り抜けることができるだろうか.
- It's all too much. I just can't *cope*.
  参った. 私の手におえない.

対応 名

≪一致・該当する≫ ▶**correspondence** U

- There is no one-to-one *correspondence between* these two factors.
  この 2 つの要素には 1 対 1 の対応はない.
- the *correspondence* of human arms *with* [*to*] the forelegs of animals
  人間の腕と動物の前足との対応

≪同等である≫ ▶**equivalence** U

対応策

▶**countermeasure** C

✪ しばしば複数形で.

> Ⓑ ***Your urgent attention to this matter is required.***
> この件に関して早急のご対応をお願いいたします.
>
> Ⓑ ***Thank you for your quick response.***
> 迅速なご対応に感謝いたします.

🅑 There is so much interest in this product we can hardly ***handle*** all the ***inquiries***.
この製品への関心は非常に高く, お問い合わせに対応しきれないほどです.

🅑 ***I am currently following up*** with DHL in order to get more information from them on the whereabouts of your shipment. ⇒ TPL 19
現在, 配送品の所在に関する情報を得るために, DHL と対応を行っております.

たいしょ

対処

⇒しょり(処理); たいおう(対応)

たいしょう 《対比; 比べる》

対照 名

▶**contrast** U

✪ 具体的な事例は C.

- the striking ***contrast between*** light and shade
  明暗の著しい対照
- for ***contrast*** (***with*** ...)
  (…との)対比のために
- There is a stark [sharp, marked] ***contrast between*** winter and summer in this area.
  この地域では夏と冬の違いが著しい.
- ***make*** [***provide***, ***present***] a ***contrast*** (*to* [*with*] ...)
  (…と)対照を成す

≪実験の対照群≫ ▶**control** C

対照する 動

▶**contrast** 自 他

- The white peaks ***contrast*** sharply [strikingly] ***with*** the blue sky. V+

with+名

白銀の峰々は青い空と鮮やかな対照を成している.

- Let's ***contrast*** spring ***with*** fall. V+O+with+名

  = Let's *contrast* spring and fall.

  春と秋とを比較対照してみよう.

▶**make [form; present] a contrast with [to] ...**

✪ 以上は後のものほど格式ばった言い方.

た

対照的な 形

▶**contrastive; contrasting**

対照的に 副

▶**by [in] contrast**

- *By contrast*, Japan's trade surplus has increased.

  それとは対照的に, 日本の貿易黒字は増加した.

Ⓐ This is ***in contrast to*** some previously published research ... ⇒ TPL 21 ▸ Discussion 3

これは, いくつかの先行研究とは対照をなす…

Ⓐ ***In contrast to*** the preceding findings, 【研究者】's report concluded that there was no significant ....

先行する研究結果とは対照的に,【研究者】の報告は, 有意な…がなかったと結論づけている.

Ⓐ we included variables from the conditions presented in Table 3 as ***controls*** in the model. ⇒ TPL 21 ▸ Methods 3

今回は表3に示した条件からの変数をモデル中の対照群として含めた.

Ⓐ ... ***were used as controls***

…が対照として用いられた

だいじょうぶ 〖結構〗

大丈夫で 形

≪結構で≫ ▶**all right** Ⓟ

- That's [It's] ***all right with*** [***for***, ***by***] me. +前+名

私はそれで構わない.

• Will Sunday be ***all right with*** [***for***] you?

日曜日で(ご都合は)よろしいですか.

• I asked him if ***it*** would ***be all right to*** bring Karen along.

私は彼にカレンを連れてきてもよいか尋ねた.

• *Is it all right if* I smoke?

タバコを吸っても大丈夫ですか.

• *Would it be all right if* I joined you?

ご一緒してもよろしいですか.

≪安全な・差しつかえのない≫ ▶**safe**

• ***It's safe to*** drink the water.

= The water is ***safe to*** drink. +*to* 不定詞

= The water is ***safe for*** drink***ing***. +*for*+動名

その水は飲んでも安全だ.

• ***Is it safe to*** say that?

そう言っても差しつかえないのですか.

Ⓑ I get back on the 7th, so ***any day after that will work for me***. ⇒ TPL 14

7 日に戻ってくるので, それ以降の日ならいつでも大丈夫です.

たいしょく 〖引退; 辞職〗

退職する 動

≪定年などで≫ ▶**retire** 自

• *retire* early

(定年より)早めに退職する

• He is going to *retire* at the age of sixty-five.

彼は 65 歳で退職することになっています.

• Mr. Smith ***retired from*** the diplomatic service. V+*from*+名

スミス氏は外交官勤務を引退した.

≪自分の意志で≫ ▶**resign** 自 他

• He ***resigned from*** his job as assistant manager. V+*from*+名

彼は課長補佐の仕事をやめた.

• Mr. Bell ***resigned as*** chairman. V+*as*+名
ベル氏は議長を辞任した.

• My uncle *resigned* his post [position] in the government.
私のおじは政府の職を辞任した.

退職 名

《定年退職》 ▶**retirement** U

✪ 具体的な事例は C.

• take early *retirement*
定年前[早め]に退職する

• come out of *retirement*
引退後復帰する

• They gave me a vase on my *retirement*.
私の退職のとき皆は花びんを贈ってくれた.

《辞職》 ▶**resignation** U

• the ***resignation*** of the Foreign Minister (***from*** office)
外務大臣の辞任

退職金

《退職時の》 ▶**severance pay** U

《退職年金》 ▶**pension** C

《退職手当》 ▶**retirement benefits**

✪ 通例複数形で.

退職者

▶**retired employee** C ; 《米》 **retiree** C

> Ⓑ ***I'm leaving the company for personal reasons***, but I'm sure you will find my successor to be very capable.
> このたび一身上の都合により退職することになりましたが, 有能な後任者がおりますのでご安心ください.

だいたい

大体

⇒がいして(概して); やく(約)

たいひ

対比

⇒たいしょう(対照)

たしか 〘確実; 確信; 明白; きっと〙

確かな 形

≪確実な≫ ▶**sure; certain**

✪ 主観的に確信していることを表すのが sure. 客観的な証拠や事実に基づいて確かだということを表すのが certain.

- a *sure* sign of snow
  雪の降る確かな兆候
- This is the *surest* way to succeed.
  これが最も確実な成功への道だ.
- One thing is *sure*—we'll never finish this job by Friday.
  ひとつだけはっきりしている—我々は金曜日までにこの仕事を終えることはできない.
- Our team is almost ***certain to*** win. +*to* 不定詞
  = It is almost ***certain*** (***that***) our team will win.
  うちのチームの勝利はほぼ間違いない.
- *certain* evidence
  確かな証拠

≪明確な≫ ▶**clear; definite; positive**

✪ 明白ではっきりしているという意味で最も一般的で広く使われる語は clear. 細部にわたってはっきりと規定されているということを表すのは definite. 非常に強い意味で, 決定的に明白な態度または事実を表す語が positive.

- ***It*** is ***clear that*** you are wrong.
  あなたが間違っていることは明白だ.
- a *definite* answer

確答

• It's *definite* that he'll resign.
彼が辞職するのは間違いない.

• a *positive* evidence
明確な証拠

≪信頼できる≫ ▶**reliable; trustworthy**

✪ 頼りになるという意味で確かなのが reliable. 単に主観的だけではなくいままでの実績から考えて信頼が置けるという意味で確かなのが trustworthy.

• *reliable* sources
信頼できる[確かな]筋[典拠]

確かに 副

≪確実に・間違いなく≫ ▶**surely; certainly**

• *Surely* you remember him? = You remember him, *surely*?
彼のことを覚えていますよね.

• He will *certainly* come.
彼はきっと来るよ.

• You'll *certainly* get well if you take this medicine.
この薬を飲めば必ずよくなるよ.

≪疑いもなく≫ ▶**undoubtedly**

• She is *undoubtedly* an able student.
彼女は確かによくできる学生だ.

≪確かに…と思う≫ ▶**I believe**

✪ 挿入句として用いる.

• His name was Paul, *I believe*.
たしか, 彼の名前はポールだったと思う.

> Ⓐ ***Undoubtedly***, ⇒ TPL 20-9
> 確かに

たしかめる

確かめる

⇒かくにん(確認)

たすかる 〘救助; 生き残る〙〘役に立つ〙

助かる

≪救助される≫ ▶**be saved [rescued]**

✪ rescued は救助隊などによる場合.

≪助かって生き残る≫ ▶**survive** ㊐

✪ 目的語に事故などを表す語がくる.

• survive the accident
事故で死なずにすむ

• Only a few houses *survived* the earthquake [flood].
その地震[洪水]で無事だった家はほんの数軒だった.

≪助けになる≫ ▶**be helpful**

• ***It was*** very ***helpful of*** you ***to*** get that ticket for me.
そのチケットを買ってきてくれてとても助かった.

• You're *being* very *helpful.*
とても助かるよ.

Ⓑ ***It would be a great help if you could*** deal with this problem right away.
この問題にすぐに対処していただけると大変助かります.

Ⓑ ***You were very helpful*** when I needed to change my order at short notice.
急な注文変更の必要にご対応いただき大変助かりました.

Ⓑ ***It would be helpful if you could*** send me a photo of the defective part.
不具合箇所の写真をお送りいただけると助かります.

たすけ 〘援助; 手伝う〙

助け

≪1 人ではできないことを手伝ってやること≫ ▶**help** Ⓤ

✪ 最も一般的で口語的な語.

• He cried for [to get] *help.*

た

彼は叫んで助けを求めた.

- Thank you for all your *help*.
いろいろとありがとうございました.
- You should ask the clerk for *help*.
店員に聞いたほうがよい《店で品物を探すときなど》.
- Can I give you any *help*?
何か手伝いましょうか.
- I need ***help with*** [***to*** lift] this trunk.
このトランク(を運ぶの)には[を持ち上げるのに]助けがいる.
- We were able to finish it ***with the help of*** Mr. Rich.
私たちはリッチ氏の援助でこれを完成できた.

《主として公的な援助》 ▶**aid** Ⓤ

- give *aid* to the refugees
難民を援助する
- come [go, hurry, rush] to ...'s *aid*
…を助けに来る[行く]
- We can save a lot of time ***with the aid of*** a computer.
コンピューターを使えば時間が大いに節約できる.

《補助的な助力》 ▶**assistance** Ⓤ

- The government decided to give [render, offer, provide] economic ***assistance to*** Brazil.
政府はブラジルに経済援助を与えることに決定した.
- Can I ***be of*** any ***assistance*** *to* you?
私で何かお役に立てることがありますか.
- ***come to*** ...'s ***assistance***
…の援助[救助]に向かう
- I was given some ***assistance in*** com***ing*** to the conclusion.
私は結論を出す時に少し助けてもらった.
- ***With the assistance of*** my father, I managed to start my own business.
父の援助で, 私は何とか事業を始めた.

✪ aid, assistance は help よりも格式ばった語.

Ⓑ ***I hope these are helpful.***
これらが助けになるとよいのですが.

たずねる 〖聞く; 質問〗

尋ねる

≪わからないことを人に聞く≫ ▶**ask** ㊀

✪ 一般的な語.

- Let's *ask* John.
  ジョンに聞いてみよう.
- May I *ask* your name?
  お名前を伺ってもよろしいですか.
- She ***asked*** me ***what*** I was reading. V+O+O (*wh* 節)
  彼女は私に何を読んでいるのかと尋ねた.
- "Who's that man?" 「*asked* the woman [the woman *asked*]. V+O (引用節)
  「あの男の人はだれですか」と女性は尋ねた.
- I must ***ask*** him ***about*** it. V+O+*about*+名
  彼にそのことについて質問しなければならない.
- The students *asked* me many questions. V+O+O
  学生たちは私にたくさんの質問をした.

≪回答や情報を求めて質問する≫ ▶**inquire** ㊀ ㊁

✪ ask より形式ばった語.

- I ***inquired if*** [***whether***] there were any books on music. V+O (*if*·*whether* 節)
  私は音楽関係の本があるかと尋ねた.
- The policeman *inquired* the woman's name.
  警官はその女性の名前を尋ねた.
- "What can I do for you?" the clerk ***inquired*** (***of*** him). V+(*of*+名)+O (引用節)
  店員は(彼に)「何かご入用ですか」と尋ねた.
- I ***inquired where to*** [I should] put the boxes. V+O (*wh* 句·節)

その箱をどこに置いたらいいか尋ねた.

• The woman ***inquired about*** trains for Osaka.
その女性は大阪行きの列車のことを尋ねた.

• *Inquire* within.
店内でお尋ねください《店の掲示》.

≪一連の質問をする≫ ▶**question** ㊐

• They ***questioned*** the candidate closely ***on*** [***about***] his political views. V+O+*on* [*about*]+名
彼らはその候補者に政見を詳しく尋ねた.

• He *was* ***questioned by*** the police officer ***about*** his belongings. V+O+*about*+名の受身
彼は所持品についてその警察官に尋問された.

Ⓑ ***Please feel free to ask any questions you may have.***
ご不明な点がありましたらお気軽にお尋ねください.

Ⓑ I'd like to ***inquire about*** your refund policy.
貴社の返金制度についてお尋ねしたいのですが.

ただしい 〖正確; 正当; 適切〗

正しい

≪誤りのない≫ ▶**correct** (⇔incorrect)

• (a) *correct* judgment
正しい判断

• He gave *correct* answers to the questions.
彼は質問に対して正確な答えをした.

• You are ***correct in*** think***ing*** so. +*in*+動名
=You are ***correct to*** think so. +*to* 不定詞
あなたがそう考えるのは間違いではない.

≪正当な≫ ▶**right** (⇔wrong)

✪ correct とほぼ同意だが,「道徳的・慣習的に定められた基準に合致した正しさ」の意味でも用いられる.

• the *right* answer

正解

- You're ***right about*** that [Bill having no money]. +*about*+名
  それ[ビルが金がないこと]についてはあなたの言うとおりです.
- Am I ***right in*** think***ing*** (that) you'll support us? +*in*+動名
  あなたは私たちを支持してくれると考えていいんですね.
- He was half *right in* his guess.
  彼の推測は半分当たっていた.
- That was the ***right thing*** to do.
  それは正しい行動だった.
- You were ***right to*** refuse the offer of a bribe. +*to* 不定詞
  あなたが贈賄の申し出を断わったのは正しかった.
- ***It's*** (***only***) ***right for*** children ***to*** support their elderly parents.
  = ***It's*** (***only***) ***right that*** children (should) support their elderly parents.
  子が年老いた親を養うのは(全く)当然だ.

《正確な》 ▶**accurate**

- a fairly *accurate* calculation
  かなり正確な計算
- John is ***accurate with*** figures. +*with*+名
  ジョンは計算が正確です.
- My sister is always ***accurate in*** her statements. +*in*+名
  妹はいつも言うことが正確だ.
- a clock ***accurate to*** (within) a millisecond +*to*+名
  誤差が 1/1000 秒(以内)の正確な時計

《適切な》 ▶**proper** Ⓐ

- *proper* procedure
  しかるべき手順
- Do it the *proper* way.
  適切な方法でやりなさい.

た

ただちに

直ちに

⇒しきゅう(至急)

たっせい 〖成し遂げる; 果たす〗

達成する 動

≪障害などを乗り越えて業績や大望などを達成する≫ ▶**achieve** 他

- She *achieved* her purpose.
  彼女は目的を達した.
- You cannot *achieve* anything without effort.
  努力なしには何事も成し遂げられない.

≪努力の末やっと到達する≫ ▶**attain** 他

✪ やや格式ばった語.

- *attain* world peace
  世界平和を達成する
- He finally *attained* his objectives.
  彼はついに目的を遂げた.

≪努力と忍耐をもって計画･任務などを達成する≫ ▶**accomplish** 他

✪ やや格式ばった語.

- They *accomplished* their mission [purpose].
  彼らは使命[目的]を果たした.
- Mission *accomplished.*
  任務完了.

> Ⓐ ***... has not been achieved***
> …はまだ達成されていない

だとう 〖適切; 手頃〗

妥当な 形

≪処置･扱い方などが適切な≫ ▶**appropriate**

✪ やや格式ばった語.

- take an *appropriate* measure
  適切な処置を取る
- dress ***appropriate to*** the occasion +to+名
  その場にふさわしい服装
- These clothes aren't ***appropriate for*** a cold winter day. +for+名
  この服は寒い冬の日には向かない.
- ***It is appropriate that*** he (*should*) *be* present.
  = ***It is appropriate for*** him ***to*** be present.
  彼が出席するのは適切なことである.

✪ that 節中の should または仮定法現在 (⇒いらい ✪).

≪道理に合った, 値段などが手ごろな≫ ▶**reasonable**

- a *reasonable* request
  もっともな要求
- a *reasonable* price
  手ごろな値段

≪判断などが無理のない≫ ▶**sound**

- *sound* advice
  適切な助言
- an economically *sound* policy
  経済的に妥当な政策

妥当性 名

≪適切さ≫ ▶**appropriateness** Ⓤ

> Ⓐ ***It is reasonable to conclude that ....***
> …と結論付けるのは妥当である.

たとえば 〘例〙

例えば

≪代表例として≫ ▶**for example**

✪ 略字として e.g. を用いる.

- There are a lot of old cities in Italy—Rome and Naples, *for example*.
  イタリアには多くの古い都市がある. 例えばローマとナポリだ.

- Many animals have good hearing. Dogs, *for example*, can hear much better than we can.
  動物には耳がいいものが多い. 例えば犬は人間よりずっと耳がいい.

≪具体例として≫ ▶**for instance**

- Remember that the most beautiful things in the world are the most useless; peacocks and lilies, *for instance*.
  世の中で最も美しいものは最も役に立たないものであることを覚えておきなさい. 例えばくじゃくやゆりのように《英国の作家 Ruskin のことば》.

≪実例の補足･羅列として≫ ▶**such as ...**

- We enjoy playing ball games, *such as* baseball, football, and tennis.
  私たちは球技, 例えば野球, フットボール, テニスなどを楽しみます.

Ⓐ ***For example*** [***instance***], ⇒ TPL 20-4 , TPL 21 ▶ Results 1
例えば
✪ しばしば文中に挿入される.

ため

⇒げんいん(原因)

ためす

試す

⇒こころみる(試みる)

たんきゅう 〘追求; 求める〙

探求[探究]する 動

≪追い求める≫ ▶**pursue** 他

- The government should *pursue* a humanitarian policy.
  政府はあくまでも人道主義の政策を貫くべきだ.

探求 名

▶**pursuit** U

- Scientists are engaged in the ***pursuit of*** truth.

科学者は真理の探求に従事している.

探究心

▶**inquiring mind** Ⓒ

• a child with an *inquiring mind*
探求心の強い子供

> Ⓐ ***Future research should explore ....***
> 将来の研究は…を探求すべきである.

たんとう〖受け持つ〗

担当する 動

≪担当している≫ ▶**be in charge of ...**

✪「状態」を表す.

• The doctor *is in charge of* several patients.
その医師は数人の患者を担当している.

≪担当する≫ ▶**take charge of ...**

✪「動作」を表す.

• I *took charge of* the project.
私はそのプロジェクトを受け持った.

担当者

▶**the person in charge** Ⓒ

> Ⓑ I will ***be responsible for*** your account going forward.
> 今後は私が貴社の顧客担当をさせていただきます.

ち

チェーン

≪同一資本による連鎖店≫ ▶**chain** Ⓒ

• a bookstore *chain* = a *chain* of bookstores
書店チェーン《個々の店舗は a branch》

Ⓑ Our ***retail chain*** covers most of the Kansai region.
弊社の小売チェーンは関西のほとんどの地域をカバーしています.

ちがい 〖違う; 相違; 区別; 差〗

違い

▶**difference** Ⓒ

✪ あるものがほかと形･性質･状態などにおいて同一でないことを表す一般的な語. 抽象的な意味では Ⓤ ともなる.

• a marked [subtle] *difference*
著しい[微妙な]違い

• There are lots of ***differences between*** Japan and the United States.
日本と米国には多くの相違がある.

≪はっきり区別できるような相違≫ ▶**distinction** Ⓒ

✪ difference より格式ばった語. 抽象的な意味では Ⓤ ともなる.

• There is no ***distinction between*** the two cases.
この 2 つの事例に差異はない.

• ***without distinction of*** sex
男女の区別なく

• What is the chief ***distinction between*** man and woman?
男女のいちばん大きな相違点は何か.

Ⓐ the ***differences between*** the groups ⇒ TPL 21 ▸ Results 3
グループ間の差

Ⓐ ***there is a difference in*** performance due to age ⇒ TPL 21 ▸ Discussion 1

年齢によってパフォーマンスの差がある

Ⓐ there is a significantly large ***difference*** in ... ⇒ TPL 21 ▸ Results 1
…に著しく大きな差がある

Ⓐ The question arises as to what extent methodological ***differences*** have an effect. ⇒ TPL 21 ▸ Discussion 3
方法論の違いがどの程度影響しているのかという疑問が生じる.

ちがう

⇒ことなる(異なる); まちがい(間違い)

チャンス

⇒きかい(機会)

ちゅうい

注意 名

≪目・思考力を働かせての注意≫ ▶**attention** U

- He ***pays*** no ***attention to*** anything I say.
  彼は私が何を言っても全くおかまいなしだ.
- ***Give*** [***Devote***] your undivided [full] ***attention*** *to* your work.
  自分の作業に完全に集中しなさい.
- She stopped talking and ***turned*** her ***attention*** *to* the TV.
  彼女は話をやめてテレビに注意を向けた.
- He ***called*** [***drew***] (our) ***attention*** *to* the problem of pickpockets.
  彼は(私たちに)すりに対する注意を呼びかけた.
- focus *attention on* …
  …への注意を促す
- distract [divert, draw] *attention* from …
  …から注意をそらす

≪注目≫ ▶**notice; note** U

- attract *notice*
  注意[人目]を引く

ち

• an event worthy *of note*
注目に値する事件

✪ attention, notice, note の中では attention が一番意味が強い.

《用心》 ▶**care** Ⓤ

✪ 具体的なものを指すときは Ⓒ.

• HANDLE WITH CARE
取り扱い注意《荷物の注意書き》.

• ***Take care*** (*that*) you don't oversleep. = *Take care not to* oversleep.
寝過ごさないよう注意してください.

《警告》 ▶**warning** Ⓤ

✪ 具体的なものを指すときは Ⓒ.

• a ***warning of*** floods
洪水警報

• a ***warning against*** smoking
喫煙に対する警告

• ***give*** ... (a) ***warning***
…に警告[予告]する

• You see on every pack of cigarettes sold here a ***warning that*** smoking may damage your health. +*that* 節
ここで売られるタバコの箱にはすべて喫煙は健康に害になる恐れがあるという注意書きがある.

• You should have listened to my ***warning*** not ***to*** go there. +*to* 不定詞
あなたはそこに行くなという私の警告に耳を傾けるべきでした.

注意する 動

《警告する》 ▶**warn** 他

• He ***warned*** me ***of*** [***about***, ***against***] their terrible plot. V+O+*of* [*about*, *against*]+名
彼らには恐ろしいたくらみがあることを彼は私に警告した.

• They *were* ***warned*** not ***to*** cross the old bridge. V+O+C (*to* 不定詞)の受身
= They *were* ***warned against*** cross***ing*** the old bridge. V+O+*against*+動名の受身

彼らはその古い橋を渡らないように警告を受けた.

- I ***warn*** (you) (***that***) the road is icy. V(+O)+O ((*that*) 節)
  道路は凍結しているから気をつけて.
- He *warned* (them), "Don't do that." V(+O)+O (引用節)
  「そんなことをするな」と彼は(彼らに)注意した.

≪危険や, してはならないことについて注意を与える≫ ▶**caution** ㊀

✪ warn ほど意味は強くない.

- He ***cautioned*** me ***against*** [***about***] drink***ing*** the water. V+O+前+動名
  = He ***cautioned*** me not ***to*** drink the water. V+O+C (*to* 不定詞)
  彼は私にその水を飲むのは危ないと警告した.
- The official ***cautioned*** them ***that*** taking pictures was not allowed there. V+O+O (*that* 節)
  役人は彼らにそこでは写真撮影は許されていないと警告した.
- She *was* ***cautioned*** not ***to*** park there. V+O+C (*to* 不定詞)の受身
  彼女はそこに駐車するなと注意された.

注意している ㊇

▶**careful**

- Meg is a very *careful* driver.
  メグの運転は大変慎重だ.
- You should be very *careful about* [*of*] your health.
  自分の健康には十分注意しなさい.

> Ⓐ ***It should be noted that*** ....
> …ということは注意すべきである.

ちゅうし 〖やめる; キャンセル〗

中止する ㊍

≪動作･行為などをやめる≫ ▶**stop** ㊀

✪ 一般的な語.

- They ***stopped*** talk***ing***. V+O (動名)
  彼らは話をやめた.
- These cruelties must *be* ***stopped*** at once. V+O の受身

こういう残虐行為はすぐに中止しなければならない.

《計画していたことや行事などを取りやめる》 ▶**call off** ㊐

• The committee decided to *call off* the strike.
委員会はストの中止を決定した.

• The game *was called off* because of bad weather.
試合は悪天候のため取りやめとなった.

《予定していたものを取り消す》 ▶**cancel** ㊐

• The game *was canceled* because of rain. V+O の受身
試合は雨で中止になった.

✪ call off と cancel は交換して用いられる場合が多い.

《続けていたことをやめる》 ▶**discontinue** ㊐

• *discontinue* one's subscription to a newspaper
新聞をとるのをやめる

• He had to *discontinue* tak*ing* lessons.
彼はレッスンを受けるのを中止しなければならなくなった.

中止 名

《動作·行為などをやめる》 ▶**stop** Ⓒ

• The war ***brought*** their research ***to a stop***.
戦争で彼らの研究はストップした.

《続けていたことをやめる》 ▶**discontinuance; discontinuation** Ⓤ

✪ 2 語とも stop より格式ばった語.

• the *discontinuance* of business
廃業, 営業停止

Ⓑ We had to ***cancel*** the outdoor trade show due to the threat of severe weather.
悪天候の恐れがあったため屋外での展示会を中止せざるを得ませんでした.

Ⓑ Please be informed we have ***discontinued*** our line of electric typewriters and can no longer provide replacement parts.
弊社の電動タイプライター群は生産を中止しており, 交換部品の供給はできませんのでご了承ください.

ちゅうもく 〖注意; 見る〗

注目 名

▶attention Ⓤ

• His new car ***attracted*** [***drew***, ***caught***, ***got***] our ***attention***.
彼の新車は我々の注目を集めた.

≪観察≫ **▶observation** Ⓤ

• come [fall] under ...'s *observation*
人の目につく

• escape *observation*
人目に触れずに済む

≪注意≫ **▶notice** Ⓤ

• attract *notice*
注意[人目]を引く

• deserve [be worthy of] *notice*
注目に値する

• I hope my mistake will ***escape*** his ***notice***.
私の誤りが彼の目に留まらなければいいが.

注目する 動

≪…に注意を払う≫ **▶pay attention to ...**

• He ***pays*** no ***attention to*** anything I say.
彼は私が何を言っても全くおかまいなしだ.

≪…に注意を向ける≫ **▶direct [turn] *one's* attention to ...**

• She stopped talking and *turned* her *attention to* the TV.
彼女は話をやめてテレビに注意を向けた.

≪見守る≫ **▶watch** 他

• We were ***watching*** the procession *go* [go***ing***] by. V+O+C (原形[現分])
私たちは行列が通り過ぎる[通り過ぎていく]のを見物していた.

• Please ***watch what*** I do. V+O (*wh* 節)
私がすることをよく見てください.

注目すべき 形

ち

ち

▶**remarkable**

• a *remarkable* event
注目すべき事件

• He's ***remarkable for*** his wisdom. +*for*+名
彼の賢さは大したものです.

• Is there anything ***remarkable about*** his new movie? +*about*+名
彼の新しい映画には何か注目すべき点がありますか.

• ***It's remarkable that*** she said nothing at all.
彼女が何も言わなかったとは珍しい.

Ⓐ A great deal of ***attention has been paid to*** ....
…は大いに注目されてきた.

Ⓐ Little ***attention has so far been paid to*** ....
…はこれまでほとんど注目されてこなかった.

Ⓐ This rapidly aging population around the world has been ***drawing attention*** and raising concerns ⇒ TPL 21 ▶ Introduction 2
世界中でこのような高齢化の急速な進行が注目され懸念されてきた

ちゅうもん 〖頼む〗

注文 ㊔

≪あつらえ・取り寄せ≫ ▶**order** Ⓒ

• I ***got*** [***received***] an ***order*** from Mr. Kent.
ケントさんから注文を受けました.

• I ***placed*** an ***order for*** the new English dictionary on the Internet.
ネットでその新しい英語の辞書を注文した.

• I have a new computer ***on order***.
新しいコンピューターを注文中だ.

• "May I ***take*** your ***order*** now?" "I'll have ham and eggs, and toast."
「ご注文はお決まりですか」「ハムエッグとトーストをください」

≪願い・頼み≫ ▶**request** Ⓒ

• make a *special request*
注文をつける (⇒特別な要求をする)

注文する 動

▶**order** 他

- I'll ***order*** the book directly ***from*** the publisher. V+O+*from*+名
  その本は出版社へ直接注文しよう.

✪ ×*to* the publisher とは言わない.

- My husband has *ordered* me a ring. V+O+O
  = My husband has ***ordered*** a ring ***for*** me. V+O+*for*+名
  夫は私のために指輪を注文してくれた.
- I've ***ordered*** breakfast ***for*** [***at***] seven o'clock. V+O+*for*+名
  朝食は 7 時に出してもらうように頼んでおいた.

▶**give ... an order for ...; place an order for ... with ...**

✪ for の次に「品物」, with の次に「人」が入る.

≪頼む≫ ▶**ask** 他

- That's *asking* too much.
  それは無理な注文だ (⇒過大な要求だ).

≪要請する≫ ▶**request** 他

注文書

▶**order for goods** Ⓒ

≪注文書およびその用紙≫ ▶**order sheet** [**form**] Ⓒ

Ⓑ ***We look forward to your order.***
ご注文をお待ちしております.

Ⓑ ***Thank you very much for your order*** number 96200345.
番号 96200345 のご注文を誠にありがとうございました.

Ⓑ ***I want to place my first order*** in August. ⇒ TPL 5
8 月に最初の注文をしたいと思います.

Ⓑ ***I want to place a rush order for*** 500 units horse oil skin cream H215 220 gm. ⇒ TPL 7
馬油スキンクリーム H215 220 gm 500 個を急ぎで注文したいです.

Ⓑ I ***ordered*** two boxes of coffee filters ***on your website*** over a month ago and have not received them yet.
1 か月以上前に貴社のウェブサイトでコーヒーフィルターを 2 箱注

文したのですが, まだ届いていません.
Ⓑ ***Our order number is*** SE-RQP8891. ⇒ **TPL 18**
注文番号は SE-RQP8891 です.
Ⓑ ***We ordered*** a shipment of sprockets ***from your company*** on August 8th, order number 15231. ⇒ **TPL 16**
8 月 8 日に貴社にスプロケットを注文しました. 注文番号は 15231 です.
Ⓑ If you do not pay the amount overdue within the next 5 days, ***we cannot fulfil any further orders from you.*** ⇒ **TPL 11**
今後 5 日以内に未払い額をお支払いいただけない場合は, 以後お客様からのご注文をお受けすることはできません.

ち

ちょうさ 〘調べる; 検査; 研究〙

調査する ㊍

≪測量・統計などで概観的に調べる≫ ▶**survey** ㊉

• 66% of those *surveyed* opposed the bill.
調査した人の 66% がその法案に反対だった.

≪警察などが事実関係や原因などを捜査する≫ ▶**investigate** ㊉

• The fire department is *investigating* the cause of the fire.
= The fire department is ***investigating how*** the fire started. V+*wh* 節
消防署は火事の原因を調査中だ.

≪状態・性質などを検査して≫ ▶**examine** ㊉

• The police were *examining* their bags.
警官たちが彼らのかばんを調べていた.

• They ***examined*** the room ***for*** evidence. V+O+*for*+名
彼らは証拠を捜して部屋を調べた.

• We ***examined how*** the accident happened. V+O (*wh* 句・節)
私たちはその事故がどのようにして起きたかを調べた.

≪長期的・科学的研究をする≫ ▶**research** ㊀ ㊉

• *research into* [*on*] a subject
あるテーマを綿密に[徹底的に]調査[研究]する

• *research* the background of a crime
犯罪の背景を調査する
• The area has not been much *researched.*
その分野はまだ十分に研究されていない.
《実地踏査する》 ▶**explore** ㊀
• *explore* the region around the South Pole
南極周辺の地域を探検する

調査 名

《測量·統計などの概観的な》 ▶**survey** Ⓒ
• conduct [carry out, do, make] a ***survey of*** marriage
結婚に関する調査を行なう
• a public opinion *survey*
世論調査
• A recent *survey* showed [found, revealed] that young people spend less time watching TV than ten years ago.
最近の調査で若者が 10 年前ほどはテレビを見なくなっているとわかった.
《警察などによる事実関係や原因などの捜査》 ▶**investigation** Ⓒ
• launch [complete] an *investigation*
調査を開始[終了]する
• make [conduct] an ***investigation into*** the affair
その事件を調査[捜査]する
• a full ***investigation of*** drug smuggling
麻薬の密輸の十分な調査
• The cause of the crash is ***under investigation***.
墜落の原因は調査中である.
《状態·性質などの検査》 ▶**examination** Ⓤ
✪ 具体的なものを指すときは Ⓒ.
• ***on*** [***upon***] (***closer***) ***examination***
(さらによく)調べてみると
• ***under examination***

(物事が)調査[検討]中で

• This water needs ***further examination***.

この水はさらに検査が必要だ.

≪取り調べ≫ ▶**inquiry** Ⓤ

✪ 具体的なものを指すときは Ⓒ.

• The police ***started*** [***held, conducted***] an ***inquiry into*** the causes of the fire.

警察はその火事の原因の調査を始めた[行なった].

≪長期的・科学的研究≫ ▶**research** Ⓤ

✪ 具体的なものを指すときは Ⓒ.

• market *research*

市場調査

• I am busy doing ***research on*** the subject.

私はその問題の調査で忙しい.

• They ***did*** [***carried out, conducted***] (*some*) ***research*** *on* [***into***] the nature of language.

彼らは言語の本質についての研究を行なった.

≪実地踏査≫ ▶**exploration** Ⓤ

✪ 具体的なものを指すときは Ⓒ.

• plan an ***exploration of*** the Antarctic

南極の探検を計画する

Ⓐ ***In a recent survey***, ...

最近の調査では….

Ⓐ ***We examined*** the effect of .... ⇒ TPL 21 ▶ Methods 1

…の影響を調査した.

Ⓐ ***In another investigation***, experiments verified that .... ⇒ TPL 21 ▶ Introduction 2

別の調査では, …ということが実験で確認された.

Ⓐ Second, ***we will investigate*** how the data and facts presented by the advocates of the global warming theory have been scientifically challenged and often disproved. ⇒ TPL 20-3

次に，地球温暖化説の提唱者が示したデータや事実が，科学的にどのように反駁され，さらにしばしば反証されてきたかを調査する．

Ⓑ Please ***investigate the problem*** and send us a report.
問題を調査し，レポートをお送りください．

Ⓑ We will get back to you after we ***look into the situation***.
状況を調査してからまたご連絡します．

Ⓑ ***I have done some research, and would like to let you know that*** the order left our facility via DHL on January 9th. ⇒ TPL 19
調査しましたところ，ご注文品は 1 月 9 日に DHL によりこちらの倉庫から発送されておりましたのでお知らせします．

ちょうせい 〖調節〗

調整する 動

《必要に応じて適正にする》 ▶**adjust** 他

• *adjust* differences of opinion
意見の相違を調整する

• She *adjusted* her approach to the problem.
彼女は問題への取り組み方を変えた．

《維持･保守のために調子を整える》 ▶**regulate** 他

• The temperature in this room *is regulated by* a thermostat.
この部屋の温度はサーモスタットで調節されている．

《エンジンなどを》 ▶**tune up** 他

• The engine needs *tuning up.*
このエンジンは調整する必要がある．

調整 名

《必要に応じて適正にすること》 ▶**adjustment** Ⓤ

✪ 具体的には Ⓒ.

• ***make*** slight [minor] ***adjustments to*** a microscope
顕微鏡の微調整をする

《維持･保守のために調子を整えること》 ▶**regulation** Ⓤ

《エンジンなどの》 ▶**tuning-up** Ⓤ

Ⓑ Let's ***coordinate schedules*** so that everyone can attend the meeting.
全員が会議に出席できるようスケジュールを調整しましょう.

Ⓑ ***I'll rearrange the meeting for a different time.***
会議を別の日時で再調整します.

Ⓑ Please give me alternative dates and times so I can ***reschedule with everyone involved***. ⇒ TPL 13
関係者全員とスケジュールを再調整しますので, 代わりの日時をお知らせください.

Ⓑ We need to ***adjust*** the budget to reflect the change in sales strategy.
販売戦略の変更に伴い予算の調整が必要です.

つ

ついか 〘加える; 補足〙

追加の 形

≪ある物に加えて大きくする≫ ▶**additional**

- an *additional* charge
  割り増し料金
- *additional* information
  追加情報

≪補足して改善するために加える≫ ▶**supplementary**

✪ こちらのほうが格式ばった語.

- *supplementary* information
  追加[補足]情報
- *supplementary* instruction
  補習授業
- This lecture is *supplementary to* the main curriculum.
  この講義は主要カリキュラムの補講です.

追加 名

≪付け足すこと≫ ▶**addition** U

- the ***addition of*** vitamins ***to*** food
  食品へのビタミンの添加
- ***With the addition of*** a little more salt, the soup soon tasted better.
  塩を少し加えたらスープはすぐに味がよくなった.

≪補足≫ ▶**supplement** C

- a ***supplement to*** the encyclopedia
  百科事典の付録[補遺]

追加する 動

≪付け足す≫ ▶**add** 他

- *add* a little milk
  牛乳を少し加える

• ***add*** a name ***to*** a list V+O+*to*+名
名簿に名前を追加する
• He said goodbye and ***added that*** he had enjoyed himself very much. V+O (*that* 節)
彼は別れを告げてからとても楽しかったと言い足した.

≪補う≫ ▶**supplement** ㊞
• ***supplement*** one's diet ***with*** vitamin A V+O+*with*+名
食事をビタミン A で補う
• She ***supplements*** her income ***by*** teach***ing*** French. V+O+*by*+動名
彼女はフランス語を教えて収入を補っている.

Ⓑ Is there anything you would like to ***add to*** the agenda for our meeting?
会議の議題に何か追加したいことはありますか.
Ⓑ ***We charge a surcharge of*** 15% for rush orders. ⇒ TPL 8
お急ぎのご注文には 15%の追加料金をいただいております.

ついきゅう

追求

⇒たんきゅう(探求)

ついせき 〖追う; 追いかける〗

追跡する ㊗

≪捕らえようとして≫ ▶**pursue; chase** ㊞
✪ 前者のほうが格式ばった語. 後者は逃げる者を追う動作を表す意味が強い.
• The dogs *pursued* the fox.
犬たちはそのきつねを追いかけた.
• The robber is *being* ***pursued by*** the police. V+O の受身
その強盗は警察に追われている.
• The dog *chased* the cat.
犬は猫を追いかけた.

≪人·動物·車の残した跡や進路などを追って≫ ▶**track** ㊍

• The hunters *tracked* the bear *to* its den.
ハンターたちはくまの跡をつけて巣穴まで行った.

≪どこまでも手掛かりなどを捜して≫ ▶**follow up** ㊍

• They are still *following up* the news item.
彼らはなおそのニュースを追求している.

追跡 名

≪追撃≫ ▶**pursuit; chase** Ⓤ

• The rebels fled, with the army ***in hot pursuit***.
反乱軍は逃亡し, 軍は激しく追跡していた.

• give *pursuit*
追跡する

•「give up [《格式》abandon] the *chase*
追跡をやめる

• After a long *chase*, we finally caught the thief.
長いこと追跡して, 我々はやっとどろぼうを捕らえた.

追跡調査

▶**follow-up (survey)** Ⓒ

• The government is doing a ***follow-up on*** the health of veterans.
政府は復員軍人の健康の追跡調査を行なっている.

> Ⓑ Please see the attached shipping label for the ***tracking number***. ⇒ TPL 9
> 追跡番号は添付の出荷ラベルをご確認ください.

ついて 〘関する〙

…について 前

▶**about …; of …**

✪ of のほうが少し意味が軽い.

• a book *about* stars
星(について)の本

• Tell me ***all about*** it.

そのことについて一部始終私に話してください.

• What was he speaking *of*?
彼は何の話をしていたのですか.

≪論文や演説などで≫ **▶on ...**

✪ about に比べて限定的かつ格式ばっている.

• a book *on* China
中国に関する本

• The professor lectured *on* French history.
教授はフランスの歴史について講演した.

▶as for ...; as to ...

✪ これらは既出の主題に関する新しい問題を持ち出す場合, 文の初めに用いられる. as to は文中にも用い, 次に疑問詞を伴う場合が多い.

• He came back safely. *As for* the others, nothing is known yet.
彼は無事に帰ってきたが, ほかの人についてはわかりません.

• *As to* the fee, let's discuss it later.
謝礼についてはあとで話し合いましょう.

• They quarreled *as to* which to choose.
彼らはどちらを選ぶかについて言い争った.

≪…に関して≫ **▶as regards ...; in［with］regard to ...; concerning ...**

✪ about より格式ばった言葉.

• *As regards* her use of color, she is a very good artist.
色の使い方の点では彼女は大変すばらしい芸術家だ.

• *With regard to* the date and place, I completely agree with you.
日時と場所の点では私はあなたと全く同意見です.

• *Concerning* his past, we have no information whatsoever.
彼の前歴に関しては何も情報がない.

≪…に関連して≫ **▶in relation to ...; in connection with ...**

• my responsibility *in relation to* the matter
その件に関する私の責任

• Do you have anything to say *in connection with* our plan?

私たちの計画に関連して何かご意見がありますか.

Ⓐ ***much has been written about*** ...
…について多くのことが書かれてきた

Ⓐ the ultimate authority ***on*** the global warming issue ⇒ TPL 20-8
地球温暖化問題の最高権威

Ⓐ its 2007 report ***concerning*** the disappearance of Himalayan glaciers ⇒ TPL 20-8
ヒマラヤ氷河の消滅に関する 2007 年の報告書

Ⓑ ***With regard to*** your inquiry,
あなたからのお問い合わせについてですが

Ⓑ ***Concerning*** your email dated April 4,
4 月 4 日付けのあなたからの E メールについてですが

つきあう

付き合う

《交際する》 ▶**associate with ...**

• Don't *associate with* dishonest people.
不誠実な人たちと付き合ってはいけない.

《異性と交際する》 ▶**go out with ...**

• Steve has been *going out with* Jane for two years.
スティーブはジェーンと 2 年間付き合っている.

Ⓑ ***Looking forward to a long and mutually beneficial relationship***, ⇒ TPL 6
今後とも末永くお付き合いのほどよろしくお願いいたします《メールなどの末尾で》.

づけ

-付けの 形

《…の日付のある》 ▶**dated**

• a letter *dated* May 28
5 月 28 日付けの手紙

-付けで 前

《ある日付より以後》 ▶**as of**

- He was promoted *as of* the preceding April 1.
  彼は先の4月1日付けで昇進した.

> Ⓑ ***Thank you for your order dated*** November 13.
> 11月13日付けのご注文をありがとうございました.

つごう

都合のよい 形

▶**convenient** (⇔inconvenient)

- a mutually *convenient* time
  お互いに都合のよい時間
- If it's ***convenient for*** you, will you come and see me next Sunday? +*for*+名
  都合がよければ次の日曜日に遊びにきませんか.
- Do you know of any ***convenient*** place ***for*** the meeting?
  どこか会合に都合のよい場所を知っていますか.
- ***It's*** more ***convenient to*** go there by bus.
  そこへ行くにはバスがより便利だ.

都合する 動

《何とか…する》 ▶**manage to *do***

- Somehow they *managed to* come here.
  彼らは何とか都合してここにやってきた.

> Ⓑ I'll call you (up) ***at the first opportunity***.
> 都合がつき次第お電話します.
> Ⓑ Please come ***at your earliest convenience***.
> ご都合がつき次第おいで下さい.
> ✪ やや格式ばった慣用的表現.
> Ⓑ ***When is convenient for you?***
> いつがご都合よろしいでしょうか.
> Ⓑ ***Does this schedule work for you?*** ⇒ TPL 13

このスケジュールでご都合はよろしいでしょうか.

Ⓑ Wednesday ***would be better for me***.
水曜日の方が都合がいいです.

Ⓑ Any time on Monday ***is fine with me***.
月曜日なら何時でも都合がいいです.

Ⓑ ***If another time would be more convenient***, please let me know.
別の日時の方がご都合がよろしければお知らせください.

Ⓑ ***Could you fit me in*** between noon and 5:00 p.m?
正午から午後5時の間で都合を合わせてもらえないでしょうか.

Ⓑ I hope we can get together ***at your convenience***.
ご都合のよい時にご一緒できればと思います.

Ⓑ I am leaving the company ***for personal reasons***.
このたび一身上の都合により退職することになりました.

つたえる

伝える

⇒しらせる(知らせる)

つりあい

釣り合い

⇒バランス

て

ていあん

提案 名

《積極的な》 ▶**proposal** Ⓒ

- ***proposals*** for peace = peace *proposals*
  和平の提案
- a ***proposal for*** exchang***ing*** professors between the two universities
  二大学間での教授の交換の提案
- He made a ***proposal for*** us ***to*** meet once a week. +*for*+名+*to* 不定詞
  = He made a ***proposal that*** we (*should*) *meet* once a week. +*that* 節
  彼は週に 1 回会合を開こうと提案した.

✪ that 節中の should または仮定法現在 (⇒いらい ✪).

- accept [reject] a *proposal*
  提案を受け入れる[却下する]
- consider a *proposal*
  (出された)提案を検討する

《やや控えめな》 ▶**suggestion** Ⓒ

- have a ***suggestion for*** solv***ing*** a problem
  問題の解決案がある
- ***make*** [***offer***] a new ***suggestion about*** [***on***] the matter
  その件について新しい提案をする
- be open to *suggestions*
  提案を聞き入れる
- Peggy didn't follow my ***suggestion that*** she (*should*) *hire* him. +*that* 節
  彼を雇うべきだという私の助言にペギーは従わなかった.

✪ that 節中の should または仮定法現在 (⇒いらい ✪).

- Mr. White decided to go ***at*** [***on***] my ***suggestion***.
  ホワイト氏は私の勧めで行く決心をした.

《会議などでの》 ▶**motion** Ⓒ

• make [propose] a ***motion to*** adjourn +*to* 不定詞
休会の動議を提出する
• The *motion to* close the debate was rejected [passed, carried].
審議打ち切りの動議は否決[可決]された.
• They'll vote on the ***motion that*** an ad hoc committee (*should*) *be* set up. +*that* 節
彼らは特別委員会を設置するという動議について票決するだろう.
✪ that 節中の should または仮定法現在 (⇒いらい ✪).

提案する 動

≪積極的に≫ ▶**propose** 他
• I ***proposed that*** we (*should*) *adopt* a new method. V+O (*that* 節)
私は新方式を採用すべきだと提案した.
✪ that 節中の should または仮定法現在 (⇒いらい ✪).
• The government ***proposed*** rais***ing*** the tax rate. V+O(動名)
政府は税率の引き上げを提案した.
• She ***proposed*** a new idea ***to*** us. V+O+*to*+代
彼女は私たちに新しいアイデアを提案した.

≪やや控えめに≫ ▶**suggest** 他
• I ***suggested*** (***that***) we (*should*) *meet* at the station. V+O ((*that*)節)
私は駅で待ち合わせようと提案した.
✪ that 節中の should または仮定法現在 (⇒いらい ✪).
• He ***suggested*** a new plan ***to*** the committee. V+O+*to*+名
彼は新計画を委員会に提案した.
• The chairperson ***suggested*** next Friday ***for*** the next meeting. V+O+*for*+名
議長は次回の会議は次の金曜日ではどうかと言った.

≪会議などで≫ ▶**move** 他
• Mr. Chairman, I *move that* we (*should*) *vote* on the matter.
議長, この件について票決することを提議します.
✪ that 節中の should または仮定法現在 (⇒いらい ✪).
‖ Ⓑ ***We'd like to offer*** a 10% discount on your first order.

初回注文時の 10% の割引をご提案したいと思います.

Ⓑ I think your ***suggestion of*** a promotional tie up with local retailers for the product launch is a very good idea.
製品発売の際に地元の小売店と販売促進のタイアップをするというご提案はとてもいいアイディアだと思います.

Ⓑ ***Thank you for your proposal to*** make us your sole distributor in Japan.
私共を貴社の日本での独占販売店にしていただけるというご提案をありがとうございます.

Ⓑ ***I hope you will*** take advantage of our extensive knowledge of Central American coffees and the market. ⇒ TPL 4
中米産コーヒーと市場に関する弊社の幅広い知識をご活用いただければと思います.

て

ていぎ

定義 名

▶**definition** Ⓒ

• Give me the ***definition of*** the word "communication."
コミュニケーションという単語の定義は何ですか.

定義する 動

▶**define** 他

• Ice can *be* ***defined as*** solid [frozen] water. V+O+C (*as*+名)の受身
氷は固体の[凍った]水と定義できる.

ていきょう 〖与える; 供給〗

提供する 動

≪差し出す≫ ▶**offer** 他

• The company *offers* a unique service.
その会社は独自のサービスを提供している.

• We ***offered*** a good job ***to*** Mr. Hill. V+O+*to*+名
=We *offered* Mr. Hill a good job. V+O+O

我々はヒル氏によい仕事を提供した.

≪援助・便宜などを与える≫ ▶**give** ㊎

• He *gave* her a lift in his car.
彼は彼女を車に乗せてやった

• *Give* me a hand here.
これに手を貸してください.

• Rich countries should *give* more aid to developing countries.
豊かな国が発展途上国をもっと援助すべきだ.

≪必要なものを≫ ▶**provide** ㊎

• The government should urgently ***provide*** the victims ***with*** food and clothes. V+O+*with*+名
=The government should urgently ***provide*** food and clothes ***for*** [***to***] the victims. V+O+*for* [*to*]+名
政府は被災者たちに食べ物と衣服を至急与えなければならない.

≪不足しているものを≫ ▶**supply** ㊎

• He has ***supplied*** me ***with*** the necessary information. V+O+*with*+名
=He has ***supplied*** the necessary information ***to*** me. V+O+*to*+名
彼は私に必要な情報を知らせてくれた.

≪臓器・血液などを≫ ▶**donate** ㊎

• *donate* (one's) blood
献血する

≪広告主となる≫ ▶**sponsor** ㊎

• This program *is sponsored by* an insurance company. V+O の受身
この番組は保険会社がスポンサーになっている.

提供 名

≪差し出すこと≫ ▶**offer** Ⓒ

• an ***offer of*** food
食料の提供

≪供給≫ ▶**supply** Ⓤ

• oil ***supply to*** the country
その国への石油の供給

≪臓器·血液などの≫ ▶**donation** Ⓤ

• organ *donation*

臓器提供

Ⓐ ***In this study, we provided evidence for*** ....

この研究では…の証拠を提供した.

Ⓑ ***I want to offer*** my customers high quality specialty coffees. ⇒ **TPL 1**

私は顧客に高品質のスペシャルティコーヒーを提供したいと考えています.

Ⓑ We are pleased to announce that we have opened a website to ***provide*** our customers ***with*** the latest product information.

このたび, お客様に最新の製品情報をご提供するためウェブサイトを開設いたしました.

ていけい〘協力〙

提携 名

≪協力≫ ▶**cooperation** Ⓤ

• technical *cooperation*

技術提携

≪タイアップ≫ ▶**tie-up** Ⓒ

• a technical *tie-up*

技術提携

提携する 動

≪協力する≫ ▶**cooperate** 自

• We ***cooperated with*** their company ***in*** develop***ing*** [the development of] the technology. V+*with*+名+*in*+動名

我々はその科学技術の開発に彼らの会社と協力した.

≪タイアップする≫ ▶**tie [be tied] up with ...**

✪ やや口語的.

• We have *tied up with* a big European company.

当社はヨーロッパの大会社と提携した.

Ⓑ I'd like to propose a short-term ***tie-up*** for the product launch.
製品発売に向けて短期間の提携をご提案したいと思います.
Ⓑ A ***business alliance*** would certainly benefit us both.
業務提携は両者にとって必ずプラスになるでしょう.

ていせい

訂正

⇒しゅうせい(修正)

データ

▶data

✪ 元来は datum の複数形だが, 単数形としても扱われる. 数える場合は a piece of data.

- raw *data*
  生のデータ
- ***collect data***
  データを集める
- ***store data***
  (コンピューターに)データを保存する
- It will take time to analyze this [these] ***data on*** the crash.
  この墜落事故のデータを分析するのは時間がかかるだろう.
- No *data was* [*were*] available.
  利用できる情報はなかった.

≪情報≫ **▶information** Ⓤ

- the latest *information*
  最新情報
- I have no reliable ***information about*** [*on*] this matter.
  この件に関する確かな情報はない.
- We have received ***information that*** the suspect is hiding around here. +*that* 節
  我々は容疑者がこの辺に潜んでいるという情報をつかんでいる.

✪ 日本語の「データ」がいつも data という英語に置き換わるのではない点に注意.

データベース

▶**database** Ⓒ

• He compiled a *database* of the names and addresses of the members.
彼は会員の氏名と住所のデータベースを作成した.

• retrieve information from a *database*
データベースから情報を検索する[引き出す]

Ⓐ ***we collected data from*** each trial ⇒ TPL 21 ▸ Methods 2
各試行のデータを収集した

Ⓐ the ***data*** and facts ***presented*** by the advocates of the global warming theory ⇒ TPL 20-3
地球温暖化説の提唱者が示したデータや事実

てきせつ

適切

⇒ただしい(正しい); だとう(妥当)

てじゅん 〘順序; 手続き〙

手順

≪段取り・手はず≫ ▶**arrangements**

✪ 通例複数形で.

• All the *arrangements* went wrong.
すべての手順が狂ってしまった.

≪作るときの工程≫ ▶**process** Ⓒ

• By what *process* is cloth made waterproof?
服地はどんな工程で防水加工されるのですか.

≪物事の進行の順序≫ ▶**procedure** Ⓒ

• follow the correct [proper, standard] *procedure*
正しい[所定の]手順をふむ

• What's the normal [usual] ***procedure for*** getting a driver's license?

運転免許証をとるには普通どんな手続きがいるの.

《ある目的に達するまでの段階》 ▶**step** Ⓒ

• Follow these *steps* when doing the work.
次の手順に従って仕事をしなさい.

Ⓐ ***Three steps were followed.***
3つの手順をとった.

Ⓐ A schematic representation of the complete procedural ***steps*** is shown in Figure 1. ⇒ TPL 21 ▸ Methods 2
手順全体を図式化したものを図1に示す.

Ⓐ ***as the last step***
最後の処置として

Ⓐ To check the robustness of our results, ***this procedure was repeated*** ... ⇒ TPL 21 ▸ Methods 3
結果のロバスト性を確認するため, この手順を繰り返した…

Ⓐ ***After*** every 10 trials, subjects were given time to rest. ⇒ TPL 21 ▸ Methods 2
10回ごとの試行の後, 被験者には休憩が与えられた.

Ⓐ ***First, ... Then, ... Finally, ...*** ⇒ TPL 21 ▸ Methods 2
まず…その後…最後に…

てすう 〖面倒〗

手数 名

《面倒・やっかい》 ▶**trouble** Ⓤ

• I'm sorry I've「given you [put you to] so much *trouble*.
あなたに大変ご迷惑をおかけしてすみません.

• I don't want to be any ***trouble to*** him.
私は彼に面倒をかけたくありません.

• He took the ***trouble to*** show me around town. +*to* 不定詞
彼はわざわざ私に町を案内してくれた.

手数をかける 動

《面倒をかける》 ▶**trouble** 他

• I am sorry to *trouble* you, but will you send this letter?
お手数ですがこの手紙を出してくれませんか.

• Thank you. I'm sorry to *trouble* you.
ありがとうございます. お手数をおかけしてすみません.

> Ⓑ ***Sorry for the inconvenience.***
> お手数をおかけして申し訳ありません.
>
> Ⓑ ***I don't want to put you to any trouble, but*** ...
> お手数をおかけして恐縮ですが…

て

てすき 〖暇〗

手隙

≪暇≫ ▶**leisure**

• ***at*** one's ***leisure***
暇なときに, 都合のよい折に

> Ⓑ ***when*** 「***you are free*** [***you have time***]
> お手隙の際に
>
> Ⓑ ***Are you available*** this afternoon?
> きょうの午後はお手隙ですか.

てっかい 〖取り消す; 取り下げる〗

撤回する 動

≪前言・申し出・要求などを引っ込める≫ ▶**withdraw; take back** 他

✪ 後者のほうが口語的.

• *withdraw* a remark
前言を撤回する

• *take back* one's words
前言を取り消す

撤回 名

▶**withdrawal** Ⓤ

> Ⓐ a report which was published by the IPCC in 2001 and, interestingly, later ***withdrawn*** ⇒ **TPL 20-9**

‖ 2001年にIPCCが発表し, 興味深いことにその後撤回された報告書

てつだう 〖助け〗

手伝う

▶help ㊀

✪ 最も一般的な語.

• Mary is *helping* her mother.
メアリーはお母さんのお手伝いをしている.

• He *helped* her *carry* the parcels. V+O+C (原形)
=He ***helped*** her ***to*** carry the parcels. V+O+C (*to* 不定詞)
彼は彼女が小包を運ぶのを手伝った.

• He *helped cook* lunch. V+O (原形)
=He ***helped to*** cook lunch. V+O (*to* 不定詞)
彼は昼食を作るのを手伝った.

✪《米》《英》ともに目的語の後に原形不定詞を用いるのが普通だが, to 不定詞を用いることもある. 受身の場合には to 不定詞が用いられる: She had to *be helped to* sign her name. 彼女は署名するのに手助けが必要だった.

• I ***helped*** my father ***with*** his work. V+O+*with*+名
私は父の仕事を手伝った.

✪ ×I helped my father's work. とは言わない.

• He ***helped*** the child ***across*** (the street). V+O+副 [前+名]
彼はその子が(通りを)渡るのを助けた.

• He ***helped*** me ***through*** (the) university.
彼の援助のおかげで私は大学を卒業できた.

≪補助的に力を貸す≫ **▶assist** ㊀

✪ やや格式ばった語.

• Mary ***assisted*** John ***with*** his work. V+O+*with*+名
メアリーはジョンの仕事を手伝った.

• I ***assisted*** my father ***in*** paint***ing*** the wall. V+O+*in*+動名
私は父が壁にペンキを塗るのを手伝った.

✪ help と違って V+O+C (*to* 不定詞) の動詞型はまれ.

≪公式な・財政的な援助をする≫ ▶**aid** ㊀

✪ やや格式ばった語.

• He ***aided*** her ***in*** her business. V+O+前+名
彼は彼女の商売を手伝った.

• He ***aided*** me ***with*** my work.
彼は私の仕事を手伝ってくれた.

• These materials will ***aid*** you ***in*** learn***ing*** English. V+O+*in*+動名
これらの教材は英語を学習する上で助けになるだろう.

て

Ⓑ ***We will do our best to help you*** succeed in growing your business. ⇒ TPL 4
最善を尽くして貴社のビジネスの成長のためにお手伝いをさせていただきたいと思っています.

Ⓑ ***We can help you*** find beans at a price you can afford at a quality you can accept. ⇒ TPL 4
弊社は納得のいく品質で手頃な価格の豆を探すお手伝いをいたします.

Ⓑ Again, ***I appreciate your assistance*** in helping me select my orders. ⇒ TPL 5
注文品を選ぶお手伝いをしていただけること, 改めて感謝申し上げます.

Ⓑ ***Please let me know if we can be of help.***
弊社にお手伝いできることがあればどうぞお知らせください.

てつづき

手続き

≪手順≫ ▶**procedure** Ⓒ

• What's the normal [usual] ***procedure for*** getting a driver's license?
運転免許証をとるには普通どんな手続きがいるの.

≪出入国の手続きのような, 法律・規則上必要な手続き≫ ▶**formalities**

✪ 複数形で. procedure と入れ替え可能な場合もあるが, procedure のほうが用法が広い.

• legal *formalities*
法律上の正式手続き

• go through due *formalities*
正式の手続きをとる

≪訴訟などの≫ ▶**proceedings**

✪ 複数形で.

• summary *proceedings*
略式裁判手続き

• take [start, institute] (legal) *proceedings*
訴訟を起こす

Ⓑ We are familiar with the import requirements and ***procedures for*** Japan. ⇒ TPL 2
弊社は日本への輸入要件と手続きについて熟知しております.

Ⓑ The ***procedure for*** changing your account from check to bank debit payment will take a few days.
小切手から銀行引き落としへの変更手続きは数日かかります.

てにいれる

手に入れる

⇒にゅうしゅ(入手)

てはい 〘準備〙

手配 名

≪順序·手立てなどを組織的にする準備≫ ▶**arrangements**

✪ 通例複数形で.

• Have you ***made*** all the ***arrangements for*** your trip?
旅行の準備は済みましたか.

• We've made ***arrangements*** (***for*** the group) ***to*** meet at 6 p.m. on Monday. +(*for*+名+)*to* 不定詞
我々は(一行が)月曜日の午後 6 時に集まるように手配した.

手配する 動

≪手はずを整える≫ ▶**arrange** 他 自

- Could you ***arrange to*** be here at five? V+O (*to* 不定詞)
  5 時にここに来るようにしていただけませんか.
- We have ***arranged that*** a car (*should*) *meet* you at the station. V+O (*that* 節)
  駅までお迎えの車を手配しました.

✪ that 節中の should または仮定法現在 (⇒いらい ✪).

- I've ***arranged for*** a taxi. V+*for*+名
  タクシーを手配しました.
- I'll ***arrange for*** someone ***to*** pick you up at your home. V+*for*+名+*to* 不定詞
  だれかお宅へ車でお迎えに行くよう手配しましょう.

‖ Ⓑ We are proceeding to ***make*** the ***arrangements*** you requested.
ご要望いただいた手配を進めております.
Ⓑ ***Please arrange to*** ship my order by air freight.
私の注文品を航空便で発送するようご手配ください.

てんきん 〖異動〗

転勤する 動

▶**be transferred**

✪ transfer は 自 他 共にあるが, 他 の受身表現にするのが普通.

- She has ***been transferred from*** the Chicago branch ***to*** the main office in New York. V+*from*+名+*to*+名
  彼女はシカゴ支社からニューヨーク本社へ異動になった.

転勤 名

▶**transfer** Ⓒ

✪ 具体的な転勤の事実を指す.

▶**transference** Ⓤ

✪ 格式ばった語.

‖ Ⓑ I ***moved to*** the head office last month after three years at our

Malaysia subsidiary.
マレーシアの子会社での 3 年間を経て, 先月本社に転勤となりました.

てんぷ 〖添える〗

添付する 動

▶attach ㊸

• He *attached* his photograph *to* the document.
彼はその書類に写真を添えた.

添付の 形

▶attached

• We need no *attached papers*.
添付書類はいりません.

添付ファイル

≪E メールの≫ **▶attachment; attached file** Ⓒ

Ⓑ ***Please see the attached for*** my order.
弊社からの注文は添付の通りです.

Ⓑ ***I'm attaching*** our latest catalog, please take a look.
最新のカタログを添付します. どうぞご覧ください.

Ⓑ ***I have attached*** a list of the green coffees we offered in the past year along with their prices at the time. ⇒ **TPL 2**
過去 1 年間に提供した生豆とその時の価格のリストを添付いたします.

Ⓑ ***Please see the attachment for*** information about shipping to Japan and our payment terms. ⇒ **TPL 4**
日本への送料と弊社の支払い条件については添付ファイルをご確認ください.

Ⓑ ***Please see the attached copy of*** the invoice we sent to you in September. ⇒ **TPL 11**
9 月にお送りした請求書のコピーを添付いたしますのでご確認ください.

Ⓑ ***Attached please find*** the contract with our signature. Please sign, scan, and return to us.
弊社の署名入り契約書を添付します. ご署名の上, スキャンしてご返送ください.

でんわ

電話 名

≪電話機·通話≫ ▶《略式》**phone** Ⓒ

- He answered our questions ***by phone***.
  彼は我々の質問に電話で答えた.
- speak [talk] ***on*** [***over***] ***the phone***
  電話で話をする
- 「***get off*** [***hang up***] ***the phone***
  電話を切る

▶**telephone** Ⓒ

- He sent me the message ***by telephone***.
  彼はその連絡事項を電話で伝えてくれた.
- I spoke to him about it ***on*** [***over***] *the* ***telephone.***
  私はそのことについて彼と電話で話した.
- ***answer*** the ***telephone***
  電話に出る
- ***pick up*** the ***telephone***
  電話[受話器]を取る
- ***put down*** the ***telephone***
  受話器を置く
- a ***telephone rings***
  電話が鳴る
- I called him ***to*** the ***telephone***.
  彼を電話口に呼び出した.

✪ いずれも通信手段としての電話の意では Ⓤ. phone はもともと telephone の略であるが, 現在の口語では phone のほうが普通.

≪電話をかけること·通話≫ ▶**call** Ⓒ

• There's a ***call for*** you, Liz.
リズ, 電話だよ.

• ***get*** [***receive***] a ***call***
電話をもらう[受ける]

• ***make*** [***place***] a ***call*** (to ...)
(…に)電話する

• ***return*** ...'s ***call***
折り返し…に電話する

• Will you ***take*** the ***call***?
電話に出てくれる?

• "Will you ***give*** me a ***call*** tomorrow morning?" "Certainly."
「明朝電話をくれませんか」「承知しました」

▶**phone call** Ⓒ

✪ call より正式な言い方.

• I got [had] a ***phone call from*** Tom.
トムから電話があった.

• Can I ***make a*** quick ***phone call***?
ちょっと電話かけてもいいかな.

電話する 動

▶《米》**call (up)** 他 自

• Could you ***call*** somebody ***to*** help us? V+O+C (*to* 不定詞)
だれかに手伝ってくれるように電話をしていただけませんか.

• ***Call*** (us ***at*** [《英》***on***]) 220-3676.
220-3676 番に電話してください.

• He ***called to*** say that he was ill. V+*to* 不定詞
彼は電話をかけて病気だと言った.

▶《英》**ring (up)** 他 自

• She ***rang for*** a taxi. V+*for*+名
彼女は電話でタクシーを呼んだ.

≪電話で通話をする≫ ▶**make a phone call (to ...)**

✪ 特に「彼はいま電話をかけている」He's making a phone call. などのように単に動作を言うときにはこの表現を用いる.

電話番号

▶ (tele) phone number Ⓒ

Ⓑ ***Please call us at this number.*** ⇒ TPL 11
こちらの番号にお電話ください.

Ⓑ ***Here is my telephone number***, feel free to call with any questions you may have.
私の電話番号はこちらです. ご質問がありましたらお気軽にお電話ください.

と

といあわせ 〘尋ねる; 照会〙

問い合わせ 名

≪照会·質問≫ ▶**inquiry** Ⓒ

- a letter of *inquiry*
  問い合わせの手紙, 照会状
- There was no reply to our *inquiry*.
  我々の照会に対して何の回答もなかった.
- I received ***inquiries about*** the matter.
  私はそのことについて照会を受けた.
- He ***made*** special ***inquiries into*** [***about***] the problem.
  彼はその問題について特別に問い合わせをした.

≪特に身元·信用などの≫ ▶**reference** Ⓒ

✪ 推薦·照会などの問い合わせ先をも示す.

- make a *reference to* ...'s former employer
  …の元の雇い主へ(人物)照会をする

Ⓑ ***Thank you for your inquiry***, I would be happy to discuss the possibility of a discount on bulk purchases.
お問い合わせありがとうございます. 一括購入のお値引きの可能性についてご相談させていただきます.

Ⓑ ***Inquiries can be made via the Contact Us form on our website.***
お問い合わせは弊社ウェブサイトの「お問い合わせフォーム」からお願いいたします.

Ⓑ ***Please allow me to make some inquiries with*** our Production and Shipping departments. ⇒ TPL 17
弊社の製造部と配送部に問い合わせをさせていただきます.

Ⓑ ***One of our customers has inquired about*** where to get replacement parts in the United States.
弊社の顧客から, 米国のどこで交換部品が手に入るかという問い合

‖ わせがありました.

どうい 〖賛成; 合意〗

同意する 動

≪意見が一致して賛成する≫ ▶**agree** 自 他

✪ 人やその意見に賛成するときは with を, 提案などに賛成するときは to をとる.

- I completely ***agree with*** you. V+*with*+名
  あなたと全く同意見です.
- I cannot entirely ***agree with*** Mr. Hill ***about*** [***on***] this. V+*with*+名+*about* [*on*]+名
  この点でヒル氏に完全には賛成し難い.
- He ***agreed to*** our proposal [plan]. V+*to*+名
  彼は我々の提案[計画]に同意した.
- I begged her, and finally she ***agreed to*** come. V+O (*to* 不定詞)
  私が頼み込むと, 彼女はとうとう来ることに同意してくれた.

≪熟慮の末に同意する≫ ▶《格式》**assent** 自

✪ 人を表す名詞は普通続かない.

- *assent to* the proposal
  その提案に賛成する

≪権限のある人が同意を与える≫ ▶**consent** 自

- ***consent to*** the proposal V+*to*+名
  その提案に同意する
- His mother will not ***consent to*** his [him] go***ing*** there alone. V+*to*+動名
  彼の母は彼が一人でそこへ行くことには賛成しないだろう.

同意 名

≪意見の一致≫ ▶**agreement** U

✪ 具体的な「同意事項」の意味では C.

- The United States and China reached full ***agreement on*** that issue.
  その問題について米国と中国は完全に合意に達した.
- There is ***agreement*** among them ***that*** nuclear tests of every type should

be prohibited. +*that* 節
いかなる種類の核実験も禁止すべきだということで彼らは意見が一致している.

- There was no ***agreement about*** whom to invite.
  だれを招くかについては意見の一致がなかった.

≪熟慮の末の同意≫ ▶**assent** Ⓤ
✪ 少し格式ばった語.

- a nod of *assent*
  同意してうなずくこと
- by common *assent*
  一同異議なく
- give one's *assent* to ...
  …に同意する

≪権限のある人が与える同意≫ ▶**consent** Ⓤ

- written [verbal] *consent*
  書面[口頭]による同意
- He gave his ***consent to*** the proposal.
  彼はその提案に同意した.
- Silence gives [is, means] *consent*.《ことわざ》
  黙っているのは承諾の印[したも同じ].

とうけい

統計

▶**statistics**
✪ 複数扱い.

- official *statistics*
  正式な[公式の]統計
- collect [gather] *statistics*
  統計資料を集める
- *Statistics* show [indicate] that women live longer than men.
  統計によると女性は男性よりも寿命が長い.

統計学

▶**statistics** Ⓤ

Ⓐ ***The statistics show*** [***indicate, suggest***] ***that*** ....
統計データは…を示している.

Ⓐ ***Statistics reveal that*** .... ⇒ TPL 21 ▶ Results 3
統計から…ということが明らかになった.

とうちゃく 〘着く; 届く〙

と

到着する 動

≪予定していた目的地に≫ ▶**arrive (at ...; in ...; on ...)** 自

✪ ×arrive to ... とはいわない.

✪ 駅や空港など, あまり広がりを感じない地点に到着するとき, あるいは都市や地域でも地図上の 1 点と主観的に感じられるときには at を用いるが, その場所に滞在する予定があるなど, 話者がある程度の広がりを感じる場所に到着するときには in を用いる. 大陸・島・岸・現場などに到着するときは on を用いる.

- We *arrived* here [home] in the evening. V+副
  我々は夕方ここに[家に]着いた.
- The parcel *arrived* yesterday.
  小包は昨日届いた.
- You should ***arrive at*** the hotel before dark. V+前+名
  暗くなる前にホテルに着いたほうがいいよ.
- At last we have *arrived in* our hometown.
  とうとう私たちは故郷の町にたどり着いた.
- We *arrived on* the island yesterday.
  我々はきのう島に着いた.

≪努力して到達する≫ ▶**reach** 他

- We should *reach* the hotel by 6:30.
  我々は 6 時半までにホテルに着かなくてはならない.
- How long will it take this letter to *reach* Japan?
  この手紙が日本に着くにはどのくらいかかりますか.

- Meg *reached* the finish line first.
  メグは1着でゴールインした.

《しばしば苦労して行き着く》 ▶**get (to ...)** ⓐ

✪ 他の語より口語的.

- You'll *get* there by three o'clock.
  3時までにはそこへ着きますよ.
- We *got* home at six.
  私たちは6時に家に帰った.
- They *got to* New York last week.
  彼らは先週ニューヨークに到着した.
- How can I *get to* the station?
  駅へはどう行けばよいでしょうか.

と

到着 名

▶**arrival** Ⓤ (⇔departure)

✪ 具体的には Ⓒ.

- *arrival* time
  到着時刻
- the *arrival(s)* lounge
  到着ロビー
- *arrivals* and departures of trains
  列車の発着
- I've been looking forward to your *arrival.*
  ご到着をお待ちしておりました.
- ***On* (*his*) *arrival at*** the airport he phoned his office.
  空港に着くとすぐ彼は会社に電話をした.

Ⓑ ***They should arrive in a week or so.*** ⇒ TPL 2
(それらは)1週間ほどで到着するはずです.

Ⓑ Thank you for the samples, ***they arrived here last week.*** ⇒ TPL 3
サンプルをありがとうございました. 先週こちらに到着しました.

Ⓑ We shipped your order to the customer on July 5, and ***it should arrive within 10 days.*** ⇒ TPL 9

ご注文の商品は7月5日にお客様に発送し, 10日以内に到着する予定です.

Ⓑ We were expecting to have received our order by now, but ***it has not arrived.*** ⇒ TPL 18
注文品はもう届いてもいいはずなのですがまだ到着していません.

Ⓑ Normally, DHL shipments would ***arrive at*** your location ***within two weeks***. ⇒ TPL 19
通常でしたらDHL便はお客様の住所まで2週間以内で到着します.

と

どうふう

同封する 動

▶**enclose** 他

• *Enclose* return postage.
返信料同封のこと.

• I ***enclose*** my photo ***with*** this letter. V+O+*with*+名
この手紙に私の写真を同封しておきます.

• We *enclose* our new catalogue. = *Enclosed* is our new catalogue.
= 《格式》 *Enclosed* please find our new catalogue.
当社の新しいカタログを同封いたします.

同封物 名

▶**enclosure** Ⓒ

Ⓑ ***Enclosed is*** the price quotation you requested.
ご請求いただいた見積書を同封いたします.

Ⓑ ***You will find*** the instruction manual ***enclosed with*** your purchase.
ご購入いただいた商品に取扱説明書が同封されています.

どうよう 〖同じ〗

同様の 形

≪似ている≫ ▶**similar**

• *similar* tastes

同じような趣味

• on *similar* occasions

同じような場合に

• Your opinion is ***similar to*** mine. +*to*+名

君の意見は私のと似ている

• These two look strikingly ***similar in*** shape. +*in*+名

この 2 つは形がよく似ている.

同様に 副

▶similarly

• be *similarly* situated [inclined]

同じような状況[傾向]にある

• The children enjoyed swimming in the sea. *Similarly*, the parents had a good time lying on the beach.

子供達は海水浴を楽しんだ. 同様に親は浜辺でくつろいだ.

≪一様に≫ **▶alike**

• Young and old *alike* enjoyed the show.

若者も老人も(同様に)ショーを楽しんだ.

• The teacher treated all the students *alike*.

先生はどの生徒も同じように扱った.

≪同じように≫ **▶likewise; in the same way**

• Watch him and ***do likewise***.

彼をよく見て同じようにして.

• We can't make a horse drink water. *Likewise*, we can't force our children to do what we want them to do.

馬に無理やり水は飲ませられない. (それと)同様に私たちが望むことを子供たちに無理じいはできない.

• Do it *in the same way* as Tom did.

トムがしたのと同じようにやってごらん.

Ⓐ【研究者】 ***takes a similar view.***

【研究者】は同様の見解を持っている.

Ⓐ One of the respondents stated that .... ***Similarly***, another noted

> that ....
> 回答者の一人は…と述べた. 同様に, 別の回答者は…ということを記した.

とうろん

討論

⇒ぎろん(議論)

とおり

-通り

≪…のように≫ ▶**as ...; like ...** 接

- Do *as* I told you (to).
  私が言ったようにしなさい.
- Dance *as* you were taught to.
  教わったとおりに踊りなさい.
- *As* I mentioned before, she will speak on global warming.
  以前に述べたとおり彼女は地球温暖化について話す.
- The boy behaved badly, (just) *as* I thought he would.
  (ちょうど)私が予想したとおりに少年は行儀が悪かった.
- *like* I said
  前に言ったように

≪…に従えば≫ ▶**according to ...** 前

- I tried to act *according to* my principles.
  自分の主義に従った行動をとろうとした.
- Everything went *according to* plan.
  すべて計画通りに進んだ.

> Ⓑ ***As per the attached file***,
> 添付ファイルの通り
> Ⓑ ***As stated in*** our last email,
> 前回のメールに記載しました通り
> Ⓑ ***as follows:***

下記の通り
Ⓑ ***As stated in the email below*** from our customer,
弊社顧客からの以下のメールに記載されている通り

とどく 〖到着; 達する〗

届く

≪到着する≫ **▶reach** ㊐

• How long will it take this letter to *reach* Japan?
この手紙が日本に着くにはどのくらいかかりますか.

▶arrive ㊀

• The parcel *arrived* yesterday.
小包は昨日届いた.

≪配達される≫ **▶be delivered (to ...)**

≪至る･達する≫ **▶reach** ㊐ ㊀

• The girl's hair *reaches* her shoulders.
その女の子の髪は肩まで届く.

• His voice is not loud enough to *reach* everyone in the room.
彼の声は部屋のみんなに届くほど大きくはない.

• The company's losses *reached* a total of millions of dollars.
会社の損害は総額で何百万ドルにも及んだ.

• I need a ladder to *reach* the top shelf.
一番上の棚に届くはしごが必要だ.

• Her hair ***reaches*** (***down***) ***to*** her shoulders. V+(*down*+)*to*+名
彼女の髪は肩まで伸びている.

• (The influence of) IT ***reaches into*** most people's lives. V+*into*+名
情報技術(の影響)はたいていの人の生活に及んでいる.

• I can't *reach* (that high).
私は(そんなに高くまで)手が届かない.

✪「手が届く」の意味のときは「人」を主語にする.

…に届かない

≪達しない≫ **▶fall short of ...**

• The arrow *fell short of* the mark.
矢は的に届かなかった.

Ⓑ The horse oil skin cream ***was delivered to*** our customer yesterday. ⇒ TPL 10
馬油スキンクリームは昨日顧客のもとに届きました.

とどこおる 〘遅れる〙

滞る 動

≪仕事･支払いなどが遅れている≫ ▶**be behind (in ...; with ...)**

✪「人」を主語とする.

• We *are* (getting) a bit *behind in* [*with*] our work.
私たちは仕事が少し遅れてきている.

≪期限が切れている≫ ▶**be overdue**

✪「料金･借金」などを主語とする.

• His rent *is overdue*.
彼は家賃が滞っている.

Ⓑ ***Your payment*** of $2550 ***is overdue***. ⇒ TPL 11
2550 ドルのお支払いが滞っております.

とりあつかう 〘扱う; 処理〙

取り扱う

▶**handle** 他

• Don't ***handle*** my books ***with*** dirty hands. V+O+*with*+名
汚い手で私の本に触らないでください.

• The child can *handle* a knife and fork very well.
その子はナイフとフォークをとてもうまく使える.

• *Handle* with care.
取扱い注意《壊れ物などの注意; 目的語は省略》.

• The teacher *handles* his pupils *well*. V+O+副
あの先生は生徒の扱い方がうまい.

• This problem is too much for me to *handle*.

この問題は私の手に負えない.

▶**treat** ㊀

• You should ***treat*** the girl ***kindly.*** V+O+副

その少女に優しくしてあげなさい.

• He ***treated*** me ***like*** [***as***] his own son. V+O+C (*like*[*as*]+名)

=He *treated* me as if I were his own son.

彼は私を実の息子のように扱ってくれた.

• ***Treat*** it ***with*** care. V+O+*with*+名

注意して扱ってください.

≪商品を商う≫ ▶**deal in ...**

• He *deals in* whiskey.

彼はウイスキーの商売をしている.

≪問題などを処理する≫ ▶**deal with ...**

• Mr. Smith is a difficult person to *deal with.*

スミスさんは扱いにくい人だ.

• These problems must *be dealt with* through international cooperation.

これらの問題は国際的な協力によって処理しなければならない.

取り扱い

≪人や品物の扱い≫ ▶**handling** Ⓤ

≪待遇≫ ▶**treatment** Ⓤ

• receive preferential [special] *treatment*

特別待遇を受ける

≪業務の処理≫ ▶**transaction** Ⓤ

• the *transaction of* business

事務処理

Ⓐ「***This paper is*** [***We are***] ***concerned with*** ....

この論文は…を取り扱う.

Ⓐ ***This paper deals with*** ....

この論文は…を取り扱う.

Ⓐ To discuss ... as a whole ***is beyond the scope of*** a brief paper.

…の全体を検討することは, 短い論文の手に余る.

✪ scope は調査, 研究の取り扱い範囲をいう.

Ⓐ Although the overall negative effects of the myths surrounding global warming ***are outside the scope of this paper***, ... ⇒ TPL 20-11
このような地球温暖化にまつわる神話の全体的な悪影響は, 本論の対象外であるが…

Ⓑ ***We do not carry*** the type of product that you inquired about.
お問い合わせいただいたタイプの製品は弊社では取り扱いがございません.

Ⓑ I'm sorry, the product you want ***is*** temporarily ***unavailable***.
申し訳ございませんが, ご希望の製品は一時的に取り扱い中止となっております.

とりいそぎ

取り急ぎ

Ⓑ ***This is just to let you know*** we will be closed on Christmas Day.
クリスマス当日の休業について取り急ぎお知らせいたします.

とりけす

取り消す

⇒キャンセル; てっかい(撤回)

とりひき 〖商売〗

取り引き 名

≪商売≫ ▶**business** Ⓤ

✪ 商売·仕事一般を指す意味の広い語.

• We ***do business with*** the firm.
うちはその会社と取り引きをしている.

≪取り引き売買≫ ▶**dealings**

✪ 複数形で.

• ***have dealings with*** the company
その会社と取り引き(関係)がある

▶《格式》(business) transaction Ⓒ
- stock *transactions*
  証券取引

≪売買契約≫ ▶bargain; deal Ⓒ
- ***strike*** a ***bargain***
  取り引きを決める, 手を打つ
- get a good *deal* (*on* a car)
  (車の)いい取り引きをする
- Our company ***made*** [***did***, ***struck***, ***cut***] ***a deal with*** an American firm.
  我々の会社はアメリカの会社と契約を結んだ.
- Lower the price and you've got (yourself) a *deal*.
  値段を下げれば買います.

取り引きする 動

≪商取り引きをする≫ ▶do business with ...; deal with ...
- We refused to *deal with* the firm.
  うちはその商会との取り引きを断った.

Ⓑ ***We appreciate your business.*** ⇒ TPL 9
お取り引きいただきありがとうございます.

Ⓑ ***We're very pleased to be able to do business with you.***
貴社とお取り引きできますことを大変嬉しく思っております.

とりよせる 〖注文〗

取り寄せる

≪注文する≫ ▶order ... (from ～); send for ...

✪ 後者のほうがより口語的.
- I'll ***order*** the book directly ***from*** the publisher. V+O+*from*+名
  その本は出版社へ直接注文しよう.

✪ ×*to* the publisher とは言わない.
- He ***sent*** (***to*** the factory) ***for*** a new type of robot.
  彼は(工場に)新型のロボットを注文した.

≪在庫がないため入荷し次第発送するような注文の形式にする≫

▶**backorder** ㊤

Ⓑ ***This item is presently backordered.***
こちらの商品はただ今お取り寄せとなっております.

Ⓑ Unfortunately that product is out of stock right now but ***we can backorder*** it if you don't mind waiting a couple of weeks.
残念ながらその製品はただ今在庫切れとなっておりますが, 2 週間ほどお待ちいただければお取り寄せすることができます.

に

ニーズ 〘需要; 要求〙

≪需要・要求≫ ▶**needs**

✪ 通例複数形で.

• This money will meet [answer] 「your *needs* [the *needs of* the student].

このお金であなたの[その学生の]用は足りるでしょう.

Ⓑ ***meet the needs of the market***

市場のニーズに応える

Ⓑ I am sure that you will find our specialty beans ***meet your needs for*** high quality coffee. ⇒ TPL 2

弊社のスペシャルティコーヒー豆は高品質なコーヒーに対する貴社のニーズにお応えできると確信しております.

にちじ 〘日取り; 日程; 期日〙

日時

▶**the time (and date)**

≪日付≫ ▶**the date**

Ⓑ ***Please give me alternative dates and times*** so I can reschedule with everyone involved. ⇒ TPL 13

関係者全員とスケジュールを再調整しますので, 代わりの日時をお知らせください.

にゅうきん 〘支払い; 受け取る〙

入金

≪金銭を受け取ること≫ ▶**receipt of money** Ⓤ

≪支払い≫ ▶**payment** Ⓒ

• the prompt ***payment of*** taxes

税の即時納入

- ***make*** (a) ***payment***
  支払う, 払い込む
- *payment* in advance
  前払い
- *payment* in installments
  分割払い

≪受け取った金≫ ▶**money** Ⓤ [**payment** Ⓒ] **received**

> Ⓑ Please let us know when the bank has ***processed*** our ***payment*** to your account.
> 弊社から貴社口座への入金が完了しましたらお知らせください.
> Ⓑ My payment should have ***been deposited in your account*** last week.
> 私の支払いは先週貴社口座に入金されたはずです.

に

にゅうしゅ 〖買う; 手に入れる; 得る〗

入手する 動

≪広い意味で手に入れる≫ ▶**get; obtain** ㊀

✪ 後者のほうが格式ばった語.

- I ***got*** a new hat ***for*** 5,000 yen at the department store. V+O+*for*+名
  デパートで新しい帽子を 5,000 円で買った.
- *get* a ticket in advance
  事前にチケットを買っておく
- How did you *get* the money?
  どうやってそのお金を手に入れたんだ.
- It was difficult to *obtain* the data for this study.
  この研究のためのデータを得るのは困難だった.
- They ***obtained*** the information ***from*** a spy. V+O+*from*+名
  彼らはその情報をスパイから得た.

≪手に入れる≫ ▶**come into possession of ...**

- He *came into possession of* the painting.
  彼はその絵画を手に入れた.

入手できる 形

▶available

- the most reliable information *available*
  入手可能な最も信頼できる情報
- This book is not readily *available* in Japan.
  この本は日本では簡単に入手できない.

入手 名

≪取得≫ **▶acquisition** U

✪ 格式ばった語.

> Ⓑ ***Is this product still available?***
> この製品はまだ入手可能ですか.
>
> Ⓑ I think my customers would be excited to ***have access to*** these kinds of unusual coffees. ⇒ TPL 3
> 私の顧客もこのような珍しいコーヒーを入手できることに興奮すると思います.
>
> Ⓑ ***Is there any more detailed information I could get?***
> より詳しい入手可能な情報はありますか.

にる

似る

⇒るいじ(類似)

にんしき 〖気付く; 認める〗

認識する 動

≪…に気付いている≫ **▶be aware**

- He ***was*** well [fully] ***aware of*** the danger. +*of*+名
  彼はその危険がよくわかっていた.
- I*'m acutely aware of* the problem.
  その問題については強く認識している.
- I ***was aware*** (***that***) he was there. +(*that*) 節
  私は彼がそこにいたことに気がついていた.
- I ***was***n't ***aware*** (***of***) ***how*** deeply she loved me. (+*of*)+*wh* 節

私は彼女がどんなに深く私を愛していたかということに気がつかなかった.

- ***So*** [***As***] ***far as I am aware***, the student has never caused any trouble.
  私の知る限り, その学生は問題を起こしたことがない.

≪…と認める≫ ▶**recognize** ㊥

- We have to ***recognize how*** serious the problem is. V+O (*wh* 節)
  我々はその問題がいかに深刻なものであるかを認識しなければならない.

≪知覚する≫ ▶**perceive** ㊥

✪ 格式ばった語.

- I *perceived* a slight change in her attitude.
  = I ***perceived*** (***that***) her attitude had changed slightly. V+O((*that*) 節)
  私は彼女の態度が少し変化したことに気づいた.

認識 名

≪…と認める≫ ▶**recognition** Ⓤ

- the ***recognition of*** defeat
  敗北を認めること
- There's (*a*) growing ***recognition that*** we should abolish capital punishment. +*that* 節
  死刑は廃止すべきだという認識が高まっている.

≪知覚する≫ ▶**perception** Ⓤ

✪ 格式ばった語. 具体的には Ⓒ.

- His ***perception of*** the situation is quite different from mine.
  彼の状況認識は私と全く違う.
- There's a public ***perception that*** an only child will be spoiled. +*that* 節
  ひとりっ子は甘やかされると一般に思われている.

> Ⓐ ***It is important to recognize that ....***
> …ということを認知することは重要である.

ね

ねあげ 〘賃上げ〙

値上げ 名

▶**raise,**《英》**rise; increase** Ⓒ

✪ increase は少し格式ばった語.

≪物価の≫ ▶**price rise [hike]** Ⓒ

✪ hike は《米略式》.

≪給料の≫ ▶**pay [wage] raise [hike]** Ⓒ

✪ 単に raise とも言う.

• demand a *raise*
　賃上げを要求する

値上げする 動

▶**raise; increase** 他

✪ 後者は少し格式ばった語.

• *raise* prices
　値段を上げる

• Our salaries *were raised* a little bit. V+O の受身
　我々の給料は少しばかり上がった.

> Ⓑ Due to the difficulty of securing high quality parts ***we are forced to raise our prices***.
> 品質の高い部品の確保が難しくなっているため値上げせざるを得ません.

ねがい 〘要望; 望み; 願望; 依頼〙

願い 名

≪実現が難しい望み≫ ▶**wish** Ⓒ

• ...'s last *wish*
　…の臨終の願い

• have a strong ***wish to*** travel around the world +*to* 不定詞

世界一周旅行をしたいという強い望みを持つ
• The people's ***wish for*** peace was ignored [granted].
人々の平和への願いは無視された[かなえられた].

≪依頼·要請≫ ▶**request** Ⓒ
• ***make*** a ***request for*** ...
…を願う
• May I *make* one last *request of* you?
あなたに最後のお願いをひとつしてもよろしいですか.
• grant a ***request to*** examine old records +*to* 不定詞
古い記録を調査したいという依頼を聞き入れる
• I agreed to her ***request that*** I help. +*that* 節
手伝ってほしいという彼女の依頼を承諾した.

ね

願う 動

≪実現が難しいことを≫ ▶**wish** 他 自
• I *wish* you「good luck [every happiness]! V+O+O
幸運[ご多幸]をお祈りします.
• She closed her eyes and *wished.*
彼女は目を閉じて願いごとをした.

≪強く望む≫ ▶**desire** 他
• The Queen ***desires to*** see you at once. V+O (*to* 不定詞)
女王陛下があなたにすぐにお目にかかりたいとご所望です.
• I *desire* their presence.
=I ***desire*** them ***to*** be present. V+O+C (*to* 不定詞)
=I ***desire that*** they (*should*) *be* present. V+O (*that* 節)
私は彼らが出席することを願っています.

✪ that 節中の should または仮定法現在 (⇒いらい ✪).

願い事

▶**wish** Ⓒ
• make a *wish*
願いごとをする
• get one's *wish*

望みをかなえる

≪頼み事≫ ▶**request** Ⓒ

- The king granted their *requests*.
  王は彼らの願い事をかなえてやった.

Ⓑ ***I hope you don't mind if I ask you a favor.***
お願いがあるのですが, よろしいでしょうか.

Ⓑ If it's not too much to ask, ***I wonder if you would do me a favor***.
無理のない範囲でお願いを聞いていただけませんでしょうか.

Ⓑ ***I'm sorry to ask on such short notice***, but would you be able to meet tomorrow?
急なお願いで申し訳ないのですが, 明日お会いすることは可能でしょうか.

ねだん

値段

⇒かかく(価格)

ねびき

値引き

⇒わりびき(割引き)

ねらい

狙い

⇒もくてき(目的)

ねんのため

念の為

≪万一に備えて≫ ▶**just in case**

- I'll take an umbrella (*just*) *in case*.
  念のため傘を持っていこう.

≪確認のため≫ ▶**to make sure**

Ⓑ ***Just in case***, I'm sending you another copy of the contract by postal mail.
念のため, 契約書のコピーをもう一枚郵送にてお送りいたします.

Ⓑ Would you mind checking the attached summary ***just to make sure*** we have the same understanding of the problem?
念のためその問題について私たちが共通の理解をもっているか確認するため, 添付の要約をチェックしてもらえますか.

の

のうき 〘期限; 期日〙

納期

≪金銭の≫ ▶**the due [fixed; final] date for payment**

≪物品の≫ ▶**the agreed date of [for] delivery; the time limit for delivery**

> Ⓑ Do you have a hard ***deadline for delivery*** or is there some leeway?
> 納期は厳しいですか. または多少の余裕がありますか.

のうひん 〘納入; 配達〙

納品 名

≪品物を納めること≫ ▶**delivery (of goods)** Ⓤ

≪納品された物品≫ ▶**delivered goods**

✪ 複数形で. ただし数詞や many などで修飾しない.

納品する 動

▶**deliver** ㊍

≪供給する≫ ▶**supply** ㊍

> Ⓑ ***We are very sorry for the delay in delivery.***
> 納品が遅れ申し訳ございません.
>
> Ⓑ We must ***confirm delivery*** before we can pay you.
> 納品確認後, お支払いいたします.

のべる 〘言う〙

述べる

≪意見などを言葉ではっきり言い表す≫ ▶**state** ㊍

- He clearly ***stated*** his opinion ***to*** them. V+O+*to*+名
  彼は自分の意見をはっきりと彼らに述べた.
- The witness ***stated*** positively [definitely] ***that*** he had seen the man enter the building. V+O (*that* 節)

証人はその男が建物に入るのを見たとはっきり陳述した.

- She didn't ***state whether*** she was married (or not). V+O (*whether* 節)
  彼女は結婚しているかどうか言わなかった.

≪気持ちを表現して≫ ▶**express** ㊔

- *Express* your feelings freely.
  あなたの感じていることを自由に表現しなさい.
- She ***expressed*** no such wish ***to*** me. V+O+*to*+名
  彼女はそんな願いを私には少しも言わなかった.
- I can't ***express*** (*to* you) ***how*** frightened I was at that time. V+O (*wh* 節)
  そのときどんなに怖かったか(あなたには)とてもことばでは言えない.

≪特に言及する≫ ▶**mention** ㊔

- Did he ***mention*** the accident ***to*** you? V+O+*to*+名
  彼はその事故のことを話しましたか.

✪ ×mention about [to] the accident とは言わない.

- He ***mentioned*** (***that***) he wanted to talk about something. V+O (*that* 節)
  彼は, 話し合いたいことがあると言っていた.
- We ***mentioned*** hav***ing*** gone there. V+O (動名)
  私たちはそこへ行ったことを話した.
- Did she ***mention when*** she'd seen him? V+O (*wh* 節)
  彼女は彼にいつ会ったか言ってた?
- As *mentioned* above, we need more volunteers.
  上述のようにもっと多くのボランティアが必要である.

≪意見を≫ ▶**observe** ㊔

✪ 以上の中で一番改まった語.

- He ***observed that*** the government should take the necessary measures immediately. V+O (*that* 節)
  政府は必要な手段を直ちに講じるべきだと彼は述べた.
- "It's getting warmer and warmer," she *observed*. V+O (引用節)
  「だんだん暖かくなってきましたね」と彼女は言った.

Ⓐ【研究者】***states that*** .... ⇒ TPL 20-7
【研究者】は…と述べている.
Ⓐ a report issued last September by the Japan Meteorological Agency regarding the extraordinary heat ***states that*** ... ⇒ TPL 20-1
この異常な暑さについて, 気象庁が昨年 9 月に発表した報告書には…と述べられている

のみ 〖-だけ〗

-のみ

≪ただ…だけ≫ ▶**only**

- I had *only* two dollars [two dollars *only*].
  たった 2 ドルしかなかった.
- I will tell *only* what I know.
  自分が知っていることだけを話そう.
- ***I only hope*** my daughter gets back safely.
  娘が無事に戻るのを祈るのみだ.

≪それだけ≫ ▶**alone**

✪ alone は名詞・代名詞の後にのみ置かれる.

- You *alone* are my hope.
  あなただけが私の希望です.
- Man cannot live on [by] bread *alone*.
  人はパンだけで生きるものではない《新約聖書のことば》.

-のみならず

≪…だけでなく～もまた≫ ▶**not only ... but (also) ～**

✪ not only A but (also) B では B が強調される. これを含む語句が主語になった場合は述語動詞の人称・数は普通は B に一致する.

✪ only の代わりに, just, merely, simply, alone などを用いたり, また also の代わりに too, as well などが用いられることがある.

- She is *not only* kind *but* (*also*) honest.
  彼女は親切なだけでなく正直だ.
- *Not only* I *but* (*also*) Kate *attends* his class.

私だけでなくケートも彼の授業に出ている.

≪…はもちろん～も同様≫ ▶～ **as well as ...**

✪ A as well as B では一般に A が強調される. A as well as B が主語になる場合, 述語動詞の人称･数は A に呼応する.

- He gave us clothes *as well as* food.
  彼は私たちに食べ物はもちろん着る物もくれた.
- You [He] *as well as* I *are* [*is*] wrong.
  私だけでなく君[彼]も間違っている.

> Ⓐ knowledge and skills that can ***only*** be acquired with lifelong practice and experience ⇒ TPL 21 ▸ Introduction 2
> 生涯を通した実践や経験によってのみ獲得できる知識やスキル

は

はいぞく

配属する 動

≪割り当てる≫ ▶**assign** 他

• She was ***assigned to*** the laboratory. V+O+to+名の受身
彼女は研究室勤務を命じられた.

Ⓑ ***I've been assigned to*** Sales and Marketing.
営業・マーケティング部に配属になりました.

はかる

測る

⇒そくてい(測定)

はじまる・はじめる

始まる・始める

⇒スタート

はっけん 〘見つける〙

発見する 動

▶**discover** 他

• Radium *was discovered* by Madame Curie. V+O の受身
ラジウムはキュリー夫人によって発見された.

≪見つける≫ ▶**find** 他

✪ 一般的な語.

• The boy *was found* dead [injur*ed*] in the woods. V+O+C (形[過分])の受身
少年は森の中で死んで[けがをして]いるのを発見された.

• The doctor ***found that*** the patient had stomach cancer. V+O (*that* 節)
医者は患者が胃癌(がん)になっているのを発見した.

発見 名

▶discovery U

✪ 具体的な発見物の意では C.

- Madame Curie's ***discovery of*** radium
  = the ***discovery of*** radium ***by*** Madame Curie
  キュリー夫人のラジウム発見
- make an important scientific *discovery*
  科学上の重要な発見をする

Ⓐ【研究者】***discovered ...***
【研究者】は…を発見した

Ⓐ【研究者】***found ...***
【研究者】は…を発見した

✪ 文体のスリム化(⇒かくにん ✪).

Ⓐ【研究者】***conducted research on ... and found that ～***
【研究者】は…の研究を行い～を発見した

Ⓐ he ***found*** major mathematical ***errors*** in the calculations ⇒ TPL 20-10
彼はその計算に大きな数学的誤りを見つけた

はっそう 〘送る; 出荷〙

発送する 動

▶send (off) 他

- She *sent* a book by mail.
  彼女は郵便で本を送った.
- I *sent off* all the letters this morning.
  私はけさ手紙を全部出した.

≪大量の荷物を送る≫ **▶ship** 他

Ⓑ Please ***ship*** by air directly ***to*** our customer below. ⇒ TPL 7
下記の顧客へ航空便で直接発送してください.

Ⓑ ***This will be sent next week.***
これは来週発送されます.

Ⓑ Please let me know ***how soon you can ship my order***.
私の注文品をどのくらいで発送できるか教えてください.

Ⓑ ***We shipped your order to*** the customer on July 5, and it should arrive within 10 days. ⇒ TPL 9
ご注文の商品は 7 月 5 日にお客様に発送し, 10 日以内に到着する予定です.

はってん

発展する・させる 動

▶**develop** 自 他

• Japan ***developed into*** a major economic power after World War II. V+*into*+名
日本は第二次大戦後経済大国へと発展した.

• Tom ***developed*** his father's business ***from*** a little shop ***into*** a large department store. V+O+*from*+名+*into*+名
トムは父の事業を小さな店から大百貨店へと発展させた.

発展 名

▶**development** Ⓤ

• economic *development*
経済発展

発展途上国

▶**developing country [nation]** Ⓒ (⇔developed country [nation])

Ⓑ ***Wishing your company continued success and prosperity in the future.***
貴社のますますのご発展とご清栄をお祈り申し上げます.

はつばい 〖売り出す; 売る〗

発売する 動

≪売りに出す≫ ▶**put ... on sale**

• This weekly magazine *is put on sale* every Wednesday.
この週刊誌は毎週水曜日に発売される.

≪売られている≫ ▶**be on sale [the market]**

• His new novel will *be on sale* next week.
彼の新しい小説は来週発売される.

≪売る≫ ▶**sell** ㊀

≪新製品などを出す≫ ▶**release; launch** ㊀

• *release* a new single
ニュー シングルを発売する

発売 名

≪売ること≫ ▶**sale** Ⓒ

> Ⓑ ***We are planning to launch*** [***release***] ***this product next year***, barring any unforeseen problems.
> 予期せぬ問題が発生しない限り, この製品は来年発売される予定です.
>
> Ⓑ This is the first time we have redesigned the product ***since it was put on the market*** 7 years ago.
> 今回は 7 年前の発売以来初めてのモデルチェンジとなります.

は

はやい

早い 形

≪時間的に≫ ▶**early** (⇔late)

• The bus was five minutes *early*.
バスは 5 分早く到着した.

• She was ***early*** (***in***) com***ing*** back from the party. +(*in*+)動名
彼女はパーティーから戻るのが早かった.

• It's still too *early* to get up.
まだ起きるには早すぎる.

早く 副

▶**early; soon**

• They started *early* in the morning.
彼らは朝早く出発した.

• How *early* do you leave home tomorrow morning?
明日の朝はどのくらい早く家を出るの.

- It's too *soon* to say so.
  そう言うのは時期尚早だ.
- He came half an hour too *soon*.
  彼は来るのが 30 分ばかり早すぎた.
- *The sooner* you finish your homework, *the sooner* you can go out and play.
  宿題を早く終えればそれだけ早く遊びに行けますよ.
- She came *sooner* than I (had) expected.
  彼女は思ったよりも早くやって来た.
- Please ask John to call me ***as soon as possible*** [he ***can***].
  できるだけ早く私に電話するようにジョンに言ってください.
- The *sooner*, the better.
  早ければ早いほどよい.

早い話が

≪要するに≫ ▶**in short**

- *In short*, we need some money.
  要するに私たちはお金が少々必要だ.

Ⓑ ***Please reply at your earliest convenience.***
(ご都合のつく限り)できるだけ早く返信してください.

Ⓑ ***Please get back to me as soon as possible.***
できるだけ早く返答してください.

Ⓑ We need to ***get*** our shipment of sprockets ***sooner***. ⇒ TPL 16
今回のスプロケットの配送を早めていただく必要があります.

Ⓑ ***How soon can you get our order to us?*** ⇒ TPL 16
注文品はどのくらい早く(最短でいつごろ)届けていただけますか.

Ⓑ I've talked with them about placing orders ***earlier*** in the future so we can avoid the surcharge. ⇒ TPL 10
追加料金がかからないよう今後は早めに注文するように話しました.

はらいもどす 〖返金〗

払い戻す

▶**pay back; refund** ㊀

✪ pay back は広い意味の一般的な語で, 借りを返すのにも使う. 後者は税金の払い過ぎや商品などに満足がいかなかったときの「払い戻し」に当たる格式ばった語.

- They *refunded* us the money. V+O+O
  = They ***refunded*** the money ***to*** us. V+O+*to*+名
  彼らは私たちに金を払い戻した.
- We had our money *refunded*.
  私たちは金を払い戻してもらった.

は

バランス 〖平衡; つり合い; 均衡; 調和〗

バランス ㊔

≪体の平衡·つり合い≫ ▶**balance** Ⓤ

✪ a ～ となることがある.

- You need a good sense of *balance* to ski.
  スキーをするにはよいバランス感覚がいる.
- ***keep*** one's ***balance***
  体の平衡を保つ
- ***lose*** one's ***balance***
  体の平衡を失う
- ***recover*** one's ***balance***
  体勢を立て直す
- *a* good nutritional *balance*
  よい栄養バランス
- *a* good ***balance of*** work and play
  仕事と遊びのほどよいつり合い
- come to *a balance*
  つり合いがとれる

• preserve the ***balance of*** power ***between*** the two countries
両国間の力の均衡を保つ

• upset [alter] the *balance*
バランスを崩す

≪全体の中の部分どうしの調和≫ ▶**proportion** Ⓤ

✪ 具体的には Ⓒ. しばしば複数形で.

• keep [lose] a sense of *proportion*
バランス感覚を保つ[失う]

• The mutual *proportions* of the rooms in this house are very good.
この家の間取りは互いにつり合いがよくとれている.

バランスのとれた 形

▶**well-balanced**

• a *well-balanced* diet
バランスのとれた食事

> Ⓐ Participants were randomly divided into experimental and control groups while ***keeping a relatively balanced sex ratio***. ⇒ **TPL 21 ▸ Methods 1**
> 男女比のバランスを相応に保ちながら, 参加者は実験群と対照群に無作為に分けられた.

はんい 〘幅〙

範囲

≪何かが及ぶ範囲≫ ▶**range** Ⓒ

✪ 最も一般的な語.

• the age ***range from*** 15 ***to*** 20
15 歳から 20 歳までの年齢の幅

• There is a wide price ***range for*** cameras.
カメラには高いものから安いものまでかなり幅がある.

• She has a ***wide range of*** interests.
彼女の趣味は幅広い.

• be ***within the range of*** expectations

予想の範囲内である
- The problem is ***out of** my **range***.
その問題は私の専門外のことです[私の手に負えません].
- It is ***beyond the range of*** human understanding.
それは人知の及ばぬことだ.

≪知識·活動などの≫ ▶**scope** Ⓤ
- We have to broaden [widen] the ***scope of*** our research.
研究の範囲を広げねばならない.
- That is ***outside the scope of*** this study.
それはこの研究の範囲外だ.
- ***beyond*** [***within***] ***the scope of*** one's power
自分の能力の及ばない[及ぶ]ところに

> Ⓐ the cognitive functions of these participants, ***ranging from*** ages 16-85 ⇒ **TPL 21 ▶ Methods 1**
> 16 歳から 85 歳までの参加者の認知機能

は

はんたい 〖逆〗〖異議〗

反対する 動

≪意見·考えなどに逆らう≫ ▶**oppose** 他
- We fiercely [bitterly] *opposed* his plan.
我々は彼の計画に猛反対した.
- I ***oppose*** chang***ing*** the plan. V+O (動名)
計画の変更には反対です.

✪ ×oppose to とは言わない.

≪異議を唱える≫ ▶**object** 自 他
- Most of the local people ***objected*** strongly ***to*** the new airport. V+*to*+名
地元民の大半は新空港の建設に強く反対した.
- He ***objected to*** my [me] go***ing*** there alone. V+*to*+動名
彼は私が一人でそこへ行くことに反対した.
- I strongly ***object to*** be***ing*** treated unfairly.
不公平な扱いに対しては断固反対する.

• They all ***objected that*** he was unfit for the post. V+O (*that* 節)
彼らはみな彼がその地位に不適任であると言って反対した.

≪反対している≫ ▶**be opposed to ...**

• Public opinion *is* strongly *opposed to* this policy.
世論はこの政策に強く反対している.

反対 名

≪逆らうこと≫ ▶**opposition** Ⓤ

• The plan met (with) strong ***opposition from*** residents.
計画は住民の強硬な反対にあった.

≪異議を唱えること≫ ▶**objection** Ⓒ

• I ***have no objection to*** your plan.
私はあなたの計画に異存はありません.

• They ***made*** [***raised, voiced***] an ***objection to*** our proposal.
彼らは我々の提案に反対した.

• He *made* no *objection to* visit*ing* Kenya.
彼はケニアを訪れることに反対を唱えなかった.

• Bill was made chair ***over the*** (strong) ***objections of*** some members.
ビルはメンバーの何人かの(強い)反対にもかかわらず議長になった.

≪正反対･逆≫ ▶**opposite** Ⓒ

• That is just the ***opposite of*** what I thought.
それは私の考えたこととまるで逆だ.

• It isn't easy, it's just [quite] the *opposite*.
それは容易ではない, 全くその逆だ.

≪強く対立するもの≫ ▶**the contrary**

• *The contrary* of 'high' is 'low'.
「高い」の反対は「低い」だ.

≪反対のほう≫ ▶**the other way**

• I went *the other way* by mistake.
私は間違えて反対のほうへ行ってしまった.

≪反対側≫ ▶**the other side**

• We cannot see *the other side* of the moon.

は

月の反対側は見ることができない.

反対の ㊊

≪正反対・逆の≫ ▶**opposite**

- the *opposite* result
  反対の結果
- 'High' and 'low' have *opposite* meanings.
  「高い」と「低い」は反対の意味を持つ.
- move in the *opposite* direction
  反対方向に動く
- They sat at *opposite* ends of the table (*to* [*from*] each other).
  彼らはお互いにテーブルの反対側の端に座った.

≪強く対立した≫ ▶**contrary**

- *contrary* views
  正反対の見方
- What you say is *contrary to* the facts.
  あなたの言っていることは事実と反対だ.

…に反対して ㊪

▶**against ...**

- Are you *against* it?
  反対ですか.

Ⓐ Cars are more convenient than trains, but, ***on the other hand***, they produce more pollution.
車は列車よりも便利だが, 他方(大気)汚染を作り出す度合いが列車より大きい.

Ⓐ ***This is contrary to previous studies that ....***
これは…という先行研究とは反対(の結果)である.

Ⓐ the researchers ***opposing*** the hockey stick theory ⇒ TPL 20-4
ホッケースティック理論に反対する研究者

はんばい 〖売る〗

販売 ㊔

▶**sale** Ⓤ

✪ 具体的には Ⓒ. 名詞の前に付けて「販売の」という意味のときは複数形で用いられる.

- this month's *sales* figures
  今月の販売数
- the ***sale of*** illegal drugs
  不法薬物の販売
- ***make*** a ***sale***
  販売をする
- an ***illegal sale***
  違法販売
- ***ban*** the ***sale*** *of* ...
  …の販売を禁止する
- ***approve*** a ***sale***
  販売を認可する
- ***close*** a ***sale***
  販売契約をまとめる
- It is ***on sale*** at bookstores.
  それは書店で販売されている.
- We have discontinued *sales of* the article.
  その品の販売は中止しました.

販売する ㊍

≪売っている≫ ▶**sell** ㊀

- That store *sells* candy. = They *sell* candy at [in] that store.
  あの店は菓子を売っている.

販売員[係]

≪男性の≫ ▶**salesman** Ⓒ

≪女性の≫ ▶**saleswoman** Ⓒ

≪男女両方に用いて≫ ▶**salesperson** 《㊋ **salespeople**》; **sales representative** Ⓒ

販売価格

▶**selling price** Ⓒ

販売高

≪売り上げ≫ ▶**sales**

✪ 普通複数形で.

- *achieve* record *sales*
  記録的な売り上げを達成する
- *boost* [*double*] *sales*
  売り上げを増加させる[2倍にする]
- *sales increase* [*rise*]
  売り上げが伸びる
- *sales fall* [*drop*]
  売り上げが落ちる

販売網

▶**sales [retail] network** Ⓒ

✪ retail は「小売り」の意.

Ⓑ We're a women's wear ***dealer*** in Tokyo.
弊社は東京で婦人服の販売業をしております.

Ⓑ Our company would like to ***distribute*** your products in Japan.
弊社は貴社の製品を日本で販売したいと考えております.

Ⓑ ***We only sell*** beans ***by*** the full bag, which weighs 60 to 69 kg. ⇒ TPL 4
豆は60kgから69kgの袋単位でのみ販売しております.

Ⓑ ***expand the sales network***
販売網を拡大する

Ⓑ In the interest of ***growing*** our ***sales***, we plan to open a branch in Canada.
弊社は販売を伸ばすためにカナダに支店を開設する予定です.

Ⓑ During this ***sales promotion*** we are offering new customers 10% off on their first order.
この販売促進期間中, 新規のお客様には初回ご注文時に10%の割引をさせていただきます.

はんめい

判明

⇒わかる(分かる)

ひ

ひかく 〘比べる〙

比較 名

▶**comparison** Ⓤ

✪ 具体的には Ⓒ.

- a ***comparison of*** gold ***and*** [***with***] silver
  = a ***comparison between*** gold ***and*** silver
  金と銀の比較
- ***make*** [***draw***] a ***comparison***
  比較する
- There is no *comparison between* this and that.
  それとこれとは比較にならない.
- The problems we have are, *by comparison*, nothing.
  それに比べれば私たちのかかえる問題なんてとるに足りないものだ.

比較する 動

▶**compare** 他

- *Compare* the two pictures and tell me which you like better.
  その 2 枚の絵を比較してどちらが好きか言ってください.
- I ***compared*** the copy ***with*** [***and***] the original. V+O+*with* [*and*]+名
  私は写しを元のものと比較してみた.

比較的 副

▶**comparatively**

- I found the task *comparatively* easy.
  その仕事は割合(に)やさしかった.

…と比較すると 前

▶**in [by] comparison with [to] ...**

- *In comparison with* Mt. Everest, Mont Blanc is not so high.
  エベレスト山と比較するとモンブランはそんなに高くない.

▶**(as) compared with [to] ...**

• The US is large *compared with* [*to*] Japan.
日本と比較すると, アメリカ合衆国は広い.

Ⓐ We ***compared A with B.***
A を B と比較した.

Ⓐ the obtained rankings were classified and ***compared*** by age ⇒ TPL 21 ▶ Methods 3
得られたランキングを年齢別に分類して比較した

Ⓐ This executive effect showed the highest correlation with age, ***compared to*** the other two effects. ⇒ TPL 21 ▶ Results 2
この実行効果は, 他の 2 つの効果に比べ, 年齢との相関が最も高いことが示された.

ひきうける

引き受ける

≪仕事･責任を≫ ▶**take on** ㊀

• I don't want to *take on* any extra work.
余分な仕事は一切引き受けたくない.

≪難しい仕事･役目を≫ ▶**undertake** ㊀

• Did he *undertake* the mission?
彼はその役目を引き受けましたか.

• Nobody would ***undertake to*** discuss debts with the company president. V+O (*to* 不定詞)
負債について社長と話し合おうとするものはだれもいなかった.

Ⓑ ***We're glad you have agreed to be*** our website checkout service provider and look forward to working with you.
弊社のウェブ決済サービス業者をお引き受けいただきありがとうございます. 今後ともよろしくお願いいたします.

Ⓑ ***I have decided to accept the position of*** outside director on your company board of directors.
このたび貴社の取締役会において社外取締役をお引き受けすることになりました.

ひきたて

引き立て

⇒あいこ(愛顧)

ひきつぐ

引き継ぐ

⇒こうにん(後任)

ひけんしゃ

被験者

≪実験材料となる人≫ ▶**subject** Ⓒ

≪試験される人≫ ▶**examinee** Ⓒ

Ⓐ ***subjects were asked to*** take the formal test ... ⇒ TPL 21 ▶ Methods 2
被験者に正式なテストを受けさせ…

ひつよう 〖-べき〗

必要な 形

▶**necessary**

- make the *necessary* arrangements
  必要な準備をする
- ***It is necessary to*** take immediate action.
  すぐに行動を起こす必要がある.
- Food is ***necessary for*** life. +*for*+名
  食べ物は生きるために必要である.
- ***It is necessary for*** you ***to*** go there at once.
  = ***It is necessary that*** you (*should*) *go* there at once.
  君がすぐそこへ行くことが必要だ.

✪ that 節中の should または仮定法現在 (⇒いらい ✪).

✪ ×You are necessary to go there at once. のように人を表わす語を主語にはできない.

• He was lacking in the instincts ***necessary to*** a politician. +*to*+名
彼は政治家に必要な素質に欠けていた.

• I'll go with you ***if necessary***.
もし必要ならば, あなたといっしょに行くよ.

• I use my car only when absolutely *necessary*.
私はどうしても必要な場合だけ車を使っている.

必要とする・必要がある 動

▶need ㊎

• I (badly) *need* your help.
(どうしても)あなたの援助が必要です.

• Some additional examples *are needed*. V+O の受身
もう少し実例が必要だ.

• She looks tired. She may ***need to*** rest for a while. V+O(*to* 不定詞)
彼女は疲れているみたいだ. 少し休む必要があるのかもしれない.

• This house ***needs*** paint***ing***. V+O (動名)
=This house *needs to* be painted.
この家はペンキを塗る必要がある.

• You'll ***need to*** study harder if you want to pass the test. V+O(*to* 不定詞)
試験に合格したいならもっと真剣に勉強する必要があるだろう.

必要がない

▶don't need to *do*; don't have to *do*; needn't [need not]

• You *don't*「*need to* [*have to*] reply to this letter.
この手紙に返事を出す必要はない.

• You *didn't*「*have to* [*need to*] apologize.
あなたは謝る必要はなかったのだ.

✪ この表現は, 謝る必要がなく, 実際に謝らなかった場合に用いる.

• You *needn't* [*need not*] have apologized.
あなたは謝る必要はなかったのに.

✪ need not の後に have+過去分詞の完了形を伴った場合は「あなたは謝ったが, その必要はなかったのに」の意味となる.

必要 名

▶need Ⓤ

✪ a ～ となることがある.

- There's an urgent ***need for*** more teachers.
  緊急に教員を増やす必要がある.
- I feel a ***need to*** think it over. +to 不定詞
  それについてよく考えてみる必要がありそうだ.
- There is no ***need for*** you ***to*** stay here.
  あなたがここにとどまっている必要はない.
- when [as, if] the *need* arises
  必要があれば

✪ その他 should, must, have to, have got to, need などの助動詞を使って「…すべきだ」「…しなければならない」という意味で必要を表すことがしばしばある.

必要経費

▶necessary expenses

✪ 通例複数形で.

Ⓐ ***We need to*** *do*.
…する必要がある.

Ⓐ Further research ***needs to be done in order to*** understand ....
…を理解するためにさらなる研究を行う必要がある.

Ⓐ ***It is necessary*** at this point ***to*** explain .... ⇒ TPL 20-9
ここで…を説明しておく必要がある.

Ⓑ Is a certified check ***absolutely necessary*** to make payment?
支払いに保証付き小切手は絶対に必要ですか.

Ⓑ ***We need to reply to our customer soon*** about the kinds of coffee available.
入手可能なコーヒーの種類についてすぐに顧客に回答する必要があります.

Ⓑ ***if necessary*** [***needed***]
必要に応じて

ひはん 〖批評; 非難〗

批判 名

▶criticism U

- deserve *criticism*
  批判に値する
- react [respond] to *criticism*
  批判に応える
- level *criticism* (at ...)
  (…に)批判を浴びせる
- be beyond [above] *criticism*
  批判[非難]の余地がない
- arouse [provoke] *criticism*
  批判を招く
- He expressed (his) sharp *criticism* of that plan.
  彼はその計画に痛烈な批判を加えた.
- His conduct drew [attracted] strong [harsh] *criticism*.
  彼の行ないは猛烈な非難を招いた.
- He doesn't take any *criticism* from anyone.
  彼は他人の批判を全く受け入れない.

批判的な 形

▶critical

- *critical* remarks
  批判的なことば
- He is ***critical of*** the present government. +*of*+名
  彼は今の政府に対して批判的だ.
- *critical* thinking
  批判的思考《客観的・分析的な思考》

批判する 動

▶criticize 他

- He *was* ***criticized for*** carelessness [be***ing*** careless]. V+O+*for*+名[動名]の

ひ

受身

彼は不注意だと批判[非難]された.

Ⓐ These scientists have often ***been severely attacked as*** "heretics" and "naysayers" by the believers in humanmade global warming. ⇒ TPL 20-4

このような科学者は, 地球温暖化人為説を信奉する人たちから, しばしば「異端者」「否定派」として厳しく攻撃されてきた.

Ⓐ ***In criticism of*** such an attitude, ⇒ TPL 20-4

このような姿勢を批判して

ひょう 〖図表; リスト〗

表 名

≪項目を並べた目録≫ ▶**list** Ⓒ

• My name headed the *list*.
私の名前は表の最初にあった.

• That article 「is not [has not been put] *on* this *list*.
その品物はこの表には載っていない.

≪縦横の仕切りなどを施して見やすくした一覧表≫ ▶**table** Ⓒ

• a ***table of*** contents
内容の一覧表, 目次

• Arrange the data in *tables*.
資料を表にしてください.

• The results are shown in a *table*.
その結果は表にしてある.

表に載せる 動

▶**list** 他

• Have you *listed* all the names?
全部の名前を表にしましたか.

✪ 日本語の「リストアップ」は和製英語で, 英語では単に list でよい.

• That article *is* not *listed* here.
その品物はこの表には載っていない.

時刻表

▶**timetable** Ⓒ

• read a *timetable*
時刻表を見る

> Ⓐ ***table 1 shows*** [***indicates***, ***reveals***, ***presents***] ...
> 表 1 は…を示している
>
> Ⓐ The extended data ***is presented in Table 4*** and Figure 3, including **....** ⇒ TPL 21 ▸ Results 1
> 拡張データは…を含めて表 4 と図 3 に示した.
>
> Ⓐ ***We present*** our complete modeling results ***in Table 5***. ⇒ TPL 21 ▸ Results 1
> 表 5 にモデル化した結果のすべてを示す.
>
> Ⓐ ***Table 3 summarizes*** this outcome. ⇒ TPL 21 ▸ Results 3
> 表 3 はこの結果をまとめたものである.

ひょうか 〖見積もる〗

評価する 動

≪価値を判断する≫ ▶**evaluate** 他

• How do you *evaluate* his ability?
彼の能力をどう評価しますか.

• It is difficult to *evaluate* works of art.
芸術作品を評価するのは難しい.

• The teachers *evaluate* the pupils by giving [assigning] marks [grades].
先生は生徒を点数で評価する.

≪見積もる≫ ▶**estimate** 他

• We ***estimated*** his losses ***at*** $1000. V+O+*at*+名
= We ***estimated that*** his losses were $1000. V+O (*that* 節)
我々は彼の損害を 1 千ドルと見積もった.

• It *is* ***estimated that*** the number of victims was over ten thousand. V+O (*that* 節)の受身

犠牲者数は 1 万人以上とみられる.

• I ***estimated*** the room ***to*** be 20 feet long. V+O+C (*to* 不定詞)

私はその部屋は奥行き 20 フィートと見た.

• She is highly *estimated* within the group.

彼女はそのグループでは高く評価されている.

≪金銭上の評価をする≫ ▶**value** ㊀

✪ 普通は受身で.

• The land *was valued at* $30,000.

その土地は 3 万ドルと評価された.

評価 名

≪価値を判断すること≫ ▶**evaluation** U

✪ 具体的には C.

• a fair *evaluation*

公平な評価

• ***make*** [***carry out***] an ***evaluation of*** ...

…を評価する

≪見積もること≫ ▶**estimation** U

• go up [down] in ...'s *estimation*

…の評価が上がる[下がる]

> Ⓐ a self-rating questionnaire which was designed to ***evaluate*** and assess health status and attentional flexibility ⇒ TPL 21 ▸ Methods 2
> 健康状態と注意の柔軟性を評価・査定するための自己評価アンケート

ひらく

開く

⇒かいさい(開催); かいせつ(開設)

びんかん

敏感な 形

▶**sensitive**

- Dogs are ***sensitive to*** smell. +*to*+名
  犬はにおいに敏感である.
- Employers must be more *sensitive to* the problems of women.
  雇用者たちは女性の抱える問題にもっと気を配らなければならない.

> Ⓑ You need to understand that Japanese consumers ***are*** very ***sensitive to*** quality. ⇒ **TPL 5**
> 日本の消費者は品質に非常に敏感であることをご理解ください.

ひんしつ 〖質〗

品質

▶**quality** Ⓤ

✪ 具体的には Ⓒ.

- goods of good [high, poor, low] *quality*
  質のよい[高い, 悪い, 落ちる]品物
- in *quality*
  (品)質的な[に], 質の(点で)
- This chocolate is high in *quality*.
  =This is high-*quality* chocolate.
  このチョコレートは品質がよい.
- *Quality* Guaranteed
  品質保証

> Ⓑ ***I am impressed by the high quality of your product.*** ⇒ **TPL 3**
> 貴社製品の品質の高さに感心しています.
> Ⓑ ***We are proud of the quality*** and variety of our beans. ⇒ **TPL 4**
> 私たちは弊社の豆の品質と種類の多さを誇りに思っています.
> Ⓑ We can help you find beans at a price you can afford ***at a quality you can accept***. ⇒ **TPL 4**
> 弊社は納得のいく品質で手頃な価格の豆を探すお手伝いをいたします.

ふ

ふ 〖マイナス〗

負の 形

≪マイナスの≫ ▶**minus** A (⇔plus)

- a *minus* quantity
  負数《ゼロより小さい数》
- a *minus* factor
  マイナスの要因

≪数学などで≫ ▶**negative** (⇔positive)

- a *negative* quantity
  負数, 負量

> Ⓐ A is associated ***negatively*** with B. ⇒ TPL 21 ▶ Results 2
> A は B と負の相関にある.

ファイル 名

▶**file** C

- a back *file* of *The New York Times*
  「ニューヨークタイムズ」のバックナンバーのファイル
- access a data *file*
  (パソコンなどの)データファイルにアクセスする
- open [close] a *file*
  ファイルを開く[閉じる]
- create [copy, save, delete] a *file*
  ファイルを作成[コピー, 保存, 削除]する

ファイルする 動

▶**file (away)** 他

- Will you *file* (*away*) these papers?
  これらの書類をファイルしてくれませんか.

ファイル名

▶**file name** Ⓒ

Ⓑ ***I received the files you sent.***
お送りいただいたファイルを受け取りました.

Ⓑ I'm sorry, ***I sent you the wrong file.*** Please replace it with this one.
申し訳ありません. 間違ったファイルを送ってしまいました. こちらのファイルに差し替えてください.

ふえる

増える

⇒ぞうか(増加)

ふくむ 〘入る; 包含〙

含む

≪全体の一部として含む≫ ▶**include** ㊀ (⇔exclude)

- This class *includes* eighteen girls.
  このクラスには女子は 18 人います.
- The lunch *includes* ice cream and coffee.
  昼食にはアイスクリームとコーヒーが含まれている.
- You should ***include*** this book ***on*** the list. V+O+前+名
  この本をリストに入れたほうがいい.
- Tax *is* ***included in*** the bill. V+O+前+名の受身
  請求書は税込みだ.
- Her job ***includes*** coordinat***ing*** the work of the staff. V+O (動名)
  彼女の仕事には職場のスタッフの仕事の調整も含まれている.

≪成分として含む≫ ▶**contain** ㊀

- This wine *contains* 14 percent alcohol.
  このワインはアルコールを 14 パーセント含んでいる.

≪分かれているもの全部を含む≫ ▶**comprise** ㊀

- The Ryukyus *comprise* 73 islands.
  琉球諸島は 73 の島を含む[から成る].

≪見出される≫ ▶**be found**

• Caffeine *is found* in coffee and tea.
カフェインはコーヒーやお茶に含まれている.

Ⓐ ... ***were included in*** ～.
～に…を含めた.

Ⓐ ***we included*** variables from the conditions presented in Table 3 as controls in the model ⇒ TPL 21 ▸ Methods 3
表 3 に示した条件からの変数をモデル中の対照群として含めた

Ⓑ ***The price does not include shipping.***
価格には送料が含まれておりません.

Ⓑ This price ***includes*** service charges.
この料金はサービス料を含んでいる.

ふざい 〖留守；外出〗

ふ

不在である 動

≪家の外にいる≫ ▶**be not at home; be out; be not in**

• I'm sorry. Mary *isn't at home.*
すみません, メアリーは不在です.

• Mother *is out* shopping.
母は買い物に行って留守です.

• He *won't be in* until seven o'clock.
彼は 7 時までは戻らない.

≪出かけて≫ ▶**be away (from ...; in ...)**

✪ 遠い所へ長期間行って不在の場合に用い, ちょっとした外出には out を用いる.

• He *was away* on a trip.
彼は旅行で不在だった.

• The family will *be away* during the summer.
夏にはその一家は留守になります.

不在 名

▶**absence** Ⓤ

✪ 具体的な場合･期間を指すときは Ⓒ.

• Meg called you ***during*** [***in***] your ***absence***.
君の留守中にメグから電話があった.

• Mr. White is in charge of the business ***in the absence of*** the manager.
支配人が不在のときはホワイト氏が業務を管理する.

• ***After an absence of*** ten months he returned home.
10 か月ぶりで彼は帰国[帰郷]した.

不在の 形

▶absent

• be *absent* on business
商用で留守である

• be ***absent from*** home +*from*+名
留守にしている

> Ⓑ I'll be on a business trip to our factories overseas and ***won't be available***.
> 海外の工場へ出張するため不在になります.
>
> Ⓑ ***I will be*** 「***out of*** [***away from***] ***the office*** during the second week of February.
> 2 月第 2 週はオフィスを不在にします.
>
> Ⓑ ***While I'm away*** I'll be checking my email every day.
> 不在の間は毎日メールチェックをします.

ぶじ 〖安全〗

無事な 形

≪安全な≫ **▶safe**

• their *safe* return
彼らの無事な帰還

• The boat *came safe* to port.
ボートは無事に港に着いた《safe は補語の働き》.

≪大丈夫で≫ **▶all right** Ⓟ

✪ 口語的. 広い意味の言葉なので, 何にでも使える代わりに意味があいまいでもある.

ふ

• He's *all right*.
彼は無事だ.

無事に 副

≪安全に≫ ▶**safely**

• She got [came] home *safely*.
彼女は無事に帰宅した.

≪首尾よく≫ ▶**successfully**

• They *successfully* achieved their objectives.
彼らは首尾よく目的を達した.

無事 名

▶**safety** U

• The boat crossed the sea ***in safety***.
船は無事に海を渡った.

> B I hope you'll ***carry out*** [***complete***] your ***project successfully.***
> 無事に務めを果たされるように望みます.
>
> B This is just to let you know we have ***arrived safely*** despite the difficulty in finding dependable transportation.
> 信頼できる交通手段の確保が難しい中でしたが, 無事に到着したことをお知らせします.

ふそく 〖足りない; 不十分; 欠乏〗

不足 名

≪欠乏≫ ▶**lack** U

✪ または a ～.

• ***lack of*** food [sleep]
食糧[睡眠]不足

• *lack of* study [work]
勉強不足

• He failed because of a *lack of* effort [experience].
彼は努力[経験]が足りないので失敗した.

• A *lack of* rain caused the poor harvest.

雨不足で凶作となった.

- The flowers died ***for*** [***through***] ***lack of*** water.
  花は水がなくて枯れた.

≪重大な欠乏≫ ▶**want** Ⓤ

- suffer from ***want of*** water [sleep]
  水[睡眠]不足に苦しむ

≪通常のものの欠乏≫ ▶**shortage** Ⓒ

- a food *shortage* = a ***shortage of*** food
  食糧不足
- a labor *shortage*
  人手不足

≪本質的な物の欠乏・欠陥≫ ▶《格式》**deficiency** Ⓤ

✪ 具体的には Ⓒ.

- a ***deficiency of*** vitamin C
  ビタミン C の不足
- She made up for her ***deficiencies in*** talent by practice.
  彼女は才能不足を練習で補った.

≪不十分なこと≫ ▶《格式》**insufficiency** Ⓤ

✪ または an ～.

- an ***insufficiency of*** proof
  証拠不十分

≪特に金額の≫ ▶**deficit** Ⓒ

- a budget [trade] *deficit*
  財政[貿易]赤字
- a ***deficit of*** $5 million = a $5 million *deficit*
  500 万ドルの赤字

不足した 形

▶**short**

- We***'re short of*** money [food].
  私たちは金[食べ物]が不足している.
- Hurry up! Time is *short*.

急いで. 時間がないんだから.
- I'm 5 dollars *short*.
5 ドル足りない.
- He's clever, but ***short on*** kindness.
彼は賢いが優しさに欠けている.
- I'm afraid the change is「¥100 *short* [*short* by ¥100; *short* ¥100].
おつりが 100 円不足です.
- be in *short* supply
供給がなくて不足している

≪不十分な≫ ▶**insufficient**
- *insufficient* funds *for* the new business
新規事業への不十分な資金
- The money was ***insufficient to*** pay everyone. +*to* 不定詞
全員に支払うには金が不足だった.

≪豊富なものが一時的に不足で≫ ▶**scarce**
- In the old days, fresh vegetables were *scarce* in the winter.
昔は冬には新鮮な野菜が不足した.

…不足の 接頭

▶**under-** (⇔over-)
- *under*production
生産不足

不足する 動

≪必要なものが不足する≫ ▶**lack** 他
- *lack* confidence
自信を欠く
- The girl *lacked* musical ability.
少女は音楽の才能に欠けていた.

≪足りなくなる≫ ▶**run short** 自
- Our stock of food is *running short*.
食糧の在庫が底をつきそうだ.
- We're *running short of* food [money].

食べ物[金]がなくなってきた.

≪足りない≫ ▶**want** ㊀

- In many poor countries, people still *want* basic food.
  多くの貧しい国々ではまだ基本的な食糧が不足している.

> Ⓐ ... ***is insufficient to explain*** ～.
> …は～を解明するには不十分だ.
>
> Ⓐ ***lack of*** evidence
> 証拠の欠如
>
> Ⓐ These studies ***lack*** a clear explanation of ....
> これらの研究には…に関する明確な説明が欠けている.
>
> Ⓐ There has been ***little research*** on ....
> …について研究はほとんど行われてこなかった.
>
> Ⓐ ***Little attention*** has been given to ....
> …にはほとんど注意が向けられなかった.
>
> Ⓐ ***No*** attempt ***has been made to*** test ....
> …を調査するための試みはこれまでなされてこなかった.

ふたん 〘重荷〙

負担 名

≪精神的[義務などの]重荷≫ ▶**burden; load** Ⓒ

- bear [carry] a *burden*
  重荷に耐える[を背負う]
- I don't want to be a *burden to* [*on*] you.
  あなたの負担になりたくない.
- The people groaned under the tax *burden*.
  国民は税負担に苦しんだ.
- a heavy [difficult] *load* to bear
  耐えがたい重荷
- a heavy [light] *load*
  重い[軽い]仕事量
- The news ***took a load off*** his ***mind***.

ふ

その知らせを聞いて彼はほっと安心した.

負担する 動

≪金を払う≫ ▶**pay** 他 自

> Ⓑ Please understand that you ***bear the cost of*** any customization.
> カスタマイズの費用はお客様のご負担となりますのでご了承ください.
>
> Ⓑ ***We will cover the cost of postage.***
> 送料は弊社で負担いたします.
>
> Ⓑ You may return any item within two weeks and we will ***pay the shipping charges***.
> 2 週間以内であれば送料弊社負担で返品を承ります.

ふべん

不便な 形

≪場所・時刻などが便利でない≫ ▶**inconvenient**

- I live in an *inconvenient* place [location].
  私は不便な所に住んでいる.

≪物が扱いにくい≫ ▶**not handy**

- The pack is *not handy* to carry about.
  その包みは持ち運びに不便だ.

不便さ 名

▶**inconvenience** U

✪「不便なこと」を表す場合は C.

- put ... to *inconvenience*
  …に不便をかける
- We *suffered great inconvenience* from the accident.
  事故でたいへん不便な思いをした.
- put up with the *inconvenience* of not having a car
  車がない不便さを我慢する

> Ⓑ ***I apologize for any inconvenience this has caused.***
> このたびはご不便をおかけしましたこと, お詫び申し上げます.

ふめい

不明な 形

《はっきりしない》 ▶**not clear**

- It was *not clear* what he meant to say.
  彼が言おうとしていることがはっきりしなかった.

《意味などがあいまいな》 ▶**obscure**

- for some *obscure* reason
  何かはっきりしない理由で
- There are some *obscure* points in his proposal.
  彼の提案にはわかりにくい点がいくつかある.

《わからない》 ▶**unknown**

- for some *unknown* reason
  よくわからない理由で
- His purpose remained ***unknown to*** us. +*to*+名
  彼の目的は我々にはわからずじまいだった.

《安否･行方が不明の》 ▶**missing**

- ***go missing***
  行方不明になる

《作者などが不明の》 ▶**anonymous**

- an *anonymous* phone call
  匿名の電話

Ⓐ The origin of the practice ***is unknown*** [***uncertain***].
その慣習の起源はわからない[はっきりしない].

Ⓑ Don't hesitate to ask ***if anything is unclear***.
ご不明な点がありましたらご遠慮なくお尋ねください.

Ⓑ I'd like us to sign an agreement so that there will be no ***uncertainties about*** our respective responsibilities in the future.
今後お互いの責任について不明点が生じないよう契約を結びたいと思います.

プラス

⇒せい(正)

ブランド〘銘柄〙

≪銘柄≫ ▶**brand** Ⓒ

✪ 英語では「銘柄」の意味で, 通常小物や価格の低いもののみに用い, 日本語のような「高級品」の意味はない (例: Which *brand* of toothpaste do you like? どちらのブランドの歯磨きがお好きですか).「有名商品」の意味には brand name Ⓒ を用いる.

- the best ***brand of*** coffee
  最高の銘柄のコーヒー
- What *brand of* tea do you prefer?
  あなたはどの銘柄の紅茶が好きですか.
- store [own] *brands*
  (スーパーなどの)自社ブランド商品
- Consumers often display a deep-rooted *brand* loyalty [consciousness].
  消費者は根強いブランド志向がある.

✪ brand loyalty は同じ銘柄のものを何度も買うこと. 高級志向の意味ではない.

ブランドイメージ

▶**brand image** Ⓒ

ブランド品

▶**brand-name goods**

> Ⓑ ***I plan on building my own brand*** by marketing my product to larger retail coffee shop chains in the near future. ⇒ **TPL 1**
> 近い将来, より大きな小売りコーヒーショップチェーンに製品を売り込み, 自社ブランドを立ち上げようと考えています.

ふりこむ 〘払い込む; 入金〙

振り込む

≪口座に払い込む≫ ▶**transfer ... to 〜's bank account**

> Ⓑ ***I transferred*** $2550 ***to your account*** this morning. ⇒ TPL 12
> 今朝, 貴社の口座に 2550 ドルを振り込みました.

ふれる

触れる

⇒げんきゅう(言及)

ぶんかつ 〘分ける〙

分割する 動

▶**divide** 他

- Mom ***divided*** the cake ***into*** eight pieces. V+O+*into*+名
  ママはそのケーキを 8 つに分けた.
- The playground *is divided into* three areas by white lines. V+O+*into*+名の受身
  グラウンドは白線で 3 つに区切られている.

分割 名

▶**division** U

- the ***division of*** a year ***into*** four seasons
  1 年を 4 つの季節に分けること

分割払い

▶**payment in installments**

> Ⓑ You may ***pay in monthly installments***, however, interest will be charged.
> 月々の分割払いも可能ですが, その場合は利息がかかります.
>
> Ⓑ ***Installment payment*** is only possible for amounts over USD 5,000.
> 分割払いは 5,000US ドル以上の場合のみ可能です.

ぶんせき

分析する 動

▶**analyze,**《英》**analyse** ⑩

• How would you *analyze* this situation?
この情況をどう分析しますか.

分析 名

▶**analysis**《⑱ **analyses**》Ⓒ

✪ Ⓤ としても用いる.

• an ***analysis of*** the situation
情勢の分析

• make [conduct, carry out] a close *analysis of* the cause of the accident
事故の原因を詳細に分析する

• give [present] a detailed *analysis*
詳しい分析結果を出す[呈示する]

• *Analysis* showed that it contained no vitamin E.
分析してみたらそれにはビタミン E が含まれていないことがわかった.

• a chemical *analysis*
化学分析

• qualitative [quantitative] *analysis*
定性[定量]分析

• *psychoanalysis*
精神分析

Ⓐ ***Analysis of the data revealed that ....***
分析(の結果)により…ということが明らかになった.

Ⓐ Data from ANT ***was analyzed*** by means of scores based on mean age ... ⇒ TPL 21 ▸ Methods 3
ANT のデータは, 平均年齢に基づくスコアによって分析され…

Ⓐ we carried out modeling ***analysis*** on ... ⇒ TPL 21 ▸ Results 3
…についてモデル化解析を行った

ふ

ぶんるい〖分ける〗

分類する 動

▶ **classify; group** 他

✪ 前者のほうが厳密な意味での分類.

- English words *are* usually ***classified into*** eight parts of speech. V+O+*into*+名の受身
  英単語は普通 8 つの品詞に分類される.
- He ***classified*** the books「***according to*** [***by***] subject. V+O+前+名
  彼は本をテーマ別に分類した.
- He ***grouped*** the documents ***into*** several categories. V+O+*into*+名
  彼は書類を数種類に分類した.

分類 名

≪分類すること≫ ▶ **classification; grouping** Ⓤ

- the *classification* of soil according to mineral content
  鉱物含有量による土壌の分類

Ⓐ ***We classified*** ....
我々は…を分類した.

Ⓐ The novels can ***be classified*** into three types ***according to*** their subjects.
主題によってそれらの小説を三つの類型に分けることができる.

Ⓐ Of the 84 cases examined in the present study, 63 (75%) ***were classified as*** type 1, whereas 21 (25%) were type 2.
本研究で調査した 84 の事例のうち 63(75%)がタイプ 1 に分類されたのに対し, 21(25%)はタイプ 2 であった.

Ⓐ the obtained rankings ***were classified*** and compared by age ⇒ TPL 21 ▶ Methods 3
得られたランキングを年齢別に分類して比較した

へ

へいきん

平均 名

≪一般的に≫ ▶**average** Ⓒ

- The ***average of*** 8, 9, 12 and 19 is 12.
  8, 9, 12, 19 の平均は 12 である.
- Her work at school is ***above*** [***below***] (***the***) ***average***.
  彼女の学校での成績は平均より上[下]だ.
- He took the *average* of the monthly sales results.
  彼は毎月の売り上げの平均を出した.

≪特に量·大きさ·程度などの≫ ▶**mean** Ⓒ

- The *mean* of 3, 8, and 10 is 7.
  3 と 8 と 10 の平均値は 7 だ.

平均の·平均的な 形

▶**average**

- the *average* rainfall for June
  6 月の平均降水量
- The *average* age of the employees of our company is twenty-eight.
  社員の平均年齢は 28 歳です.

平均する 動

≪平均して…する, 平均する≫ ▶**average** ㊀

- He *averaged* ten miles an hour.
  彼は 1 時間平均 10 マイルを走った.
- If you *average* 21 and 39, you get 30.
  21 と 39 を平均すれば 30 だ.

≪平均…となる≫ ▶**average** ㊂

- Sales of the magazine *average* about 50,000 copies a month.
  その雑誌の売れ行きはひと月に平均約 5 万部だ.

平均値

▶**the mean (value)**

平均点

▶**average score** Ⓒ

> Ⓐ ***at an average of*** 50 kilometers an hour
> (平均)時速 50 キロで
>
> Ⓐ ***On average***, blood cholesterol levels decreased in all groups over the follow-up period.
> 平均して, 血中コレステロール値は追跡調査期間中すべてのグループで下がった.

へいこう

平衡

⇒バランス

べっと 〖別; 追加〗

別途 副

≪別に≫ ▶**separately**

- Could you wrap this *separately*, please?
  これは別に包んでいただきたいのですが.

> Ⓑ Breakfast is an ***extra*** at this hotel.
> 当ホテルでは朝食は別途料金をいただいております.
>
> Ⓑ Your invoice will be ***mailed separately***.
> 請求書は別途郵送されます.

へらす

減らす

⇒さくげん(削減)

へる

減る

⇒げんしょう(減少)

へんきん 〘払い戻す; 返す〙

返金

≪一度支払われた金を返すこと≫ ▶**refund** Ⓤ

✪ 具体的には Ⓒ.

- a tax *refund*
  税の還付金
- demand [get] a full *refund*
  全額の払い戻しを請求する[受ける]
- give ... a *refund*
  …に払い戻しをする

Ⓑ ***We have issued a full refund.***
全額払い戻しをさせていただきました.

Ⓑ Please let me know if you will ***give*** me ***a refund***.
払い戻しをしていただけるか教えてください.

Ⓑ We have received the item you returned and ***are now processing your refund***.
ご返品いただいた商品を受領し, 現在返金処理中です.

Ⓑ ***The refund will be credited to*** your credit card.
返金はお客様のクレジットカードに対して入金されます.

へんこう 〘変える; 修正〙

変更する 動

≪全面的に変える≫ ▶**change** ㊉

- Can you ***change*** the color ***from*** green ***to*** blue? V+O+*from*+名+*to*+名
  色を緑から青に変えられませんか.
- *change* one's address
  住所を変更する

≪部分的に変える≫ ▶**alter** ㊉

- He *altered* his plans.
  彼は計画を変更した.

≪一部を修正する≫ ▶**modify** ㊉

• They had to *modify* their plans.
彼らは計画を変更せざるをえなかった.

• The terms of the contract will *be modified.* V+O の受身
契約の条件は一部修正されるだろう.

✪ 以上の順に変更の度合いは弱くなる.

変更 名

≪全面的な≫ ▶**change** Ⓤ

✪ 具体的には Ⓒ.

• a ***change of*** address
住所の変更

• We cannot ***make*** a ***change*** in our schedule.
私たちの予定は変更できない.

≪部分的な≫ ▶**alteration** Ⓤ

✪ 具体的には Ⓒ.

• make a few minor *alterations to* the plan
計画を少し手直しする

≪一部を修正すること≫ ▶**modification** Ⓤ

✪ 具体的には Ⓒ.

• make a minor *modification*
小さな修正を加える

Ⓑ ***I'd like to reschedule my appointment to*** sometime next week.
お約束を来週に変更させていただきたいのですが.

Ⓑ ***The project plan needs to be changed*** to reflect the delay in finding a capable product designer.
有能な製品デザイナーを探すのに手間取っているためプロジェクトの計画を変更する必要があります.

Ⓑ The venue of the general shareholders' meeting has ***been changed to*** the Lemont Hotel.
株主総会の会場がルモントホテルに変更になりました.

へんじ 〔返信; 返答; 回答〕

返事 名

《質問・手紙の》 ▶**answer** Ⓒ

✪ 最も一般的.

• What was his *answer*?
彼の返事はどうでしたか.

• If you can't ***give*** an ***answer*** now, tomorrow would be fine.
今返事が無理ならあすでいいです.

• Have you received an ***answer to*** your letter?
手紙への返事をもらいましたか.

• ***In answer to*** your question, we are doing our best.
ご質問(への回答)ですが, 私たちは最善を尽くしています.

《返答》 ▶**reply** Ⓒ

• He wrote a ***reply to*** my letter.
彼は私の手紙に返事をくれた.

• She ***made*** [***gave***] no ***reply***.
彼女は何の返答もしなかった.

• This is ***in reply to*** your letter of June 2.
6 月 2 日付のお手紙にお返事いたします《手紙の冒頭などで》.

《応答》 ▶**response** Ⓒ

• The candidate made a quick ***response to*** the criticism.
候補者はその批判に直(ただ)ちに答えた.

✪ 以上の順に格式ばった表現となる.

返事する 動

▶**answer** 他 自

• Please *answer* my letter right away.
すぐに手紙の返事をください.

• She ***answered*** (me) ***that*** she would come. V(+O)+O (*that* 節)
彼女は(私に)お伺いしますと返事した.

• He ***answered*** not a word ***to*** me. V+O+*to*+名

彼は私にはひと言も返事をしなかった.

- I called, but no one *answered*.

  私は呼んだが, だれも返事をしなかった.

▶**reply** ㊂ ㊀

- I'll *reply* by letter.

  書面で回答します.

- He didn't ***reply to*** my email. V+*to*+名

  彼は私のメールに返事をくれなかった.

- He ***replied*** (***to*** me) ***that*** he didn't want to go. V+(*to*+名+) O (*that* 節)

  = He ***replied*** (***to*** me), "I don't want to go." V+(*to*+名+) O (引用節)

  彼は行きたくないと(私に)返事した.

- He *replied* not a word.

  彼はひと言も答えなかった.

▶**respond** ㊂

- He ***responded*** quickly ***to*** my letter「***with*** a phone call [***by*** telephon***ing***]. V+*to*+名+*with*+名 [*by*+動名]

  彼は私の手紙に対してすぐに電話で返事をくれた.

Ⓑ ***Please reply urgently,*** ⇒ TPL 11

至急ご返事ください.

Ⓑ ***I would appreciate a prompt response.***

早急にご返答をいただけると幸いです.

Ⓑ ***I'll get back to you shortly*** about the agenda. ⇒ TPL 14

協議事項についてはすぐに返事します.

Ⓑ ***We look forward to your reply*** [***response***].

ご返事をお待ちしております.

Ⓑ ***We look forward to hearing from you.***

ご返事をお待ちしております.

Ⓑ ***We hope for your positive reply.***

よいご返事をお待ちしております.

Ⓑ ***Apologies for the delay in replying.***

お返事が遅れ申し訳ありません.

Ⓑ ***I'm writing in reply to*** your request to delay payment.
お支払い延期のご要望についてご返事申し上げます.

Ⓑ ***I'm writing in response to*** your inquiry through our website.
弊社ウェブサイトよりお問い合わせいただいた件につきましてご返答させていただきます.

Ⓑ ***I have been waiting*** over two weeks ***for a response to*** my complaint.
クレームに対するご返答をもう 2 週間以上待っています.

Ⓑ ***I will get back to you*** as soon as I have some concrete information from them. ⇒ TPL 19
先方から確かな情報が入り次第ご返事いたします.

へんしん 〖返事〗

返信

《質問などに対する正式な返事》 ▶**reply** Ⓒ

《一般的な返事》 ▶**answer** Ⓒ

返信用はがき

▶**reply「(postal) card [《英》postcard]** Ⓒ

返信用封筒

《一般に》 ▶**return envelope** Ⓒ

《自分の住所を書いた》 ▶**self-addressed envelope** Ⓒ

Ⓑ ***Please get back to me ASAP,*** ⇒ TPL 13
大至急ご返信をお願いします.

Ⓑ ***Thank you for your quick reply.***
早速のご返信ありがとうございました.

Ⓑ Be sure to ***include*** your phone number ***in your reply*** for our records.
記録のためご返信の際にお電話番号を必ず明記してください.

Ⓑ I'm writing again as ***I haven't received a reply to my previous email.***
前回のメールにご返信をいただいていないので, 改めてご連絡しております.

へんそう 〖返す〗

返送する 動

≪送り返す≫ ▶**send back; return** ㊪

✪ 前者のほうが口語的.

- The chair they delivered was broken, so I *sent* it *back* to the shop.
  届いたいすは壊れていたので店に送り返した.
- I *returned* the parcel (*to* the sender) unopened. V+O+(*to*+名+)C (形)
  私はその小包を開けないで(送り主に)返した.

Ⓑ Please ***send back*** the remainder of the product for a refund.
返金させていただきますので残りの製品をご返送ください.

へんとう

返答

⇒へんじ(返事)

ほ

ほうこく 〖説明; 知らせる〗

報告 名

▶report Ⓒ

- an ***interim report***
  中間報告
- a ***final report***
  最終報告
- ***the latest report***
  最新報告
- ***give*** ... a ***report***
  …に報告する
- ***release*** [***publish***] a ***report***
  報告を発表する
- ***confirm*** a ***report***
  報告を確認する
- a ***report from*** the city
  市からの報告
- He was asked to make a brief [full] ***report on*** [***of***] the accident.
  彼はその事故について簡単[詳細]に報告するように求められた.

報告する 動

▶report 他 自

- She ***reported*** the result ***to*** the committee. V+O+*to*+名
  彼女は結果を委員会に報告した.
- He ***reported that*** he had discovered a new comet. V+O (*that* 節)
  彼は新しい彗星を発見したと報告した.
- He ***reported*** hav***ing*** seen the stolen car. V+O (動名)
  彼は盗難車を見たと知らせてきた.
- She ***reported how*** it had happened. V+O (*wh* 節)

彼女はそれがどんなふうに起こったか報告した.

- He ***reported on*** progress. V+*on*+名

  彼は進捗状況について報告した.
- Hurry to the site and ***report to*** me. V+*to*+名

  現場に直行して私に報告しなさい.

報告書

▶**report** Ⓒ

- ***do*** [***make***, ***write***, ***draw up***] a ***report***

  報告書を作成する[書く]
- ***submit*** [***present***] a ***report***

  報告書を提出する

Ⓐ【研究者】***reported ....***

【研究者】は…を報告した.

✪ 文体のスリム化(⇒かんさつ ✪).

Ⓐ ***We report here the results of ....***

…の結果をここに報告する.

Ⓐ its 2007 ***report*** concerning the disappearance of Himalayan glaciers ⇒ TPL 20-8

ヒマラヤ氷河の消滅に関する 2007 年の報告書

ほしょう 〖請け合う; 確約〗

保証する 動

≪製品の品質や契約の履行などに対して請け合い, 公式に責任を取る≫

▶**guarantee** ㊀

- They ***guaranteed that*** it would never happen again. V+O (*that* 節)

  彼らはこういうことは二度と起きないと保証した.
- He *guaranteed* me a long vacation. V+O+O

  彼は私に長期休暇をくれると請け合った.
- He ***guaranteed to*** pay my debts. V+O (*to* 不定詞)

  彼は私の負債を払うことを保証してくれた.
- This battery *is guaranteed to* last for two years. V+O+C (*to* 不定詞)の受

身

この電池は 2 年もつとの保証付きだ.

- This car is *guaranteed against* defects. V+O+*against*+名の受身

この車は欠陥に対して保証されている.

≪人に確実であると断言する≫ ▶**assure** ㊀

- I *assure* you that it is true.

それは本当だということを保証するよ.

- He ***assured*** me ***that*** he would support me. V+O+O(*that* 節)

= He ***assured*** me ***of*** his support. V+O+*of*+名

彼は私に援助を確約してくれた.

保証 名

▶**guarantee; guaranty** Ⓒ

✪ 後者は主に契約・約束に用いる専門用語.

- a money back *guarantee*

返金保証

- This camera「comes with [carries]「a two-year *guarantee* [a *guarantee* for two years].

このカメラは 2 年間の保証付きだ.

- A diploma is no ***guarantee of*** efficiency.

卒業証書は有能の保証にはならない.

- 「I can't give you a [There's no] ***guarantee*** (***that***) he'll be back next week. +(*that*)節

彼が来週戻るという保証はできない.

≪確約≫ ▶**assurance** Ⓒ

- In spite of my *assurances*, she still looked worried.

私が保証しても彼女は不安そうな顔をしていた.

- He gave me his ***assurance that*** the goods would be delivered tomorrow morning. +*that* 節

彼は品物はあすの朝届けると保証した.

≪製品などの保証≫ ▶**warranty** Ⓒ

保証期間

▶**the term［period］of guarantee**

保証金

▶**deposit** Ⓒ

✪ 普通は単数形で.

▶**security［guaranty］money** Ⓤ

保証書

▶**(written) guarantee** Ⓒ

保証人

≪ある人の行動に対して責任をもつ人≫ ▶**surety** Ⓒ

▶**guarantor** Ⓒ

✪ 法律用語で, 特に負債に対する保証人.

• a personal *guarantor*
 身元保証人

≪推薦状などにおける身元保証人≫ ▶**reference** Ⓒ

Ⓑ ***assuming you can guarantee a steady supply*** ⇒ TPL 3
 安定供給が保証されるのであれば

Ⓑ ***We guarantee the quality of our products.***
 私共は弊社製品の品質を保証いたします.

Ⓑ ***Our warranty is enclosed.***
 保証書を同封します.

ほりゅう〘延期〙

保留する 動

≪一時的に≫ ▶**suspend** ㊎

• We will *suspend* judgment on this matter.
 この件に関しての判断は保留する.

≪将来のために≫ ▶**reserve** ㊎

• *reserve* the right to refuse
 拒否権を留保する

≪延期する≫ ▶**put off; postpone** ㊎

✪ 前者のほうが口語的.

ほ

• The committee ***put off*** action ***until*** next month.
委員会は決定を来月まで保留にしました.
• I've ***postponed*** send***ing*** my reply. V+O (動名)
私は返事を後回しにした.
≪決定などを遅らせる≫ ▶**delay** ㊀
• He ***delayed*** start***ing***. V+O (動名)
彼は出発を遅らせた.
• We ***delayed*** our departure ***until*** the next day. V+O+*until*+名
私たちは次の日まで出発を延ばした.
≪棚上げにする≫ ▶**shelve** ㊀
• *shelve* a bill
法案を棚上げにする

保留 名
≪一時的な≫ ▶**suspension** U
≪将来のための≫ ▶**reservation** U

> Ⓑ ***We are holding your shipment until*** you pay your outstanding balance.
> 未払い金をお支払いいただくまで出荷を保留させていただきます.

ま

マイナス

⇒ふ(負)

まちがい 〘誤り; 失敗〙〘勘違い; 誤解〙〘違う〙

間違い

≪誤り・過失≫ ▶**mistake** Ⓒ

✪ 最も一般的な語で, 基準または正解からはずれた誤りとともに, 日常的な出来事における判断の誤りなどにも用いる. 意味が広く, 以下の語の代わりに用いることもできる.

- an easy *mistake* to make
  よくある間違い
- a lesson learned from one's *mistakes*
  自らの失敗から得た教訓
- You ***made*** several spelling ***mistakes*** in your essay.
  君は作文でいくつかつづりを間違えた.
- I ***made the mistake of*** giv***ing*** him my phone number.
  彼に電話番号を教えたのは間違いだった.
- excuse a *mistake*
  間違いを大目に見る
- correct [repair] a *mistake*
  間違いを正す[訂正する]
- admit one's *mistake*
  間違いを認める
- forgive a *mistake*
  間違いを許す
- an evident *mistake*
  明らかな間違い
- a big *mistake*

大間違い

- a minor [slight] *mistake*
  些細な間違い
- a serious *mistake*
  重大な間違い
- a common *mistake*
  よくある間違い

≪試験の解答の誤りや考え違いなど, 正解からはずれた誤り≫

▶**error** Ⓒ

✪ 計算やスペリングの間違いに用いる. mistake より非難の意味合いが強く, また, より格式ばった語.

- an *error* of judgment
  判断の誤り
- ***errors in*** spelling
  つづりの間違い
- a minor [slight] *error*
  ちょっとした間違い
- He ***made*** [***committed***] a gross [serious, grave, grievous] ***error***.
  彼はひどい間違いをした.

≪不注意・性急さなどによるささいな失敗≫ ▶**slip** Ⓒ

- *make* a *slip*
  間違いをする
- a *slip* of the pen
  書き間違い

≪過失・落ち度≫ ▶**fault** Ⓒ

✪「過失の責任」の意では Ⓤ.

- It was my *fault*.
  それは私の間違いでした.

✪「責任は私にある」という意味.

- ***through no fault of*** one's ***own***
  自分が悪いわけではないのに

ま

• a *fault in* addition
足し算の間違い
✪ mistake が普通.

間違いなく ㊍

≪きっと≫ ▶**surely; certainly**
✪ 前者は格式ばった語.
• He will *surely* succeed [fail].
彼はきっと成功する[失敗する]だろう.
• He will *certainly* come.
彼はきっと来るよ.
• You'll *certainly* get well if you take this medicine.
この薬を飲めば必ずよくなるよ.

間違える ㊍

≪誤る≫ ▶**make a mistake; mistake** ㊀
• I *mistook* the time [way].
私は時間[道]を間違えた.
≪計算違い・考え違い・誤答などをする≫ ▶**make [commit] an error**
✪ mistake を使うよりも非難するニュアンスが強い.
≪…を間違える≫ ▶**make [take] a wrong ...**
✪ 口語的な言い方で,「誤った」(wrong) という形容詞を用いて, 例えば「答えを間違える」(make a wrong answer),「道を間違える」(go the wrong way),「電話番号を間違える」(call the wrong number) のように言う.
≪取り違える≫ ▶**mistake [take] ... for 〜**
✪ mistake のほうがより明確な語.
• People often ***mistake*** me ***for*** a student. V+O+*for*+名
私はよく学生と間違われる.
• She *was mistaken for* her sister. V+O+*for*+名の受身
彼女は妹[姉]と間違えられた.
• He *took* Connie *for* my sister.
彼はコニーを私の妹だと誤解した.

≪混同する≫ ▶**confuse** ㊀

- Even her father *confuses* her and her twin sister.
  父親でさえ彼女と双子の姉[妹]を間違える.

間違えて 副

≪誤って≫ ▶**by mistake**

- I have taken someone's shoes ***by mistake.***
  間違えてだれかの靴をはいてきてしまった.

間違った 形

≪誤った・正しくない≫ ▶**wrong** (⇔right)

- go the *wrong* way
  道を間違う
- He gave three *wrong* answers.
  彼は答えを 3 つ間違えた.
- I've taken the *wrong* bus.
  行き先の違うバスに乗ってしまった.
- I'm afraid you are ***wrong***「***about*** that [***in*** think***ing*** he lied]. +*about*+名 [*in*+動名]
  それについては[彼が嘘をついたと考えるのは]あなたは間違っていると思います.
- ***It's*** (morally) ***wrong to*** lie.
  うそをつくことは(道徳的に)間違っている.
- You were ***wrong to*** do such a thing. +*to* 不定詞
  = ***It was wrong that*** you *should* do such a thing.
  = ***It was wrong of*** [*for*] you ***to*** do such a thing.
  そんなことをしたのはあなたが間違っていた.

≪不正確な≫ ▶**incorrect** (⇔correct)

- an *incorrect* answer
  間違った答え
- I was *incorrect* in my assumptions.
  私の推測は間違っていた.

✪ wrong と incorrect は入れ替えて用いてよい場合も多いが, wrong は道徳的に間違っているという意味でも使われるのに対し, incorrect は計算や解答などの間違いについてのみ使う.

≪判断などを誤った≫ ▶**mistaken**

- You are ***mistaken about*** that. +*about*+名
  そのことではあなたは考え違いをしている.
- You were ***mistaken in*** assum***ing*** that. +*in*+動名
  あなたのその憶測は間違っていた.
- ***If I'm not*** [***Unless I'm***] ***mistaken***, it was February.
  私の勘違いでなければ確か 2 月のことだった.

間違い電話

▶**wrong number** Ⓒ

- I'm afraid you have the *wrong number*.
  (電話で)番号が違っています.

Ⓐ it ***admitted the errors*** in its 2007 report ⇒ TPL 20-8
2007 年の報告書の誤りを認めた

Ⓐ he ***found*** major mathematical ***errors*** in the calculations ⇒ TPL 20-10
彼はその計算に大きな数学的誤りを見つけた

Ⓐ ***it is simply wrong to say that ...*** ⇒ TPL 20-11
…と言いきってしまうのは全くの誤りである

Ⓑ ***We are terribly sorry for our mistake.***
間違いがありまして誠に申し訳ございません.

Ⓑ ***I'm writing to apologize for our error*** in shipping you the wrong color and to let you know we shipped the one you actually ordered yesterday.
このたびは, 違う色を発送してしまったことをお詫びするとともに, 実際にご注文いただいたものを昨日発送させていただいたことをお知らせいたします.

Ⓑ I understand that your policy is to accept returns for any reason, ***is that correct?***
貴社のポリシーはいかなる理由でも返品を受けつけることだと理解

ま

していますが, 間違いないでしょうか.

Ⓑ ***I believe you may have mistakenly*** entered your tax ID number in the field for telephone number in your account information.
アカウント情報の電話番号欄に間違って納税者番号を入力されたのではないかと思われます.

Ⓑ Let me know if I have missed any information or ***made*** any ***mistakes***. ⇒ TPL 15
もし落ちている情報や間違いがあればお知らせください.

まどぐち

窓口

Ⓑ I will be your customer service ***contact*** from now on.
今後は私が貴社の顧客サービス窓口となります.

まとめる 〖集める〗〖要約〗

纏める

≪集める≫ ▶ **collect; gather ... together; put [bring] ... together** ㊀

✪ ほぼ同意で入れ換え可能だが, 前 2 者は集める動作に重点があり, しかも collect は組織的に集めることをいう. 3 番目は 1 か所にまとめることに重点がある.

• The critic *collected* his essays into a single volume.
その批評家は自分の評論を 1 冊の本にまとめた.

• *gather* one's papers *together*
(散らばった)書類を集めてまとめておく

≪取り決める≫ ▶**arrange** ㊀

• *arrange* a marriage
縁談をまとめる

≪具体的なものにする≫ ▶**put ... into [in] shape**

• I'm trying hard to *put* my thoughts [ideas] *in shape*.
私はいま考えをまとめようと努力している.

≪要約する≫ ▶**sum up; summarize** ㊺
✪ 前者がより口語的.
• *Sum up* the writer's argument.
著者の論点をまとめなさい.
≪組織を団結させる≫ ▶**hold together** ㊺
• *hold together* one's party
党をまとめる
≪取引を成立させる≫ ▶**clinch** ㊺
• *clinch* a deal [contract]
商談[契約]をまとめる
≪荷物を≫ ▶**pack up** ㊺
• I *packed up* my belongings and got ready to go.
私は身の回りの品をまとめて出かける支度をした.

まとめ 名
≪要約すること≫ ▶**summing-up**《複 **summings-up**》Ⓒ
≪要約したもの≫ ▶**summary** Ⓒ
✪ 一般的な語.
• Give a ***summary of*** this chapter.
この章の概要を述べよ.
≪概要≫ ▶**outline** Ⓒ
✪ 大まかな説明であるが, かなりの長さを感じさせる.
• He explained the broad [rough] ***outlines of*** the government's strategy.
彼は政府の方針の概略を述べた.

Ⓐ Table 3 ***summarizes*** this outcome. ⇒ TPL 21 ▸ Results 3
表 3 はこの結果をまとめたものである.
Ⓐ ***To sum up,***
要約すると
Ⓐ ***In summary,***
要約すると
Ⓑ Please find attached a ***write-up of*** the information on the problem we discovered.

ま

> 見つかった問題点に関する情報をまとめましたので添付してお送りします.

まにあう

間に合う

≪時間に≫ ▶**be in time (for ...)** (⇔be late (for ...))

- I *was* just *in time for* the last train.
  私は終電にぎりぎり間に合った.
- I'm afraid I won't *be in time for* my first class.
  1 時間目に間に合いそうもない.

≪乗り物に≫ ▶**catch** ㊀ (⇔miss)

- I *caught* the ten o'clock train.
  10 時発の列車に間に合った.
- We couldn't *catch* the bus.
  我々はそのバスに間に合わなかった.

▶**make it**

✪ catch よりも口語的.

- I took a taxi and just *made it*.
  私はタクシーに乗って何とか間に合った.
- Hurry up, or you won't *make it*.
  急がないと間に合わないよ.

≪用が足りる≫ ▶**do** ㊉ ㊀

- This box「will *do* [won't *do*].
  この箱で間に合います[では間に合わない].
- Ten pounds will *do* me for the moment.
  当座は 10 ポンドもあれば間に合うだろう.

≪代わりになる≫ ▶**do for ...**

✪ 口語的.

- This room will *do for* my study.
  この部屋は私の書斎に使える[なる].

間に合わない

≪遅れる≫ ▶**be late (for ...)**

- I'm afraid I'll *be late for* my first class.
  1 時間目に間に合いそうもない.

≪乗りそこなう≫ ▶**miss** ㊥

- I *missed* the last train by a minute.
  1 分の差で最終列車に間に合わなかった.

Ⓑ I'm glad ***we were able to get your order out in time***. ⇒ TPL 9
ご注文品の出荷が間に合ったことを嬉しく思います.

まんいち

万一

- We should prepare *for the worst*.
  万一(⇒最悪の事態)に備えるべきです.
- I'm saving money *for a rainy day*.
  私は万一に備えて(⇒困った時のために)貯金している.

✪「雨降りの日」から比喩的に「困った時」の意になる.

- Call me *if anything*「*should happen* [*happens*].
  万一の場合は(⇒もしも何かが起こったら)私に電話しなさい.
- Take an umbrella, just *in case*.
  万一の用心に傘を持って行きなさい.
- What *if* you *should* fail?
  万一失敗したならどうする.

Ⓑ If ***by any chance*** you do not receive your refund in the next two weeks, please call us at this number:
万一, 今後 2 週間のうちに返金されない場合は, こちらの番号にお電話ください.

Ⓑ ***In the unlikely event*** you are dissatisfied with our product, you may return it for a full refund.
万一, 弊社製品にご満足いただけない場合は, 全額返金をもって返品に応じます.

ま

まんぞく 〖納得〗

満足する 動

≪要求が満たされて満足する≫ ▶**be satisfied (with ...)**

- I'*m* thoroughly *satisfied with* my new house.
  私は新しい家にすっかり満足している.
- I'll ***be satisfied*** just ***to*** know the truth. +*to* 不定詞
  私は真相さえわかれば満足できるのです.

≪現状に不平不満がない≫ ▶**be content(ed) with ...**

- ***Be content with*** a small salary for now.
  今は少ない給料でも満足しなさい.
- He *is contented with* his present life.
  彼は現在の生活に満足している.

満足 名

≪要求が満たされて満足すること≫ ▶**satisfaction** U

- I read my written work ***with satisfaction***.
  私は書き上げたものを満足して読んだ.
- get [derive, gain] ***satisfaction from*** ...
  …から満足を得る
- My mother expressed ***satisfaction with*** my report card.
  母は私の成績表に満足したと言った.
- At least he had [got] the ***satisfaction of*** hav***ing*** accomplished his task.
  彼は少なくとも課題を果たしたという満足を覚えた.
- find [take] *satisfaction* in ...
  …に満足を見いだす
- give ... *satisfaction*
  …を満足させる
- The dispute was resolved ***to*** *everyone's* ***satisfaction***.
  その争議は皆の納得のいくように解決された.

≪現状に不平不満がないこと≫ ▶**contentment** U

満足な 形

ま

《望みを満たす》 ▶**satisfactory**

- a *satisfactory* explanation
  納得のいく説明
- His score was highly *satisfactory*.
  彼のスコアは全く申し分がなかった.
- The new conditions are not very ***satisfactory to*** either party. +前+名
  その新しい条件はどちらにとってもあまり満足のいくものではない.

Ⓑ We're sure you'll ***be happy with*** our product quality.
弊社製品の品質にきっと ご満足いただけるものと確信しております.

Ⓑ ***I understand you are not fully satisfied with your purchase***, could you give me more information about why it does not meet your needs?
ご購入品に十分ご満足いただけないとのことですが, なぜご要望にお応えできていないのかもう少し詳しく教えてください.

み

みあわせる 〖延期; 中止〗

見合わせる

≪互いに見る≫ ▶**look at each other**

- My parents *looked at each other*.
  両親は互いに顔を見合わせた.

≪延期する≫ ▶**postpone; put off** ㊀

✪ 後者が口語的.

- I've ***postponed*** send***ing*** my reply. V+O (動名)
  私は返事を後回しにした.
- The game *was* ***postponed until*** [***till***, ***to***] the following week because of rain. V+O+until [till, to]+名の受身
  試合は雨のため次週まで延期された.
- We had to *put off* the meeting because of the storm.
  我々はあらしのために会合を延期しなければならなかった.

≪断念する≫ ▶**give up** ㊀

- *give up* the idea of (going to) college
  大学進学を断念する

> Ⓑ We have temporarily ***stopped*** production of that model due to a shortage of components.
> そのモデルは部品不足のため一時的に生産を見合わせております.

ミーティング

⇒かいぎ(会議)

みこみ

見込み

⇒かのうせい(可能性)

みちびく 〖指導; 案内〗

導く

≪先導する; 説得や影響によって導く≫ ▶**lead** ㊉

- The bellboy ***led*** us ***to*** our room. V+O+前+名
  ボーイは私たちを部屋へ案内してくれた.
- Our guide ***led*** us ***through*** the woods.
  私たちはガイドの案内で森の中を通り抜けた.
- The old lady *was* ***led across*** the road. V+O+前+名の受身
  おばあさんは手を引かれて通りを渡った.
- The manager's hard training *led* the team *to* victory.
  監督の厳しい訓練がチームを優勝へと導いた.
- This class will *lead* you *to* a better understanding of geometry.
  この授業を取れば幾何学がもっとよくわかるようになります.
- What *led* you *to* this conclusion?
  どうしてこのような結論に至ったのですか.

≪案内する≫ ▶**guide** ㊉

- The dog ***guided*** its blind master ***to*** the station. V+O+前+名
  その犬は目の見えない主人を駅まで導いた.

Ⓐ We cannot ***reach*** [***come to***] ***a conclusion*** on the basis of only this much data.
これだけの資料で結論を導くわけにはいかない.

Ⓐ ***This leads us to*** 「the next [following] question [the next point, the fact that ...].
このことから私たちは次の問題[次の論点, …という事実]へ導かれる.

Ⓐ ***It follows*** (***from*** what has been said) ***that*** ....
(以上述べたことから)…ということが導かれる.

みつける

見つける

⇒はっけん(発見)

みつもる 〘概算; 評価〙

見積もる

≪値をつける≫ ▶**quote** ㊀

- They *quoted* the sum of $1000 *for* repairing my car.
  あそこは私の車の修理を千ドルと見積もった.

≪概算する≫ ▶**estimate** ㊀

- We ***estimated*** his losses ***at*** $1000. V+O+*at*+名
  = We ***estimated that*** his losses were $1000. V+O (*that* 節)
  我々は彼の損害を 1 千ドルと見積もった.
- It *is* ***estimated that*** the number of victims was over ten thousand. V+O (*that* 節)の受身
  犠牲者数は 1 万人以上とみられる.
- I ***estimated*** the room ***to*** be 20 feet long. V+O+C (*to* 不定詞)
  私はその部屋は奥行き 20 フィートと見た.

▶**make an estimate (of ...)**

見積もり

≪値をつけること≫ ▶**quote; quotation** Ⓒ

- a *quotation for* the extension
  増築費用の見積もり

≪コストなどの≫ ▶**estimate** Ⓒ

- at a conservative *estimate*
  控えめに見積もって
- The building costs exceeded the original [initial] *estimate*.
  建築費は当初の見積もりを上回った.
- I asked the carpenter to make *an estimate* of the cost of the repairs to my house.
  私はその大工に私の家の修理の見積もりを頼んだ.

> Ⓐ ***we estimate that ...***
> われわれは…と見積もる

Ⓐ ***the ... rate is estimated to be* 〜**
…の割合は〜と見積もられる

Ⓑ ***I'd like a quote for the following products:***
以下の製品のお見積もりをお願いいたします.

Ⓑ ***Thank you for your request for a quotation.***
見積もりのご依頼をいただきありがとうございます.

Ⓑ ***We are pleased to quote the following prices:***
以下の価格でお見積もりさせていただきます.

Ⓑ ***This price quote is valid for*** 60 days.
この価格見積もりは 60 日間有効です.

Ⓑ ***This estimate includes*** replacement filters for the next 6 months.
このお見積もりには今後 6 か月間の交換用フィルターも含まれております.

Ⓑ Please note that ***this quotation includes*** a first-time customer welcome discount of 10%.
なお, このお見積もりには初回注文割引 10% が含まれています.

みなす 〖考える; 思う〗

見做す

《…を〜と見る》 ▶**regard ... as 〜**

- We all ***regarded*** him ***as*** a genius. V+O+C (*as*+名)
  私たちはみな彼を天才と考えた.
- They *regarded* his behavior *as* childish. V+O+C (*as*+形)
  彼らは彼のふるまいを子供っぽいと考えた.
- He*'s* widely *regarded as* our greatest actor. V+O+C (*as*+名)の受身
  彼は多くの人に最高の俳優とみなされている.
- They *regarded* the key *as lost*. V+O+C (*as*+過分)
  彼らは鍵は紛失したものとみなした.

✪ consider と違って上記の動詞型にのみ用いる.

《…を〜と考える》 ▶**consider** ㊀

- He ***considers*** (***that***) he is very important. V+O ((*that*) 節)

=He *considers* himself very important. V+O+C (形)

=He ***considers*** himself ***to*** be very important. V+O+C (*to* 不定詞)

彼は自分を非常に偉いと思っている.

- He *is considered* an excellent teacher. V+O+C (名)の受身

=He *is* ***considered to*** be an excellent teacher. V+O+C (*to* 不定詞)の受身

彼は優秀な教師だと考えられている.

- We ***consider*** him (***as***) brilliant. V+O+C ((*as*+)形)

私たちは彼を優秀だと思う.

Ⓐ an organization often ***regarded as*** the ultimate authority on the subject ⇒ TPL 20-2

この問題の最高権威とされている組織

Ⓐ ***supposedly*** an ominous sign ⇒ TPL 20-7

不吉な予兆とされている

みばらい〘未納〙

未払いの 形

《払っていない》 ▶**unpaid; outstanding**

- an *unpaid* bill

未払いの請求書

- an *outstanding* debt

未払いの借金

Ⓑ Please be aware that 7.5% APR ***is charged on any outstanding balance*** after your payment due date.

お支払い期限を過ぎますと未払い残高には7.5%の年率がかかりますのでご注意ください.

む

むさくい

無作為に 副

▶at random

• The press sampled public opinion *at random*.
新聞社は無作為に世論を調査した.

Ⓐ *~were randomly selected from ....*
~は…から無作為に選ばれた.

Ⓐ Participants were ***randomly*** divided into experimental and control groups while keeping a relatively balanced sex ratio. ⇒ TPL 21 ▸ Methods 1
男女比のバランスを相応に保ちながら, 参加者は実験群と対照群に無作為に分けられた.

Ⓐ ***This study used a random sample of*** 7303 users of local public libraries. ⇒ TPL 21 ▸ Methods 1
本研究では, 地方公共図書館の利用者 7,303 名を無作為標本とした.

むじゅん

矛盾する 動

≪相反する≫ **▶contradict** 他

• The reports on the assassination *contradict* each other.
その暗殺についての報道記事は互いに矛盾している.

≪一致しない≫ **▶conflict** 自

• Your interests and mine *conflict*.
=Your interests ***conflict with*** mine. V+*with*+名
あなたの利害は私のと一致しない.

矛盾した 形

≪相反する≫ **▶contradictory**

• *contradictory* statements

む

互いに矛盾する供述
- be *contradictory to* each other
互いに矛盾する

《首尾一貫しない》 ▶**inconsistent**
- an *inconsistent* argument
矛盾する議論
- The results of the experiment were *inconsistent with* his theory.
その実験結果は彼の理論と一致しなかった.

《両立しない》 ▶**incompatible**
- a theory *incompatible with* the facts
事実と矛盾する理論
- Capitalism is *incompatible with* socialism.
資本主義と社会主義は両立しない.

矛盾 名

《相反すること》 ▶**contradiction** U
- There is no ***contradiction between*** his opinions and his actions.
彼の意見と行動には何の矛盾もない.

《首尾一貫しないこと》 ▶**inconsistency** U

> Ⓐ These results ***conflict with*** earlier findings.
> これらの研究結果は, 以前の調査結果と矛盾している.

むりょう 〖ただ〗

無料の 形

▶**free (of charge)**

✪ 名詞の前で用いる時は free のみ.
- This pamphlet is *free* (*of charge*).
このパンフレットは無料です.
- ADMISSION FREE
入場無料《掲示》
- The facility is ***free to*** [***for***] us. +*to* [*for*]+名
私たちにはその施設は無料だ.

無料で 副

▶**free (of charge)**

- Members are admitted *free*.
  会員は無料で入れます.
- You can use the bus *free of charge*.
  そのバスは無料で利用できる.

Ⓑ Instead, ***we'd like to offer you a free 60 kg bag*** of a micro lot of our choosing for every 600 kg. ⇒ TPL 6
その代わり, 600kg お買い上げごとに, 弊社が選んだマイクロロットの 60kg 袋を無料で差し上げたいと思います.

Ⓑ I'd like to offer you 4 hours of our consultation services ***free of charge***. ⇒ TPL 6
4 時間の相談サービスを無料でご提供したいと思います.

む

め

めいがら

銘柄

⇒ブランド

めいさいしょ

明細書 名

Ⓑ Please see your ***credit card statement*** for your refund.
返金についてはクレジットカードの明細書をご覧ください.

めいはく

明白

⇒あきらか(明らか); たしか(確か)

めいわく 〖厄介; 面倒〗

迷惑 名

≪面倒≫ ▶**trouble** Ⓤ

- I'm sorry I've「given you [put you to] so much *trouble*.
  あなたに大変ご迷惑をおかけしてすみません.
- I don't want to be any ***trouble to*** him.
  私は彼に面倒をかけたくありません.
- ***If it's not too much trouble,*** could I stay here for a while?
  もしご迷惑でなければ, しばらくここにいてもいいでしょうか.

≪騒音や繰り返し行う行為などで不快にしたり, 怒らせたりすること≫
▶**annoyance** Ⓒ

- The noise of engines is a great *annoyance* at night.
  エンジンの音は夜はとても迷惑だ.

≪うるさいもの·人≫ ▶**nuisance** Ⓒ

- The noise from the machines was a ***nuisance to*** the public.

その機械の騒音は一般の人には迷惑だった.

《不便》 ▶**inconvenience** Ⓤ

• He apologized for the *inconvenience* caused by his arriving late.
彼は遅刻して迷惑をかけたことを謝った.

• put ... to *inconvenience*
…に不便[迷惑]をかける

迷惑な 形

《やっかいな》 ▶**troublesome**

• a *troublesome* backache
いやな腰の痛み

《うるさい》 ▶**annoying**

• (an) *annoying* noise
うるさい[いらいらさせる]雑音

《都合の悪い》 ▶**inconvenient**

• He came at an *inconvenient* time.
彼は不都合なときにやって来た.

• If it isn't ***inconvenient for*** you, I'd like to come this evening. +*for*+名
ご迷惑でなければ今晩お邪魔したいのですが.

迷惑をかける 動

▶**trouble** 他

• Don't ***trouble*** me ***with*** any more questions. V+O+*with*+名
これ以上私に質問をしないでください.

• ***May*** [***Could***] ***I trouble you for*** the salt? V+O+*for*+名
その塩を取ってくださいませんか《食卓でのことば》.

• May I ***trouble*** you ***to*** move? V+O+C (*to* 不定詞)
ちょっと移動して[通して]いただけますか.

• "「***I'm sorry to*** [***I hate to***] ***trouble you***, but could you give me a hand?" "Sure, of course."
「お手数をかけて悪いんだけど, 手伝ってもらえるかな」「うん, もちろん」

《悩ます》 ▶**annoy** 他

め

- The boy often *annoyed* his parents by asking the same questions over and over again.
  その子は繰り返し同じ質問をして両親をよく困らせた.

《不便をかける》 ▶**inconvenience** ㊷

- I hope I'm not *inconveniencing* you.
  ご迷惑でなければよいのですが.
- Thirty thousand commuters *were inconvenienced* by the accident.
  3 万人の通勤客がその事故で迷惑をこうむった.

Ⓑ ***We apologize for the inconvenience.***
ご迷惑をおかけして申し訳ありません.

Ⓑ ***I am sorry to trouble you, but*** ....
ご迷惑をおかけしてすみませんが….

Ⓑ ***I don't want to cause any inconvenience, but*** I wonder if you could ....
ご迷惑をおかけして申し訳ないのですが, …していただけないでしょうか.

Ⓑ ***In recognition of the trouble our error has caused you***, we would like to offer you 25% off your next order.
弊社の手違いによりお客様にご迷惑をおかけしたお詫びとして, 次回のご注文を 25%OFF とさせていただきます.

メール

《E メール》 ▶**email; mail** Ⓤ

- send an *email*
  E メールを送る
- by *email*
  E メールで
- I check my *mail* every day.
  私は毎日メールをチェックする.

✪ email は electronic mail の略. e-mail, E-mail などともつづる. 個々のメールの意味では Ⓒ.

✪ 携帯メールは a text message という.

メールで送る 動

▶**email; e-mail; E-mail; mail** 他

• We will *email* you your new password. V+O+O
= We will ***email*** your new password ***to*** you. V+O+*to*+名
新しいパスワードをメールで送ります.

• I'll ***mail*** it ***to*** you as an attachment. V+O+*to*+名
それをメールに添付してお送りします.

メールアドレス

▶**email [e-mail; E-mail] address** C

Ⓑ ***Thank you for your recent email.***
先日のメールをありがとうございました.

Ⓑ While I'm away ***I'll be checking my email every day***.
不在の間は毎日メールチェックをします.

Ⓑ If you have any questions, ***feel free to email us at*** xxx@xxxxx.com.
ご質問がありましたら xxx@xxxxx.com までお気軽にメールしてください.

Ⓑ In the future ***I would be grateful if you would use the following email address*** when contacting me:
今後ご連絡をくださる際には以下のメールアドレスをお使いいただければ幸いです.

Ⓑ ***My new email address is*** aaaaa@bbb.co.jp.
新しいメールアドレスは aaaaa@bbb.co.jp. です.

Ⓑ I am leaving ABC Company at the end of the month, but ***I would like to give you my personal email address*** in case you want to contact me in the future.
私は今月末で ABC 社を退職しますが, 今後連絡をお取りになりたいときのために私の個人メールアドレスをお知らせしておきます.

めざす

目指す

⇒もくてき(目的)

めをとおす

目を通す

≪全体を見る≫ ▶**look over [through]** ㊍

✪ よく見る場合にもざっと見る場合にも使える. 明確にしたければ副詞を添える.

- Please「*look* the papers *over* [*look over* the papers].
  この書類にざっと目を通してください.
- He *looks through* several newspapers (carefully) every morning.
  彼は毎朝数種類の新聞に(丁寧に)目を通します.

≪ざっと見る≫ ▶**skim** ㊍

- I only *skim* the headlines of the newspaper every morning.
  毎朝新聞の見出しをざっと読むだけです.

▶**run over; cast [run] *one's* eye(s) over ...** ㊍

- *run over* one's notes before giving a lecture
  講演の前にメモに目を通す

> Ⓑ ***Please look them over*** and let me know if I have missed any information or made any mistakes. ⇒ TPL 15
> 目を通していただき, もし落ちている情報や間違いがあればお知らせください.

メンテナンス 〖整備; 管理〗

≪保全·整備≫ ▶**maintenance** Ⓤ

- car *maintenance*
  車の整備
- the ***maintenance of*** a building
  建物[ビル]のメンテナンス
- regular [routine] *maintenance*
  定期的な整備

> Ⓑ ***Our website is down for scheduled maintenance.*** Please try again later.

め

定期メンテナンスのため弊社ウェブサイトは停止しております. 後ほどもう一度お試しください.

Ⓑ While our email servers ***are down for maintenance***, you may reach us by telephone at 999-110-1234.

メンテナンスでメールサーバーが停止している間は 999-110-1234 にお電話でご連絡ください.

Ⓑ Be sure to take advantage of our ***maintenance service*** to keep your grinder in optimal condition.

コーヒーミルを最適な状態に保つためにぜひメンテナンスサービスをご利用ください.

めんどう 〘厄介; 迷惑; 手数〙〘世話〙

面倒な 形

≪やっかいな≫ ▶**troublesome**

• a *troublesome* job [problem]
やっかいな仕事[問題]

面倒をかける 動

▶**trouble** 他

• Don't ***trouble*** me ***with*** such matters. V+O+*with*+名
そんな事で面倒をかけないでくれ.

面倒 名

▶**trouble** Ⓤ

✪ 具体的な面倒事は Ⓒ.

• I don't want to be any ***trouble to*** him.
私は彼に面倒をかけたくありません.

• This machine will save us the ***trouble of*** hir***ing*** more people.
この機械があれば私たちは人手を増やす手間が省ける.

• "Would you like some tea?" "Yes, if it's no *trouble*. Thanks.
「お茶いかが?」「うん, もし面倒でなければ. ありがとう」

• You'll get [run] ***into trouble*** if Dad learns the truth.
お父さんが本当のことを知ったら大変なことになるよ.

め

- It takes a great deal of *trouble* to write [copy] everything by hand.
  いちいち手書きをすると大変面倒だ.
- I found it a great *trouble* to cook for myself.
  自分のために料理するのがとても面倒だった.
- I don't want to get him *into trouble*.
  彼を面倒な事に巻き込みたくない.
- cause [make] *trouble* for ...
  …を困らせる, …に面倒をかける
- stay [keep] out of *trouble*
  面倒を起こさない

≪世話≫ ▶**care** Ⓤ

- Please take *care* of my roses while I'm away.
  私の留守の間ばらの世話をしてください.

> Ⓑ ***Sorry for the bother,*** ⇒ **TPL 14**
> ご面倒をおかけして申し訳ありません.
> Ⓑ ***I am sorry to trouble you, but*** ....
> ご面倒をおかけしてすみませんが….

も

もうしでる 〘提案〙

申し出る

▶**offer** ㊀

• He ***offered to*** help the victims. V+O (*to* 不定詞)
彼は被災者たちを助けようと申し出た.

• I *offered* him a ride [lift]. V+O+O
私は彼に車に乗せてあげようと言った.

≪提案する≫ ▶**propose** ㊀

• I ***proposed that*** we (*should*) *adopt* a new method. V+O (*that* 節)
私は新方式を採用すべきだと提案した.

✪ that 節中の should または仮定法現在 (⇒いらい ✪).

• She ***proposed*** reorganiz***ing*** the curriculum. V+O(動名)
彼女はカリキュラムを再編することを提案した.

• She ***proposed*** a new idea ***to*** us. V+O+*to*+代
彼女は私たちに新しいアイデアを提案した.

申し出

▶**offer** Ⓒ

• Thank you very much for your kind ***offer*** 「***of*** help [***to*** help]. +*of*+名 [*to* 不定詞]
ご親切にも援助を申し出てくださりありがとうございます.

• ***accept*** [***take*** (***up***)] an ***offer***
申し出を受け入れる

• 「***turn down*** [***decline***, ***refuse***, ***reject***] an ***offer***
申し出を断わる[辞退する]

• ***withdraw*** an ***offer***
申し出を撤回する

≪提案≫ ▶**proposal** Ⓒ

• a ***proposal for*** exchang***ing*** professors between the two universities

も

二大学間での教授の交換の提案

- He made a ***proposal for*** us ***to*** meet once a week. +*for*+名+*to* 不定詞

  = He made a ***proposal that*** we (*should*) *meet* once a week. +*that* 節

  彼は週に 1 回会合を開こうと提案した.

✪ that 節中の should または仮定法現在 (⇒いらい ✪).

- accept [reject] a *proposal*

  提案を受け入れる[却下する]

- consider a *proposal*

  (出された)提案を検討する

> Ⓑ I may also ***take you up on the offer*** of advice in creating a signature brand blend. ⇒ TPL 5
>
> シグネチャーブランドのブレンド作りではアドバイスのお申し出もお受けするかもしれません.

もくてき 〖ため; 目標; 狙い; 目指す〗

目的 ㊔

≪達成しようと決意している目的≫ ▶**purpose** Ⓒ

- She came to Tokyo ***for the purpose of*** get***ting*** a new job.

  彼女は新しい職を見つけるために東京にやって来た.

- This machine can be used ***for*** various ***purposes***.

  この機械はいろいろな目的に使える.

- We couldn't achieve [accomplish] our *purpose*.

  我々は目的を達成することができなかった.

- *For* what *purpose* are you going to America?

  = What's your ***purpose in*** go***ing*** to America?

  どのような目的でアメリカに行かれるのですか.

- ***serve*** a ***purpose***

  目的にかなう, 役に立つ

- suit ...'s *purpose*

  …の目的に合う

- ***defeat the purpose of ...*** [do***ing***]

…の[するという](本来の)目的に反する
《ねらいを定めて目ざす具体的な目的》 ▶**aim** Ⓒ
✪ purpose と同じように使う場合も多い.
• ***with the aim of*** prevent***ing*** riots
暴動が起こるのを防ぐために
• What is your *aim* in life?
あなたの人生における目的は何ですか.
• He achieved his *aim*.
彼は目的を達した.
《具体的で達成可能な》 ▶**objective** Ⓒ
• achieve [attain] one's main *objective*
主目的を達成する
《努力目標》 ▶**object** Ⓒ
• with the ***object of*** help***ing*** people
人々を助ける目的で
• The sole *object* of her research is to find a cure for AIDS.
彼女の研究の唯一の目的はエイズの治療法を見つけることである.
• He seems to have no *object* in life.
彼は人生に何の目的も持っていないようだ.

目的とする 動
《目ざす》 ▶**aim** 自
• This course ***aims to*** provide students with a basic knowledge of statistics. V+*to* 不定詞
この課程は学生に統計学について基礎的な知識を与えることを目標とする.
• What are you ***aiming at***? V+*at*+名
あなたは何を目ざしているのですか.
• The policy *is* ***aimed at*** reduc***ing*** traffic accidents. V+O+*at*+動名の受身
その政策は交通事故の削減をねらいとしている.
• He is ***aiming for*** the post. V+*for*+名
彼はその職を得ようとがんばっている.

Ⓐ ***The purpose of this paper is to*** throw doubt on the argument that ....
この論文の目的は…という議論に疑いを投げかけることである.

Ⓐ ***For the purpose of this study***, we used an approach that has been described previously. ⇒ TPL 21 ▸ Methods 1
この研究のために, 我々は先に記述したアプローチを用いた.

Ⓐ ***This paper aims to*** demonstrate that .... ⇒ TPL 20-2
本稿は…ということを証明するものである.

Ⓐ ***This study aims to*** examine ....
本研究は…を研究することをねらいとしている.

Ⓐ ***The main aim of this study is*** [***was***] ***to*** ....
本研究の主なねらいは…することである[あった].

✪ 結論部では過去形で使う.

✪ aim は「ねらい」. 実現しようという意図を示すが, 結果的にうまくいかないこともあり得る, というニュアンスを含む. したがって, 具体的な目的は purpose で示し, 大きなもくろみに関しては aim で述べると良い.

Ⓐ ***The main objective of this study is*** [***was***] ***to*** ....
本研究のおもな目標は…ということである[であった].

✪ 結論部では過去形で使う.

✪ objective は大きな目的のもとに設定される具体的目標を表す場合にふさわしい: The *objective* of this paper is to examine the main changes that occurred in the Tokyo metropolitan transportation system during the 1950s. この論文の目標は 1950 年代に起きた東京都の交通システムの主要な変化を考察することである.

Ⓐ ***A goal of this study is*** [***was***] ***to*** address ....
本研究の目標は…を検討することである[であった].

✪ 結論部では過去形で使う.

✪ goal は努力を経て達成したいと望む目標.

もとづく 〖根拠; 基礎; よる〗

基づく 動

≪根拠とする≫ ▶**be based on [upon] ...**

• Article 9 of our Constitution *is based on* [*upon*] our bitter experience of war.
わが国の憲法第 9 条は戦争の苦い経験に基づいている.

≪基盤とする≫ ▶**be founded on [upon] ...**

• His argument *is founded on* [*upon*] facts.
彼の議論は事実に基づいている.

…に基づいて 前

≪…を根拠にして≫ ▶**on ...; on the basis of ...**

✪ 前者のほうが口語的.

• Act *on* your teacher's advice.
先生の忠告に従って行動しなさい.

• His conclusion was formed *on the basis of* my data.
彼の結論は私の資料に基づいていた.

Ⓐ the calculations ***on*** which the hockey stick curve ***is based*** ⇒ TPL 20-10
ホッケースティック曲線の基となる計算

Ⓐ many of the arguments by the IPCC and other advocates of the theory ***are based on*** dubious scientific data ⇒ TPL 20-2
IPCC をはじめとする地球温暖化説支持者の主張の多くが, 疑わしい科学的データに基づいている

Ⓐ The theory ***is based on*** two postulates.
その理論は二つの仮定に基づいている.

もとめる 〖要求; 要請〗〖探す〗

求める

≪頼む≫ ▶**ask** 他

✪ 口語的で一般的.

• *ask* permission
許可を求める

• He *asked* my advice. = He ***asked*** me ***for*** advice. V+O+*for*+名

彼は私の助言を求めた.

- She *asked* me a favor. V+O+O
  = She ***asked*** a favor ***of*** me. V+O+*of*+名
  彼女は私にお願いがありますと言った.
- She ***asked*** me ***to*** stay there. V+O+C (*to* 不定詞)
  彼女は私にそこにいてくださいと言った.

≪要請する≫ ▶**request** ㊉

- He *requested* my help.
  彼は私の助力を求めた.
- They ***requested that*** the plan (*should*) *be* modified. V+O (*that* 節)
  彼らは計画を修正すべきだと要請した.

✪ that 節中の should または仮定法現在 (⇒いらい ✪).

- He ***requested*** a loan ***from*** the bank. V+O+*from*+名
  彼は銀行に融資を要請した.
- Passengers *are* ***requested*** not ***to*** lean over the rail. V+O+C (*to* 不定詞)の受身
  手すりから身を乗り出さないでください《船上などでの注意》.

≪要求する≫ ▶**require** ㊉

- The police ***required*** him ***to*** fill out a form. V+O+C (*to* 不定詞)
  = The police ***required that*** he (*should*) *fill* out a form. V+O (*that* 節)
  警察は彼に書類に記入するよう要求した.

✪ that 節中の should または仮定法現在 (⇒いらい ✪).

- What do you ***require of*** your students? V+O+*of*+名
  あなたは自分の学生に何を求めますか.
- Students *are required to* show their identification cards. V+O+C (*to* 不定詞)の受身
  学生は学生証を見せなければならない.

≪強く要求する≫ ▶**demand** ㊉

- She *demanded* an explanation.
  彼女は説明を要求した.
- They ***demanded that*** the government (*should*) *give* up nuclear power

generation. V+O (*that* 節)
彼らは政府に原子力発電をやめるよう要求した.

✪ that 節中の should または仮定法現在 (⇒いらい ✪).

• They ***demanded*** an apology ***from*** [***of***] him. V+O+*from* [*of*]+名
彼らは彼に謝罪を求めた.

• I ***demand to*** see the president. V+O (*to* 不定詞)
ぜひ社長に会わせてもらいたい.

✪ ask などと違って「人に…するよう求める」の意味で V+O+C (*to* 不定詞) の型をとらない.

≪得ようとして捜す≫ ▶**look for ...** ㊀

• I am *looking for* a job.
私は仕事を探している.

• ***look for information***
情報を求める

≪得ようと努める≫ ▶**seek** ㊀

✪ 格式ばった語.

• Flood victims were *seeking* food and shelter.
洪水の被害者は食糧と避難場所を求めていた.

• I must ***seek*** permission ***from*** the principal. V+O+*from*+名
校長の許可をもらわなければならない.

• *seek* medical advice *from* the doctor
医者に助言を求める

…を求めて 前

≪…を探して≫ ▶**in search of ...**

• Lots of people come to Tokyo *in search of* employment.
職を求めて上京する人が多い.

Ⓐ all participants ***were asked to*** complete a self-rating questionnaire ⇒ **TPL 21 ▶ Methods 2**
すべての参加者に自己評価アンケートへの回答を求めた

Ⓑ Right now ***my main requirement is*** a steady supply of two or three single origin beans. ⇒ **TPL 3**

今私が主に求めているのは, 2, 3 種類のシングルオリジン豆の安定供給です.

もどる 〘帰る; 引き返す〙

戻る

≪元の位置に帰る≫ ▶**be [go; come; get] back** ㊀

✪ go back は主語が元の位置（例えば家）以外の場所にいて元の位置（家）へ戻る場合. be back, come back は主語が発話しているその場所へ戻る場合か, あるいは主語が元の位置以外の場所にいて, 元の位置にいる人の立場に立って「戻ってくる」という意味を表す場合に使う. get back は come back, go back のいずれの意味も含む口語表現.

- I'll *be* [*come*] *back* in a minute.
  すぐ戻ってきます.
- *Go back* to the classroom. / *Come back* to the classroom.
  教室に戻りなさい.

✪ 前者は教室外で言う場合, 後者は教室の中から外にいる人に向かって言う場合.

- I don't know when Jack'll *get back from* work.
  ジャックがいつ仕事から帰ってくるかわからない.
- Do you want to ***get back into*** your old job?
  もとの仕事に戻りたいのですか.

≪元の場所・状態などに戻る≫ ▶**return** ㊀

✪ 一般的な語ではあるが, より格式ばった語.

- I *returned* home at ten yesterday. V+副
  私はきのう 10 時に家に帰った.
- I want to ***return to*** my hometown. V+*to*+名
  私は故郷へ帰りたい.
- When did you ***return from*** Hawaii? V+*from*+名
  いつハワイから帰ってきたの.
- Let's *return to* our first question.
  最初の問題に話を戻そう.

も

• To *return to* business, were you able to contact John?
仕事の話に戻りますがジョンと連絡はとれましたか.

• My blood pressure has *returned to* normal.
血圧が正常値に戻った.

≪引き返す≫ ▶**turn back** ㊎

• He *turned back* at the gate and went home.
彼は門のところで引き返して家に帰った.

• There's no *turning back*.
もう後には引けない.

≪回復する≫ ▶**be restored**

• Normal train services *were restored*.
電車のダイヤは平常に戻った (⇒平常の電車の運行が回復した).

• The temple *was **restored*** by specialists ***to*** its former glory. V+O+*to*+名の受身
寺は専門家たちによって元の美観に復旧された.

> Ⓑ ***I get back on*** the 7th, so any day after that will work for me. ⇒ TPL 14
> 7 日に戻ってくるので, それ以降の日ならいつでも大丈夫です.

も

もんだい 〘課題〙〘事柄〙

問題

≪答えを求める問い≫ ▶**question** Ⓒ (⇔answer)

• I couldn't do the ***question*** 「***in*** math [***about*** gravity].
(試験で)数学[重力]の問題ができなかった.

≪特に数や事実を求める問題≫ ▶**problem** Ⓒ (⇔solution)

✪ problem は数学や理科関係の問題について用いるのが普通.

• solve *problems in* mathematics = solve mathematical *problems*
数学の問題を解く

≪解決がつくかどうかは別として困難や議論を引き起こす問題≫
▶**question** Ⓒ

✪ 最も一般的な語.

- the *question*(*s*) of the day
  時事問題
- address the housing *question*
  住宅問題に取り組む
- That's another *question* altogether.
  それは全く別問題だ.
- It is a ***question of*** who should bell the cat.
  それは(まさに)だれがその難しい仕事をするかの問題だ.
- The *question* is whether he can do it in time.
  問題は彼が期間内にそれができるかどうかだ.
- She raised the ***question*** 「***of*** find***ing*** [***of how to*** find, (***of***) ***where to*** find] his successor.
  彼女は彼の後任を見つける[いかに見つけるか, どこで見つけるか]という問題を持ち出した.
- 「an ***important*** [a ***critical***] ***question***
  重大な問題
- a ***fundamental question***
  根本的問題
- a ***political question***
  政治的問題
- ***answer*** a ***question***
  問題を解決する
- ***debate*** a ***question***
  問題を議論する

≪明瞭な解決が必要とされる, 特に困難な問題≫ ▶**problem** Ⓒ

- discuss the pressing ***problem of*** housing
  急を要する住宅問題を話し合う
- Pollution is a serious social *problem*.
  汚染は深刻な社会問題である.
- There's a difficult ***problem with*** that.
  それについては難しい問題がある.

- a ***big*** [*major*, *grave*] ***problem***
  大問題
- a ***minor*** [*petty*] ***problem***
  些細な問題
- a ***complex*** [*complicated*] ***problem***
  複雑な問題
- ***cause*** [*create*, *present*, *pose*] a ***problem***
  問題を引き起こす
- ***raise*** a ***problem***
  問題を持ち出す
- ***attack*** [*tackle*] a ***problem***
  問題に取り組む
- ⌈***deal with*** [*address*] a ***problem***
  問題を処理する
- ***face*** a ***problem***
  問題に直面する
- ***solve*** [*settle*] a ***problem***
  問題を解決する
- ***avoid*** [*sidestep*] a ***problem***
  問題を避ける
- a ***problem arises*** [*comes up*, *occurs*]
  問題が生じる
- a ***problem surfaces***
  問題が表面化する
- a ***problem lies in*** ...
  問題は…にある
- a ***problem remains***
  問題が残る
- ***The problem is that*** I can't drive.
  問題は私が車を運転できないことだ.

≪論争の対象となっていて, 決着が迫られている社会的な争点≫

▶issue Ⓒ

- a key [major, big] *issue*
  重要な問題
- a sensitive *issue*
  微妙な問題
- ***address*** an ***issue***
  問題に取り組む
- ***confuse*** the ***issue***
  論点をぼかす
- The failure of the experiment has ***raised*** [***brought up***] a new ***issue***.
  実験の失敗は新たな問題点を提起した.

≪関係する事柄≫ **▶matter** Ⓒ

- the *matter* in [at] hand
  当面の問題
- the heart [crux] of the *matter*
  問題の核心
- a ***matter of*** great interest ***to*** the public
  大衆にとって大変興味のあること
- That is「quite another *matter* [another *matter* altogether].
  =That is quite a different *matter*.
  それは全く別問題だ.
- It's a *matter* of time [money].
  それは時間[金]の問題だ.
- There are several ***matters for*** us ***to*** deal with at the next meeting. +*for*+名+*to* 不定詞
  次の会議で処理しなければならない問題がいくつかある.
- It's ***no easy matter***.
  全く容易ではない事柄だ.
- a ***serious matter***
  重大な問題
- ***discuss*** the ***matter***

問題を論じ合う

- ***settle*** the ***matter***

  問題を解決する

- ***investigate*** the ***matter***

  問題を調査する

問題点

≪問題になるような事項≫ ▶**the point at issue** Ⓒ

Ⓐ ***truly urgent problems*** ⇒ TPL 20-11
喫緊の課題

Ⓐ ***The problem is*** with the lack of training in speaking the language.
問題は言語を話すための訓練が欠けていることです.

Ⓑ ***It is no problem at all.***
まったく問題ありません.

Ⓑ Don't hesitate to get in touch ***if you have any problem with*** this arrangement.
この計画に何か問題がありましたらご遠慮なくご連絡ください.

Ⓑ ***Please advise if this causes any problems.***
これで問題が起きるようであればお知らせください.

Ⓑ ***if the same problem comes up in the future*** ⇒ TPL 12
今後同じ問題が発生した場合は

や

やく 〖ほぼ；大体〗

約

▶about; some; approximately; nearly; almost

✪ 数･量･時間などについて最も一般的でよく用いられる日常的な語が about. それより格式ばった語で, 数詞の前にのみ用いられるのが some. だいたい正確であって, 不一致はさほど問題にならない（重要でない）ことを暗に意味するのが approximately で, やや格式ばった語. ちょうどの数などには足りないがもう少しで一致することを表すのが nearly で, ずれや差異がごくわずかであることを強調する. 不足していることや, ちょうどの数などにもう少しのところで及ばないことを強調するのが almost.

- We walked (just) *about* five miles.
  私たちは 5 マイルほど歩いた.
- I got up (at) *about* six.
  6 時ごろ起きた.
- It's *some* twenty miles.
  約 20 マイルです.
- *About* [*Some*] two hundred people came to the party.
  約 200 人がそのパーティーに出席した.
- The population of the city is *about* [*approximately*; *nearly*] five hundred thousand.
  その都市の人口は約 50 万人です.

Ⓐ ***approximately*** 60% of the students
学生の約 60%

やくそく 〖予約〗

約束 名

▶promise Ⓒ

✪ 最も一般的な語.

- a ***promise of*** payment
  支払いの約束
- She broke her ***promise to*** pay within a month. +*to* 不定詞
  = She broke her ***promise that*** she would pay within a month. +*that* 節
  彼女は 1 か月以内に支払うという約束[契約]を破った.
- ***make*** a ***promise***
  約束する
- ***give*** ... a ***promise***
  …に約束する
- ***keep*** [***fulfill***] a ***promise***
  約束を守る[果たす]

▶**engagement** Ⓒ

✪ promise より格式ばった語で, 意味が強い. 特に結婚などの約束を意味することがある.

- I have several previous [prior] *engagements.*
  いくつか先約があります.
- a speaking *engagement*
  講演の約束[仕事]
- Tom broke off his ***engagement to*** Liz.
  トムはリズとの婚約を破棄した.

≪仕事などで時間･場所を決めて会う約束≫ ▶**appointment** Ⓒ

- Excuse me—I have an ***appointment*** (***to*** see the boss). +*to* 不定詞
  すみませんが, 私には(上司との)先約があります.
- I have an ***appointment with*** Mr. White at 10 a.m. on the 20th.
  ホワイトさんと 20 日午前 10 時に面会の約束があります.
- cancel an *appointment*
  約束を取り消す
- keep an *appointment*
  約束を守る
- You can see Dr. White ***by appointment*** only.

ホワイト博士とは前もって約束した上でなければ面会できない.

≪必ず果たすという約束≫ ▶**commitment** Ⓒ

• He made a firm ***commitment***「***to*** help [***to*** help***ing***] us. +*to* 不定詞 [*to*+動名]

= He made a firm ***commitment that*** he would help us. +*that* 節

彼は我々を援助すると確約した.

• The government must respect its ***commitments to*** welfare programs.

政府は福祉計画の公約を尊重せねばならない.

約束する 動

▶**promise** ㊀

• He ***promised to*** wait till we arrived. V+O (*to* 不定詞)

= He ***promised*** (***that***) he would wait till we arrived. V+O((*that*) 節)

彼は私たちが来るまで待っていると約束した.

• ***Promise*** me (***that***) you'll be more careful. V+O+O((*that*)節)

もっと気をつけると約束して.

• Tom ***promised*** the money ***to*** me. V+O+*to*+名

= Tom *promised* me the money. V+O+O

トムはその金を私にくれると約束した.

▶**make a promise; make an appointment**

Ⓑ ***I have another commitment*** at that time.

その時間は別の約束があります.

Ⓑ ***I'd like to make an appointment to*** meet to talk about your long-term needs. When is convenient for you?

貴社の長期的なニーズについて話し合うために面談のお約束をしたいのですが, いつがご都合よろしいでしょうか.

やくにたつ 〖助かる〗

役に立つ 形

▶**useful; of use**

• a *useful* product

役に立つ製品

• This guidebook is very ***useful*** 「***for*** train travel [***to*** tourists]. +前+名
このガイドブックは列車での旅行[観光客]に大変役に立つ.

• Brainstorming is ***useful for*** [***in***] gather***ing*** ideas. +*for* [*in*]+動名
ブレインストーミングはアイデアを集めるのに役立つ.

• ***It's useful to*** know a little of the language of a foreign country.
外国のことばをちょっと知っているのは有益だ.

• prove *useful*
役に立つ(ことがわかる)

• It is *of* great *use*.
それは大いに役に立つ.

• Is this magazine *of* any *use to* you?
この雑誌は何か君の役に立つのか.

≪助けになる≫ ▶**helpful; of help**

• ***It's helpful*** (***for*** you) ***to*** use this dictionary.
(あなたは)この辞書を使うと役立ちますよ.

• This book will be ***helpful in*** study***ing*** Japanese. +*in*+動名
この本は日本語の勉強に役立つだろう.

• This will be ***helpful to*** you when you are grown up. +*to*+名
このことはあなたが大人になったときに役に立つだろう.

• ***It was*** very ***helpful of*** you ***to*** get that ticket for me.
そのチケットを買ってきてくれてとても助かった.

• Can I *be of* (any) *help* (*to* you) (*with* those bags)?
(そのかばんのことで)何かお役に立てることがありますか, (そのかばんを運ぶのを)お手伝いしましょうか.

✪ of use, of help はそれぞれ use と help の前に修飾語を伴うことが多く, その場合《略式》では of が省略されることがある.

役に立たない 形

▶**useless; (of) no use**

• prove *useless*
役に立たない(とわかる)

• This machine is completely [totally] ***useless to*** me. +前+名

この機械は私には全く役に立たない.

- things *of no* practical *use*
  実用性のない物
- It is (*of*) *no use*.
  それは全然役に立たない.

Ⓑ ***I'm glad to hear that we can be of help.*** ⇒ TPL 6
弊社がお役に立てると聞いてうれしいです.

Ⓑ ***I hope this information would be helpful.***
この情報がお役に立つとよいのですが.

Ⓑ ***We're pleased to have been of service.***
お役に立てたことを嬉しく思います.

Ⓑ ***I'm sorry I'm not able to help you.*** I would recommend asking your tax advisor what to do.
お役に立てず申し訳ありません. 税理士に対処法をお聞きになることをお薦めします.

やすむ 〖休憩; 休息〗〖欠席〗〖休暇〗〖休業〗

休む 動

《休息》 ▶**rest; take [have] a rest** 自

- I'm just going to *rest* during the summer vacation.
  夏休みにはゆっくり休むつもりです.
- Let's stop and ***take*** [***have***] a ***rest***.
  中断してひと休みしようよ.

《ちょっと休む》 ▶**take a break**

- We ***took*** an hour's「***break for*** lunch [lunch *break*].
  私たちは 1 時間の昼休みをとった.
- "Let's ***take*** a coffee ***break***, shall we?" "Yes, let's."
  「ひと休みしてコーヒーでも飲もうよ」「うん, そうしよう」

《くつろぐ》 ▶**relax** 自

- She *relaxed with* a cup of coffee.
  彼女はコーヒーを飲んでくつろいだ.

≪欠席・欠勤する≫ ▶ **be absent (from ...); absent *one*self (from ...)**

✪ 後者は格式ばった表現.

• Henry has ***been absent from*** school [work] for the past ten days. + *from*+名

ヘンリーはこの 10 日間学校[会社]を休んでいる.

• Tom *absented himself from* the meeting.

トムはその会合を休んだ.

≪休暇をとる≫ ▶**take a holiday; be off**

• Did you *take a holiday* last month?

あなたは先月休暇をとりましたか.

• I *was off* for the afternoon.

私は午後は非番でした.

≪閉店している≫ ▶**be closed** (⇔be open)

• The school *was closed* because of the flu.

インフルエンザで学校は休校になった.

休んで 副

≪仕事など≫ ▶**off**

• Why don't you have [take] a few days *off*?

2, 3 日休んだらどう.

• He has Thursday *off*.

彼は木曜日がお休みです.

Ⓑ The factory will ***be shut down*** for five days to allow our employees to enjoy the holiday.

従業員が休暇を楽しめるように工場は 5 日間お休みします.

Ⓑ Our shop will ***be closed*** on April 10 so we can take inventory.

当店は棚卸しのため 4 月 10 日はお休みになります.

や

ゆ

ゆいいつ

唯一の 形

▶**only** A

✪ 通例 the を付けて. 最も一般的な語.

• He is the *only* person (who [that]) I know in this town.
この町で私が知っているのは彼だけだ.

≪現存の中で唯一の≫ ▶**sole** A

• the *sole* survivor of the shipwreck
難破船の唯一の生存者

• The child is her *sole* consolation.
その子だけが彼女の唯一の慰めだ.

≪唯一無二の≫ ▶**one and only**

✪ 所有格とともに. only の強調.

• This is your *one and only* chance!
これがあなたに与えられたただ 1 度の機会だ.

> Ⓐ ***the present study is the only*** investigation that examines ...
> この研究は…を調べた唯一のものである

ゆ

ゆうい

有意の 形

≪意味のある≫ ▶**significant**

• a *significant* relation between moral debasement and economic instability
道徳低下と経済不安定との有意な関係

> Ⓐ Correlation is ***significant at*** the 0.05 level (2-tailed).
> 相関は 5% 水準で有意(両側)である.
>
> Ⓐ the *p*-values ***are significant*** when $p < 0.05$ ⇒ TPL 21 ▶ Results 1
> p 値は p<0.05 のときに有意である

ゆうこう

有効な 形

《望んだ効果が得られる》 ▶**effective** (⇔ineffective)

• The government adopted *effective* measures to prevent such disasters.
政府はこのような災害を防ぐために有効な手段を講じた.

• Audiovisual education is very *effective* for foreign-language teaching.
視聴覚教育は外国語の指導に極めて有効である.

• The new drug is highly ***effective against*** allergies.
その新薬はアレルギーに非常によく効く.

《法的に効力がある》 ▶**valid** (⇔invalid)

• a *valid* passport
有効な[期限の切れていない]パスポート

• This ticket is *valid* for seven days.
この切符は 7 日間有効だ.

有効性 名

▶**validity** U

• The term of *validity* of this contract [guarantee] is two years.
本契約[保証書]の有効期間は 2 か年です.

有効期限

▶《米》**expiration date,**《英》**expiry date** C

Ⓑ Our offer ***is valid until*** December 5.
弊社のご提案は 12 月 5 日まで有効です.

ゆらい 〖起源; 起こる〗

由来 名

《起源》 ▶**origin** C

• the ***origin***(***s***) ***of*** a name
名前の由来

• Some of our customs are「***of*** Chinese ***origin*** [Chinese ***in origin***].
私たちの習慣には中国起源のものがある.

• ***have*** one's ***origin***(***s***) ***in*** ...
…に端を発する, もともと…が起源である

≪来歴≫ ▶**history** Ⓒ

• the *history of* the foreign [loan] word
その外来語の由来

由来する 動

≪ことばなどが≫ ▶**derive; be derived** 自

• Her stinginess ***derives from*** her poverty. V+*from*+名
彼女がけちなのは貧しさからだ.

• Many English words ***are derived from*** Latin.
英単語にはラテン語から派生したものが多い.

≪発生する, 起こる≫ ▶**originate** 自

• Some of these medicines ***originate from*** herbs. V+前+名
これらの薬には野草からできたものもある.

• The rumor ***originated in*** the radio program.
そのうわさはラジオ番組に端を発した.

• The war ***originated in*** [***as***] a quarrel over the island.
戦争はその島をめぐる争いから始まった.

Ⓐ such stories ***are*** mostly ***traced back to*** the reports by the Intergovernmental Panel on Climate Change (IPCC) ⇒ **TPL 20-2**
このような報道の多くは, 気候変動に関する政府間パネル(IPCC)の報告書に端を発している

Ⓐ The AIDS virus is believed to have ***originated in*** Central Africa.
エイズ・ウイルスは, 中央アフリカに起源をもつと信じられている.

ゆ

よ

ようい

用意

⇒じゅんび(準備)

ようきゅう

要求

⇒せいきゅう(請求); もとめる(求める)

ようけん 〖条件〗〖用事〗

要件

≪必要な条件≫ ▶**necessary [required] condition; requirement** Ⓒ

• He doesn't ***meet*** the minimum ***requirements for*** graduation.
彼は卒業の最低条件を満たしていない.

≪前提条件≫ ▶**precondition** Ⓒ

• The cessation of nuclear tests is a *precondition for* peace negotiations.
核実験の中止が平和交渉の前提条件だ.

≪重要な用事≫ ▶**important matter** Ⓒ **[business** Ⓤ**]**

Ⓑ We are familiar with the ***import requirements*** and procedures for Japan. ⇒ TPL 2
弊社は日本への輸入要件と手続きについて熟知しております.

ようせい

要請

⇒せいきゅう(請求); もとめる(求める); ようぼう(要望)

ようぼう 〖要請; 依頼; 願い〗

要望 名

≪要請≫ ▶**request** Ⓒ

- a formal [written] *request*
  公式の[書面による]要請
- The party has been postponed ***at*** her ***request***.
  彼女の要望でパーティーは延期になった.
- Somebody's got to answer [meet] his *request*.
  だれかが彼の要望に応えなければならない.
- Their ***request for*** help came too late.
  彼らの援助の要請は遅すぎた.
- We ***made*** a ***request*** *to* them *for* immediate assistance.
  我々は直ちに援助してほしいと彼らに要請した.
- May I *make* one last *request of* you?
  あなたに最後のお願いをひとつしてもよろしいですか.
- There was a ***request that*** the meeting (*should*) *be* rescheduled. +*that* 節
  会議日程を変更してほしいという要請があった.

✪ that 節中の should または仮定法現在 (⇒いらい ✪).

- The mayor ignored [rejected] repeated ***requests to*** disclose the information. +*to* 不定詞
  市長は情報の開示を求めるたびたびの請求を無視[却下]した.

≪形式の整った嘆願など≫ ▶**appeal** Ⓒ

- an ***appeal for*** support
  支援を求める訴え
- launch an ***appeal to*** the outside world ***to*** help the refugees +*to*+名+*to* 不定詞
  他の国々へ難民救済の訴えを始める
- The Pope ***made*** an ***appeal*** *to* the world *for* peace.
  ローマ法王は世界に対して平和を訴えた.

要望する 動

▶**ask for ...; request** 他

✪ 後者のほうが格式ばった語.

- They ***requested that*** the plan (*should*) *be* modified. V+O (*that* 節)
  彼らは計画を修正すべきだと要請した.

✪ that 節中の should または仮定法現在 (⇒いらい ✪).

- He ***requested*** a loan ***from*** the bank. V+O+*from*+名
  彼は銀行に融資を要請した.
- Passengers *are* ***requested*** not ***to*** lean over the rail. V+O+C (*to* 不定詞)の受身
  手すりから身を乗り出さないでください《船上などでの注意》.

Ⓑ ***I would certainly like to accommodate you on that.*** ⇒ TPL 17
それについてご要望にお応えできるようにいたします.

Ⓑ We're sorry, but ***we cannot meet your request***.
ご要望にお応えできず申し訳ございません.

Ⓑ We have made our best effort to ***accommodate your requests***, however, we cannot offer any further discount.
貴社のご要望に添うようできる限りの努力をしておりますが, これ以上のお値引きはできません.

Ⓑ ***Please let us know your requirements in detail*** so we can provide you with the best service.
最高のサービスをご提供するためお客様のご要望をどうぞ詳しくお聞かせください.

ようめい 〖注文〗

用命

≪注文≫ ▶**order** Ⓒ

- I ***got*** [***received***] an ***order*** from Mr. Kent.
  ケントさんから注文を受けました.

Ⓑ ***We're glad to have been of service.***
このたびはご用命をいただき(⇒お役に立てて)嬉しく思います.

Ⓑ ***We hope we may continue to serve you in the future.***
今後ともご用命をいただければ(⇒お役に立てれば)幸いです.

ようやく

要約

よ

⇒まとめる

よてい 〘計画; スケジュール〙

予定 名

≪計画≫ ▶**plan** Ⓒ

✪ 最も一般的な語.

- a change of *plan*(*s*)
  計画変更
- I have no ***plans to*** travel this year. +*to* 不定詞
  今年は旅行する計画はありません.
- "Have you made any ***plans for*** the summer vacation?" "Yes, but rough ones."
  「夏休みの計画を立てましたか」「はい. 大ざっぱなものですけど」
- ***go according to plan***
  計画どおりに進む

≪きちんと時間を割り当てた計画≫ ▶**schedule** Ⓒ

- a fixed [flexible] *schedule*
  変更できない[できる]予定
- What's on the ***schedule for*** Tuesday?
  火曜日の予定はどうなってる?
- I have a busy [full, tight] *schedule*.
  私は予定が詰まっている.
- ***according to schedule***
  予定どおりに
- ***ahead of schedule***
  予定より早く
- ***behind schedule***
  予定より遅れて
- ***on schedule***
  予定どおりに

予定された 形

≪計画された≫ ▶**planned; scheduled**

✪ 2 つとも通例 Ⓐ.

• a *scheduled* flight
 定期航空便

予定する 動

≪計画する≫ ▶**plan** 他

• *plan* a trip
 旅行を計画する

• We're ***planning to*** attend the meeting. V+O (*to* 不定詞)
 私たちはその会議に出席するつもりだ.

• Our wedding is *planned for* next month.
 結婚式は来月の予定です.

▶**schedule** 他

• His arrival *is* ***scheduled for*** Thursday. V+O+*for*+名の受身
 彼の到着は木曜の予定だ.

• The Crown Prince *is* ***scheduled to*** visit the hospital tomorrow. V+O+O (*to* 不定詞)の受身
 皇太子はその病院をあす訪問される予定だ.

• The bus left「earlier than *scheduled* [***as scheduled***].
 バスは予定より早く[予定どおり]出発した.

≪計画を立てる≫ ▶**make a plan**

予定どおり

≪計画されたように≫ ▶**as (previously) arranged [planned]**

≪計画に基づいて≫ ▶**according to plan [schedule]**

• Everything went *according to plan.*
 すべて計画通りに進んだ.

予定表

▶**schedule** Ⓒ

• The *schedule* says he'll be back on Monday.
 予定だと彼は月曜日に帰ってくる.

‖ Ⓑ ***The meeting will be held as planned*** on September 15 starting at 9:00

よ

am.
会議は予定通り 9 月 15 日午前 9 時より開かれます.

Ⓑ We will be able to submit the product specifications ***earlier than originally planned***.
当初の予定より早く製品仕様書を提出できそうです.

Ⓑ The ***expected delivery date*** that we were given was September 23rd. ⇒ TPL 16
配送予定日は 9 月 23 日とのことでした.

Ⓑ Please ship by air directly to our customer below and inform me ***when it is expected to arrive***. ⇒ TPL 7
下記の顧客へ航空便で直接発送し, 当方に到着予定日をお知らせください.

Ⓑ Sorry, but I have a business trip ***scheduled for*** November 5. ⇒ TPL 14
申し訳ありませんが, 11 月 5 日に出張の予定があります.

Ⓑ ***Our plan is to*** make you our primary supplier.
主要なサプライヤーは貴社にお願いする予定です.

Ⓑ ***We had planned to*** order at least 60 kg a month, however, customer demand has fallen off and we only need 30 kg this month.
月 60kg 以上発注する予定でしたが, 顧客の需要が減り, 今月必要なのは 30kg だけでした.

Ⓑ ***I plan to*** ask several suppliers for their quotations and then make a final decision.
今後いくつかのサプライヤーに見積もりを依頼し, 最終的に決定する予定です.

Ⓑ ***I have changed my schedule*** and will arrive in Boston on the 15th instead of the 16th.
予定を変更し, ボストンには 16 日ではなく 15 日に到着することになります.

Ⓑ My order ***was scheduled to*** ship on April 5, what is the reason for the delay?

よ

私の注文品は 4 月 5 日に出荷予定でしたが, 遅れた理由は何ですか.

Ⓑ ***Could you fit me into your schedule tomorrow?***
明日予定を空けておいてもらえませんか.

Ⓑ ***I have nothing planned for*** next Friday.
来週の金曜日は予定が空いています.

Ⓑ ***My schedule is free on*** Wednesday.
水曜日は予定が空いています.

Ⓑ「***My schedule is booked*** [***My calendar is full***] until the end of the month.
今月末まで予定が埋まっています.

よやく 〘約束〙

予約 名

≪部屋･座席･切符などの≫ ▶**reservation** Ⓒ

✪ しばしば複数形で.

- I'd like to make a ***reservation for*** a flight to Paris on April 7.
  4 月 7 日のパリ行きの便の予約をしたいのですが.
- We have a *reservation* in the name of Grant.
  グラントの名前で予約してあるのですが.
- "Will you arrange my hotel *reservation*?" "Yes, sir. What city are you going to?"
  「ホテルの予約をしてくれますか」「はい, どこ(の町)へお出かけですか」
- accept *reservations*
  予約を受け付ける
- confirm a *reservation*
  予約を確認する

▶《英》**(advance) booking** Ⓒ

- make [cancel] a *booking*
  予約をする[取り消す]

≪商品の≫ ▶**advance order** Ⓒ

• They received an *advance order* for the machine.
彼らはその機械の予約注文を受けた.

≪診察などの≫ ▶**appointment** Ⓒ

• a dental [hospital] *appointment*
歯医者[病院]の予約

• I *made* a doctor's *appointment* for [at] two.
2 時に医者の予約をした.

• "I'd like to make an *appointment for* a haircut." "When [What time] would be convenient for you?"
「カットの予約をしたいのですが」「いつがよろしいですか」《美容院の予約で》.

• cancel an *appointment*
予約を取り消す

予約する 動

▶**make reservations** [《英》**bookings**]; **reserve** ⊕他

• We *reserved* two rooms at the hotel.
私たちはそのホテルに 2 部屋とった.

• I'd like to *reserve* a seat on the six o'clock flight to London.
6 時のロンドン行きの飛行機を予約したいのですが.

• These seats *are* ***reserved for*** our foreign visitors. V+O+*for*+名の受身
こちらは外国からのお客様用の予約席です.

▶《英》**book** ⊕他

• ***Book*** a room ***for*** me at the hotel. V+O+*for*+名
= *Book* me a room at the hotel. V+O+O
そのホテルに部屋を予約してください.

• We *are* fully *booked* tonight.
今晩は予約でいっぱい[満室, 満席]です.

• I *am* ***booked on*** the next flight. V+O+*on*+名の受身
私は次の便を予約してある.

▶**make an appointment**

‖ Ⓑ ***I have a reservation for*** the night of May 5.

よ

5月5日の夜に予約を取ってあります.
Ⓑ ***The only appointment open is*** a 3:00 p.m. on Monday.
ご予約は月曜日の午後3時しか空いていません.

よる 〘次第〙〘基づく〙〘原因; 理由〙

…による

≪…次第である≫ ▶**depend on [upon] ...**

- The crop ***depends on*** [***upon***] the weather. V+*on* [*upon*]+名
  収穫は天気次第だ.
- Everything ***depends on*** [***upon***] ***what*** he does. V+*on* [*upon*]+*wh* 節
  すべて彼の出方次第だ.
- Our success ***depends on*** [***upon***] ***whether*** he'll help us or not. V+*on* [*upon*]+*whether* 節
  私たちの成功は彼が援助してくれるかどうかにかかっている.

≪…に基づく≫ ▶**be based on [upon] ...**

- Article 9 of our Constitution *is based on* [*upon*] our bitter experience of war.
  わが国の憲法第9条は戦争の苦い経験に基づいている.

≪…が原因である≫ ▶**be caused by ...**

- The flood *was caused by* heavy rain.
  洪水は豪雨で生じた.

…によると 前

≪言葉･引用などによると≫ ▶**according to ...**

- *According to* today's newspaper, there was an earthquake in Alaska.
  きょうの新聞によるとアラスカで地震があったそうだ.

…によって

≪命令･基準･判断に従って≫ ▶**by ...**

- Don't judge a person *by* appearance [looks].
  人を外見によって判断してはいけません.

≪法令･規則に従って≫ ▶**under ...**

- *Under* the rules, you must pay a fine.

よ

規則に従って罰金を払わなくてはならない.

≪…が原因で≫ ▶**due to ...; owing to ...**

• The river banks collapsed *due to* heavy rain.
豪雨のため堤防が決壊した.

• *Owing to* the snow(,) the trains were delayed.
雪で列車が遅れた.

≪…の理由で≫ ▶**because of ...; on account of ...**

✪ 前者は最もはっきりと理由を表す言葉. 後者のほうが格式ばっている.

• The train was delayed *because of* the heavy snow.
大雪のために列車が遅れた.

• I was late for school *on account of* an accident.
私は事故で学校に遅れた.

≪特によくない理由で≫ ▶**through ...**

✪ 強調的.

• The business failed *through* his idleness.
その事業は彼が怠けたために失敗した.

≪…の手段によって≫ ▶**by ...; by means of ...**

✪ 後者のほうが格式ばった言い方で, by だけよりもはっきりと「手段」の意味を表わす.

• We express our thoughts *by means of* language.
我々は言語によって思想を表現する.

≪行為者≫ ▶**by ...**

• This story was written *by* a famous writer.
この物語はある有名な作家によって書かれた

Ⓐ The answer ***depends on*** ....
その答えは…による.

Ⓐ It would ***depend on*** the circumstances.
それは状況によるだろう.

Ⓐ Whether ... or not will largely ***depend on*** ～.
…かどうかは主に～によるだろう.

Ⓐ ... will vary, ***depending on*** ～.
…は～によってさまざまである.

Ⓐ ***According to this line of argument,***
この考え方によれば

Ⓐ ***According to*** *The Hockey Stick Illusion* by A. W. Montford, ⇒ TPL 20-9
A･W･モントフォード著の『ホッケー･スティック幻想』によれば

Ⓐ The subjects were ranked ***according to*** the alerting network scores ... ⇒ TPL 21 ▸ Methods 3
被験者を注意喚起ネットワークスコアに従ってランク付けした…

Ⓐ a press release issued on October 6, 2009 from the US National Snow and Ice Data Center ***reports that*** ... ⇒ TPL 20-7
2009 年 10 月 6 日に発表された米国国立雪氷データセンターのプレスリリースによると…

✪ アカデミック･ライティングの特徴の一つとして, 上の例のような無生物主語がある.

Ⓐ global warming ***due to*** the buildup of anthropogenic greenhouse gases ⇒ TPL 20-1
人為的な温室効果ガスの蓄積による地球温暖化

Ⓐ Data from ANT was analyzed ***by means of*** scores based on mean age ... ⇒ TPL 21 ▸ Methods 3
ANT のデータは, 平均年齢に基づくスコアによって分析された…

よろこぶ 〖嬉しい〗

喜ぶ

≪一時的な強い喜びや満足感を表して≫ ▶**be glad**

- I***'m glad*** (***that***) you weren't hurt in the accident. +(*that*) 節
  事故でけがをしなくてよかったですね.
- I***'m*** very ***glad to*** see you. +*to* 不定詞
  お目にかかれて大変うれしいです.
- We ***were glad about*** [***for***] the news. +*about* [*for*]+名

私たちはその知らせを聞いて喜んだ.

≪気に入って喜ぶ≫ ▶**be pleased**

✪ 意味が広く, あまり強い意味ではない.

- She ***was pleased with*** her new dress. +*with*+名
  彼女は新しいドレスが気に入った.
- Ben ***is pleased about*** his new job. +*about*+名
  ベンは新しい仕事が気に入っている.
- He ***was*** very ***pleased*** (***that***) he found his son safe and well. +(*that*) 節
  = He ***was*** very ***pleased to*** find his son safe and well. +*to* 不定詞
  彼は息子が無事でいることがわかってうれしかった.

≪大いに喜ぶ≫ ▶**be delighted**

✪ pleased より意味が強い.

- I***'m delighted to*** see you. +*to* 不定詞
  お会いできてうれしいです.
- He ***was*** absolutely ***delighted with*** [***by***] my gift. +*with* [*by*]+名
  彼は私の贈り物を大変喜んだ.

✪ very delighted とは言わない.

- He***'s delighted that*** you are well again. +*that* 節
  彼はあなたが全快されたことを喜んでいます.
- She***'s delighted at*** receiv*ing* so many letters. +*at*+動名
  = She*'s delighted to* receive so many letters.
  彼女は手紙をこんなにたくさんもらって喜んでいる.

喜んで…する

▶**be glad** [**ready**] **to** ***do***

- I'd *be* (only too) *glad to* help you.
  (ぜひとも)喜んでお手伝いします.
- I *am ready to* help.
  私は喜んでお手伝いをいたします.

> Ⓑ Our experts ***would be happy to*** advise you. ⇒ **TPL 2**
> 弊社の専門家が喜んでアドバイスさせていただきます.

よ

よろしく

≪適当に·よいように≫

✪ 日本語の「よろしく」はその意味·用法·発想において非常に日本語的で, 独特のものを持っている. 従って, この語をそのまま英訳しようとすると, かえって不自然でわかりにくい英語になってしまうことが多い. この点に注意し, 以下の用例中の注記も参考にして, 前後関係を考えて意訳するなり, または省略するなりしなくてはならない.

- "I'm Ichiro Aoki." "I'm Saburo Yamada." "How do you do?" "*Very glad to meet you.*" "「I'm very glad [Very glad] to meet you, too."
  「私が青木一郎です」「私は山田三郎です」「はじめまして」「どうかよろしくお願いします」「こちらこそ」

✪ 初対面の人に向かって言う「どうぞよろしく」は上のように「お会いできてうれしい」(Very glad to meet you.) に当たると考えてよい.

- "OK. I'll do that." "Thank you very much."
  「よろしい. 引き受けましょう」「ありがとうございます. ではどうかよろしくお願いします」

✪ こういう場合の「どうかよろしく」は英語にはぴったりの表現がないので, 英訳では無視して省略するほうがよい. よく, I hope you will do your best. (あなたは最善を尽くして下さると思います)とか, Please do as you think fit. (あなたがよいと思うようにして下さい), あるいは I leave it to your good judgment. (それをあなたの良識ある判断にゆだねる)などと訳してあるものを見かけるが, このような表現は英語としては蛇足であるだけでなく, 相手に対してだめ押しをしているような失礼な響きがあることに注意. もし感謝の言葉に続けて何か言うとすれば,「引き受けていただいて本当にうれしい」"I'm very glad [happy] that「you have [you've] accepted our request." のような表現にすべきである.

- This is my son Shoichi. I hope he will work hard.
  これは息子の正一ですが, よろしくご指導をお願いします.

✪ 息子が実際に勤勉であると信じていればこのように言うことができ

るし, 実際に忠告や指導が必要と感じていれば I think he needs a lot of guidance and advice from you. のように言ってもよい. 英語では, 自分や自分の身内のことを謙遜(けんそん)して言うこともちろんあるが, どちらかというと自己宣伝をする場合のほうが多い. 従って, 必要以上に卑下して言わないほうがよい. またこの例文では「どうかよろしくご指導下さい」を直訳して Please guide him in a proper way. などとしてはならない. これは命令調で, しかも指導法のあり方まで指示することになり, 相手に失礼な表現となるからである.

- We *look forward to* your support.
  よろしくご支援のほどお願いします (⇒あなたの支援を待ち望んでいます).
- Thank you very much.
  では, 万事よろしくお願いします《話の終わりなどで》.

≪伝言≫

- Please *say hello to* Jack *for* me.
  ジャックによろしくね.
- Please *give my best wishes* [*regards*] *to* Mrs. White.
  奥さんによろしくお伝え下さい.

✪ これは Mr. White に対して言う場合. 一般に「奥さん」という場合はこのようにするのが your wife と言うよりも丁寧.

- My wife *sends* her *best regards to* you.
  妻からもくれぐれもよろしくとのことです.

Ⓑ ***Thank you.*** ⇒ TPL 18
よろしくお願いします.

Ⓑ ***Looking forward to doing business with you,*** ⇒ TPL 3
よろしくお願いいたします(⇒お取り引きできることを楽しみにしつつ)《メールなどの末尾で》.

Ⓑ ***Thanks in advance for your help,*** ⇒ TPL 5
よろしくお願いいたします.

Ⓑ ***Thanks in advance,*** ⇒ TPL 7
よろしくお願いいたします.

よ

Ⓑ ***Thank you for your understanding,*** ⇒ TPL 12
ご理解のほどよろしくお願いいたします.

Ⓑ ***I'm glad we'll be working together.***
よろしくお願いいたします(⇒一緒にお仕事ができることをうれしく思います).

Ⓑ ***We appreciate your ongoing support.***
今後ともご支援のほどよろしくお願いいたします.

Ⓑ ***I hope you'll favor us with your consideration.***
是非ご検討くださいますようよろしくお願いいたします.

Ⓑ ***We look forward to serving you again in the future.***
今後ともよろしくお願いいたします(⇒またのご利用をお待ちしています).

Ⓑ ***I'm looking forward to working together with you again someday.***
今後ともよろしくお願いいたします(⇒またいつか一緒にお仕事ができることを楽しみにしています).

Ⓑ ***I hope this is the start of a long and productive partnership.***
今後ともお付き合いのほどよろしくお願いいたします.

Ⓑ ***Thank you for understanding the situation***, and I'm sorry for causing you any inconvenience.
ご面倒をおかけいたしますが, ご理解のほどよろしくお願いいたします.

Ⓑ We're sorry for the inconvenience and ***ask for your cooperation***.
ご迷惑をおかけしますが, ご協力よろしくお願いいたします.

ら

ランク

ランク 名

▶rank Ⓒ

• He has been promoted to the *rank* of major.
彼は少佐に昇進した.

• She is a painter of the first [highest, top] *rank*.
彼女は一流の画家だ.

ランクする, ランク付けする 動

≪ランクを占める≫ **▶rank** 自

• *rank* high [low]
高く[低く]評価される

• A colonel ***ranks above*** a major. V+前+名
大佐は少佐より位が上だ.

• He ***ranks among*** the top baseball players.
彼は最高の野球選手の 1 人だ.

• The US *ranks* third in the world in population. V+C (形)
米国の人口は世界第 3 位だ.

≪格付けする≫ **▶rank** 他

• He ***ranks*** Tom ***above*** [***below***] John. V+O+前+名
彼はトムがジョンより上[下]だと考えている.

• He *is ranked* third as a tennis player. V+O+C (形)の受身
彼はテニス選手として 3 位にランクされている.

> Ⓐ The subjects ***were ranked*** according to the alerting network scores, ... ⇒ TPL 21 ▸ Methods 3
> 被験者を注意喚起ネットワークスコアに従ってランク付けし, …

ら

り

りかい 〖わかる; 認識〗

理解する 動

▶**understand** 他 自

• I can't [don't] *understand* you.
あなたの言う[する]ことがわからない.

• I just can't *understand* modern music.
私には現代音楽はまったくわからない.

• I ***understand how*** you feel. V+O (*wh* 節)
お気持ちはよくわかります.

• We ***understand how to*** drive a car. V+O (*wh* 句)
私たちは自動車の運転のしかたを(頭では)わかっている.

• I can't ***understand*** him [《格式》his] behav***ing*** like that. V+O (動名)
彼がなぜそのようにふるまったのかわからない.

• I ***understand*** (***that***) you have no objection. V+O ((*that*)節)
あなたには異議がないと私は理解しています.

• His silence *was* ***understood to*** mean yes. V+O+C (*to* 不定詞)の受身
彼の沈黙は承諾を意味すると解された.

▶**make out** 他

• I *couldn't* ***make out what*** he said.
私は彼の言うことがわからなかった.

✪ いずれも平易な日常語だが, understand のほうが一般的で, make out はより口語的.

≪価値を認める≫ ▶**appreciate** 他

• He cannot *appreciate* friendship.
彼は友情のよさが理解できない.

• I ***appreciate*** 「***that*** this is a very hard task [***how*** hard this task is]. V+O (*that* 節 [*wh* 節])
これが大変困難な仕事だとはよくわかっている.

≪よく認識する≫ ▶**realize** ㊀

- He has *realized* his error.
  = He has ***realized*** (***that***) he made an error. V+O ((*that*) 節)
  彼は誤りを犯したことを悟った.
- Afterward, she ***realized what*** had happened. V+O (*wh* 節)
  彼女は後になって何が起こったかわかった.

理解 ㊔

▶**understanding** Ⓤ

✪ または an ～.

- I don't have *a* clear ***understanding of*** the causes.
  私はその原因についてははっきりわからない.
- According to *my understanding of* the letter, he is not angry with us.
  その手紙を私なりに解釈すると, 彼は私たちには怒っていないと思う.
- mutual *understanding* between nations
  各国間の相互理解
- It's beyond a child's *understanding*.
  それは子供の理解力を超えている.

> Ⓑ ***You need to understand that*** Japanese consumers are very sensitive to quality. ⇒ **TPL 5**
> 日本の消費者は品質に非常に敏感であることをご理解ください.
>
> Ⓑ ***Thank you for your understanding and cooperation.***
> ご理解·ご協力のほどよろしくお願いいたします.
>
> Ⓑ ***I understand that*** you do not usually offer volume discounts at the quantities I would be purchasing. However, ... ⇒ **TPL 5**
> 通常私が購入するような数量では大口割引を提供されていないことは理解しています. しかし, …

リスト

⇒ひょう(表)

り

りっしょう
立証
⇒しょうめい(証明)

りてん 〘有利; 長所〙
利点
≪有利な点≫ ▶**advantage** Ⓒ (⇔disadvantage)
- Living in a large city has many *advantages*.
 大都市に住むことには多くの利点がある.
- One of the great *advantages of* ～ is that ....
 ～の大きな利点の一つは…ということです.

≪よい点·長所≫ ▶**good point** Ⓒ (⇔bad point)
- This new car has many *good points*.
 この新車には多くの優れた点がある.

リニューアル
≪改装·更新≫ ▶**renewal** Ⓤ

> Ⓑ ***Our website has been redesigned*** to help you find what you need faster.
> お客様が必要なものをより早く見つけることができるよう弊社ウェブサイトをリニューアルいたしました.

りゆう 〘根拠〙
理由
▶**reason** Ⓒ

✪ 最も意味が広く一般的で, 以下の語の代わりにも使える.
- What are「the ***reasons for*** his stay [his ***reasons for*** stay***ing***] there?
 彼がそこにとどまっている理由は何ですか.
- One of the ***reasons*** (***why*** [***that***]) I love him is *that* [《略式》*because*] he is honest. +(*why* [*that*]) 節

私が彼を好きなのはひとつにはあの人が正直だからだ.

- ***For*** this ***reason*** I cannot agree with you.
  こういう理由で私はあなたに同意できません.
- I won't have it *for* the simple *reason* (*that*) I don't like it.
  私がそれを食べないのはただ好きではないからだ.
- explain the ***reasons behind*** his decision
  彼が決意した背後にある理由を説明する
- 「We have [There is] every [good] ***reason to*** believe that his motives are suspect. +*to* 不定詞
  彼の動機が疑わしいと考える十分な[もっともな]理由がある.
- You have no *reason to* complain.
  あなたが苦情を言う理由は全くない.
- explain the *reason*
  理由を説明する
- ask the *reason*
  理由を尋ねる
- invent a *reason*
  理由をでっち上げる
- give [tell] a *reason*
  理由を述べる

≪根拠≫ ▶**ground** Ⓤ

✪ または複数形で.

✪ 本人が正当性を信じて主張する場合に用いる.

- on legal *grounds*
  法律上の理由で
- There is no ***ground for*** think***ing*** so.
  そう考える根拠は全くない.
- He has (good) *grounds for* complaint.
  彼には苦情を言う(正当な)理由がある.
- You have sufficient ***grounds to*** sue. +*to* 不定詞
  君には訴えを起こす十分な根拠がある.

り

• She was pardoned ***on the grounds of*** her youth.
彼女は若いという理由で許された.

• He was dismissed ***on the grounds that*** he had broken the rules.
彼は規則を破ったとの理由で首になった.

≪正当な根拠のある理由≫ ▶**cause** Ⓤ

• There is no ***cause for*** complaint [concern].
不平を言う[心配する]理由は何もない.

• You have no [good] ***cause to*** go back now. +*to* 不定詞
今戻るべき理由はない[十分な理由がある].

• with [without] good *cause*
正当な理由があって[正当な理由なしに]

Ⓐ Methanogens are hard to study ***because*** they are sensitive to oxygen and have other special environmental needs.
メタン生成微生物は酸素や他の特殊な環境要因に対して敏感なため, 研究に困難がつきまとう.

✪ 理由を表す接続詞としては because が最もよく用いられる. 接続詞 as も一般に理由を表すために用いられるが, 時間, 比例, 様態など用法が多いので, 学術論文で明確に理由を表すときは主に because を使う.

Ⓐ ***Since*** life expectancy has been increasing steadily for over 150 years, according to the OECD, there is now a higher proportion of the elderly than ever before. ⇒ TPL 21 ▸ Introduction 1
150 年以上前から平均寿命は着実に伸び続けているため, OECD によると, 現在, 高齢者の比率はかつてないほど高い.

✪ Since が導く節は, 主節の前に置かれる. 疑問の余地がない大前提や明白な事実を理由として示す場合にふさわしい.

Ⓐ Scientists did not recognize the value of Smith's papers on the subject ***because of*** their mathematical complexity.
科学者たちは, 数学的な複雑さのために, その課題に関するスミスの論文の価値を認めなかった.

Ⓐ The frequency of natural disasters will increase ***on account of***

り

climate change.
気候変動のために自然災害の頻度は増加するだろう.

Ⓐ It is difficult to pinpoint the exact cause of this accident, ***owing to*** the lack of reliable data.
信頼できるデータが欠けているために, この事故の正確な原因を特定することは難しい.

Ⓐ ***There may be other reasons that may explain why*** the findings seem different ... ⇒ TPL 21 ▶ Discussion 3
結果が異なるように見える理由は他にもあるかもしれない…

Ⓐ ***... has three reasons:***
…には 3 つの理由がある

Ⓐ ***For these reasons,*** ....
これらの理由により….

Ⓑ if you have to miss the meeting ***for any reason***
何らかの理由で会議を欠席せざるを得ない場合には

Ⓑ ***for personal reasons***
個人的な理由により

Ⓑ ***May I ask why*** you have switched to a different supplier?
他のサプライヤーに変更された理由をお聞かせいただけますでしょうか.

り

りよう

利用

⇒しよう(使用)

りょうかい 〖理解; 承諾; 了承; 同意〗

了解する 動

≪理解する≫ ▶**understand** 他

✪ 一般的な語.

• I ***understand how*** you feel. V+O (*wh* 節)
お気持ちはよくわかります.

- We ***understand how to*** drive a car. V+O (*wh* 句)
  私たちは自動車の運転のしかたを(頭では)わかっている.
- I ***understand*** (***that***) you have no objection. V+O ((*that*)節)
  あなたには異議がないと私は理解しています.

≪同意·承諾する≫ ▶**consent** (**to** ...) ⓐ

- ***consent to*** the proposal V+*to*+名
  その提案に同意する.
- His mother will not ***consent to*** his [him] go***ing*** there alone. V+*to*+動名
  彼の母は彼が一人でそこへ行くことには賛成しないだろう.

了解 名

▶**understanding** Ⓒ

- They「*came to* [*reached*] a tacit *understanding with* us *about* the issue.
  彼らはその問題について私たちと暗黙の了解に達した.

≪同意·承諾≫ ▶**consent** Ⓤ

- He gave his ***consent to*** the proposal.
  彼はその提案に同意した.

了解 副 感

≪よし·わかった≫ ▶《略式》**OK; all right**

- *Okay*, Jim, I'll let you know later.
  わかった, ジム, 後で知らせるよ.
- *All right*, I'll see you at five.
  よしわかった, 5 時に会おう.

> Ⓑ ***Understood.*** I'll get right on it.
> 了解しました. すぐに取りかかります.
> Ⓑ ***Got it***, no problem.
> 了解しました. 問題ありません.

りろん 〖学説〗

理論 名

▶**theory** Ⓤ

✪ 具体的に個々の理論をいうときは Ⓒ.

• put *theory* into practice
理論を実践する
• Einstein's ***theory of*** relativity
アインシュタインの相対性理論
• He advocated the ***theory that*** the universe began with an explosion. + *that* 節
彼は宇宙の始まりに爆発があったという説を唱えた.

理論(上)の・理論的な 形

▶theoretical

• There is a *theoretical* possibility of life on Mars.
火星に生物がいる理論的な可能性はある.

理論的に(は) 副

▶theoretically; in theory

• *theoretically* possible
理論的には可能な
• His plan looks promising *in theory*, but it won't work.
彼の計画は理屈の上では見込みがありそうだがうまく行かないだろう.

> Ⓐ ***There are two theories*** that attempt to explain why ....
> なぜ…かという説明を試みた, 2 つの理論がある.
>
> Ⓐ what science tells us is ***theoretically possible*** ⇒ TPL 20-4
> 科学が理論的にありうると教えてくれるもの

り

リンク 名

▶link Ⓒ

• a *link to* ...
…へのリンク
• *links* on this page
このページにあるリンク
• follow a *link*
リンクをたどる

リンクする ㊍

≪つなぐ・結び付ける≫ ▶**link** ㊉ ㊊

- The mind and body are ***linked together***. V+O+*together* の受身
  心と体はつながっている.
- These two events are ***linked to*** each other. V+O+*to*+名の受身
  2つの事件は互いに結び付いている.
- Obesity is closely ***linked with*** eating habits. V+O+*with*+名の受身
  肥満は食習慣と密接に関係している.
- *link* to a Web site
  ウェブサイトへのリンクを張る[へリンクする]

Ⓑ You can find our current catalog ***at this link***:
現在のカタログはこちらのリンクからご覧いただけます.

Ⓑ ***Click the link below*** to sign in.
以下のリンクをクリックしてサインインしてください.

り

る

るいじ 〖似る〗

類似した 形

≪似ている≫ ▶**similar; like; alike**

✪ similar は非常によく似ていること. like は口語的で性質·形などが似ていること. 後に目的語を従えることもある. alike は意味は like とほぼ同じだが, P のみに用いる.

- *similar* tastes
  同じような趣味
- His handwriting is ***similar to*** mine. +*to*+名
  彼の筆跡は私のに似ている.
- These two look strikingly ***similar in*** shape. +*in*+名
  この 2 つは形がよく似ている.
- We are of *like* mind.
  我々は同意見だ.
- *Like* father [mother], *like* son [daughter].《ことわざ》
  この親にしてこの子あり(かえるの子はかえる).
- The three sisters all look very much *alike*.
  その 3 姉妹はみなよく似ている.

≪性質·機能などが≫ ▶**analogous**

✪ ほかの語より格式ばった語.

- The wings of an airplane are *analogous to* those of a bird.
  飛行機の翼は鳥の翼に類似している.

類似 名

≪似ていること≫ ▶**similarity; likeness; resemblance** U

✪「類似点」の意味では C. 以上はほぼ同じ意味で用いられることもあるが, 似ている度合いが一番強いのは similarity. resemblance は漠然と似ていることで, やや格式ばった語.

- ***similarity between*** Venus and (the) earth

る

金星と地球の類似性

- I was surprised at the ***similarity of*** his style ***to*** Hemingway's.
  彼の文体がヘミングウェイの文体と似ているのに驚いた.
- ***similarities in*** appearance
  外観上の類似点
- There are striking ***similarities between*** the two designs.
  2 つのデザインには著しい類似点がある.
- He bears some *likeness to* his father.
  彼はお父さんに似たところがある.
- He *bears* [has] a strong [close, great] *resemblance to* his father.
  彼は父親にそっくりだ.
- There's very little *resemblance between* them.
  彼らには似ているところがほとんどない.

Ⓐ ***A is similar to B.***
A は B に似ている.

Ⓐ ***similarity between A and B***
A と B の類似

れ

れい 〖実例; 事例; たとえば〗

例 名

≪一般的な原則などを具体的に示す代表的な実例≫ ▶**example** Ⓒ

✪「手本・模範」という意味でも用いられる.

- a classic [typical, prime] *example*
  典型的な例
- This is a good ***example of*** a traffic accident caused by carelessness.
  これは不注意による交通事故のよい例である.
- ***Give*** an ***example*** *of* a city that flourished in the Middle Ages.
  中世において栄えた都市の例を一つあげなさい.
- Please give me a concrete [specific] *example*.
  具体例を教えてください.
- ***provide*** an ***example*** *of* ...
  …の例をあげる; …の一例となる
- ***cite*** an ***example***
  実例を引きあいに出す
- Let's take baseball as an *example*.
  野球を例にとってみよう.

れ

≪単に個別的な事例としてあげる≫ ▶**instance** Ⓒ

- He ***cited*** several ***instances of*** cultural differences between the two nations.
  彼は両国の文化的に異なる例をいくつかあげた.
- I'll ***give*** you another ***instance***.
  もうひとつ別の例をあげましょう.

≪説明などの助けとなる実例≫ ▶**illustration** Ⓒ

- give [provide] an *illustration*
  実例をあげる
- by way of *illustration*

例証として

≪事例≫ ▶**case** Ⓒ

- a *case* in point
  適切な例
- a ***case of*** hard labor
  重労働の一例
- a classic *case of* love at first sight
  ひと目ぼれの典型的な例
- This is not a common *case*.
  これはそうざらにある例ではない.

例の 形

≪いつもの≫ ▶**usual**

- He sat in his *usual* chair.
  彼はいつもの椅子に座った.

≪問題の≫ ▶**in question**

- The man *in question* died.
  例の男は死んだ.

Ⓐ ***There are examples of*** ....
…の例がある.

Ⓐ ***This example illustrates*** ....
この例は…を例証する.

れんらく 〖知らせる〗〖接続; 乗り継ぎ〗

連絡する 動

≪連絡をとる≫ ▶**get in touch**

- I'll *get in touch with* you by phone.
  君に電話で連絡するよ.

≪定期的にやり取りする≫ ▶**be [keep; stay] in touch (with ...)**

- I must be going now. I'll *be in touch*.
  もう行かなくちゃ. また連絡するから.
- *Keep in touch*!

またご連絡をください.

• She *keeps in touch with* her parents in the country by phone.
彼女は電話でいなかの両親と連絡をとりあっている.

≪メール·電話·手紙などで≫ ▶**contact** ㊍

• May I have an address and phone number where I can *contact* you?
ご連絡先の住所と電話番号をお願いできますか.

≪主にメール·電話で≫ ▶**reach** ㊍

• You can *reach* me at this number.
この番号で私に連絡がつきます.

≪人に知らせる≫ ▶**let ... know** ㊍

• Please *let* me *know* if you can attend the party.
パーティーに出席できるのでしたら知らせてください.

≪通知する≫ ▶**inform** ㊍

• I ***informed*** her ***of*** [***about***] my departure. V+O+*of* [*about*]+名
私は彼女に私の出発のことを知らせた.

≪交通機関などが接続する≫ ▶**connect** ㊎

• This train *connects with* another at Chicago.
この列車はシカゴで別の列車に連絡する.

連絡 名

≪メール·電話·手紙などで≫ ▶**contact** Ⓒ

• be ***in contact*** *with* ...
…と連絡をとっている

• ***make*** [***get in***] ***contact*** *with* ...
…と接触する, 連絡をとる

• ***have contact*** *with* ...
…と接触をもっている, 連絡をとっている

• 「***stay in*** [***keep in***, ***maintain***] ***contact*** *with* ...
…と連絡をとり続ける

• ***lose contact*** *with* ...
…と連絡がとれなくなる

• ***put*** him ***in contact*** *with* ...

(連絡先を教えて)彼に…と連絡をとらせる

≪交通機関などの≫ ▶**connection** Ⓒ

- make a ***connection*** at Paris ***for*** Rome
  パリでローマ行きに乗り継ぐ
- Is there a ***connection with*** our train at Chicago?
  シカゴでこの列車に接続がありますか.

連絡先

≪電話の≫ ▶**contact number** Ⓒ

連絡網

≪組織·グループ内の電話連絡用≫ ▶**phone tree** Ⓒ

Ⓑ ***Thank you for getting in touch with us.*** ⇒ TPL 17
ご連絡ありがとうございます.

Ⓑ ***I hope to hear from you soon.*** ⇒ TPL 1
ご連絡をお待ちしております.

Ⓑ ***I look forward to hearing from you soon.***
近いうちにご連絡いただけるのを楽しみにしております.

Ⓑ ***Please feel free to contact us*** if you have any queries.
何かご質問がありましたらお気軽にご連絡ください.

Ⓑ ***Please let us know as soon as you hear from them.***
先方から連絡があり次第すぐにお知らせください.

Ⓑ ***I'll be in touch soon.***
近いうちにご連絡します.

Ⓑ ***I'm contacting you*** on the recommendation of our legal advisor Dane and Masters.
法律顧問のデーンアンドマスターズの推薦でご連絡させていただきました.

Ⓑ I'll have your new customer account manager ***get in touch with*** you soon about your order. ⇒ TPL 6
ご注文については, 近日中に新しい顧客担当者からご連絡を差し上げます.

Ⓑ ***I will certainly contact you*** before the payment due date if the same

problem comes up in the future. ⇒ **TPL 12**
今後同じ問題が発生した場合は必ず支払期日前にご連絡いたします.

Ⓑ ***You can reach me at*** aaa@bbbb.co.jp while I'm away.
出張中は aaa@bbbb.co.jp で連絡が取れます.

ろ

ろんじる 〘討議; 話し合う; 議論〙

論じる

≪討論する≫ ▶**discuss** ㊌

✪ discuss は他動詞であるから前置詞をつけて ×discuss *about* [*on*] a problem などというのは誤り.

• I want to ***discuss*** the problem ***with*** him. V+O+*with*+名
　その問題について彼と話し合ってみたい.

• They ***discussed how*** they should solve the problem. V+O (*wh* 節)
　= They ***discussed how to*** solve the problem. V+O (*wh* 句)
　彼らはその問題をどう解決するか討議した.

• We ***discussed*** join***ing*** the union. V+O (動名)
　我々はその組合に加入することについて話し合った.

≪議論する≫ ▶**argue** ㊐ ㊌

• *argue* for the sake of *arguing*
　議論のための議論をする

• I ***argued with*** him ***about*** [***over***] the new plan. V+*with*+名+*about* [*over*] +名
　私は彼と新計画について議論した.

• *argue* politics
　政治を論じる

≪論題として扱う≫ ▶**treat** ㊌

• This problem has *been* ***treated by*** many economists. V+O の受身
　この問題は多くの経済学者により論じられてきた.

> Ⓐ【研究者】***discussed*** ....
> 　【研究者】は…を論じた.
> ✪ 文体のスリム化(⇒かんさつ ✪).
> ✪ ×discuss + that 節にはできない.

ろ

ろんぶん

論文

≪一般的に≫ ▶**paper** Ⓒ

✪ 最も口語的で日常的な語.

- a ***paper on*** population problem
  人口問題に関する論文
- read [deliver, give, present] a *paper*
  論文を(口頭で)発表する
- a ***scientific paper***
  科学論文
- an ***unpublished paper***
  未発表論文
- ***publish*** a ***paper***
  論文を発表する
- ***cite*** a ***paper***
  論文を引用する

≪学位・卒業論文≫ ▶**thesis**《㊢ **theses**》Ⓒ

✪ 修士・博士論文の両方に使う.

- a master's *thesis*
  修士論文
- a doctoral *thesis*
  博士論文
- She wrote a ***thesis on*** [***about***] the eruption of Mt. Mihara.
  彼女は三原山の噴火に関する論文を書いた.

≪特に博士などの学位論文≫ ▶**dissertation** Ⓒ

- a doctoral *dissertation*
  博士論文

≪学術論文≫ ▶《格式》**treatise** Ⓒ

> Ⓐ ***This paper argues*** ....
> 本論は…を議論する.

ろ

✪「本論は」と本論自体を指す場合は this paper が最も一般的で，他に the present paper も使われる．また，this study, our research など，「研究」を意味する言葉を主語にすることも非常に多い．

わ

わかる 〘理解〙〘知る〙〘判明〙

分かる

≪理解する≫ ▶**understand** ㊐ ㊀

- I can't [don't] *understand* you.
  あなたの言う[する]ことがわからない.
- I just can't *understand* modern music.
  私には現代音楽はまったくわからない.
- I ***understand how*** you feel. V+O (*wh* 節)
  お気持ちはよくわかります.
- We ***understand how to*** drive a car. V+O (*wh* 句)
  私たちは自動車の運転のしかたを(頭では)わかっている.
- I can't ***understand*** him [《格式》 his] behav***ing*** like that. V+O (動名)
  彼がなぜそのようにふるまったのかわからない.
- Do you *understand*?
  わかりましたか.
- Now, I *understand*!
  ああわかったよ.

▶《略式》 **get** ㊐

- *get* the joke
  冗談がわかる
- I've *got* you [it].
  わかった.

わ

≪要点などがわかる≫ ▶**see** ㊐ ㊀

✪ 目で見てわかることから, 頭の中に印象を描いて理解する意味にもなる. 口語的な語.

- I don't *see* any use in going there.
  そこへ行くことに意味があるとは思えない.
- I ***see what*** you mean. V+O (*wh* 節) Ⓢ

あなたの言うことはわかる.

• I don't ***see why*** I should be treated like this.

どうしてこんな扱いを受けなければならないのかわからない.

• She couldn't ***see that*** he was insincere. V+O (*that* 節)

彼女には彼が不誠実であることがわからなかった.

• Do you *see*?

わかりますか.

≪知っている≫ ▶**know** ㊎ ㊍

• I *know* some German.

ドイツ語は多少わかります.

• I don't ***know*** anything ***about*** it. V+O+前+名

それについては私は何も知りません.

• My father ***knows*** much ***of*** the world.

父は世間をよく知っている.

• How did they *know* my phone number?

どうして彼らに私の電話番号がわかったのだろう.

• He ***knew*** (***that***) the report was false. V+O((*that*) 節)

彼はその報告がうそだということを知っていた.

• I ***know how*** you feel. V+O (*wh* 節)

あなたの気持ちはよくわかる.

• He ***knows where*** the post office is.

彼はどこに郵便局があるか知っている.

• Do you ***know how to*** drive? V+O (*wh* 句)

あなたは自動車の運転のしかたを知っていますか.

• I didn't ***know whether*** [***if***] I should go. V+O (*whether* [*if*] 節)

= I didn't ***know whether to*** go. V+O (*whether* 句)

私は行くべきかどうかわからなかった.

• I *know* (*that*) he is honest.

= I ***know*** him ***to*** be honest. V+O+C (*to* 不定詞)

彼が正直なことはわかっている.

• Does she ***know to*** get up early this morning? V+O (*to* 不定詞)

今朝は早く起きないといけないってことを彼女はわかってるの?

• People [Those] who *know* will not waste their money that way.
分別のある人は自分の金をそんなふうに浪費しない.

≪区別する≫ ▶**tell** ㊀ ㊁

✪ can, could などを伴って.

• He *can*'t ***tell*** the true ***from*** the false. V+O+*from*+名
彼には本物と偽物との区別がつかない.

• I *can*'t ***tell if*** it's correct. V+O (*if* 節)
私はそれが正しいのかどうかわからない.

≪認知できる≫ ▶**recognize** ㊀

• I didn't immediately *recognize* my old friend after thirty years.
30 年ぶりだったので私は旧友に会ってもすぐにはわからなかった.

• I easily ***recognized*** the bird ***by*** its coloring. V+O+*by*+名
色で容易にその鳥の見分けがついた.

≪経験・状況から≫ ▶**find** ㊀

• I *found* the book easy. V+O+C (形)
その本は易しいと(読んでみて)わかった.

• I called at his house but ***found*** him ***out***.
彼の家を訪ねたが彼は不在だった.

• We *found* the money *gone*. V+O+C (過分)
金がなくなっているのがわかった.

• We ***found*** her ***to*** be very friendly. V+O+C (*to* 不定詞)
= We ***found*** (***that***) she was very friendly. V+O ((*that*)節)
彼女はとても親切だと思った.

わ

≪結局…とわかる≫ ▶**turn out; prove** ㊁

✪「物・事」が主語.

• The rumor ***turned out to*** be true.
= *It* ***turned out*** (***that***) the rumor was true.
= *As it turned out*, the rumor was true.
そのうわさは結局事実だった.

• The rumor *proved* false. V+C (形)

= The rumor ***proved to*** be false. V+C (*to* 不定詞)
そのうわさは誤りであることが判明した[結局誤りだった].

• It *proved to* be a useful tool.
=It *proved* a useful tool. V+C (名)
それは役に立つ道具であることがわかった[(使ってみると)役に立つ道具であった].

Ⓐ In general, ***we find that*** greater age is associated with overall slower responses on each task. ⇒ TPL 21 ▸ Results 1
概して, 年齢が高いほど, どの課題でも反応が総じて遅くなることがわかる.

Ⓐ ***it can be seen*** in the orienting network that there is an increasing efficiency with aging ⇒ TPL 21 ▸ Results 1
定位ネットワークでは, 加齢に伴い効率が上昇していることが見て取れる

Ⓐ ***It was found that*** there is a significantly large difference in response rate for each age group. ⇒ TPL 21 ▸ Results 1
各年齢層で応答速度に著しく大きな差があることがわかった.

Ⓐ Today, ***we know that*** ....
今日では…ということがわかっている.

Ⓐ ***The findings of the study showed that*** .... ⇒ TPL 21 ▸ Results 1
研究結果として…ということが判明した.

Ⓐ ***we can see that*** ... ⇒ TPL 21 ▸ Results 3
…であることがわかった

Ⓑ ***I understand*** your desire to get your order as soon as possible and I'll do what I can to make that happen.
一刻も早くご注文品を手に入れたいというお気持ちはわかりますので, そのためにできることはさせていただきます.

Ⓑ ***It turns out that*** some of the sprockets we had in inventory from your last shipment were defective. ⇒ TPL 16
前回送っていただいたスプロケットの在庫の一部に欠陥があることがわかりました.

わ

Ⓑ I regret to inform you ***we have discovered*** an error in your bill caused by our miscalculation.
誠に申し訳ありませんが, 弊社の計算ミスにより請求書に誤りがあることがわかりました.

Ⓑ After further investigation ***we found*** the problem was caused by dust in the motor.
さらに調査を進めた結果, 問題の原因がモーターに混入した埃であったことがわかりました.

わける 〖分割〗〖分類〗〖区切る〗〖分配; 配る〗

分ける

≪1つのものを幾つかに分割する≫ ▶**divide** ㊍

- Mom ***divided*** the cake ***into*** eight pieces. V+O+*into*+名
  ママはそのケーキを8つに分けた.
- The playground *is divided into* three areas by white lines. V+O+*into*+名の受身
  グラウンドは白線で3つに区切られている.

≪分類する≫ ▶**classify** ㊍

- English words *are* usually ***classified into*** eight parts of speech. V+O+*into*+名の受身
  英単語は普通8つの品詞に分類される.
- He ***classified*** the books「***according to***［***by***］subject. V+O+前+名
  彼は本をテーマ別に分類した.

≪区分する≫ ▶**separate** ㊍

- This curtain *separates* the rooms.
  このカーテンで部屋が仕切られている.
- This town *is* ***separated*** by the river ***into*** the residential district and the business district. V+O+*into*+名の受身
  この町は川をはさんで住宅地域と商業地域とに分かれている.

≪分配する≫ ▶**distribute; deal (out)** ㊍

✪ 後者のほうが口語的.

• He ***distributed*** his land ***among*** his children. V+O+前+名
彼は土地を子供たちに分けた.

• She usually ***distributes*** presents ***to*** the children at the party.
彼女はたいていパーティーで子供にプレゼントを配る.

• She *dealt* (*out*) each child three sandwiches.
=She *dealt* three sandwiches (*out*) *to* each child.
彼女は子供におのおの 3 個ずつサンドイッチを配った.

≪互いに分かち合う≫ ▶**share** ㊎

• He ***shared*** his food ***with*** the poor man. V+O+*with*+名
彼はその貧しい人に食べ物を分けてやった.

• They ***shared*** the profits ***between*** [***among***] them. V+O+*between* [*among*]+名
彼らは利益を自分たちで分けた.

Ⓐ Participants ***were*** randomly ***divided into*** experimental and control groups while keeping a relatively balanced sex ratio. ⇒ TPL 21 ▸ Methods 1
男女比のバランスを相応に保ちながら, 参加者は実験群と対照群に無作為に分けられた.

Ⓐ ***fall into two broad categories*** of younger adults and older adults ⇒ TPL 21 ▸ Methods 1
若年層と高齢層に大別される

わび 〘謝罪〙

詫び ㊔

▶**apology** Ⓒ

• a letter of *apology*
おわびの手紙

• demand an *apology*
謝罪を要求する

• She「offered me an *apology* [made an ***apology to*** me] ***for*** being late.
彼女は私に遅くなったことをわびた.

• I ***make no apologies*** [***apology***] ***for*** that.
それを別に悪いとは思わない.

詫びる 動

▶apologize 自

• I really must *apologize*.
本当に申しわけありません.

• I ***apologized to*** him ***for*** my carelessness. V+*to*+名+*for*+名
私は彼に自分の不注意をわびた.

• John ***apologized*** profusely ***for*** be***ing*** late. V+*for*+動名
ジョンは遅刻したことを十分にわびた.

✪ for は「わびる内容」, to は「わびる相手」を指す.

▶make [offer] an apology

✪ offer のほうが格式ばった言い方.

> Ⓑ ***I apologize again for this problem.*** ⇒ TPL 17
> このような問題が生じましたこと重ねておわびいたします.
>
> Ⓑ ***I apologize for any inconvenience this has caused.***
> このたびはご不便をおかけしましたこと, おわび申し上げます.
>
> Ⓑ ***Please accept my apology for the delay in reply.***
> ご返信が遅くなりましたことをおわび申し上げます.
>
> Ⓑ ***Please allow me to apologize for*** the defective sprockets in your last shipment. ⇒ TPL 17
> 前回ご注文のスプロケットに欠陥がありましたことをおわび申し上げます.

わ

わりびき 〘値引き〙

割引き 名

▶discount Ⓒ

• cash *discount*
現金割引

• "Can you give me a ***discount on*** this PC?" "We give a 20 percent *discount* on all cash purchases."

「このパソコン割引きしてもらえますか」「現金でのお買い上げはすべて 2 割引きいたします」

• ***at a discount***

割引して

▶**reduction** Ⓒ

• ***at*** a ***reduction*** of 10 percent

1 割引きで

• make a *reduction*

割引きして売る

割引きする 動

≪割り引く≫ ▶**discount** ⑩他

• *discount* summer wear heavily

夏物衣料を大幅に割引きして売る

≪値を下げる≫ ▶**reduce** 他

✪ discount より格式ばった語.

• ***reduce*** the price ***by*** 5 percent V+O+*by*+名

値段を 5 パーセント引く

• These shoes *were* ***reduced from*** $50 ***to*** $40. V+O+*from*+名+*to*+名の受身

この靴は 50 ドルから 40 ドルに値引きされた.

割引価格

▶**reduced [discount] price** Ⓒ

• I bought it *at* a *reduced price*.

私はそれを割引値で買った.

Ⓑ Please note that this quotation includes a first-time customer welcome ***discount of*** 10%.

このお見積りには初回注文割引 10% が含まれています.

Ⓑ Unfortunately, ***we do not offer a volume discount on*** less than 600 kg in a single order. ⇒ TPL 4

残念ながら一回のご注文が 600kg 未満の場合大口割引は行っておりません.

Ⓑ We can ***offer*** you a one-time ***discount*** on your first order.

わ

初回ご注文では1回限りのお値引きをいたします.

Ⓑ We'll ***give*** you a 10% ***discount*** on all your orders the first year.
初年度のご注文にはすべて10%のお値引きをいたします.

Ⓑ ***We're pleased to offer you a 10% discount on your order*** on condition you include our name in your promotional materials as your supplier.
販促物にサプライヤーとして弊社の名前を入れていただくことを条件に, ご注文の際に10%のお値引きをさせていただきます.

Ⓑ 20% ***is the maximum discount we can offer you***.
20%がご提示できる最大限のお値引きです.

Ⓑ I would be willing to discuss a year-long contract ***in return for a reasonable discount***. ⇒ TPL 3
妥当なお値引きをいただければその代わりに1年間の契約も検討したいと思います.

Ⓑ ***We might think about a discount*** in the range of 8% to 10% on those orders. ⇒ TPL 6
その注文に対して8%から10%の範囲でお値引きを考えさせていただくかもしれません.

わ

テンプレートパート

本パートには，ビジネスメールのテンプレート 19 点，論文・レポートのテンプレート 2 点，計 21 点が収録されている．収録テンプレートは以下のとおり．

・TPL 1-15：ビジネス・ライティング監修者執筆．

・TPL 16-19：ロシェル・カップ，佐々木順子『カスタマーサービスの英語』(研究社，2012 年)pp.60-62, 90-92 を著者許諾のもと転載(日本語訳は一部改変)．

・TPL 20：一橋大学英語科『英語アカデミック・ライティングの基礎』(研究社，2015 年)pp.71-77 に基づき一部改変．

・TPL 21：英語論文におけるアカデミック表現の使用例を示すために作成した(執筆：大石由紀子；ネイティブチェック：Steven Kirk)．掲載されている実験データや参考文献等は実在するものではない．また，論文全体ではなく，各セクションの一部を抜粋した内容となっている．

❷ワンポイント解説

TPL 20-3 論文が取り扱う主な項目を前もって簡潔に示す．順番を付ける▶

First, the **arguments** by experts in various fields of science that global warming is a natural and non-anthropogenic phenomenon will be introduced. Second, **we will investigate** how the **data** and facts **presented** by the advocates of the global warming theory have **been scientifically challenged** and often **disproved**. Finally, the IPCC's presentation of the so-called "hockey stick graph" in their 2001 report **will be examined** ....

まず，地球温暖化は人為的でない自然現象であるという各分野の専門家の主張《⇒しゅちょう》を紹介する．次に，地球温暖化説の提唱者が示したデータ《⇒データ》や事実が，科学的にどのように反駁され，さらにしばしば反証されてきた《⇒いぎ》かを調査《⇒ちょうさ》する．最後に，IPCC が 2001 年の報告書で提示した，いわゆる「ホッケースティック・グラフ」について検討《⇒けんとう》する．…

❶重要表現

❶辞典見出しへの参照

❶テンプレート中の重要表現は赤の太字で示した．また，当該表現が収録されている辞典パートの見出しを参照できるよう，対応する日本語訳中に《⇒　》で参照先を示した．

❷ TPL 20, 21 には，アカデミック・ライティング監修者による「ワンポイント解説」を加え，論文・レポートの構成や論の展開の仕方を分かりやすく提示した．「ワンポイント解説」はテンプレート中に …… ▷で示し，該当表現には下線を付した．

TPL 1

Re: Samples and quotes on Central American green coffee to Japan
Dear Sir or Madam,
My name is Kaz Takeda. I own Takeda Coffee Roasters, a wholesale roaster serving small independent cafes. **We are based in** Yokohama, Japan. **I am looking for a supplier of** specialty green coffee sourced from Central America and **I found your website on the internet.**
I want to offer my customers high quality specialty coffees. **I am particularly interested in** coffee from Guatemala, Honduras, Nicaragua, and Costa Rica. I also **plan on building my own brand** by **marketing** my **product to** larger retail coffee shop chains in the near future.
Would you send me information about what kinds of beans you **typically stock** and your prices?
If you have an importer in Japan or do your own importing, **I would very much appreciate it if you could send** a few **samples of** your better quality green beans, if not, roasted beans **would also be welcome**.
I hope to hear from you soon.
Sincerely,
Kaz Takeda
Takeda Coffee Roasters

Re: 日本向け中米産コーヒー生豆のサンプルと見積もりについて
ご担当者様
私はタケダ・カズと申します. タケダコーヒーロースターズのオーナーで, 小さな個人経営のカフェに焙煎コーヒー豆を卸しています. 弊社は日本の横浜に拠点《⇒きょてん》を置いています. 中米産のスペシャルティコーヒー生豆のサプライヤー《⇒きょうきゅう》を探しており, インターネットで貴社のウェブサイト《⇒ウェブサイト》を見つけました.
私は顧客に高品質のスペシャルティコーヒーを提供《⇒ていきょう》したいと考えています. グアテマラ, ホンジュラス, ニカラグア, コスタリカのコーヒーに特に興味《⇒きょうみ》があります. また, 近い将来, より大きな小売りコーヒーショップチェーンに製品を売り込み《⇒うりこむ》, 自社ブランド《⇒ブランド》を立ち上げようと考えています.
貴社が普段どのような豆を扱っている《⇒あつかう》か, またその価格について教えてください《⇒いらい》.
日本に輸入業者をお持ちの場合, または自社で輸入を行っている場合は, なるべく品質の良い生豆のサンプル《⇒サンプル》を数点送っていただけると大変ありがたいです《⇒いらい》. もしそうでなければ焙煎済みの豆でも結構《⇒けっこう》です.
ご連絡《⇒れんらく》をお待ちしております.
よろしくお願いいたします.
タケダ・カズ
タケダコーヒーロースターズ

TPL 2

Re: Samples and quotes on Central American green coffee to Japan
Dear Kaz Takeda,
Thank you for your interest in Central American Coffee Suppliers. **I am sure that** you will find our specialty beans **meet your needs for** high quality coffee.
I have attached a list of the green coffees we offered in the past year along with their prices at the time. **You can find information about** the beans currently available **on our website**.
We are familiar with the **import requirements** and **procedures for** Japan. **I have taken the liberty of sending** a few samples of green beans to your company address. **They should arrive in a week or so.**
By the way, if you are interested in creating a signature blend for your brand, our experts **would be happy to** advise you. **You can find more information about** our consulting services on our website.
Let me know if you have any questions.
Best regards,

Len Waterhouse
New Account Service
Central American Coffee Suppliers

Re: 日本向け中米産コーヒー生豆のサンプルと見積もりについて
タケダ・カズ様
この度はセントラルアメリカンコーヒーサプライヤーズにご興味《⇒きょうみ》をお持ちいただきありがとうございます《⇒かんしゃ》. 弊社のスペシャルティコーヒー豆は高品質なコーヒーに対する貴社のニーズ《⇒ニーズ》にお応えできると確信して《⇒かくしん》おります.
過去 1 年間に提供した生豆とその時の価格のリストを添付いたします《⇒てんぷ》. 現在入手可能な豆の情報は弊社ウェブサイト《⇒ウェブサイト》でご覧いただけます.
弊社は日本への輸入要件《⇒ようけん》と手続き《⇒てつづき》について熟知しております. 勝手ながら生豆のサンプルを数点, 貴社宛てに送らせていただきました《⇒おくる》. 1 週間ほどで到着《⇒とうちゃく》するはずです.
ところで, もし貴社のブランドのためにシグネチャーブレンドを作りたいとお考えでしたら, 弊社の専門家が喜んで《⇒よろこぶ》アドバイスさせていただきます. コンサルティングサービスについては弊社ウェブサイトに詳しい情報《⇒じょうほう》がございます.
何かご質問《⇒しつもん》があればお知らせください《⇒しらせる》.
よろしくお願いいたします.
レン・ウォーターハウス
新規顧客サービス
セントラルアメリカンコーヒーサプライヤーズ

TPL 3

Re: Question about shipping and payment, discounts
Dear Mr. Waterhouse,
Thank you for the samples, **they arrived here last week.**

I am impressed by the high quality of your product and also the variety of beans you sold over the past year, especially the micro lots. I think my customers would be excited to **have access to** these kinds of unusual coffees.
Right now **my main requirement is a steady supply of** two or three single origin beans, one of which should be organic. **I'm thinking of** strictly high grown from Costa Rica and certified organic Huehuetenango from Guatemala, which was one of the samples you sent me.
I purchase 300 kg a month **from** my current supplier in Japan. I want to replace 100 kg of that with your products, 75 kg of the Costa Rica and 25 kg of the Guatemala, **assuming you can guarantee a steady supply**.
Please let me know about your shipping and any other costs, as well as your **payment terms. I would be willing to discuss a year-long contract in return for a reasonable discount**.
Looking forward to doing business with you,
Kaz Takeda

Re: 送料とお支払い, お値引きについての質問
ウォーターハウス様
サンプルをありがとうございました. 先週こちらに到着しました《⇒とうちゃく》.
貴社製品の品質《⇒ひんしつ》の高さ, また過去 1 年間に販売された豆(特にマイクロロット)の種類の多さに感心しています. 私の顧客もこのような珍しいコーヒーを入手できる《⇒にゅうしゅ》ことに興奮すると思います.
今私が主に求めている《⇒もとめる》のは, 2, 3 種類のシングルオリジン豆の安定供給《⇒きょうきゅう》で, そのうち 1 種類はオーガニックであることが望ましいです. コスタリカのストリクトリーハイグロウンと, グアテマラのオーガニック認証を受けたウエウエテナンゴを(候補として)考えています《⇒かんがえる》. 後者は今回お送りいただいたサンプルの中にありました.

私は日本にある現在のサプライヤーから月に 300 kg を購入《⇒こうにゅう》しています. 安定供給が保証される《⇒ほしょう》のであれば, そのうちの 100 kg を貴社の製品(コスタリカ産 75 kg, グアテマラ産 25 kg)に置き換えたいと考えています.
支払い条件《⇒しはらい》のほかに, 送料《⇒そうりょう》やその他の費用についても教えてください. 妥当なお値引き《⇒わりびき》をいただければその代わりに 1 年間の契約《⇒けいやく》も検討《⇒けんとう》したいと思います.
よろしく《⇒よろしく》お願いいたします.
タケダ・カズ

TPL 4

Re: Question about shipping and payment, discounts
Dear Mr. Takeda,
I'm glad you like our coffees. **We are proud of the quality** and variety of our beans, and **we will do our best to help you** succeed in growing your business.
Please see the attachment for information about shipping to Japan and our payment terms.
Unfortunately, **we do not offer a volume discount on** less than 600 kg in a single order. Also, **we only sell** beans **by** the full bag, which weighs 60 to 69 kg depending on origin. These restrictions help **keep** our **costs lower**, which is reflected in our lower prices compared to suppliers dealing in smaller amounts.
We can help you find beans **at a price you can afford at a quality you can accept**, if you are willing to be more flexible about the varieties you want. For example, you might start with standard Costa Rican instead of strictly high grown **for significant savings** without much difference in quality and flavor.
If you would let me know when you want to place your first order, we can **set up a time to** discuss the beans available and find the right ones

for you. **I hope you will** take advantage of our extensive knowledge of Central American coffees and the market.
Yours truly,
Len Waterhouse

Re: 送料とお支払い, お値引きについての質問
タケダ様
弊社のコーヒーを気に入っていただき《⇒**きにいる**》うれしく思います. 私たちは弊社の豆の品質《⇒**ひんしつ**》と種類の多さを誇りに思っていますし, 最善を尽くして貴社のビジネスの成長のためにお手伝い《⇒**てつだう**》をさせていただきたいと思っています.
日本への送料と弊社の支払い条件については添付ファイル《⇒**てんぷ**》をご確認ください.
残念ながら一回のご注文が 600 kg 未満の場合大口割引《⇒**わりびき**》は行っておりません. また, 豆は原産地によりますが 60 kg から 69 kg の袋単位でのみ販売して《⇒**はんばい**》おります. このような制限を設けることでコスト《⇒**コスト**》を抑え, 少量の豆を扱う業者と比較して低価格を実現しています.
弊社は, ご希望の品種について柔軟にお考えいただけるのでしたら, 納得のいく品質《⇒**ひんしつ**》で手頃な価格《⇒**かかく**》の豆を探すお手伝い《⇒**てつだう**》をいたします. たとえば, 品質と味においては大差なく大幅なコスト削減《⇒**さくげん**》をするために, ストリクトリーハイグロウンの代わりに標準的なコスタリカ産の豆から始めていただくこともできます.
いつ最初のご注文をなさりたいか教えていただければ, 入手可能な豆についてご相談し貴社に合ったものを見つけるための時間を設定する《⇒**せってい**》ことができます. 中米産コーヒーと市場に関する弊社の幅広い知識をご活用いただければと思います《⇒**ていあん**》.
よろしくお願いいたします.
レン・ウォーターハウス

TPL 5

Re: Order in August

Dear Mr. Waterhouse,

Thanks for your offer to help me find good quality products at an affordable price. **I understand that** you do not usually offer volume discounts at the quantities I would be purchasing. However, **I am disappointed** as I was hoping to **build** a long-term **relationship with** you as my new supplier.

I can be flexible about varieties to a certain point, but ***you*** **need to understand that** Japanese consumers **are** very **sensitive to** quality and often rely on variety names and classifications to judge quality. My customers are willing to pay more for strictly high grown than for standard, even if you believe the taste is not significantly different.

Now **I am thinking about** 60 kg of strictly high grown Costa Rica and 60 kg of a Guatemalan or similar single origin certified organic that you recommend. **I want to place my first order** in August, so please let me know when we can **talk specifics**.

Again, **I appreciate your assistance** in helping me select my orders. I may also **take you up on the offer** of advice in creating a signature brand blend.

Thanks in advance for your help,

Kaz Takeda

Re: 8 月の注文について

ウォーターハウス様

この度は, 手頃な価格で良質の製品を探すお手伝いをお申し出いただき, ありがとうございました《⇒かんしゃ》. 通常私が購入するような数量では大口割引を提供されていないことは理解《⇒りかい》しています. しかし, 貴社とは新しいサプライヤーとしての長期的な関係《⇒かんけい》を築きたいと考えていたので残念《⇒ざんねん》です.

品種についてはある程度は柔軟《⇒じゅうなん》に対応しますが, 日本の消費者は品質に非常に敏感《⇒びんかん》で, 品種名や等級で品質を判断することが多いことをご理解《⇒りかい》ください. たとえ味に大きな違いがないと思われる場合でも, 私の顧客はスタンダードよりもストリクトリーハイグロウンの方により多くのお金を払ってくれるのです.
今, 私はコスタリカのストリクトリーハイグロウン 60 kg と, 貴社が推薦するオーガニック認証を受けたグアテマラまたは類似のシングルオリジン 60 kg を考えています《⇒かんがえる》. 8 月に最初の注文《⇒ちゅうもん》をしたいので, いつ詳細《⇒しょうさい》をお話しできるかお知らせください.
注文品を選ぶお手伝い《⇒てつだう》をしていただけること, 改めて感謝申し上げます《⇒かんしゃ》. また, シグネチャーブランドのブレンド作りではアドバイスのお申し出《⇒もうしでる》もお受けするかもしれません.
よろしく《⇒よろしく》お願いいたします.
タケダ・カズ

TPL 6

Re: Order in August
Dear Mr. Takeda,
I'm glad to hear that we can be of help. I'll have someone with the right expertise get in touch with you soon to talk about your needs and assist you in placing your order for August.
Again, **I'm sorry we can't** give you a discount on the volume you are planning. Instead, **we'd like to offer you a free 60 kg bag** of a micro lot of our choosing for every 600 kg (cumulative) you purchase from us. And, if you do decide to use our beans for your signature blend, **we might think about a discount** in the range of 8% to 10% on those orders **based on the condition that** you use our name on your packaging and marketing materials as your exclusive supplier. **Let's talk about that when the time comes.**
In addition, I'd like to offer you 4 hours of our consultation services **free**

of charge. You can ask for advice on any topic – a new blend, roasting techniques, or marketing – and we'll do our best for you.
I'll have your new customer account manager **get in touch with** you soon about your order.
Looking forward to a long and mutually beneficial relationship,
Len Waterhouse

Re: 8 月の注文について
タケダ様
弊社がお役に立てる《⇒やくにたつ》と聞いてうれしいです. 近日中に適切な専門知識を持つ者からご連絡を差し上げ, 貴社のニーズについてご相談し, 8 月の発注のお手伝いをさせていただきます.
繰り返しになりますが, 計画されている数量に対してお値引きができないのは申し訳ございません《⇒しゃざい》. その代わり, 600 kg(累計)お買い上げごとに, 弊社が選んだマイクロロットの 60 kg 袋を無料で《⇒むりょう》差し上げたいと思います. また, シグネチャーブレンドに弊社の豆をお使いいただくことになった場合, パッケージや宣伝用資材に独占サプライヤーとして弊社の名前を使うことを条件に《⇒じょうけん》, その注文に対して 8%から 10%の範囲でお値引き《⇒わりびき》を考えさせていただくかもしれません. そのときはご相談《⇒そうだん》させてください.
さらに, 4 時間の相談サービスを無料で《⇒むりょう》ご提供したいと思います. 新しいブレンド, 焙煎技術, マーケティングなど, どんなテーマでもご相談《⇒そうだん》ください. 貴社のために最善を尽くします.
ご注文については, 近日中に新しい顧客担当者からご連絡《⇒れんらく》を差し上げます.
今後とも末永くお付き合い《⇒つきあう》のほどよろしくお願いいたします.
レン・ウォーターハウス

TPL 7

Re: Rush order horse oil skin cream H215 220 gm X 500 units
Dear Ms. Yamazaki,
I want to place a rush order for 500 units horse oil skin cream H215 220 gm. Please **ship** by air directly **to our customer below** and **inform me when it is expected to arrive**. If you cannot ship by July 10, **please let me know right away** so I can negotiate an alternative product with the customer.
Vanessa & Tania Salon Supply
Level 2, 12 O'Connor Street, Sydney, NSW 2000, Australia
Thanks in advance,
Irene Wilson

Re: 急ぎの注文 馬油スキンクリーム H215 220 gm × 500 個
山崎様
馬油スキンクリーム H215 220 gm 500 個を急ぎで注文《⇒ちゅうもん》したいです. 下記の《⇒いか》顧客へ航空便で直接発送し《⇒はっそう》, 当方に到着予定日《⇒よてい》をお知らせください《⇒しらせる》. もし 7 月 10 日までに出荷できない場合は, 顧客と代替品について相談しますのですぐにお知らせください《⇒しらせる》.
ヴァネッサ&タニア・サロン・サプライ
2 階, オコナー通り 12 番, シドニー, NSW 2000, オーストラリア
よろしく《⇒よろしく》お願いいたします.
アイリーン・ウィルソン

TPL 8

Re: Rush order horse oil skin cream H215 220 gm X 500 units
Dear Ms. Wilson,
We charge a surcharge of 15% for rush orders. **If you agree, we can ship your order by** July 5.
Please let me know as soon as possible by email or give me a call.
Sincerely,

Sakura Yamazaki

Re: 急ぎの注文 馬油スキンクリーム H215 220 gm × 500 個
ウィルソン様
お急ぎのご注文には 15%の追加料金《⇒ついか》をいただいております.
もしご承諾《⇒しょうだく》いただけるなら 7 月 5 日までにご注文品を出荷する《⇒しゅっか》ことができます.
できるだけ早くメールまたはお電話でお知らせ《⇒しらせる》ください.
よろしくお願いいたします.
山崎さくら

TPL 9

Re: Rush order horse oil skin cream H215 220 gm X 500 units
Dear Ms. Wilson,
We shipped your order to the customer on July 5, and **it should arrive within 10 days** (up to 21 days if there are customs delays). Please see the attached shipping label for the **tracking number**.
I'm glad **we were able to get your order out in time. We appreciate your business.**
Best,
Sakura Yamazaki

Re: 急ぎの注文 馬油スキンクリーム H215 220 gm × 500 個
ウィルソン様
ご注文の商品は 7 月 5 日にお客様に発送し《⇒はっそう》, 10 日以内(通関遅延の場合は最大 21 日以内)に到着する《⇒とうちゃく》予定です. 追跡番号《⇒ついせき》は添付の出荷ラベルをご確認ください.
ご注文品の出荷が間に合った《⇒まにあう》ことを嬉しく思います. お取り引き《⇒とりひき》いただきありがとうございます.
今後ともよろしくお願いいたします.

山崎さくら

TPL 10

Re: Rush order horse oil skin cream H215 220 gm X 500 units - Thank you!
Dear Ms. Yamazaki,
The horse oil skin cream **was delivered to** our customer yesterday, **thank you for getting it to them so quickly.**
The salons they supply **love** the product, so it's important they always have enough quantity on hand. I've talked with them about placing orders **earlier in the future** so we can avoid the surcharge.
Again, thanks for making sure they got the product so fast.
With gratitude,
Irene Wilson

Re: 急ぎの注文 馬油スキンクリーム H215 220 gm × 500 個(お礼)
山崎様
馬油スキンクリームは昨日顧客のもとに届きました《⇒とどく》. 先方へ迅速に《⇒じんそく》届けていただきありがとうございました《⇒かんしゃ》.
彼らが商品を供給しているサロンはこの製品を気に入っている《⇒きにいる》ので, いつも十分な量を手元に置いておくことが重要なのです. 追加料金がかからないよう今後は《⇒こんご》早めに《⇒はやい》注文するように話しました.
彼らがこんなに早く製品を入手できるようにしていただいて, 本当にありがとうございました.
今後ともよろしくお願いいたします.
アイリーン・ウィルソン

TPL 11

Re: **URGENT**! Your payment is overdue

Dear Mr. Iwakura,

Your payment of $2550 is overdue. Please see the attached copy of the invoice we sent to you in September. **Payment was due on** November 10, but we have not received it from you.

If you do not pay the amount overdue **within the next 5 days, we cannot fulfil any further orders from you**.

If by any chance you are having temporary **cash flow problems, please call us at this number** to see if we can work out a payment plan while continuing to supply you with the products you need.

Billing and Collection

088-999-1010

Please reply urgently,

Gordon Adams

Re: 至急!《⇒しきゅう》お支払いが遅れています

岩倉様

2550 ドルのお支払い《⇒しはらい》が滞っております《⇒とどこおる》. 9 月にお送りした請求書《⇒せいきゅう》のコピーを添付《⇒てんぷ》いたしますのでご確認《⇒かくにん》ください. お支払期限《⇒きげん》は 11 月 10 日でしたが, お客様からまだお支払いをいただいておりません.

今後《⇒こんご》5 日以内に《⇒いない》未払い額をお支払いいただけない場合は, 以後お客様からのご注文《⇒ちゅうもん》をお受けすることはできません.

万が一, 一時的に資金繰り《⇒しきん》にお困りのようでしたら, こちらの番号にお電話いただき《⇒でんわ》, 貴社が必要とする製品の供給を続けながらお支払い計画を立てることが可能かどうかご確認ください.

請求・回収課

088-999-1010

至急ご返事《⇒へんじ》ください.

ゴードン・アダムス

TPL 12

Re: URGENT! Your payment is overdue

Dear Mr. Adams,

I transferred $2550 **to your account** this morning.

As I explained to the people in Billing and Collection, one of my biggest customers **was late in** paying me, and so I was late in paying you. **I apologize for the delay**, and **I will certainly contact you before the payment due date if the same problem comes up in the future**.

Please be assured that I always intend to pay my debts, and want to continue to **benefit from your support**.

Thank you for your understanding,

Takeru Iwakura

Re: 至急! お支払いが遅れています

アダムス様

今朝, 貴社の口座に 2550 ドルを振り込みました《⇒**ふりこむ**》.

請求・回収課の方々にご説明しましたように, 私の最大の顧客の一人が私に支払うのが遅れた《⇒**おくれる**》ので, 貴社への支払いも遅れてしまいました. 遅くなって申し訳ございません《⇒**しゃざい**》. 今後同じ問題《⇒**もんだい**》が発生した場合は必ず支払期日前《⇒**きじつ**》にご連絡《⇒**れんらく**》いたします.

私は常に債務は必ずお支払いするつもりでおりますし, これからも貴社のサポート《⇒**サポート**》から恩恵を受けたいと思っております.

ご理解のほどよろしく《⇒**よろしく**》お願いいたします.

岩倉猛

TPL 13

Re: November sales meeting

Dear Ms. Shimada,
We're planning the monthly sales manager **meeting** for November. **We'd like to hold** it on November 5 from 1 to 5 PM. **I've attached a tentative agenda.**
Does this schedule work for you? I'd appreciate knowing as soon as possible. **If you cannot attend** on November 5, **please give me alternative dates and times** so I can **reschedule with everyone involved**. Also, let me know **if you have additional topics** you would like to **add to the agenda**.
Please get back to me ASAP,
Michael

Re: 11 月の営業会議について
島田様
11 月の月例営業部会議《⇒かいぎ》を行います. 11 月 5 日の午後 1 時から 5 時まで開催したい《⇒かいさい》と思います. 暫定的な協議事項《⇒きょうぎ》を添付します.
このスケジュールでご都合《⇒つごう》はよろしいでしょうか. できるだけ早く教えていただけると有難いです. 11 月 5 日に出席できない《⇒しゅっせき》場合は関係者全員とスケジュールを再調整します《⇒スケジュール; ちょうせい》ので, 代わりの日時《⇒にちじ》をお知らせください. また, 協議事項《⇒きょうぎ》に追加したい議題《⇒ぎだい》があれば教えてください.
大至急ご返信《⇒しきゅう; へんしん》をお願いします.
マイケル

TPL 14

Re: November sales meeting
Michael,
Sorry, but **I have a business trip scheduled for** November 5. **I get back on** the 7th, so **any day after that will work for me.**
I'll get back to you shortly about the agenda, I need to talk to my people

first.
Sorry for the bother,
Yasuko

Re: 11 月の営業会議について
マイケル様
申し訳ありませんが, 11 月 5 日に出張の予定《⇒しゅっちょう; よてい》があります. 7 日に戻ってくる《⇒もどる》ので, それ以降の日ならいつでも大丈夫《⇒だいじょうぶ》です.
協議事項についてはすぐに返事します《⇒へんじ》が, まず私の部下と話をする必要があります.
ご面倒をおかけして申し訳ありません《⇒めんどう; しゃざい》.
保子

TPL 15

Re: November sales meeting minutes
Dear all,
I've attached the minutes from the meeting yesterday. Please look them over and let me know if I have missed any information or **made** any **mistakes**.
Also, see the action items at the bottom of the minutes, **along with their deadlines**.
Regards,
Michael

Re: 11 月営業会議議事録
皆様
昨日の会議の議事録《⇒ぎじろく》を添付します. 目を通していただき《⇒めをとおす》, もし落ちている情報や間違い《⇒まちがい》があればお知らせください.

また, 議事録の末尾にある実施項目とその期限《⇒きげん》をご確認ください.
よろしくお願いいたします.
マイケル

TPL 16

Dear Micro Machine Tools,
We ordered a shipment of sprockets **from your company** on August 8th, order number 15231. The **expected delivery date** that we were given was September 23rd. However, **it turns out that** some of the sprockets we had in inventory from your last shipment **were defective**, so we need to **get** our shipment of sprockets **sooner**. **How soon can you get our order to us?**
Sincerely,
Dave Howard
Production Manager
Factory Automation Systems, Inc.

マイクロ・マシーン・ツールズ様
8月8日に貴社にスプロケットを注文しました《⇒ちゅうもん》. 注文番号は15231で, 配送予定日《⇒よてい》は9月23日とのことでした. ところが, 前回送っていただいたスプロケットの在庫の一部に欠陥《⇒けっかん》があることがわかりました《⇒わかる》. したがいまして, 今回のスプロケットの配送を早めて《⇒はやい》いただく必要があります. 注文品はどのくらい早く(最短でいつごろ)《⇒はやい》届けていただけますか.
よろしくお願いいたします.
ファクトリー・オートメーション・システムズ
プロダクション・マネージャー
デイブ・ハワード

TPL 17

Dear Mr. Howard,

Thank you for getting in touch with us. First of all, **please allow me to apologize for** the defective sprockets in your last shipment. I am going to ask someone from our Quality Assurance Department to call you right away to get more information and to **try to rectify the situation**.

In the meantime, about your request for expedited shipping on your next order, **I would certainly like to accommodate you on that. Please allow me to make some inquiries with** our Production and Shipping departments. After talking with them, **I will contact you with firm information on** when we can get those sprockets to you.

I apologize again for this problem, and I will do my best to get you the sprockets that you need as quickly as possible. **We really appreciate your being a customer of** Micro Machine Tools.

Sincerely,

Amanda Palmer

Customer Service

ハワード様

ご連絡《⇒れんらく》ありがとうございます. まず, 前回ご注文のスプロケットに欠陥がありましたことをお詫び申し上げます《⇒わび; しゃざい》. 品質保証部の者に伝えて, すぐにそちらに連絡を入れさせます. そして詳しいことをおうかがいし, 状況《⇒じょうきょう》の是正につとめます.

同時に, 今回ご注文分の納期を早める件につきましては, ご要望《⇒ようぼう》にお応えできるようにいたします. まずは弊社の製造部と配送部に問い合わせ《⇒といあわせ》をさせていただきます. そこで相談し, いつスプロケットをお届けできるか確実な情報《⇒じょうほう》を得た上でご連絡申し上げます.

このような問題が生じましたこと重ねてお詫びいたします《⇒わび; しゃざい》. そしてご入り用のスプロケットをできるだけ早くお届けできるよう最善を尽くします. マイクロ・マシーン・ツールズをご愛顧いただき《⇒あ

いこ》, 心より感謝申し上げます《⇒かんしゃ》.
よろしくお願いいたします.
カスタマーサービス
アマンダ・パルマー

TPL 18

Order Fulfillment
Saito Engineering
Dear Sir or Madam,
On the 5th of January, we ordered from you a set of Five Precision Polishing Tools, your item number 53204. **Our order number is** SE-RQP8891.
We were expecting to have received our order by now, but **it has not arrived**. Could you please look into it and **let us know the status**?
Thank you.
Marsha Amani
Amani Industries Ltd.

斉藤エンジニアリングの注文の担当者殿
拝啓
1 月 5 日付で, 品番号 53204 の「精密研削工具 5 種類入り」を 1 セット注文しました. 注文番号《⇒ちゅうもん》は SE-RQP8891 です.
注文品はもう届いてもいいはずなのですがまだ到着して《⇒とうちゃく》いません. (配送)状況《⇒じょうきょう》を調べて知らせてもらえますか.
よろしくお願いします《⇒よろしく》.
敬具
アマーニ・インダストリーズ有限会社
マーシャ・アマーニ

TPL 19

TPL 19

Dear Ms. Amani,

Thank you for getting in touch and **we're very sorry that** you have not yet received your order.

I have done some research, and would like to let you know that the order left our facility via DHL on January 9th. Normally, DHL shipments would **arrive at** your location **within two weeks**, but since it has been longer than that I'm glad that you let us know about it.

I am currently following up with DHL in order to get more information from them on the whereabouts of your shipment. They told me that it may take up to three days to do a thorough trace and search. **I will get back to you as soon as I have some concrete information from them.**

Thank you for your patience, and **I'm very sorry for this inconvenience.**

We do appreciate your business, and are looking forward to getting your shipment to you.

Sincerely,

Naoki Saito

Shipping Clerk

アマーニ様

ご連絡ありがとうございます. ご注文品が未着とのこと, 大変申し訳ございません《⇒しゃざい》.

調査しました《⇒ちょうさ》ところ, ご注文品は 1 月 9 日に DHL によりこちらの倉庫から発送されておりましたのでお知らせします. 通常でしたら DHL 便はお客様の住所まで 2 週間以内で到着します《⇒とうちゃく》. しかしそれを過ぎておりますので, 今回はお知らせいただき感謝申し上げます.

現在, 配送品の所在に関する情報を得るために, DHL と対応《⇒たいおう》を行っております. 完全に追跡と調査ができるまで最長 3 日を要するとのことです. 先方から確かな情報《⇒じょうほう》が入り次第ご返事いたします《⇒へんじ》.

よろしくご寛恕のほどお願い申しあげます《⇒しゃざい》. ご迷惑をおかけし誠に申し訳ございません《⇒しゃざい》.
お取り引き誠にありがとうございます《⇒かんしゃ》. ご注文のお品をお客様のお手元に早くお届けできるようにいたします.
よろしくお願い申し上げます.
配送担当
斎藤直樹

TPL 20

Sakura Kunitachi
Professor Iidabashi
English III
July 15, 2015

The Inconvenient Truth of the Hockey Stick: How the Myths Surrounding Global Warming Were Formed
ホッケースティックの不都合な真実：地球温暖化にまつわる神話はいかに形成されたか

TPL 20-1 論文の「つかみ」として具体的事例で読者の注意を引き付ける▶ In 2010, Japan experienced the hottest summer that it had seen in a hundred years. As the excruciating heat **caused** a number of deaths across the country, one question must have been lurking in people's mind: is this our own fault? 考察すべき課題を打ち出す▶ That is to say, are we humans really to blame for global warming? 報告書や論文など，信頼できる情報源から引用する▶ In fact, a report issued last September by the Japan Meteorological Agency regarding the extraordinary heat **states that** "**there is a possibility that** the warming trend **is associated with** global warming **due to** the buildup of anthropogenic greenhouse gases." **Despite** the rather ambiguous language, the last statement seems to voice the general public sentiment about our recent climatic situation: yes, this is most probably our fault. Indeed, the idea that this "abnormal" phenomenon of global warming is human-caused, and that serious and concerted efforts to put a stop to it are necessary, has been spreading with increasing urgency in the past two decades.
2010年，日本は百年に一度の猛暑に見舞われた．灼熱のために《⇒げんいん》全国でかなりの死者が出る中，人々の心の中には一つの疑問が潜んでいたに違いない．「これは自分たちのせいなのだろうか?」つまり，地球温暖化は本当に我ら人類のせいなのだろうか? 実際，この異常な暑さについて，気象庁が昨年9月に発表した報告書には，「この温暖化傾向は，人為的な温室効果ガスの蓄積による《⇒よる》地球温暖化と関連《⇒かんけい》している可能性《⇒かのうせい》がある」と述べられている《⇒のべる》. かなり曖昧な表現にもかかわらず《⇒かかわらず》, この最新の声明は, 近年の気候状況について,「そうだ, これは我々のせいかもしれない」という庶民感情を代弁しているように思われる. 実際, 地球温暖化という「異常」現象が人為的なものであり, それを食い止めるには真剣かつ協調的な取り組みが必要だという考え方はこの 20 年間に広まり, 緊迫感を増している.

TPL 20-2 **論文の主張点を支持する見解を紹介する▶** In reality, **however**, many experts **believe that** global warming is a natural part of the cycle of the earth's climate change, and not a direct **result of** the industrial activities of humans. Unfortunately, their voices hardly reach the public, whose fear is fueled daily by the sensational media stories on the earth's rising temperature. In fact, such stories **are** mostly **traced back to** the reports by the Intergovernmental Panel on Climate Change (IPCC), an organization often **regarded as** the ultimate authority on the subject. Ironically, the IPCC is responsible for many of the misunderstandings we have about earth's current climate. **This paper aims to demonstrate that**, **although** the global warming theory has been turned into a world-scale environmental scare, many of the **arguments** by the IPCC and other advocates of the theory **are based on dubious** scientific data.
しかし《⇒しかし》, 地球温暖化は実際には地球の気候変動サイクルにおける自然な一部であり, 人間の産業活動が直接の原因《⇒げんいん》ではない, と考える《⇒かんがえる》専門家は多い. 残念ながら, その声は一般の人々にはほとんど届いていない. メディアは連日, 地球の気温上昇をセンセーショナルに報道し, 人々の恐怖心を煽っているからだ. 実は, このような報道の多くは, 気候変動に関する政府間パネル (IPCC) の報告書に端を発しており《⇒ゆらい》, IPCC はこの問題の最高権威とされている《⇒みなす》. 皮肉なことに, IPCC は現在の地球の気候に関して多くの誤解を生んでいる. 本稿は, 地球温暖化説が世界的な環境問題に発展しているにもかかわらず《⇒かかわらず》, IPCC をはじめとする地球温暖化説支持

TPL 20

者の主張《⇒しゅちょう》の多くが, 疑わしい《⇒うたがわしい》科学的データに基づいている《⇒もとづく》ことを証明《⇒しょうめい》するものである《⇒もくてき》.

TPL 20-3 論文が取り扱う主な項目を前もって簡潔に示す. 順番を付ける▶ First, the **arguments** by experts in various fields of science that global warming is a natural and non-anthropogenic phenomenon will be introduced. Second, **we will investigate** how the **data** and facts **presented** by the advocates of the global warming theory have **been scientifically challenged** and often **disproved**. Finally, the IPCC's presentation of the so-called "hockey stick graph" in their 2001 report **will be examined** ....
まず, 地球温暖化は人為的でない自然現象であるという各分野の専門家の主張《⇒しゅちょう》を紹介する. 次に, 地球温暖化説の提唱者が示したデータ《⇒データ》や事実が, 科学的にどのように反駁され, さらにしばしば反証されてきた《⇒いぎ》かを調査《⇒ちょうさ》する. 最後に, IPCC が 2001 年の報告書で提示した, いわゆる「ホッケースティック・グラフ」について検討《⇒けんとう》する. …

TPL 20-4 論文で取り扱う 1 番目の項目を導入する▶ 論文の趣旨と合致する見解を紹介する▶ First of all, many researchers believe that the observed rise in the earth's temperature is part of the long-term natural cycle of climate change which our planet regularly undergoes. These scientists have often **been severely attacked as** "heretics" and "naysayers" by the believers in humanmade global warming. 前述の内容の具体例を示す▶ **For example**, in a *New York Times* article on September 23, 2010, John Collins Rudolf calls the researchers **opposing** the hockey stick theory "climate skeptics" and "contrarians." **In criticism of** such an attitude, Roy Spencer, a research scientist at the University of Alabama in Huntsville, writes in *Climate Confusion* (2010) that the global warming theory represents "a leap of faith from what science tells us is **theoretically possible**, to a belief in worst-case scenarios in which Mother Earth punishes us for our sins against her" (xiii). 見解を引用するのではなく要約する▶ Spencer points out that there is simply not enough evidence to confidently attribute the current weather to human-made carbon emissions ....

まず, 観測されている地球の温度上昇は, この惑星が周期的に被っている長期的気候変動の自然なサイクルの一部であると多くの研究者は考えている. このような科学者は, 地球温暖化人為説を信奉する人たちから, しばしば「異端者」「否定派」として厳しく攻撃《⇒**ひはん**》されてきた. 例えば《⇒**たとえば**》, 2010 年 9 月 23 日の『ニューヨーク・タイムズ』の記事で, ジョン・コリンズ・ルドルフは, ホッケースティック理論に反対《⇒**はんたい**》する研究者を「反地球温暖化論者」「あまのじゃく」と呼んでいる. このような姿勢を批判《⇒**ひはん**》して, アラバマ大学ハンツビル校の研究者ロイ・スペンサーは, 『気候混乱(*Climate Confusion*)』(2010)の中で次のように書いている. 地球温暖化説は, 「科学が理論的に《⇒**りろん**》ありうる《⇒**ありうる**》と教えてくれるものから, 母なる大地が私たちの罪に対して罰を与えているのだという最悪のシナリオを信じるに至るという信仰の飛躍」(xiii)であるという. スペンサーは, 現在の気候が人為的な炭素排出のせいだと確信するための証拠が単に不十分であると指摘している. …

TPL 20-5 **複数の見解を列挙してそれらの相違・類似を明示する▶** Shunichi Akasofu, the former director of the International Arctic Research Center of the University of Alaska Fairbanks, voices an opinion very similar to Spencer's. **見解を引用するのではなく要約する▶** According to Akasofu, there is no denying that global warming is happening - except it has been happening for the last thousand years, and no human efforts are going to stop it ....

アラスカ大学フェアバンクス校国際北極圏研究センター前所長の赤祖父俊一氏は, スペンサー氏とよく似た意見を述べている. 赤祖父によれば, 地球温暖化が起こっていることは否定できない. ただし, それは過去 1000 年来の出来事であり, 人間の努力では止められないという. …

TPL 20-6 **論文の主張点を支持する見解を紹介する▶** Professor Philip Stott, who teaches biogeography at the University of London, also dismissed the global warming theory as "hypochondria ... over the future of the Earth" in an interview with BBC News over a decade ago. インタビューでの発言を直接話法で示す. 引用符で囲み, say のような動詞を用いて導入する▶ "We must grasp the fact that curbing human-induced greenhouse gases will not halt climate change," said Stott, calling it the "biggest myth of all." ...

ロンドン大学で生物地理学を教えるフィリップ・ストット教授も, 10 年以上前の「BBC ニュース」のインタビューで, 地球温暖化説を「地球の未来に対する心気症」だと切り捨てた.「人為的な温室効果ガスを抑制しても気候変動は止まらないという事実を理解しなければならない」とストットは言い,「最大の神話」と呼んだのである. …

TPL 20-7 論文で取り扱う 2 番目の項目を導入する▶ Secondly, **let us take a look at** some of the data and facts presented by the advocates of the global warming theory, which have **been challenged** or **refuted** by experts. In Al Gore's award-winning film, *An Inconvenient Truth*, there is an impressive clip of the West Antarctic ice sheet sliding into the ocean with a huge splash: **supposedly** an ominous sign. **However**, a press release issued on October 6, 2009 from the US National Snow and Ice Data Center **reports that** "the average ice extent over the month of September ...was 1.06 million square kilometers (409,000 square miles) greater than the record low for the month in 2007, and 690,000 square kilometers (266,000 square miles) greater than the second-lowest extent in 2008." 引用符を使って他者の見解を紹介する▶ Responding to this in a *Washington Times* article on January 10, 2010, James S. Robbins **states that** "the Arctic summer sea ice **has increased by** 409,000 square miles, or 26 percent, since 2007," and then asks sarcastically: "But didn't we hear from the same Center that the North Pole was set to disappear by now?" ...

次に, 地球温暖化説の提唱者が提示したデータや事実で, 専門家が異議《⇒いぎ》を唱えたり反駁したりしているものをいくつか見てみよう《⇒アウトライン》. アル・ゴアが賞を取った映画『不都合な真実』の中に, 印象的な場面がある. 西南極の氷床が大きな水しぶきを上げて海に滑り落ち,不吉な予兆とされている《⇒みなす》. しかし《⇒しかし》, 2009年10月6日に発表された米国国立雪氷データセンターのプレスリリースによると《⇒よる》,「9月の1ヶ月間の平均氷面積は, 過去最低だった2007年より106万平方キロメートル(40万9千平方マイル)大きく, 2番目に少なかった2008年よりも69万平方キロメートル(26万6千平方マイル)大きい」そうだ. これを受けて, 2010年1月10日の『ワシントン・タイムズ』の記事で, ジェームズ・S・ロビンスは,「北極の夏の海氷は2007年から40万9千平方マイル, 26%増加《⇒ぞうか》した」と述べ《⇒のべる》, 皮肉っぽくこう問いかけている.「しかし, 同じセンターから, 北極はそろそろ消滅すると言われていたのでは？」…

TPL 20-8 The IPCC, which has often been represented by media and government reports around the world as the ultimate authority **on** the global warming issue, has also produced many **dubious** reports. **見解を要約する▶** On January 10, 2010, the IPCC published a statement in which it **admitted the errors** in its 2007 **report concerning** the disappearance of Himalayan glaciers ....

世界中のメディアや政府報道で, 地球温暖化問題の《⇒ついて》最高権威として取り上げられることの多いIPCCも, 信頼できない《⇒うたがわしい》報告書を多く出している. 2010年1月10日, IPCCはヒマラヤ氷河の消滅に関する《⇒ついて》2007年の報告書《⇒ほうこく》の誤り《⇒まちがい》を認める声明を発表した. …

TPL 20-9 **論文で取り扱う3つの重要項目のうち最後の項目を導入する▶** **Finally, let us look into** the notorious "hockey stick controversy," originating in a report which was published by the IPCC in 2001 and, interestingly, later **withdrawn**. **説明や考察を行う必要性を示す▶** **It is necessary at this point to explain what** the hockey stick theory is. **According to** *The Hockey Stick Illusion* by A. W. Montford, it was first presented in a scientific paper published in *Nature* in April 1998, written by a then obscure young scientist named Michael E. Mann and his team. Montford **describes** the **significance of** the paper **as follows:**

最後に, 2001年にIPCCが発表し, 興味深いことにその後撤回《⇒てっかい》された報告書に端を発する, 悪名高い「ホッケースティック論争」について検討しよう《⇒**アウトライン; けんとう**》. ここ《⇒**ここ**》で, ホッケースティック理論とは何かということを説明《⇒**せつめい**》しておく必要《⇒**ひつよう**》がある. A・W・モントフォード著の『ホッケー・スティック幻想(*The Hockey Stick Illusion*)』によれば《⇒**よる**》, この理論は 1998 年 4 月に『ネイチャー』誌に発表された科学論文が初出である. それはマイケル・E・マンという当時無名の若き科学者と彼のチームによって書かれたものだった. モントフォードは, この論文の意義《⇒**いぎ**》を以下《⇒**いか**》のように説明《⇒**せつめい**》している.

> The key graphic in the paper was a chart of the reconstruction of Northern Hemisphere temperatures for the full length of the record from 1400 right through to 1980. The picture presented was crystal clear. From the very beginning of the series the temperature line meandered gently, first, a little warmer, then a little cooler, never varying more than half a degree or so from peak to trough. This was the 500-year long handle of the Hockey Stick, a sort of steady state that had apparently reigned, unchanging, throughout most of recorded history. Then, suddenly, the blade of the stick appeared at the start of the twentieth century, shooting upwards in an almost straight line. It was a startling change and it was this that made the Hockey Stick such an effective promotional tool ....
>
> この論文の核心となる図版は, 1400 年から 1980 年までの全期間にわたる北半球の気温を再現したグラフだった. 掲載された図は非常に明快だった. この期間の最初から, 気温の線は緩やかに蛇行し, 最初は少し暖かく, 次に少し涼しくなり, ピークから谷まで 0.5 度以上の変化はないのである. これは 500 年にわたるホッケースティックの長い柄であり, 観測史上のほとんどにおいて, 見かけは変わらずに支配的な一種の安定状態だった. それが突然, 20 世紀に入ってから, スティックのブレードが現れ, ほぼ一直線に上方に伸びたのである. この驚くべき変化が, ホッケースティックを効果的な宣伝ツールにした. …

Undoubtedly, there was much shock value in the **argument that** this "blade" of the stick—the abnormally sharp rise in the Earth's temperature—**was caused by** the industrial activities of humans. 見解を要約する▶ However, Montford **points out that** there are many holes in this theory ....
このスティックの「ブレード」——地球の温度の異常なまでの急上昇——は人類の産業活動が原因《⇒げんいん》だという議論《⇒ぎろん》には, 確かに《⇒たしか》大きな衝撃的価値があった. しかし, モンフォード氏は, この説には多くの穴があると指摘《⇒してき》する. …

TPL 20-10 見解を要約する▶ Richard Muller, a physicist who works for the University of California, Berkeley and Lawrence Berkeley National Laboratory, also **claims that he found** major mathematical **errors** in the calculations **on** which the hockey stick curve **is based** ....
カリフォルニア大学バークレー校とローレンス・バークレー国立研究所に勤める物理学者リチャード・ミュラーも, ホッケースティック曲線の基となる《⇒もとづく》計算に大きな数学的誤り《⇒まちがい》を見つけた《⇒はっけん》と主張《⇒しゅちょう》している. …

TPL 20-11 結論を示す▶ **In conclusion, as we have seen above**, the IPCC and its followers have contributed largely to the hype of global warming, even though so many researchers from various fields of science believe that the phenomenon is nothing more than part of the natural climate change of our planet. 論文の趣旨と異なる内容を容認する▶ **It is true, of course, that** the pollution of the air, the soil and the ocean damages not only humans but other living things with which we share this planet. Industrialization has severely damaged our natural environment in various ways, and there certainly are efforts we should make to remedy this situation. 論文の冒頭で示した主張点を少し言い換えて示す▶ However, **it is simply wrong to say that** global warming is entirely or even mostly our fault. The repercussions of such a false representation **extend to** the fields of politics and economy, misguiding government decisions around the world and **thus causing** a tremendous

TPL 20

waste of time and money which could be more productively spent on other, **truly urgent problems.** 本論で取り扱わなかった課題について, 今後, 研究する価値がある旨を示唆して締めくくる▶ Although the overall negative effects of the myths surrounding global warming **are outside the scope of this paper, it will be valuable to conduct a further investigation into** them.

結論《⇒けつろん》として, 上記《⇒いじょう》のように, IPCC とその信奉者たちは, 地球温暖化の誇張に大きく貢献してきた. 様々な科学分野の研究者の多くが, 地球温暖化現象は地球の自然な気候変動の一部に過ぎないと考えているにもかかわらずだ. もちろん, 大気, 土壌, 海洋の汚染は, 人間だけでなく, この地球に共存する他の生物にも被害を与えているのも事実《⇒じじつ》だ. 工業化によって自然環境はさまざまな形で大きく損なわれており, この状況を改善するためにすべき努力は確かにある. しかし, 地球温暖化の原因のすべて, あるいはほとんどが私たちにあると言いきってしまうのは全くの誤り《⇒まちがい》である. そのように誤った説明の影響が, 政治や経済の分野にも波及《⇒えいきょう》し, 世界中の行政の判断を狂わせる. その結果《⇒したがって; けっか》, 他の喫緊の課題《⇒もんだい》にもっと生産的に使えたかもしれない膨大な時間と資金を浪費するのだ. このような地球温暖化にまつわる神話の全体的な悪影響は, 本論の対象外である《⇒とりあつかう》が, さらに調査を進めることは有益であろう《⇒かだい》.

TPL 21 ▸ Introduction (抜粋)

Introduction(導入)では，当該の研究課題を明示し，その意義深さを示しながら読者の関心を引きつける．

TPL 21 ▸ Introduction 1 **最近関心が高まっている旨を述べて話題を導入する▸** The growth of the global population is of recent **interest** as the UN Prospects on World Population report that the world population is expected to keep increasing and reach 9.7 billion people in 2050[1]. **It has been suggested that** this global rising trend in population is attributed to a growing increase in the average life span[2]. **拠り所となるデータを示す▸** **Since** life expectancy has been increasing steadily for **over** 150 years[3], according to the OECD, there is now a higher proportion of the elderly than ever before[4].

地球上の人口増加は近年の関心事項《⇒きょうみ》となっているが，世界の人口は増え続けて2050年には97億人に達すると国連の「世界人口推計」で予測されている〔1〕. この世界的な人口増加傾向の原因は平均寿命の延びにあるとされる《⇒しさ》〔2〕. 150年以上《⇒いじょう》前から平均寿命は着実に伸び続けているため《⇒りゆう》〔3〕, OECDによると，現在，高齢者の比率はかつてないほど高い〔4〕.

TPL 21 ▸ Introduction 2 **一般に注視・懸念されている旨を述べて読者を話題に引き付ける▸** This rapidly aging population around the world has been **drawing attention** and **raising concerns**, due to the declining functions of older people. Most parts of the body work less well as one gets older. **焦点を絞り込む▸** One of these **concerns** is cognitive decline, where the functions of the brain are affected by aging. **以下，先行研究を概説する▸** **Numerous studies have shown that** cognitive changes from aging negatively affect memory, thinking, concentration, as well as other mental processes[5-8]. **In many of the previous studies,** those who were older performed poorly compared to those who were younger in a variety of cognitive tasks[5,6]. **In another investigation**, experiments **verified that** as people age, brain functions deteriorate[7]. **Evidence**

suggests that increases in vocabulary size, verbal comprehension, and general information show improvements with age. 直前に示した事実に対する反証を示す▶ Slower memory retrieval times, however, lead to the older population performing poorly in cognitive tests. 研究の試みが一部なされている旨を述べる▶ 既存の研究の不十分を述べる▶ Although some research groups **have tried to examine** the effects of aging on experience-related cognitive functions, **there is only limited research and the results were inconclusive**[7,8]. **We envisioned that** knowledge and skills that can **only** be acquired with lifelong practice and experience will have a positive effect with age. 本論で取り扱うべき課題を打ち出す▶ **To examine this further, in this paper, we focused on** how certain information is processed in order to achieve specific goals. We **attempted to uncover** whether certain mental abilities, such as attention and executive function that rely on networking in various brain areas, may demonstrate varied aging patterns and may actually improve with age.

世界中でこのような高齢化の急速な進行が注目《⇒ちゅうもく》され懸念《⇒けねん》されてきたのは,高齢者の機能低下のためである.齢をとれば,体のほとんどの部分の働きが劣化する.懸念《⇒けねん》のひとつが認知機能の低下で,加齢が脳の機能に影響するのだ.数多くの研究《⇒けんきゅう》が明らか《⇒あきらか》にしてきたように,加齢による認知機能の変化は,記憶,思考,集中力,その他の知的プロセスに悪影響を及ぼす〔5-8〕.多くの先行研究《⇒けんきゅう》で,様々な認知に関わる課題において若年層に比べて高齢層の遂行能力が低いことが示されてきた〔5, 6〕.また,別の調査《⇒ちょうさ》では,加齢に伴い脳機能が劣化することが実験《⇒じっけん》で確認《⇒かくにん》された〔7〕.語彙力,言語理解力,一般的な情報量は,加齢とともに向上するということを示唆する証拠《⇒しょうこ》はある.しかし,記憶を取り出すための時間が長くなり,高齢層の認知機能テストの成績は悪い.いくつかの研究グループにより,経験と結びついた認知機能への加齢の影響について検討《⇒けんとう》が試みられている《⇒こころみる》が,研究は限定的《⇒かぎる》であり,結論《⇒けつろん》は出ていない〔7, 8〕.生涯を通した実践や経験によってのみ《⇒のみ》獲得できる知識やスキルは, 加齢が好影響を及ぼすだろうと我々は想定《⇒そうてい》していた. このことをさらに《⇒さらに》検証《⇒けんしょう》するために, 本論文では, ある情報が特定の目的を達成するためにどのように処理されるかに焦点《⇒しょうてん》を当てた. 注意や実行機能など, 脳の異なる領域のネットワークに依存する特定の知的能力が, 多様な経年変化のパターンを示し, 実際に年齢とともに向上しうるかどうかを明らか《⇒あきらか》にしようとした《⇒こころみる》.

TPL 21

TPL 21 ▸ Methods（抜粋）
Methods（方法）では，採用した方法が当該の研究にふさわしいものであることを示唆しながら，方法の詳細を述べる．

TPL 21 ▸ Methods 1 **We examined** the effect of age on attention and other cognitive functions that are critical for everyday life. **以下，試料の詳細やその処理方法を述べる▸** **This study used a random sample of** 7303 users of local public libraries. Participants **were randomly divided into** experimental and control groups while **keeping a relatively balanced sex ratio.** **実験の目的を述べる▸** **We conducted an experiment to test** the cognitive functions of these participants, **ranging from** ages 16-85 who **fall into two broad categories** of younger adults and older adults. **実験方法の適合性を述べる▸** **For the purpose of this study, we used** an approach that has been described previously[12-16]. Three attention networks **were measured by** a computer-based task, the Attention Network Test (ANT)[12].
日常生活において重要な注意力を含めた認知機能に対する年齢の影響を調査《⇒ちょうさ》した．本研究では，地方公共図書館の利用者 7,303 名を無作為標本とした《⇒むさくい; サンプル》．男女比のバランス《⇒バランス》を相応に保ちながら，参加者は実験群と対照群に無作為《⇒むさくい》に分けられた《⇒わける》．若年層と高齢層に大別される《⇒わける》16 歳から 85 歳までの《⇒はんい》参加者の認知機能を検証《⇒けんしょう》する実験《⇒じっけん》を行った《⇒おこなう》．この研究のために《⇒もくてき》，我々は以前に発表されたアプローチを用いた《⇒しよう》〔12-16〕．コンピュータを用いた課題である注意ネットワークテスト（Attention Network Test, ANT）〔12〕により，3 つの注意ネットワークを測定《⇒そくてい》したのである．

TPL 21 ▸ Methods 2 ANT **was used to** measure the attentional functions of alerting, orienting, and conflict resolution. **実験の第 1 の手順を述べる▸** **First,** participants took practice exercises to familiarize them with ANT, which were not included in the analysis. **実験の第 2 の手順を述べる▸** **Then, subjects were asked to** take the formal test and **we collected**

data from each trial. **After** every 10 trials, subjects were given time to rest. The rest duration was determined by the participants themselves (about one minute each). The whole experiment **was recorded** and lasted 25-30 min and varied from individual to individual. 実験の最後の手順を述べる▶ **Finally,** all participants **were asked to complete a self-rating questionnaire** which was designed to **evaluate** and **assess** health status and attentional flexibility. 図示している旨を述べる. 以下, 図表には通し番号を付ける▶ A schematic representation of the complete procedural **steps is shown in Figure 1**.

ANT は, 警戒, 定位, 葛藤解決の注意機能を測定するために使用《⇒しよう》された. まず《⇒てじゅん》, 参加者に ANT に慣れるための練習問題を受けさせたが, これは分析には含まれない. その後, 被験者《⇒ひけんしゃ》に正式なテストを受けさせ, 各試行のデータ《⇒データ》を収集《⇒しゅうしゅう》した. 10 回ごとの試行の後《⇒てじゅん》, 被験者には休憩が与えられた. 休憩時間は被験者自身が決定した(それぞれ 1 分程度). 実験は全て記録《⇒きろく》され, 25～30 分続いたが, 個人差があった. 最後に, すべての参加者に, 健康状態と注意の柔軟性を評価《⇒ひょうか》・査定《⇒さてい》するための自己評価アンケート《⇒アンケート》への回答を求めた《⇒もとめる》. 手順《⇒てじゅん》全体を図式化したものを図《⇒ず》1 に示す《⇒しめす》.

TPL 21 ▶ Methods 3　以下, 実験データの分析方法などを述べる▶ Data from ANT **was analyzed by means of** scores based on mean age, and the reaction times (RT) between varying conditions were used to **calculate** a performance score for each of the three components of attention. 後述している旨を述べる▶ We established the desired conditions through the ANT paradigm and mathematically formulated the three attention systems **as described below**. **We examined** the effects of aging **using** a follow-up mixed factors analysis of variance (ANOVA) model. To check the robustness of our results, **this procedure was repeated** but this time **we included** variables from the conditions presented in Table 3 as **controls** in the model. The subjects **were ranked according to** the alerting network scores, and the obtained rankings **were classified** and **compared** by age.

ANTのデータは, 平均年齢に基づくスコアによって《⇒よる》分析《⇒ぶんせき》され, 異なる条件間の反応時間(Reaction Time, RT)は, 注意の3つの構成要素のそれぞれについて実行スコアを算出《⇒さんしゅつ》するために使用された. ANTの典型例に基づいて望ましい条件を確立し, 以下《⇒いか》に示すように3つの注意システムを数学的に定式化した. 加齢の影響については, 追跡混合因子の分散分析(ANOVA)モデルを用いて《⇒しよう》検討《⇒けんとう》した. 結果のロバスト性を確認するため, この手順《⇒てじゅん》を繰り返したが, 今回は表3に示した条件からの変数をモデル中の対照群《⇒たいしょう》として含めた《⇒ふくむ》. 被験者を注意喚起ネットワークスコアに従って《⇒よる》ランク付け《⇒ランク》し, 得られたランキングを年齢別に分類《⇒ぶんるい》して比較《⇒ひかく》した.

TPL 21 ▸ Results（抜粋）

Results（結果）では, 得られた結果を順序よく記述することを原則とする. 立ち入った分析, 説明, 解釈は Discussion で行う.

TPL 21 ▸ Results 1 **The findings of the study showed that** age **correlated with** all three attentional networks. 得られたデータを図表で示す. 以下, 図表が何を表しているかを簡潔に述べる▸ **Figure 2-4 show** the efficiencies of the alerting, orienting, and executive networks, **respectively**. Each figure shows the effects of aging on the efficiencies of the three attentional networks. **In general, we find that** greater age is associated with overall slower responses on each task. However, **it can be seen** in the orienting network that there is an increasing efficiency with aging. The extended data **is presented in Table 4 and Figure 3**, including mean attentional network effects in milliseconds for each age. **For instance, the results** in Table 4 **indicate that** each year of age was associated with a mean cost of 5.2 ms, suggesting that distinct effects can **be observed** at each age. 研究結果から明らかになった事実を指摘する▸ **It was found that** there is a significantly large **difference** in response rate for each age group. データが図表にまとめられている旨を述べる▸ **We present** our complete modeling **results** in Table 5. It should be noted that we report the *p*-values **are significant** when $p < 0.05$.

研究結果《⇒けっか》として, 年齢と 3 つの注意ネットワークの全てに相関《⇒そうかん》があることが判明した《⇒わかる》. 図《⇒ず》2-4 は, 警戒, 定位, 実行の各ネットワークの効率性をそれぞれ《⇒それぞれ》示している. 各図は, 3 つの注意ネットワークの効率性に対する加齢の影響を示している. 概して《⇒がいして》, 年齢が高いほど, どの課題でも反応が総じて遅くなることがわかる《⇒わかる》. しかし, 定位ネットワークでは, 加齢に伴い効率が上昇していることが見て取れる《⇒わかる》. 拡張データは, 各年齢の平均注意ネットワーク効果（ミリ秒単位）を含めて, 表《⇒ひょう》4 と図《⇒ず》3 に示した《⇒しめす》. 例えば《⇒たとえば》, 表 4 の結果《⇒けっか》から, どの年齢でも 1 年あたりでの平均損失は 5.2 ミリ秒であり, 各年齢層で明白な結果が観察《⇒かんさつ》されることが示唆《⇒しさ》された. また, 各年齢層で応答速度に著しく大きな差《⇒さ; ちがい》があることがわかった《⇒わかる》. 表《⇒ひょう》5 にモデル化した結果《⇒けっか》のすべてを示す《⇒しめす》. なお, p 値は $p<0.05$ のときに有意《⇒ゆうい》として記載していることを注記しておく.

TPL 21 ▸ Results 2 **以下, 研究結果から読み取れることを順序よく述べる▸**
First, we observed that the alerting effect decreased with age, suggesting that aging was associated **negatively** with efficiency of the alerting network. Second, the orienting effect showed an increase with age. **This implies that** older participants benefitted more from spatial orienting cues compared to those in the younger group, **indicating that** age **is correlated positively with** orienting. Third, the executive effect showed a decreased efficiency with age. This executive effect **showed the highest correlation with** age, **compared to** the other two effects.

第一に, 警戒効果は年齢とともに減少し, 加齢が警戒ネットワークの効率と負《⇒ふ》の相関にあることが観察《⇒かんさつ》された. 第二に, 定位効果は年齢とともに増加することが示された. このことは, 高齢層は若年層に比べて空間的定位の手がかりからより多くの恩恵を受けていることを意味《⇒いみ》し, 年齢が定位と正《⇒せい》の相関《⇒そうかん》にあることを示している《⇒しめす》. 第三に, 実行効果は, 年齢とともに効率が低下することが示された. この実行効果は, 他の 2 つの効果に比べ《⇒ひかく》, 年齢との相関《⇒そうかん》が最も高いことが示された.

TPL 21 ▸ Results 3 To address the group comparisons on attentional network scores, we carried out modeling **analysis** on the performance of each condition in the ANT with fixed and random effects. **データが図表にまとめられている旨を述べる▸** **Table 3 summarizes** this outcome. **Statistics reveal that** participants who were at the most extreme ages for this study were most influenced by all three effects in this study. **研究結果について消極的な側面があることを容認しておく▸** **There is some evidence to suggest that** network effects between age groups using our ANT results may not offer a complete representation of the **consequences** of

aging. However, **reliable responses were received from** more than 98% of our subjects, and **we can see that** the findings of the tests of how significant the **differences between** the groups (t test) are indicate that the two groups of participants had similar health status.
注意ネットワークのスコアの群間比較として, ANT の各条件での実施について固定効果およびランダム効果によるモデル化解析《⇒ぶんせき》を行った. 表 3《⇒ひょう》はこの結果をまとめた《⇒まとめる》ものである. 統計《⇒とうけい》から, 本研究で両極の年齢の参加者が, 本研究の 3 つの効果全てから最も影響を受けていることが明らか《⇒あきらか》になった. 我々の ANT の結果を用いた年齢層間のネットワーク効果は, 加齢の結果《⇒けっか》を完全に示していない可能性を示唆する証拠《⇒しょうこ》がある. しかし, 98%以上の被験者から信頼《⇒しんらい》できる回答《⇒かいとう》が得られ《⇒える》, グループ間の差《⇒さ; ちがい》がどれだけ有意であるかを検定(t 検定)した結果, 2 つのグループの参加者の健康状態はほぼ同じであることがわかった《⇒わかる》.

TPL 21

TPL 21 ▶ Discussion（抜粋）
Discussion（考察）では，得られたデータを説明，分析，解釈しながら，何が明らかになったのかを述べる．

TPL 21 ▶ Discussion 1 **論文の課題を簡潔に確認する▶** **This study explored** whether the three attention networks of alerting, orienting, and executive function are associated with aging. Our results largely mirrored the pattern of interactions published previously with age showing a clear relationship with all three attention networks[6,7]. The alerting network is examined by the reaction time that is associated with achieving and maintaining an alert state, measured by the reaction time after a warning signal. Because **there is a difference in** performance due to age, calculations were made with overall speed, for instance, also taken into account; **yet**, we find that the younger group shows shorter responses than the older age group for alerting.
本研究では，警戒，定位，実行機能の 3 つの注意ネットワークが加齢と関連するかどうかを検討《⇒けんとう》した．その結果，これまでに発表された相互作用のパターンがほぼ再現され，年齢が 3 つの注意ネットワークすべてと明確な関係を示すことが示された〔6, 7〕．警戒ネットワークは，警戒状態の獲得と維持に関連する反応時間によって検証され，警戒信号後の反応時間によって測定される．年齢によってパフォーマンスの差《⇒さ; ちがい》があるため，例えば速度全般も考慮して計算されるが《⇒しかし》，それでも若年層は高齢層よりも警戒のための反応が早いことがわかる．

TPL 21 ▶ Discussion 2 With respect to executive function, which is also known as conflict resolution, subjects were required to respond in the presence of competing information. **以下，複数の先行研究に言及し，当該研究との相違点，一致点などを指摘する▶** Researchers have previously contended that executive functions generally **tend to** decline with age[16], and **in line with this argument, we confirm here that** the younger group shows slightly faster reaction times compared to the older group.

葛藤解決とも呼ばれる実行機能について，被験者は競合する情報が存在する中での反応を求められた．実行機能は一般に年齢とともに低下する傾向《⇒けいこう》があると研究者は以前から主張しており〔16〕，この議論《⇒ぎろん》に沿うものとして，若年層は高齢層に比べてやや短い反応時間を示すことが今回確認された《⇒かくにん》．

TPL 21 ▸ Discussion 3　Orienting refers to the selection of information from sensory input, and for this task, **we find that** the older group shows faster response times. This is **in contrast to** some previously published research[17-18], while being consistent with other studies[19-20]. **The question arises** as to what extent methodological **differences** have an effect. 複数の解釈を示す▸ **There are two possible explanations for** the conflicting results. **It is possible that** the size and brightness of the cues indicate where the target will occur. **Another possibility is** the division of the two age groups. 先行研究との一致を指摘する▸ **There may be other reasons that may explain why** the findings seem different, **but in fact,** when we look at the equivalent ages separately, our results **are consistent with** the findings of one of the earlier studies[17].

定位は感覚入力からの情報選択によるが，この課題では，高齢者グループの方が反応時間が短いことがわかった《⇒わかる》．これは，いくつかの先行研究とは対照《⇒たいしょう》をなすが〔17-18〕，合致する研究もある〔19-20〕．方法論の違い《⇒ちがい》がどの程度影響しているのかという疑問《⇒ぎもん; もんだい》が生じる．この相矛盾する結果については，2つの説明《⇒せつめい》が可能《⇒かのう》である．「手がかり」の大きさと明るさが標的の出現位置を示したという可能性《⇒かのうせい》がある．別な可能性《⇒かのうせい》は2つの年齢層の分け方にある．結果が異なるように見える理由《⇒りゆう》は他にもあるかもしれないが，実際《⇒じっさい》，同等の年齢を別々に見てみると，今回の結果は先行研究の知見の一つと一致《⇒いっち》するものであった〔17〕．

TPL 21 ▸ Discussion 4　Alerting failed to increase participants' efficiency in orienting for the older age group. Nevertheless, for both groups, participants were more efficient in executive function with no cue than when a double cue was provided beforehand. 先行研究を引き合いに出して解釈する▶ **Previous studies show that** this **can be interpreted as** an effect of a low-alert state when there is no cue, which requires a longer time to produce a response. This **illustrates that** the longer time to react is used for conflict resolution more efficiently by all participants.

警戒は，高齢層では，参加者の定位の効率を高めることができなかった．しかしながら，両グループとも，事前に二重の手がかりを与えた場合よりも，手がかりを与えない場合の方が，参加者の実行機能の効率はよかった．これは，手がかりがないときの低警戒状態の効果と解釈《⇒かいしゃく》することができる．低警戒状態が反応するのにより長い時間を要するということが，これまで《⇒これまで》の研究で明らか《⇒あきらか》になっている．このことから，全ての参加者において，反応までのより長い時間が，より効率的に葛藤解決に利用されていると説明《⇒せつめい》される．

日本語キーワード

□逆 ⇒反対
□キャンセル〖取り消す; 中止〗
□急〖緊急; 突然; 急激〗
□休業〖休む; 閉まる〗
□急用
□協議〖討議; 審議; 相談; 話し合い〗
□供給〖提供; 与える〗
□競争
□協定 ⇒契約
□興味〖関心〗
□業務 ⇒営業
□協力〖協同〗
□拠点
□記録
□議論〖討論; 討議; 審議〗
□緊急〖至急; 非常〗
□均衡 ⇒バランス
□近年
□悔やみ
□比べる ⇒比較
□詳しい〖詳細; 細かい〗〖熟知; 精通〗
□傾向〖風潮; -気味; -がち〗
□携帯〖持つ〗
□経費 ⇒コスト
□契約〖協定〗
□結果
□欠陥〖欠点〗
□結構〖都合〗〖大丈夫〗
□欠席〖休む〗
□決定〖決める〗
□欠点〖欠陥; 短所; 不利〗
□結論
□懸念〖心配; 不安〗
□原因〖よる; ため〗
□見解 ⇒意見
□研究〖勉強; 調査〗
□言及〖触れる; 言う〗
□現在〖今〗
□検証〖調査; 検査; 確認〗
□減少〖減る〗
□検討〖調べる; 考慮; 考える〗
□合意〖同意; 一致〗
□効果〖影響; 効く〗
□交換〖取り替える〗
□貢献〖寄与〗
□広告〖宣伝〗
□口座
□考察〖考慮; 考える; 検討〗
□更新〖書き換える〗
□購入〖買う〗
□後任〖引き継ぐ〗
□考慮〖考える; 検討〗
□顧客
□ここ
□試みる〖試す; 企てる〗
□後日〖そのうち; あとで〗
□コスト〖費用; 経費〗
□事柄 ⇒問題
□異なる〖違う; さまざま〗
□断る〖拒否; 拒絶〗
□込み〖含める〗
□これまで〖今まで〗
□根拠〖基づく; 理由〗
□今後〖これから; 将来〗

さ行

□差〖違い; 格差〗
□サービス
□在庫
□催促〖要求; 急かす〗
□削減〖減らす; 切り詰める; 節約〗
□差し替える〖取り替える; 交換〗
□早速〖すぐ; 直ちに〗
□査定〖評価〗
□サポート〖支援; 援助〗
□さらに〖もっと; その上〗
□残金〖残高; 差額〗
□参考〖参照; 役立つ〗
□算出〖計算〗
□参照〖参考〗
□賛成 ⇒同意
□残念〖あいにく; 遺憾〗
□サンプル〖見本〗
□シェア
□支援〖支持; 援助; サポート〗
□しかし〖-が; けれど(も); 拘わらず〗
□時間〖時刻〗
□至急〖直ちに; すぐ; 緊急〗
□資金〖資本; 財源〗
□仕事
□示唆〖ほのめかす; 示す〗
□支持〖支援〗
□事実〖真相〗
□事情〖状況; わけ〗
□事前〖前もって; 予め〗
□次第〖すぐ〗〖よる〗
□したがって〖だから; それゆえ〗
□実験
□実際〖現実; 事実〗
□質問〖尋ねる; 問い合わせ〗
□指摘〖示す〗
□品物 ⇒製品
□支払い〖払う〗
□閉まる
□示す〖表す; 指す〗
□占める
□尺度〖単位; 基準〗
□謝罪〖謝る; 詫び〗
□収集〖集める〗
□修正〖訂正; 改正; 変更〗
□重大 ⇒重要

☐柔軟〖融通〗
☐重要〖重大; 大切; 不可欠〗
☐終了〖終わる; 終える〗
☐受注〖注文〗
☐主張〖言い張る; 断言〗
☐出荷〖発送〗
☐出欠
☐出席〖参加〗
☐出張
☐主要 ⇒主
☐受領〖受け取る〗
☐順調〖円滑; 好調〗
☐準備〖用意; 支度; 手配〗
☐使用〖使う; 利用〗
☐紹介
☐上記 ⇒以上
☐状況〖事情; 現状; 事態〗
☐条件〖前提〗
☐証拠〖証明; 根拠〗
☐詳細〖詳しい; 細かい〗
☐昇進
☐招待〖招く; 誘う〗
☐承諾〖同意; 賛成〗〖承認〗
☐焦点〖中心〗
☐承認 ⇒承諾
☐情報〖知識; 資料〗
☐証明〖証拠; 立証〗
☐署名〖サイン〗
☐処理〖扱う; 処分; 対処〗
☐知らせる〖伝える; 教える; 連絡〗
☐調べる ⇒調査
☐資料〖材料; データ〗
☐知る〖分かる〗
☐審議 ⇒協議
☐進行 ⇒進捗
☐迅速〖早い; 素早い〗
☐進捗〖進行; 進む〗
☐信頼〖信用; 信じる〗
☐図
☐推薦〖勧める; 薦める〗
☐すぐ ⇒至急
☐優れる〖勝る; 秀でる; 上等; 優秀〗
☐スケジュール〖予定〗
☐勧める, 薦める〖推薦〗
☐スタート〖始まる; 始める〗
☐正〖プラス〗
☐正確 ⇒正しい
☐請求〖要求; 要請〗
☐制限 ⇒限る
☐成功
☐製造〖作る; 生産; 製作〗
☐正当 ⇒正しい
☐性能
☐製品〖品物〗
☐席〖座席〗
☐せっかく
☐設定〖決める; 定める〗
☐説明〖示す; 記述〗
☐全体〖全部; ずっと〗
☐宣伝 ⇒広告
☐先約〖約束〗
☐相違 ⇒違い
☐増加〖増える〗
☐相関〖関連〗
☐送金〖送る〗
☐相談〖協議; 話し合う〗
☐想定〖仮定; 推定〗
☐相当 ⇒対応
☐送料
☐測定〖測る〗
☐そのうえ ⇒さらに
☐それぞれ
☐それゆえ ⇒したがって
☐存在

た行

☐対応〖相当〗〖対処〗
☐対処 ⇒処理; 対応
☐対照〖対比; 比べる〗
☐大丈夫〖結構〗
☐退職〖引退; 辞職〗
☐大体 ⇒概して; 約
☐対比 ⇒対照
☐確か〖確実; 確信; 明白; きっと〗
☐確かめる ⇒確認
☐助かる〖救助; 生き残る〗〖役に立つ〗
☐助け〖援助; 手伝う〗
☐尋ねる〖聞く; 質問〗
☐正しい〖正確; 正当; 適切〗
☐直ちに ⇒至急
☐達成〖成し遂げる; 果たす〗
☐妥当〖適切; 手頃〗
☐たとえば〖例〗
☐ため ⇒原因
☐試す ⇒試みる
☐探求, 探究〖追求; 求める〗
☐担当〖受け持つ〗
☐チェーン
☐違い〖違う; 相違; 区別; 差〗
☐違う ⇒異なる; 間違い
☐チャンス ⇒機会
☐注意
☐中止〖やめる; キャンセル〗
☐注目〖注意; 見る〗
☐注文〖頼む〗
☐調査〖調べる; 検査; 研究〗
☐調整〖調節〗
☐追加〖加える; 補足〗
☐追求 ⇒探求
☐追跡〖追う; 追いかける〗
☐ついて〖関する〗
☐付き合う
☐-付け
☐都合

□伝える ⇒知らせる
□釣り合い ⇒バランス
□提案
□定義
□提供〘与える; 供給〙
□提携〘協力〙
□訂正 ⇒修正
□データ
□適切 ⇒正しい; 妥当
□手順〘順序; 手続き〙
□手数〘面倒〙
□手隙〘暇〙
□撤回〘取り消す; 取り下げる〙
□手伝う〘助け〙
□手続き
□手に入れる ⇒入手
□手配〘準備〙
□転勤〘異動〙
□添付〘添える〙
□電話
□問い合わせ〘尋ねる; 照会〙
□同意〘賛成; 合意〙
□統計
□到着〘着く; 届く〙
□同封
□同様〘同じ〙
□討論 ⇒議論
□-通り
□届く〘到着; 達する〙
□滞る〘遅れる〙
□取り扱う〘扱う; 処理〙
□取り急ぎ
□取り消す ⇒キャンセル; 撤回
□取り引き〘商売〙
□取り寄せる〘注文〙

な行

□ニーズ〘需要; 要求〙
□日時〘日取り; 日程; 期日〙
□入金〘支払い; 受け取る〙
□入手〘買う; 手に入れる; 得る〙
□似る ⇒類似
□認識〘気付く; 認める〙
□値上げ〘賃上げ〙
□願い〘要望; 望み; 願望; 依頼〙
□値段 ⇒価格
□値引き ⇒割引き
□狙い ⇒目的
□念の為
□納期〘期限; 期日〙
□納品〘納入; 配達〙
□述べる〘言う〙
□のみ〘-だけ〙

は行

□配属
□測る ⇒測定
□始まる・始める ⇒スタート
□発見〘見つける〙
□発送〘送る; 出荷〙
□発展
□発売〘売り出す; 売る〙
□早い
□払い戻す〘返金〙
□バランス〘平衡; つり合い; 均衡; 調和〙
□範囲〘幅〙
□反対〘逆〙〘異議〙
□販売〘売る〙
□判明 ⇒分かる
□比較〘比べる〙
□引き受ける
□引き立て ⇒愛顧
□引き継ぐ ⇒後任
□被験者
□必要〘-べき〙
□批判〘批評; 非難〙
□表〘図表; リスト〙
□評価〘見積もる〙
□開く ⇒開催; 開設
□敏感
□品質〘質〙
□負〘マイナス〙
□ファイル
□増える ⇒増加
□含む〘入る; 包含〙
□不在〘留守; 外出〙
□無事〘安全〙
□不足〘足りない; 不十分; 欠乏〙
□負担〘重荷〙
□不便
□不明
□プラス ⇒正
□ブランド〘銘柄〙
□振り込む〘払い込む; 入金〙
□触れる ⇒言及
□分割〘分ける〙
□分析
□分類〘分ける〙
□平均
□平衡 ⇒バランス
□別途〘別; 追加〙
□減らす ⇒削減
□減る ⇒減少
□返金〘払い戻す; 返す〙
□変更〘変える; 修正〙
□返事〘返信; 返答; 回答〙
□返信〘返事〙
□返送〘返す〙
□返答 ⇒返事
□報告〘説明; 知らせる〙
□保証〘請け合う; 確約〙

□保留〖延期〗

ま行

□マイナス ⇒負
□間違い〖誤り; 失敗〗〖勘違い; 誤解〗〖違う〗
□窓口
□まとめる〖集める〗〖要約〗
□間に合う
□万一
□満足〖納得〗
□見合わせる〖延期; 中止〗
□ミーティング ⇒会議
□見込み ⇒可能性
□導く〖指導; 案内〗
□見つける ⇒発見
□見積もる〖概算; 評価〗
□見なす〖考える; 思う〗
□未払い〖未納〗
□無作為
□矛盾
□無料〖ただ〗
□銘柄 ⇒ブランド
□明細書
□明白 ⇒明らか; 確か
□迷惑〖厄介; 面倒〗
□メール
□目指す ⇒目的
□目を通す
□メンテナンス〖整備; 管理〗
□面倒〖厄介; 迷惑; 手数〗〖世話〗
□申し出る〖提案〗
□目的〖ため; 目標; 狙い; 目指す〗
□基づく〖根拠; 基礎; よる〗
□求める〖要求; 要請〗〖探す〗
□戻る〖帰る; 引き返す〗
□問題〖課題〗〖事柄〗

や行

□約〖ほぼ; 大体〗
□約束〖予約〗
□役に立つ〖助かる〗
□休む〖休憩; 休息〗〖欠席〗〖休暇〗〖休業〗
□唯一
□有意
□有効
□由来〖起源; 起こる〗
□用意 ⇒準備
□要求 ⇒請求; 求める
□要件〖条件〗〖用事〗
□要請 ⇒請求; 求める; 要望
□要望〖要請; 依頼; 願い〗
□用命〖注文〗
□要約 ⇒まとめる
□予定〖計画; スケジュール〗
□予約〖約束〗
□よる〖次第〗〖基づく〗〖原因; 理由〗
□喜ぶ〖嬉しい〗
□よろしく

ら行

□ランク
□理解〖わかる; 認識〗
□リスト ⇒表
□立証 ⇒証明
□利点〖有利; 長所〗
□リニューアル
□理由〖根拠〗
□利用 ⇒使用
□了解〖理解; 承諾; 了承; 同意〗
□理論〖学説〗
□リンク
□類似〖似る〗
□例〖実例; 事例; たとえば〗
□連絡〖知らせる〗〖接続; 乗り継ぎ〗
□論じる〖討議; 話し合う; 議論〗
□論文

わ行

□分かる〖理解〗〖知る〗〖判明〗
□分ける〖分割〗〖分類〗〖区切る〗〖分配; 配る〗
□詫び〖謝罪〗
□割引き〖値引き〗

英語キーワード

A

□about #ついて
□above #以上
□absent #欠席
□accordingly #したがって
□according to #よる
□account #口座
□account for #原因 #占める #説明
□achieve #達成
□ad #広告
□add #追加
□additionally #さらに
□adjust #調整
□advantage #利点
□advertise #広告
□advertisement #広告
□advise #知らせる
□agenda #課題 #議題 #協議
□agree #一致 #承諾 #同意
□agreement #合意
□aim #目的
□alliance #提携
□although #かかわらず
□analysis #分析
□analyze #分析
□apologize #謝罪 #詫び
□apology #謝罪 #詫び
□apply #当てはまる #当てはめる
□appointment #約束 #予約
□appreciate #感謝
□approximately #約
□argue #議論 #主張
□argument #議論 #主張
□arrange #手配
□arrangements #手配
□ASAP #至急
□as follows #以下
□ask #尋ねる #願い #求める
□as of #現在
□assent #同意
□assess #査定
□assign #配属
□assistance #支援 #手伝う
□as soon as #次第
□as soon as possible #至急
□assume #仮定 #想定
□assuming that #仮定
□assure #保証
□at random #無作為
□attach #添付
□attachment #添付
□attempt #試みる
□attend #出席
□attention #対応 #注意 #注目
□at this point #ここ
□available #入手
□average #平均

B

□back #折り返し
□backorder #取り寄せる
□basis #根拠
□be a help #助かる
□be associated #関係
□be away #不在
□be based in #拠点
□be based on #基づく
□because #理由
□because of #理由
□beforehand #事前
□be interested in #興味
□be in touch #連絡
□be late #遅れる
□believe #考える
□below #以下
□be of help #役に立つ
□be of service #役に立つ
□be out #外出 #不在
□be related #関係
□be sure #確信
□be true #当てはまる
□bother #面倒
□brand #ブランド
□bring about #原因
□business #営業 #取り引き
□business trip #出張
□busy #忙しい
□but #しかし
□by means of #よる
□by return #折り返し

C

□calculate #算出
□cancel #キャンセル #中止
□carry out #行う
□catalog(ue) #カタロ

グ
□cause #原因
□certain #確か
□chain #チェーン
□challenge #異議
□chance #機会
□change #変更
□charge #請求 #担当
□check #確認
□choose #選ぶ
□circumstances #事情 #状況
□claim #主張
□classify #分類
□clear #明らか
□clearly #明らか
□close #休業 #閉まる
□collaboration #協力
□collect #収集
□commitment #約束
□compare #比較
□compete #競争
□competitive #競争
□concern #懸念
□concerning #ついて
□conclude #結論
□conclusion #結論
□condition #条件
□condolence #悔やみ
□conduct #行う
□confirm #確認
□conflict #矛盾
□consent #承諾 #同意
□consequence #結果
□consequently #結果
□consider #考える #検討 #考察
□consideration #検討
□consistency #一貫
□consistent #一貫
□contact #窓口 #連絡
□contract #契約
□contradict #矛盾
□contrary #反対
□contrast #対照
□contribute #貢献
□control #対照
□controversy #議論
□convenience #都合
□convenient #都合
□cooperation #協力 #提携
□coordinate #調整
□correlate #相関
□correlation #相関
□cost #コスト
□criticism #批判
□currently #現在
□custom #愛顧
□customer #顧客

D

□data #データ
□dated #-付け
□deadline #期限
□dealer #販売
□deal in #扱う
□deal with #取り扱う
□decide #決定
□decline #断る
□defective #欠陥
□delay #遅れる
□deliver #届く
□delivery #納品
□demonstrate #証明
□depend #次第 #よる
□describe #説明
□despite #かかわらず
□detailed #詳しい #詳細
□details #詳細
□determine #決定
□difference #差 #違い
□different #異なる
□disadvantage #欠点
□disagree #異なる
□disappointed #残念
□discontinue #中止
□discount #割引き
□discover #発見 #分かる
□discuss #協議 #議論 #検討 #論じる
□discussion #議論
□distribute #販売
□divide #分ける
□doubtful #疑わしい
□dubious #疑わしい
□due #期限
□due date #期日
□due to #原因 #よる

E-F

□effect #効果
□effective #効果 #有効
□emergency #緊急
□enclose #同封
□end #終了
□engagement #約束
□error #間違い
□estimate #見積もる
□evaluate #評価
□evidence #証拠
□evident #明らか
□examine #検証 #検討 #考察 #調査
□example #例
□exchange #交換
□exist #存在
□expand #拡大

□experiment #実験
□explain #説明
□explanation #説明
□explore #検討 #探求
□extend #延長
□fact #事実
□feedback #意見
□figure #図
□file #ファイル
□find #気付く #発見 #分かる
□findings #結果
□flexible #柔軟
□focus #焦点
□following #以下
□follow up #対応
□for example #例えば
□for instance #例えば
□forward #送る
□free #無料
□free of charge #無料
□further #さらに
□furthermore #さらに

G-H

□get back #返事 #返信 #戻る
□get in touch #連絡
□given that #仮定
□goal #目的
□grateful #感謝
□ground #根拠
□guarantee #保証
□handle #扱う #対応
□have access to #入手
□hear from #連絡
□help #手伝う #役に立つ
□helpful #助かる #役に立つ
□here #ここ
□hesitate #遠慮
□hold #開催
□however #しかし

I-K

□ignore #看過
□illustrate #説明
□immediately #早速
□implication #意味
□imply #意味
□important #重要
□importantly #重要
□include #含む
□including #込み
□inconvenience #手数 #不便 #迷惑
□increase #増加
□in detail #詳しい #詳細
□indicate #示唆 #指摘 #示す
□in fact #実際
□influence #影響
□inform #知らせる
□information #情報
□in full #一括
□in general #概して
□inquire #尋ねる #問い合わせ
□inquiry #質問 #問い合わせ
□in spite of #かかわらず
□installment #分割
□instance #例
□insufficient #不足
□interest #興味
□interestingly #興味
□interpret #解釈
□in the future #今後
□in time #間に合う
□introduce #紹介
□investigate #調査
□investigation #研究 #調査
□invitation #招待
□invite #招待
□invoice #請求
□just in case #念の為
□know #知る #分かる

L-N

□lack #不足
□later #後日
□launch #発売
□let … know #知らせる
□like #気に入る
□likely #ありうる
□limit #限る
□link #リンク
□look into #検討 #調査
□look over #目を通す
□love #気に入る
□main #主
□mainly #主
□maintenance #メンテナンス
□manufacture #製造
□material #資料
□mean #意味
□meaning #意味
□measure #測定
□meeting #会議
□mention #言及
□minutes #議事録
□mistake #間違い
□mistakenly #間違い

□move #移転 #異動 #動く #転勤
□necessary #必要
□need #必要
□needs #ニーズ
□negatively #負
□neglect #看過
□nevertheless #しかし
□note #注意
□notify #知らせる

O

□objective #目的
□observe #観察
□obtain #得る #入手
□obvious #明らか
□offer #提案 #提供 #申し出る
□on #ついて
□on account of #理由
□only #唯一
□open #開設
□opinion #意見
□opportunity #機会
□oppose #反対
□order #注文
□originate #由来
□outstanding #未払い
□over #以上
□overall #全体
□overdue #期限 #滞る
□owing to #理由

P-Q

□paper #論文
□partly #一部
□patronage #愛顧
□pay #支払い
□payment #支払い
□perform #性能
□performance #性能
□plan #予定
□plausible #ありうる
□point out #指摘
□positively #正
□possibility #可能性
□possible #ありうる #可能
□postpone #延期
□prepare #準備
□presence #存在
□present #示す
□price #価格
□problem #課題 #問題
□procedure #手順 #手続き
□process #処理
□product #製品
□progress #進捗
□promise #約束
□promotion #昇進
□promptly #迅速
□proposal #提案
□prove #証明
□provide #提供
□purchase #購入
□purpose #目的
□quality #品質
□question #疑問 #質問
□quickly #迅速
□quotation #見積もる
□quote #見積もる

R

□raise #値上げ
□random #無作為
□randomly #無作為
□range #範囲
□ready #準備
□rearrange #調整
□remit #送金
□reason #理由
□reasonable #妥当
□receipt #受け取る
□rcccive #受け取る #得る #受領
□recognize #認識
□recommend #推薦 #勧める
□record #記録
□refer #言及 #参照 #紹介
□reference #参考
□refund #払い戻す #返金
□regard #見なす
□regardless of #かかわらず
□regret #残念
□relationship #関係
□release #発売
□relevant #関係
□reliable #信頼
□remainder #残金
□replace #交換 #後任 #差し替える
□reply #回答 #返事 #返信
□report #報告
□request #依頼 #要望
□require #求める
□requirement #条件 #求める #要件 #要望
□reschedule #スケジュール #調整 #変更
□research #研究 #調査
□reservation #予約
□respectively #それぞ

れ
□response #回答 #対応 #返事
□responsible #担当
□result #結果
□retire #退職
□retirement #退職
□return #戻る
□reveal #明らか
□revise #修正
□revision #修正
□right away #早速

S

□sale #販売
□sample #サンプル
□satisfied #満足
□scale #尺度
□schedule #スケジュール #予定
□see #参照 #確認 #分かる
□select #選ぶ
□send #送る
□send back #返送
□send off #発送
□sense #意味
□separately #別途
□serve #サービス
□service #サービス
□set up #設定
□share #シェア
□ship #出荷 #発送
□shipment #出荷
□shipping #送料
□show #明らか #示す
□sign #署名
□signature #署名
□significance #意義
□significant #意義 #重要 #有意
□significantly #意義
□similar #同様 #類似
□similarity #類似
□similarly #同様
□since #理由
□situation #状況
□so far #これまで
□soon #早い
□sorry #残念
□specifics #詳細
□state #述べる
□statement #明細書
□statistics #統計
□status #状況
□step #手順
□stock #在庫
□study #研究
□subject #被験者
□successful #成功
□suggest #示唆 #提案
□suggestion #提案
□summarize #まとめる
□summary #まとめる
□sum up #まとめる
□superior #優れる
□supplier #供給
□supply #供給
□support #支援 #支持
□suppose #仮定
□survey #調査

T

□table #表
□take into account #考慮
□take over #後任
□talk #相談
□tell #知らせる
□tend #傾向
□tendency #傾向
□terms #条件
□test #検証
□theoretically #理論
□theory #理論
□therefore #したがって
□think #考える
□think about #検討
□think of #検討
□this is because #原因
□thus #したがって
□tie-up #提携
□to make sure #念の為
□topic #議題
□transfer #異動 #振り込む
□trouble #手数 #迷惑 #面倒
□true #事実
□try #試みる
□turn out #分かる

U-W

□uncertain #不明
□uncertainty #不明
□unclear #不明
□uncover #明らか
□understand #理解 #分かる
□undoubtedly #確か
□unfortunately #残念
□unknown #不明
□unlike #異なる
□urgent #急 #緊急 #至急
□urgent business #急用
□urgently #至急

☐use #使用
☐useful #役に立つ
☐valid #有効
☐validate #証明
☐verify #確認 #証明
☐view #意見
☐website #ウェブサイト
☐withdraw #撤回
☐within #以内
☐with regard to #ついて
☐work #動く #仕事
☐write-up #まとめる
☐wrong #間違い

監　修

嵜村耕二(さきむら　こうじ)

日本医科大学医学部教授. 専門は, テクスト分析, 言語表現論. 1957 年生まれ. オックスフォード大学ウルフソン・コレッジ客員研究員, 京都大学高等教育研究開発推進機構非常勤講師, 一般社団法人学術英語学会代表理事なども務めた. 著書に『最新 英語論文によく使う表現』(「基本編」2017 年,「発展編」2019 年:創元社),『インテグレート英単語』(2019 年:研究社)などがある.

Laurel Seacord(ローレル　シコード)

米国メイン州出身. ウィスコンシン大学大学院マディソン校で日本文学修士課程修了. 来日後, 現在は都内企業での社内翻訳者, またフリーの日英翻訳者.『新和英大辞典』第 5 版ほか研究社の辞書・書籍類で執筆・英文校閲などを務める. 心身統一合氣道参段でもある.

執筆・校閲

大石由紀子　Steven Kirk　川本玲子

装　丁

Malpu Design(清水良洋)

編集部

中川京子　青木奈都美　向 友里菜　星野 龍

市川しのぶ　小倉宏子　高見沢紀子　三島知子

根本保行

Compass Rose Dictionary for Practical Writing in English

コンパスローズ和英ライティング辞典

2023年3月31日　初版発行
2024年2月29日　2刷発行

編　　者　研究社辞書編集部
発 行 者　吉田尚志
発 行 所　株式会社 研究社
〒102-8152　東京都千代田区富士見2-11-3
電話　営業　03-3288-7777(代)
　　　編集　03-3288-7711(代)
振替　00150-9-26710
https://www.kenkyusha.co.jp/
組版・印刷　図書印刷株式会社

ISBN978-4-7674-2037-0 C0582　Printed in Japan